全国高等教育自学考试指定教材
行政管理专业(专科)

政治学概论

Zhengzhixue Gailun

(含:政治学概论自学考试大纲)

(2019年版)

全国高等教育自学考试指导委员会　组编
主　编　周光辉
副主编　殷冬水　杨　弘

高等教育出版社·北京

图书在版编目(CIP)数据

政治学概论／全国高等教育自学考试指导委员会组编；周光辉主编．--北京：高等教育出版社，2019.12（2025.6重印）
ISBN 978-7-04-053046-9

Ⅰ．①政… Ⅱ．①全… ②周… Ⅲ．①政治学-高等教育-自学考试-教材 Ⅳ．①D0

中国版本图书馆 CIP 数据核字(2019)第253696号

策划编辑 雷旭波　　责任编辑 王　羽　　版式设计 于　婕　　责任校对 胡美萍
责任印制 刁　毅

出版发行	高等教育出版社	网　　址	http://www.hep.edu.cn
社　　址	北京市西城区德外大街4号		http://www.hep.com.cn
邮政编码	100120	网上订购	http://www.hepmall.com.cn
印　　刷	中农印务有限公司		http://www.hepmall.com
开　　本	787mm×1092mm　1/16		http://www.hepmall.cn
印　　张	17.25		
字　　数	410千字	版　　次	2019年12月第1版
购书热线	010-58581118	印　　次	2025年6月第6次印刷
咨询电话	400-810-0598	定　　价	37.00元

本书如有缺页、倒页、脱页等质量问题，请到所购图书销售部门联系调换

物料号　53046-00

组编前言

人类已经迈进了21世纪。这是一个变幻难测的世纪,这是一个催人奋进的时代。科学技术飞速发展,知识更替日新月异。希望、困惑、机遇、挑战,随时随地都有可能出现在每一个社会成员的生活之中。抓住机遇、寻求发展、迎接挑战、适应变化的制胜法宝就是学习——依靠自己学习、终身学习。

作为我国高等教育组成部分的自学考试,其职责就是在高等教育这个水平上倡导自学、鼓励自学、帮助自学、推动自学,为每一个自学者铺就成才之路。组织编写供读者学习的教材就是履行这个职责的重要环节。毫无疑问,这种教材应当适合自学,应当有利于学习者掌握和了解新知识、新信息,有利于学习者增强创新意识、培养实践能力、形成自学能力,也有利于学习者学以致用、解决实际工作中所遇到的问题。具有如此特点的书,我们虽然沿用了"教材"这个概念,但它与那种仅供教师讲、学生听,教师不讲、学生不懂,以"教"为中心的教科书相比,已经在内容安排、形式体例、行文风格等方面都大不相同了。希望读者对此有所了解,以便从一开始就树立起依靠自己学习的坚定信念,不断探索适合自己的学习方法,充分利用已有的知识基础和实际工作经验,最大限度地发挥自己的潜能,达到学习的目标。

欢迎读者提出意见和建议。

祝每一位读者自学成功。

全国高等教育自学考试指导委员会

2018年7月

目 录

政治学概论自学考试大纲

政治学概论

全国高等教育自学考试
行政管理专业(专科)

政治学概论自学考试大纲

全国高等教育自学考试指导委员会　制定

大纲前言

为适应社会主义现代化建设事业的需要，鼓励自学成才，我国在20世纪80年代初建立了高等教育自学考试制度。高等教育自学考试是个人自学，社会助学和国家考试相结合的一种高等教育形式。应考者通过规定的专业考试课程并经思想品德鉴定达到毕业要求的，可获得毕业证书；国家承认学历并按照规定享有与普通高等学校毕业生同等的有关待遇。经过30来年发展，高等教育自学考试为国家培养造就了大批专门人才。

课程自学考试大纲是国家规范自学者学习范围、要求和考试标准的文件。它是按照专业考试计划的要求，具体指导个人自学、社会助学、国家考试、编写教材、编写自学辅导书的依据。

随着经济社会的快速发展，新的法律法规不断出台，科技成果不断涌现，原大纲中有些内容过时，知识陈旧。为更新教育观念，深化教学内容方式、考试制度、质量评价制度改革，使自学考试更好地提高人才培养的质量，各专业委员会按照专业考试计划的要求，对原课程自学考试大纲组织有关专家进行了修订或重编。

修订后的大纲，在层次上，本科参照一般普通高校本科水平，专科参照一般普通高校专科或高职院校的水平；在内容上，力图反映学科的发展变化，增补了自然科学和社会科学近年来研究的成果，对明显陈旧的内容进行了删减。

全国考委公共管理类专业委员会组织制订了《政治学概论自学考试大纲》，经教育部批准，现颁发施行。各地教育部门、考试机构应认真贯彻执行。

全国高等教育自学考试指导委员会

2019年7月

Ⅰ. 课程性质与课程目标

一、课程性质和特点

“政治学概论”是政治学、法学及其相关专业的一门必修课。根据教育部高等教育自学考试指导委员会的有关规定，该课程是面向全国高等教育自学考试公共管理类行政管理专业（专科）而设置的一门基础理论课程。

二、课程目标

1. 使自学考试应考者能够比较全面地掌握马克思主义政治学的基本概念、范畴、原理和方法；

2. 培养自学考试应考者理论联系实际、分析和解决现实政治问题的能力，提高其政治理论修养，培养现代公民意识和公民素质；

3. 使自学考试应考者能够了解和把握国内外政治学领域的最新动态，坚定中国特色社会主义信念，从而更好地适应社会主义现代化建设的需要。

三、与相关课程的联系与区别

本课程以马克思主义理论为指导，系统地阐述了以国家为核心的政治学基本概念、范畴和原理体系，是一门理论性强的课程。课程注重贯彻理论联系实际的基本原则，旨在提升自学考试应试者运用理论分析和解决社会现实问题的能力。因而，本课程在内容上既注重理论性、科学性和实用性的统一，又强调对基本概念、原理的识记、理解和应用，这使得这门课程具有不同于其他应用性强课程的特点。

四、课程的重点和难点

本课程的重点和难点包括：国家与阶级；国家的历史类型；国家权力与国家形式；国家机构；政党和政党制度；政治文化；政治发展；民族与宗教；国际政治。

Ⅱ. 考核目标

本课程要求应考者掌握的知识点都将作为考核的内容。

本课程按照三个层次的能力来考核：

识记（Ⅰ）：知道有关的名词、概念、知识的含义，并能正确认识和表述。这是低层次的要求。

领会（Ⅱ）：在识记的基础上，能够全面把握基本概念、范畴、原理和方法，并能够准确说出有关概念、原理之间的区别与联系。这是较高层次的要求。

应用（Ⅲ）：在理解的基础上，能运用基本概念、原理和方法分析和解决有关的理论问题和实际问题，特别要考查理论联系实际的能力。

Ⅲ. 课程内容与考核要求

第一章　导　论

一、学习目的与要求

通过本章的学习,使学生掌握政治的含义;政治学的研究对象和研究领域;政治学的研究方法;正确理解和把握政治学与其相关学科的关系;理解和把握政治学的历史发展;理解和把握学习政治学概论的意义和要领。

二、课程内容

第一节　政治学的研究对象和研究方法

(一) 政治的含义

政治是阶级社会中以经济为基础的上层建筑,是经济的集中表现,是以政治权力为核心展开的各种社会活动和社会关系的总和。

(二) 政治学的研究对象和研究领域

政治学是研究以国家为核心的各种政治现象、政治关系、政治活动及其发展规律的科学。从狭义的角度上讲,政治学要以国家为研究对象,即政治学要研究国家的活动、形式、关系及其发展规律等;就广义的角度而言,政治学要以公共权力为研究对象,研究以公共权力为中心的政治关系、政治制度、政治思想、政治文化、政治行为的内容和规律,研究同国家密切相关的政治现象和政治问题。政治学的研究领域包括:政治学理论与方法、中国政治、比较政治、行政管理、公共政策、国际政治。

(三) 政治学的研究方法

马克思主义政治学的研究方法,是辩证唯物主义和历史唯物主义。它具体包括以下几项主要方法:具体问题具体分析;从具体到一般,再从一般到具体;理论联系实际;阶级分析;经济分析。在上述方法论原则的指导下,政治学常用的研究方法包括:历史研究法;制度研究法;比较研究法;结构—功能研究法。

(四) 政治学与其相关学科的关系

政治学与哲学之间的关系;政治学与经济学之间的关系;政治学与法学之间的关系。

第二节　政治学的历史发展

(一) 政治学在古代的发展

政治学虽然在中国古代没有成为一门独立的学科,但就其研究的内容而言,已经具有

2 000多年的悠久历史。在先秦时代的诸子百家中,对我国政治生活影响最为深远的是以孔孟为代表的儒家政治思想,以老庄为代表的道家政治思想,以韩非为代表的法家政治思想。

西方的政治学最早发端于古希腊社会,其主要的代表人物是柏拉图和亚里士多德。中世纪是欧洲社会的黑暗时期,前后长达 1 200 余年。在这一时期,政治学成为神学统治的思想工具,主要代表人物是奥古斯丁和托马斯·阿奎那。文艺复兴是西方政治学发生历史性转折的阶段。在这一时期,政治学逐步摆脱了宗教神学和传统伦理道德观念的束缚。政治思想家们开始以理性和经验的目光来观察和阐释政治现象。

(二)近代以来政治学的发展

19 世纪中叶,西方的政治思想和政治制度通过洋务派的宣传介绍传入中国。到了清末的维新运动,开始系统介绍西方的政治思想和政治制度。到 1948 年,中国 100 余所大学中已有 40 多所大学设立了政治学系。新中国成立以后,政治学在我国获得了广阔的发展空间。由于受苏联特别是“左”的思想干扰,我国高校的政治学系一度被取消。1978 年党的十一届三中全会召开后,中国政治学进入了一个蓬勃发展的新时期。

15 世纪至 16 世纪,是西方近代政治学的形成时期。17 世纪至 18 世纪,是西方近代政治学的繁荣阶段。18 世纪末至 19 世纪末,是西方近代政治学的发展和变革阶段。19 世纪后期,资产阶级政治学已经完全从哲学和伦理学中独立出来,成为一个拥有许多学者的专门学科。由此开始一直到目前为止,西方政治学的发展先后经历了三个历史阶段。

(三)马克思主义政治学的发展

19 世纪 40 年代,资本主义的矛盾逐渐暴露,资本主义生产方式引起的社会危机日趋严重,无产阶级和资产阶级之间的矛盾也不断激化。马克思和恩格斯系统研究了资本主义各国的政治现象、政治思想和政治制度,精辟分析政治问题,写下了大量著述,形成了马克思主义政治学。在新的历史时代和革命实践中,列宁继承和发展了马克思主义。列宁去世后,斯大林领导苏联共产党和苏联人民,捍卫和继承了列宁主义。中国共产党人坚持马克思列宁主义政治学理论,并把它与中国革命、建设、改革的具体实践紧密结合起来,不断丰富和发展马克思主义政治学理论。

第三节　学习政治学概论的意义和要领

学习政治学概论的意义主要包括:有助于我们把握正确的政治方向,坚定正确的政治立场;有助于提高我们科学认识分析当今世界复杂政治问题的能力;有助于我们学好政治学专业的其他课程;有助于推进中国特色社会主义政治建设实践。学习政治学概论的要领包括:要注重掌握马克思主义政治学的基本原理;要注重掌握政治学的基本概念、范畴和原理;要注重理论与实践之间的结合。

三、考核知识点与考核要求

(一)政治学的研究对象和研究方法

1. 识记:(1) 政治的含义;(2) 非马克思主义关于政治的解释;(3) 马克思主义关于政治的解释;(4) 政治学的研究领域。

2. 领会:(1) 政治学的研究对象;(2) 政治学的研究方法;(3) 政治学与其相关学科的关系。

3. 应用:运用马克思主义政治观分析当前我国各种政治现象。

(二) 政治学的历史发展

1. 识记:(1) 儒、道、法三家政治思想的主要观点;(2) 近代以来中国政治学的发展;(3) 近代以来西方政治学的发展;(4) 马克思主义政治学的主要内容。

2. 领会:(1) 行为主义政治学与传统政治学之间的差异;(2) 政治哲学与政治科学之间的关系。

3. 应用:列宁对马克思主义政治学的发展。

(三) 学习政治学概论的意义和要领

1. 识记:(1) 学习政治学概论的意义;(2) 学习政治学概论的要领。

2. 领会:学会政治学概论对于推进中国特色社会主义政治建设实践的重要性。

四、本章重点、难点

本章重点:政治的含义;政治学的研究对象、研究领域、研究方法;政治学的历史发展;学习政治学概论的意义和要领。

本章难点:如何运用马克思主义政治观分析当前我国各种现象;如何准确把握行为主义政治学与传统政治学之间的差异;如何理解政治哲学与政治科学之间的关系;如何理解列宁对马克思主义政治学的发展。

第二章　国家与阶级

一、学习目的与要求

通过本章的学习,理解国家与阶级之间的关系;了解国家起源的过程和基本形式,理解恩格斯"两种生产决定社会制度"的基本原理;掌握国家的定义和国家的本质;了解国家职能的定义及国家的基本职能;理解国家消亡的历史必然性、条件与途径;掌握马克思主义国家观与其他国家学说之间的根本区别。

二、课程内容

第一节　国家的起源

(一) 原始社会的社会组织

氏族,就是具有血缘亲属关系、同族内部禁止结婚的人们的集团。氏族,是普那路亚婚姻的直接后果。原始社会的氏族制度具有三个基本特点:

第一,氏族内部禁止通婚,这是氏族制度的根本规则。

第二,氏族议事会是决定氏族事务的管理机构,它是氏族当中所有成年男女均有权参加的平等集会。

第三,氏族成员的根本利益是一致的,彼此之间负有互相帮助和保护的义务。

(二) 阶级的形成与国家的起源

阶级,就是这样一些集团,由于它们在一定社会经济结构中所处的地位不同,其中一个集团能够占有另一个集团的劳动。

恩格斯在《家庭、私有制和国家的起源》中关于国家起源的经典论述:

国家是社会在一定发展阶段上的产物;国家是承认:这个社会陷入了不可解决的自我矛盾,分裂为不可调和的对立面而又无力摆脱这些对立面。而为了使这些对立面,这些经济利益互相冲突的阶级,不致在无谓的斗争中把自己和社会消灭,就需要有一种表面上凌驾于社会之上的力量,这种力量应当缓和冲突,把冲突保持在"秩序"的范围以内。这种从社会中产生但又自居于社会之上并且日益同社会相异化的力量,就是国家。

恩格斯关于国家起源的这个著名论断,表明了三点:

第一,国家是个历史现象,它不是从来就有的,是社会发展到一定阶段的产物。

第二,国家是阶级矛盾不可调和的产物。

第三,国家的作用是缓和冲突,是把冲突控制在秩序的范围以内。

(三)早期国家产生的几种具体形式

雅典形式;罗马形式;德意志形式;我国早期国家的产生。

(四)其他国家起源理论分析

神权论;契约论;暴力论。

第二节　国家的本质

(一)马克思主义关于国家本质的基本论断

国家是与氏族组织有着根本区别的特殊的社会组织:

第一,国家是按地域划分居民,氏族是按血缘划分居民。

第二,国家设立了强制性的公共权力,氏族则只有纯粹的道德力量。

国家的定义:国家是维护一个阶级对另一个阶级的统治的机器。国家是一个阶级压迫另一个阶级的机器,是迫使一切从属的阶级服从于一个阶级的机器。

马克思主义国家观的主要内容:

第一,国家是有阶级社会的政治组织。

第二,国家是阶级统治的工具。国家是某个阶级的政权,而不是超阶级的组织。

第三,国家是一部机器。国家是由许多部件组成的互相联系的有机整体,是一个特殊的机器,其特殊性是它具有政治权力。

(二)其他具有代表性的国家观分析

社会共同体说;国家契约说;国家要素说。

第三节　国家的职能

国家职能,是由国家本质所决定的国家活动的总目的和总方向,是全部国家机器活动的总和与整体功能。

(一)内部职能和外部职能

(二)政治职能和社会职能

政治职能,也称阶级统治职能,是指国家按照统治阶级意志,综合运用各种手段并以强制力保障实施的、维护社会秩序的职能。它由国家的阶级性质所决定,是国家所特有的根本性职能。

社会职能,也称社会管理职能,是指统治阶级为了实现和维护自己的政治统治,所必须实施的对于社会公共事务的管理职能。它与社会存在的事实相联系,是包括国家在内的任何人类社会都具有的必要性职能。

第四节 国家的消亡

(一) 国家消亡的历史必然性

国家消亡是人类社会基本矛盾运动发展的必然结果,是马克思主义国家学说的必然结论,是不以人的意志为转移的客观规律。

(二) 国家消亡的条件和途径

国家消亡的条件是要消灭阶级和消灭一切阶级差别,彻底铲除阶级产生和存在的一切根源。

国家消亡的途径:国家消亡是通过无产阶级专政实现的;国家不是"被废除"的,它是自行消亡的;关于国家消亡的具体时间和采用什么形式等具体问题,有待于未来的实践加以说明。

三、考核知识点与考核要求

(一) 国家的起源

识记:(1) 群婚;(2) 血缘家庭;(3) 对偶婚;(4) 一夫一妻制;(5) 马克思主义关于国家起源的两个基本论断;(6) 家长制家庭的特点;(7) 神权论;(8) 契约论;(9) 暴力论。

领会:(1) 普那路亚家庭;(2) 氏族的定义;(3) 家长制家庭;(4) 氏族制度的特点;(5) 氏族解体与国家产生的原因;(6) 恩格斯关于国家起源的经典论述;(7) 我国早期国家的产生。

应用:(1) 分析说明国家的作用是把冲突控制在"秩序"的范围之内;(2) 说明其他国家起源理论的局限性。

(二) 国家的本质

识记:国家要素说。

领会:(1) 国家本质的理论意义;(2) 国家与氏族的根本区别;(3) 国家的定义;(4) 马克思主义国家观的主要内容。

应用:说明社会主义国家与资本主义国家的本质不同。

(三) 国家的职能

识记:(1) 内部职能的含义;(2) 外部职能的含义。

领会:(1) 马克思主义国家职能观的特点;(2) 内部职能与外部职能的关系。(3) 政治职能的含义;(4) 社会职能的含义;(5) 政治职能与社会职能的关系。

应用:说明社会主义国家与资本主义国家在国家职能方面的异同。

(四) 国家的消亡

识记:(1) 国家消亡是不以人的意志为转移的客观规律;(2) 国家消亡的条件;(3) 国家消亡的途径。

领会:(1) 任何国家不能单独启动国家消亡;(2) 国家是自行消亡的。

应用:(1) 说明当前我国加强国家政权建设的必要性;(2) 说明资本主义国家不会自行消亡。

四、本章重点、难点

本章重点:国家的起源;国家的本质;国家的职能;国家的消亡。

本章难点：马克思主义经典作家重视对原始社会氏族组织研究的原因；恩格斯关于“两种生产决定社会制度”的基本原理；国家的作用是将冲突控制在“秩序”的范围之内；国家消亡问题的复杂性及当前我国加强国家政权建设的必要性。

第三章　国家的历史类型

一、学习目的与要求

通过本章的学习，了解马克思主义的“国家历史类型”概念及其划分标准；掌握国家历史类型的更替规律和更替方式；理解社会主义国家代替资本主义国家的历史必然性；了解四种具体国家历史类型的主要特征：奴隶制国家、封建制国家、资本主义国家、社会主义国家。

二、课程内容

第一节　国家历史类型的含义

（一）马克思主义对国家的分类

国家历史类型，就是指根据不同国家在国家本质方面所对应的阶级属性内容的不同，对国家进行的体现历史演进规律的类型划分。

（二）国家历史类型的划分标准

马克思主义划分国家历史类型的标准是社会的经济基础和国家的阶级本质，即国家政权掌握在哪个阶级手中，保护什么样的经济基础，或者说国家是哪一个阶级的统治。自从阶级产生以来，人类社会先后经历了四种国家历史类型：奴隶制国家、封建制国家、资本主义国家和社会主义国家。

第二节　国家历史类型的更替

（一）国家历史类型的更替规律

国家历史类型的更替规律，是由生产关系须要适应生产力的发展、上层建筑须要适应经济基础的变化的规律决定的。当社会的生产力发展到一定阶段，必然会同既有的生产关系发生矛盾，从而要求推动生产关系进行变更。经济基础的这种变更，又将必然引起全部上层建筑的相应变革。在这一变革过程中，国家政权从旧有阶级转移到代表生产力发展要求的新兴阶级手中，旧的国家类型也同时被新的国家类型所代替。

（二）国家历史类型的更替方式

国家历史类型更替的基本方式和途径是政治革命。只有通过政治革命，推翻旧的政治统治，一种国家类型向另一种国家类型的历史性转变才能完成。

第三节　四种具体国家历史类型概述

（一）奴隶制国家

奴隶制国家是建立在奴隶占有制经济基础之上的上层建筑，是奴隶主阶级用来维护自己的根本利益，压迫和剥削广大奴隶和贫民的政治组织，其实质就是奴隶主阶级对奴隶阶级的全面专政。

奴隶制国家的内部职能和外部职能表现得比较明显，奴隶制国家的本质就是通过这两个职能的协同发挥来体现的。

奴隶制国家的统治形式各不相同,有君主制、有贵族制,也有民主制,但实质都是奴隶主阶级实行的政治统治,即奴隶主对奴隶进行的阶级专政。

(二)封建制国家

封建制国家是建立在封建制经济基础之上的上层建筑。封建社会是以自然经济为主的农业社会,农业是最基本的生产部门,土地是最主要的生产资料。封建社会土地所有制的具体形式主要有四种:地主占有制、领主占有制、国家占有制和自耕农占有制。

中国和西方历史上的封建生产关系采取了不同的形式,在此基础上产生的封建制国家的特征也不尽相同。第一,在国家结构方面,中国是中央集权制,西方是分封割据制。第二,在权力结构方面,中国是官僚等级制,西方是地产权力等级制。第三,在统治思想方面,中国侧重于宗法伦理观念,西方则主要借助于宗教信仰。

(三)资本主义国家

资本主义国家的产生,是封建社会末期生产力发展的结果,是维护新生的资本主义生产关系和资产阶级统治地位的政治需要。资本主义国家是资产阶级革命的结果,政治革命是其产生的基本途径。

资本主义国家在本质上是资产阶级的统治,是资产阶级维护资本私有制及其根本利益、剥削和压迫无产阶级和广大劳动人民的机器。资本主义国家以资本主义生产关系为经济基础,是建立在资本主义生产关系基础上的政治上层建筑。资本主义国家的政治生活、政策方针和实际措施,本质上都是在维护资本的属性及满足其利益最大化的要求。

资本主义自问世以来,经历了两个主要发展阶段,即自由资本主义时期和垄断资本主义时期。与此相对应,资本主义国家的发展也有两个基本形态,即自由资本主义国家和垄断资本主义国家。

(四)社会主义国家

社会主义国家的建立,是由人类社会基本矛盾的运动所推动的,是资本主义国家经济、政治和社会矛盾发展的必然结果,是无产阶级和广大人民群众通过无产阶级革命推翻资产阶级统治后作出的正确的政治选择。社会主义国家的建立,创造了一个全新的国家类型,将人类社会政治和国家的发展推进到了一个新的历史阶段。

社会主义国家的本质是无产阶级专政,是无产阶级的政治统治,这种政治统治同一切剥削阶级的政治统治根本不同,它是人类历史上最高的和最后的一种政治统治,这种政治统治的具体表现,就是新型民主和新型专政相结合的国家。

社会主义社会的建立,创造了与资本主义截然不同的生产关系,从而为生产力的迅速发展创造了广阔的空间。社会主义的本质是"是解放生产力,发展生产力,消灭剥削,消除两极分化,最终达到共同富裕"。

社会主义国家的历史任务,不仅要消灭资产阶级,而且要消灭一切阶级、消灭阶级差别、消灭私有制和私有观念,建设高度的社会主义物质文明和精神文明,最终实现共产主义。

三、考核知识点与考核要求

(一)国家历史类型的含义

识记:(1)亚里士多德的国家分类;(2)人类社会历史上的四种国家历史类型。

领会:(1)马克思主义国家历史类型的含义;(2)马克思主义划分国家历史类型的

标准。

（二）国家历史类型的更替

识记:(1) 革命;(2) 改良。

领会:(1) 国家历史类型更替的一般规律;(2) 国家历史类型更替具体方式的多样性;革命与改良的区别。

（三）四种具体国家历史类型概述

识记:(1) 奴隶制国家的经济基础;(2) 奴隶制国家的阶级结构;(3) 封建制国家的经济基础;(4) 封建社会的土地所有制形式;(5) 资本主义国家的经济基础;(6) 资本主义国家的基本矛盾;(7) 社会主义国家的经济基础。

领会:(1) 西欧封建社会领主占有制的特点;(2) 我国封建社会地主占有制的特点,我国封建社会官僚制的特点;(3) 资本主义国家的本质;(4) 社会主义国家的本质和社会主义国家建立的历史必然性。

应用:(1) 说明资本主义福利国家的进步与局限;(2) 说明社会主义国家是新型民主与新型专政的统一;(3) 说明共产党在社会主义国家政治生活中的地位和作用;(4) 说明我国当前社会主义建设的历史意义。

四、本章重点、难点

本章重点:国家历史类型的含义;国家历史类型的更替规律和更替方式;四种具体国家历史类型。

本章难点:马克思主义国家历史类型分类的特点和意义;资本主义福利国家的进步与局限;社会主义国家是新型民主与新型专政的统一。

第四章　国家权力与国家形式

一、学习目的与要求

通过本章的学习,了解和掌握马克思主义关于国家权力与国家形式问题的基本理论;掌握国体与政体之间的关系理论、马克思主义关于政体分类的标准和选择国家结构形式的依据和原则;理解我国的人民代表大会制的国家政权组织形式和单一制的国家结构形式;理解和掌握我国的民族区域自治制度和特别行政区制度。

二、课程内容

第一节　国家权力的内涵、特征、结构与国家形式

（一）国家权力的含义

国家权力是统治阶级强制被统治阶级或从属阶级服从其意志的能力。国家权力是统治阶级意志的体现,它能够在一定地域范围内以社会整体代表的名义来运用强制力管理社会公共事务。

（二）国家权力的特征

国家权力的特征主要表现在如下几个方面:主权性、强制性、普遍性、组织性。

（三）国家权力的结构

1. 国家权力的结构构成

国家权力通常由两类结构性权力构成:一种是按照国家权力的功能分工划分的不同功能性权力,另一种是按照国家权力的层级配置划分的不同层级的权力。

国家权力主要包括:立法权、行政权、监察权、司法权。

2. 国家权力的横向结构

国家权力的横向结构,是功能性的国家权力相互关系和运行原则的结构性构成。

3. 国家权力的纵向结构

国家权力的纵向结构是国家层级权力相互关系及其运行原则的结构性构成。

（四）国家形式

1. 国家形式的含义

国家形式是指统治阶级为实现本阶级的统治而组织国家的政权组织形式和结构形式。它既包括国家的政权组织形式,也包括国家的结构形式。

2. 国家形式的基本内容

（1）国家政权组织形式,即政体。

（2）国家结构形式。

（3）国家机关权力的具体运作方式和具体制度,通常被称为"政治体制"。

第二节　国家政权组织形式

（一）国家政权组织形式概述

1. 政体的含义

国家政权组织形式,即政体,是指一个国家的统治阶级为了实现其统治需要而采用的一定的政权组织形式,也就是统治阶级组织国家政权机关的形式。

2. 政体与国体的关系

国体与政体的关系是内容与形式的关系,一定的国体要求一定的政体与之相配合,政体必须适应国体的需要。国体具有相对稳定性,而政体是相对变化的。

3. 政体的基本特性

政体是相对变化的,它与国体相比具有复杂性、多样性、相对灵活性等特征。

（1）政体的选择受到多种复杂因素的影响。

（2）政体具有多样性。

（3）政体是国情的产物。

（4）相对于国体而言,政体的发展变化具有灵活性和变异性。

4. 政体的分类

政体的形式具有多样性,这就需要进行政体分类。政体分类的目的,是要比较分析不同的政体,发现它们的优劣,从中选择理想的政体。

政体的具体分类标准和依据:第一,最高国家权力的归属,即最高国家权力机关的组成是一个人还是一个集体;第二,最高国家权力机关的产生方式及任期;第三,中央国家权力机关的设置以及它们之间的权力分配、地位和相互关系。

根据前两条标准,可以把历史上的国家分为君主制政体和共和制政体两种类型。在此基础上,运用第三条标准,就可以进一步在君主制和共和制的基础上区分出各种不同的政体形式。

(二)不同类型国家的政权组织形式

1. 剥削阶级国家的政权组织形式

(1) 君主制

贵族君主制。

专制君主制。

立宪君主制。

(2) 共和制

贵族共和制。

民主共和制。

2. 社会主义国家的政权组织形式

(1) 公社制。

(2) 苏维埃制。

(3) 人民代表大会制。

第三节　国家结构形式

(一)国家结构形式的涵义

国家结构形式是国家的整体与部分之间、中央政府与地方政府之间的关系的基本模式。

(二)国家结构形式的基本类型

1. 单一制

2. 复合制

3. 单一制与复合制的区别

第四节　社会主义中国的国家形式

(一)中国的国家政权组织形式

1. 人民代表大会制度是中国的国家政权组织形式

2. 我国实行人民代表大会制度的历史必然性

(二)中国的国家结构形式

1. 中国是统一的、多民族的单一制国家

2. 中国单一制国家的特色

民族区域自治制度和特别行政区制度是中国单一制国家结构形式的两大特色。

三、考核知识点与考核要求

(一)国家权力的含义、特征、结构与形式

1. 识记:(1) 国家权力、国体、国家形式、国家政权组织形式与国家结构形式的含义;(2) 立法权、行政权、监察权、司法权、分权制衡与民主集中制的含义。

2. 领会:(1) 马克思主义经典作家关于国家权力的论述;(2) 国家权力的特征;(3) 资本主义国家政权组织原则与社会主义国家政权组织原则。

3. 应用:运用国家权力的观点分析各种政治现象。

(二)国家政权组织形式

1. 识记:君主制、贵族君主制、立宪君主制、共和制、贵族共和制、民主共和制、公社制与苏维埃制的含义。

2. 领会:(1) 毛泽东关于政体的定义;(2) 亚里士多德关于划分政体的标准;(3) 国体与政体的关系;(4) 政体的基本特性;(5) 剥削阶级国家政权组织形式。

3. 应用:(1) 马克思主义关于划分政体的标准;(2) 议会共和制与总统共和制的联系与区别。

(三) 国家结构形式

1. 识记:单一制、复合制、联邦制和邦联制的含义。

2. 领会:(1) 单一制与复合制的区别;(2) 联邦制与邦联制的联系与区别。

3. 应用:一个国家选择国家结构形式的原则和依据。

(四) 社会主义中国的国家形式

1. 识记:民族区域自治与特别行政区的含义。

2. 领会:(1) 人民代表大会制度的基本内容;(2) 中国的国家结构形式的特点;(3) 民族区域自治制度的特点;(4) 特别行政区制度的主要内容。

3. 应用:(1) 我国实行人民代表大会制度的历史必然;(2) 我国采取单一制的国家结构形式的原因。

四、本章重点、难点

本章重点:国家权力的含义与特征;国家政权组织形式与国家结构形式的含义与类型;中国国家政权组织形式与国家结构形式的类型与特征。

本章难点:如何运用国家权力的观点分析各种政治现象;如何认识马克思主义关于划分政体的标准;如何理解一个国家选择国家结构形式的原则和依据;如何认识我国实行人民代表大会制度的历史必然性;如何理解我国采取单一制的国家结构形式的原因。

第五章 国家机构

一、学习目的与要求

通过本章的学习,使学生了解国家机构的含义和构成,正确认识社会主义国家机构和资本主义国家机构在组织原则上的区别;正确认识三权分立与制衡原则的主要内容和历史地位;准确理解民主集中制原则在社会主义中国的国家机构建设中的指导意义。

二、课程内容

第一节 国家机构概述

(一) 国家机构的含义与特征

国家机构是统治阶级按照一定原则组建的国家机关体系的总和,包括全部中央国家机关和地方国家机关。国家机构是统治阶级实现国家权力、执行国家职能、进行国家日常活动的动态组织体系。国家机构的特征包括:阶级性、社会性、整体性、强制性。

(二) 国家机构的构成

任何一个国家的国家机构都是由各种国家机关组成的,各种国家机关都是国家机构整体的组成部分。每个国家机关都担负一定任务，执行一定职能，行使一定职权，发挥一定作用。从国家成长的历史进程来看，国家元首、立法机关、行政机关、监察机关和司法机关共同构成现代国家国家机构的基本组成部分。

（三）国家机构的设置

国家机构不是自发产生、形成的，它是各国综合各方面制约国家机构设置的主客观因素，根据国体和政体的要求，并按照统治阶级意志和一定的组织原则编制、组织和构建起来的。一国的国家机构设置受到该国的国体、国家统治方式、社会与国情因素的影响和限制。构成国家机构的各个国家机关的具体设置和形式，在不同国家会有差别，即使在同一个国家的不同历史时期，国家机关的设置和形式也是有变化的。

第二节　西方国家的国家机构

（一）西方国家机构的组织原则

1. 权力的分立，即国家权力应由立法、行政、司法三个不同的国家机关分别独立行使，各自对宪法负责，彼此之间没有隶属关系。

2. 权力的制衡，即三种权力不仅相互分离、独立，而且相互牵制，保持平衡。

（二）西方国家的主要国家机关及其职权

1. 立法机关

2. 行政机关

3. 司法机关

第三节　社会主义中国的国家机构

（一）中国国家机构组织原则

1. 民主集中制的由来

2. 民主集中制原则在国家机构中的体现

（二）中国的主要国家机关及其职权

1. 国家权力机关

中国的国家权力机关是全国人民代表大会和地方各级人民代表大会及其常务委员会。全国人民代表大会是我国的最高国家权力机关。

2. 国家主席

中国的国家元首是国家主席，国家主席是中国国家机构的重要组成部分。

3. 行政机关

中国的最高国家行政机关是国务院，国务院是我国最高国家权力机关的执行机关。

4. 监察机关

中国的监察机关是国家的各级监察委员会，包含国家监察委员会和地方各级监察委员会。国家监察委员会是我国的最高国家监察机关。

5. 司法机关

中国的司法机关由人民法院和人民检察院构成，它是依照宪法和法律代表国家行使审判权和法律监督权的国家机关。

三、考核知识点和考核要求

（一）国家机构概述

识记:(1) 国家机构的含义;(2) 国家机构的主要构成要素;(3) 国家元首在国家机构中的地位和作用;(4) 国家机构的四个特点;(5) 影响国家机构设置的主客观因素。

领会:(1) 国家机构与国家本质的关系;(2) 国家机构与“政府”概念的区别与联系;(3) 国家机构是一个统一的有机整体;(4) 国家机构设置原则和形式的差异性。

（二）西方国家的国家机构

识记:(1)“三权分立”的含义;(2)“三权分立”原则的产生;(3) 立法机关的历史沿革和主要职权;(4) 行政机关的含义和主要职权。

领会:(1)“三权分立”原则在不同国家施行的差异性;(2)“一院制”与“两院制”的联系与区别;(3) 司法机关的“违宪审查权”。

应用:(1) 结合西方国家的实际,分析“三权分立”的本质;(2) 结合实际,说明西方国家立法机关与行政机关的关系;(3) 分析说明西方国家“司法独立”的实质和意义。

（三）社会主义中国的国家机构

识记:(1)“民主集中制”原则的由来;(2) 中国主要国家机关的构成及其职权范围。

领会:(1)“议行合一”原则与“三权分立”原则的本质区别;(2)“民主集中制”原则在国家机构中的体现;(3) 全国人民代表大会在国家机关体系中的地位;(4) 我国最高国家权力机关与最高行政机关的关系;(5) 我国的监察机关与审判机关、检察机关、执法部门的关系。

应用:(1) 结合实际,说明“民主集中制”在我国人民代表大会制度中的具体体现;(2) 分析说明人民代表大会制度是我国的根本政治制度;(3) 对比说明我国的人民代表大会制度与西方国家的“三权分立”制度的联系与区别。

四、本章重点、难点

本章重点:国家机构的含义、特征及其构成要素;国家机构设置的影响因素;国家机构设置原则和形式的差异性。

本章难点:西方国家立法机关、行政机关和司法机关的关系;民主集中制是我国国家机构的组织原则。

第六章　政党与政党制度

一、学习目的与要求

通过本章的学习,使学生掌握政党的含义、特征及其功能;现代政党的产生与分类;正确理解和把握政党制度的内涵、影响因素,当代西方国家政党制度主要类型;理解和把握中国特色政党制度内涵、特征,着重理解和把握中国特色政党制度是新型政党制度;理解和把握中国统一战线的性质及其主要任务。

二、课程内容

第一节 政党理论概述

(一) 政党的含义与特征

政党是代表一定阶级、阶层或集团的根本利益,并由其中一部分最积极的分子所组成,具有共同的政治纲领和理论主张,采取共同的行动,为参与、取得和维护政权而组成的政治组织。政党的主要特征包括:政党是一种特殊的政治历史现象,政党由阶级、阶层或某些重要的社会集团中的一部分人所组成,政党有自己的组织和纪律,政党有自己的政治纲领,政党与政权密不可分等。

(二) 现代政党的产生与分类

常见的政党分类方式有以下四种:以政党代表的阶级和阶层属性为标准,可将其分为不同阶级和阶层的政党;以政党是否掌握政权为标准,将其划分为执政党、参政党、反对党、在野党;以政党的法律地位为标准,将其分为合法政党和非法政党;根据政党的活动范围,可以将其分为跨国政党联盟、国内政党和地区性政党。

(三) 政党的功能

政党的功能可以概括为如下四个方面:争取群众和影响群众、整合和集中阶级意志、掌握和行使国家权力、培养政治骨干等。

第二节 政党制度及其主要类型

(一) 政党制度的内涵与影响因素

政党制度是指一个国家由法律规定的或在政治生活现实中形成的、规范政党及其活动规范的总称,其内容包括国家各个政党在政治生活中所处的地位、作用及其相互关系、政党同国家权力的关系、政党对政治生活的影响等。

政党制度的影响因素主要包括:社会利益结构、不同阶级力量和政治力量发展和成熟的对比程度、国体和政体、具体政治制度和政治规则等。

(二) 政党制度的主要类型

资本主义国家政党制度类型主要包括两党制、多党制、一党制等;社会主义国家政党制度类型主要包括无产阶级政党领导制和无产阶级政党领导下的多党合作制。

第三节 当代中国的政党与政党制度

(一) 当代中国的政党

当代中国的政党主要包括执政的中国共产党和参政的各民主党派。中国共产党处于领导和执政地位,各民主党派处于参政地位。

(二) 中国特色政党制度是新型政党制度

中国政党制度是在中国长期的革命、建设和改革实践中形成和发展起来的,指的是中国共产党领导的多党合作和政治协商制度,是具有中国特色的社会主义政党制度,具有提供政治参与渠道、反映和表达不同阶级和阶层利益、整合社会力量、实现民主监督、维护政治稳定;推动人类文明进步的重要力量等功能。中国特色政党制度具有有利于中国最广泛人民民主的实现、有利于提高决策水平和执行效率、有利于调动和发挥各方面力量的积极性主动性和创造性、有利于民族团结和祖国统一大业的实现等优势,因此是新型政党制度,体现在它是马克思主义政党理论同中国具体实际相结合的产物,符合中国国情、能够真实、广泛、持久代表和实现最广大人民根本利益和全国各族各界根本利益,创造了新型政党关系,创造了新的政党政治形式;开创了政党的相互监督机制等。

(三) 中国政党制度与统一战线

中国政党制度的特殊性所在就是它与统一战线具有内在联系。统一战线是中国特色政党制度的重要运行方式,是中国政党制度在政治实践中发挥作用的纽带。中国统一战线是中国共产党以马克思主义基本原理为指导并与中国革命具体实践相结合而形成的。中国统一战线的工作机制包括其指导思想、基本原则和目标、工作范围和对象、组织形式等内容。新时代统一战线的主要任务包括:处理好中国共产党和民主党派的关系;处理好各民族特别是汉族和少数民族的关系;处理好信教群众与不信教群众以及信仰不同宗教群众之间的关系;处理好社会各阶层的关系、处理好大陆同胞和港澳同胞、台湾同胞、海外侨胞的关系等。

三、考核知识点与考核要求

(一) 政党理论概述

1. 识记:政党的含义、特征、功能。

2. 领会:(1) 不同视角下政党的定义;(2) 现代政党的产生和分类。

3. 应用:马克思主义关于政党的含义。

(二) 政党制度及其主要类型

1. 识记:(1) 政党制度内涵与影响因素;(2) 两党制、多党制的内涵、特点。

2. 领会:政党制度的特点、影响因素。

3. 应用:英、美两党制特点及评价。

(三) 当代中国的政党与政党制度

1. 识记:(1) 当代中国的政党及其在国家政治生活中的地位和作用;(2) 中国政党制度的内涵、特点、优势;(3) 统一战线内涵。

2. 领会:(1) 中国政党制度的形成;(2) 中国特色政党制度的基本功能、实现方式;(3) 统一战线的形成。

3. 应用:(1) 中国共产党的领导地位和作用、民主党派的参政方式;(2) 中国特色政党制度的优势;(3) 中国特色政党制度是新型政党制度;(4) 新时代统一战线的任务。

四、本章重点、难点

本章重点:现代政党的特点、功能;政党制度的影响因素、主要类型、中国政党制度及其特点和优势等。

本章难点:如何理解政党制度及其影响因素;如何理解和评价西方国家政党制度;如何理解中国政党制度是新型政党制度。

第七章 政治文化

一、学习目的与要求

通过本章的学习,使学生能运用马克思主义观点、方法,认识政治文化的含义与特征、政治文化的要素与类型、政治文化的结构与功能,政治社会化的含义、类型与主要途径;理解中国特色社会主义政治文化的主要内容、基本特征、建设的基本途径、重要作用。

二、课程内容

第一节 政治文化概述

(一)政治的含义与特征

政治文化是一个国家中的阶级、团体和个人,在长期的社会历史文化传统的影响下形成的某种特定的政治价值观念、政治心理和政治行为模式。政治文化主要具有如下特征:鲜明的阶级性、历史继承性、相对的独立性。

(二)政治文化的要素与类型

政治文化主要包含政治心理、政治思想和政治价值观等要素。根据社会成员的参政倾向,可将政治文化分为参与型政治文化与服从型政治文化;根据政治文化在一个国家、社会的作用和政治文化中亚文化结构及其相互间关系,可将政治文化分为冲突型政治文化、协调型政治文化和混合型政治文化;根据政治文化的价值理念的特点,可将政治文化分为理想型政治文化和现实型政治文化;根据政治文化的发展阶段,可将政治文化分为传统政治文化与现代政治文化。

(三)政治文化的结构与功能

政治文化的结构,既包括纵向结构和横向结构,也包括对象结构和成分结构。在现实政治生活中,政治文化主要具有如下功能:规定政治生活的基本指向和内容;指导和规范各种政治行为;影响政治过程;维系或变革政治制度。

第二节 政治社会化

(一)政治社会化的含义

政治社会化可从个体和社会两个层面来定义,一方面是将政治社会化看作社会成员通过学习获取已有政治文化,成为政治人的过程;另一种则将政治社会化看作社会通过各种途径传播政治思想,塑造成员政治心理,在代际形成中维持或改变政治价值观的过程。

(二)政治社会化的类型

按照不同社会政治形态来划分,政治社会化可划分为原始社会的政治社会化、奴隶社会的政治社会化、封建社会的政治社会化、资本主义社会的政治社会化和社会主义社会的政治社会化;按照人的年龄阶段来划分,可将政治社会化划分为儿童期的政治社会化、青年期的政治社会化和成年期的政治社会化;按照政治社会化的方式来划分,可以划分为直接的政治社会化和间接的政治社会化。

(三)政治社会化的主要途径

政治社会化主要通过如下途径展开:家庭、学校、大众传媒、社会组织等。

第三节 中国特色社会主义政治文化

(一)中国特色社会主义政治文化的主要内容

中国特色社会主义政治文化具有丰富内容,主要由社会主义核心价值体系、社会主义民主政治思想、社会主义法治文化、中国共产党党内政治文化、社会主义政治意识和政治心理组成。

（二）中国特色社会主义政治文化的基本特征

中国特色社会主义政治文化的基本特征包括：独特的民族性、鲜明的时代性、巨大的包容性、无可比拟的先进性。

（三）中国特色社会主义政治文化建设的基本途径

新时代中国特色社会主义政治文化建设和改革，主要包括如下途径：增强文化自觉和文化自信，牢固掌握意识形态工作领导权；坚持社会主义核心价值体系，推进社会主义核心价值观建设；深入开展社会主义民主法治教育，提高公民政治意识和政治素养；深入开展党内政治文化建设，营造风清气正的良好政治生态；深入推动宣传思想工作，创新思想政治教育。

（四）中国特色社会主义政治文化的重要作用

中国特色社会主义政治文化在政治生活中发挥着十分重要的作用：凝聚政治资源，保障中国特色社会主义政治体系顺利运行；破除思想障碍，规范社会主义社会中人民群众的政治行为；维护社会期望，引领中国特色社会主义政治发展。

三、考核知识点与考核要求

（一）政治文化概述

1. 识记：政治文化的含义、特征、构成要素、结构和功能。

2. 领会：（1）政治文化的分类标准及结果；（2）传统政治文化与现代政治文化之间的不同。

3. 应用：运用政治文化理论分析服从型政治文化向参与型政治文化的转型。

（二）政治社会化

1. 识记：政治社会化的含义、类型、主要途径。

2. 领会：家庭在个人政治社会化过程中的作用。

3. 应用：结合实际分析当代中国政治社会化的过程和作用。

（三）中国特色社会主义政治文化

1. 识记：中国特色社会主义政治文化的主要内容。

2. 领会：（1）中国特色社会主义政治文化的基本特征；（2）中国特色社会主义政治文化建设的基本途径。

3. 应用：结合实际分析中国特色社会主义政治文化在我国政治生活中发挥的主要作用。

四、本章重点、难点

本章重点：政治文化的含义、特征、构成要素、结构和功能；政治社会化的含义、类型、主要途径；中国特色社会主义政治文化的主要内容、基本特征、建设的基本途径和重要作用。

本章难点：如何理解传统政治文化与现代政治文化之间的不同；如何准确把握中国特色社会主义政治文化的基本特征和建设的基本途径；如何认识中国特色社会主义政治文化在我国政治生活中的重要作用。

第八章 政治发展

一、学习目的与要求

通过本章学习,使学生掌握政治发展的含义和主要内容,政治发展的动力和主要途径,政治发展与政治稳定之间的关系;理解中国特色社会主义政治发展道路的形成与发展、基本内涵,如何坚持走中国特色社会主义政治发展道路;了解政治体制改革的含义以及改革开放以来我国政治体制改革的主要内容,我国国家治理现代化的含义、意义和途径。

二、课程内容

第一节 政治发展的含义与内容

(一)政治发展的含义

作为描述性概念,政治发展被理解为一个单一的或一组过程,这一个过程包括角色的分化、次级体系的自主性、政治文化的世俗化等内容;作为目的论概念,政治发展被定义为达到某个或某些具体政治目标的进步运动。政治发展是正向的政治变迁。

(二)政治发展的内容

政治发展有着丰富内容,主要包括:政治生活的一体化、政治结构的合理化、政治功能的完善化、政府管理模式的现代化、公民政治参与的有序化,等等。

第二节 政治发展的动力与途径

(一)政治发展的动力

政治发展来源于人类对人和社会全面发展的不懈追求,来源于人类社会的阶级关系和阶级结构的变化推动,来源于人类社会政治制度的自我完善和自我发展,来源于人类社会之间的交流沟通和学习互动。

(二)政治发展的途径

政治发展途径主要是:政治革命;政治改革。

第三节 中国特色社会主义政治发展道路

(一)中国特色社会主义政治发展道路的形成与发展

中国特色社会主义政治发展道路,是近代以来中国人民长期奋斗历史逻辑、理论逻辑、实践逻辑的必然结果。

(二)中国特色社会主义政治发展道路的基本内涵

中国特色社会主义政治发展道路有着丰富而深刻的内涵:高举人民民主的旗帜;坚持党的领导、人民当家作主、依法治国有机统一;坚持和完善中国特色社会主义政治制度;坚持社会主义核心价值观,发展中国特色社会主义政治文化。

(三)坚持走中国特色社会主义政治发展道路

坚持走中国特色社会主义政治发展道路:坚持党对政治发展的领导;坚持发展社会主义民主;坚持全面依法治国;坚持党的领导、人民当家作主、依法治国有机统一;坚持从中国国情与实际出发;坚持循序渐进、逐步深化;坚持在中国特色社会主义“五位一体”的总体布局和“四个全面”的战略布局中推进政治发展。

（四）政治体制改革与推进国家治理现代化

政治体制是一个国家政治制度得以运行和发挥功能的体制安排，涉及政治制度运行的组织体系、功能结构、工作机制和程序安排。政治体制改革是为了健全和完善国家政治制度而对其运行的组织体系、功能结构、工作机制和程序安排进行调整和变革。政治体制改革是推动当代中国政治发展的主要途径。

改革开放以来，我国的政治体制改革，主要包括以下内容：坚持和强化中国共产党的全面领导，强化中国共产党总揽全局、协调各方的能力；坚持国家权力属于人民，服务人民，扩大公民有序政治参与；全面落实依法治国基本方略，推进社会主义法治国家建设；深化行政管理体制改革，建设服务型政府；完善制约和监督机制，确保权力正确行使。

推进国家治理现代化，是中国特色社会主义政治发展道路的重要内容，也是习近平新时代全面深化改革的总目标。推进国家治理现代化是坚持和完善中国特色社会主义的必然要求，是实现社会主义现代化的应有之义，是解决社会发展中的矛盾、推动和谐发展的现实选择。建设社会主义现代化国家，推进国家治理现代化，是一项长期、系统而艰巨的工程，需要稳步推进。

三、考核知识点与考核要求

（一）政治发展的含义与内容

1. 识记：(1) 政治发展的含义；(2) 西方政治发展理论的三个发展阶段；(3) 政治发展的主要内容。

2. 领会：(1) 马克思主义政治发展观；(2) 派伊的政治发展观。

3. 应用：结合实际分析我国政府管理模式的现代化。

（二）政治发展的动力与途径

1. 识记：政治发展的动力。

2. 领会：(1) 政治革命和政治改革在政治发展中的具体作用；(2) 比较政治革命与政治改革之间的不同。

3. 应用：结合我国实际分析政治稳定与政治发展之间的辩证关系。

（三）中国特色社会主义政治发展道路

1. 识记：中国特色社会主义政治发展道路的形成与发展。

2. 领会：(1) 中国特色社会主义政治发展道路的基本内涵；(2) 改革开放以来我国政治体制改革的主要内容。

3. 应用：(1) 结合实际分析如何坚持走中国特色社会主义政治发展道路；(2) 当代中国国家治理现代化的含义、意义以及路径。

四、本章重点、难点

本章重点：政治发展的含义、内容、动力与途径；中国特色社会主义政治发展道路的形成与发展、基本内涵；坚持走中国特色社会主义政治发展道路；政治体制改革与推进国家治理现代化。

本章难点：如何准备把握政治发展的主要内容；如何理解中国特色社会主义政治发展道路的形成与发展、基本内涵；如何认识推进我国国家治理现代化的含义、意义和路径。

第九章 民族与宗教

一、学习目的与要求

通过本章的学习，使学生了解民族的概念及特征，宗教的起源及本质，正确认识民族与宗教问题在国家政治生活中的地位与作用。世界的民族与宗教问题现状及根源，中国的民族与宗教问题现状，中国的民族政策和中国的宗教政策。

二、课程内容

第一节 民族与宗教概述

（一）民族的概念及特征

1. 民族的概念

民族是人们在历史上形成的有共同语言、共同地域、共同经济生活以及表现于共同的民族文化特点上的共同心理素质这四个基本特征的稳定的共同体。

2. 民族的特征

首先，从时间上看，民族是一个历史范畴，是人类社会发展到一定历史阶段的产物，它是随着社会历史的发展而不断发展变化的，必然要经历一个由产生、发展到消亡的历史过程。

其次，从内容上看，民族具有四个特征，这是衡量一个社会共同体是否是一个民族的标准，也决定了民族与氏族、部落的不同：氏族、部落共同体以血缘为纽带，以生理特征为标志，而民族共同体是以地缘为基础以语言、地域、心理等综合因素为特征。

最后，从存在形态上看，民族是一个稳定的社会共同体，它是经过长期的历史发展形成的，不是临时组合的，不会很快解体，而是一个稳定的社会集团，会保持较长历史时期。

（二）宗教的起源及本质

1. 宗教的起源

首先，宗教起源于人类社会落后的生产力状况，反映了生产力水平低下时人们对自然现象的神秘感。

其次，阶级社会中不合理的社会制度是宗教产生的又一原因。

2. 宗教的本质

第一，宗教是人们头脑中的幻想的反映，具有虚幻性。

第二，宗教是人们对“人间力量”超人间化的想象，具有麻痹性。

第三，宗教是人们对“支配着人们日常生活的外部力量”的反映，具有相对性。

（三）民族与宗教问题在国家政治生活中的地位与作用

1. 民族问题在政治生活中的重要性

（1）民族问题是社会政治总问题的一部分：第一，从民族问题对国家政权问题的依赖性来看，解决民族问题不能离开当时的政治问题。第二，从民族问题对国家政权的影响来看，民族问题解决得好坏，是直接影响到政权能否稳定的大问题。

(2) 民族问题在当代国际政治中的地位：首先，民族冲突导致地区政治局势不稳，引起社会动荡，严重影响该地区有关各民族人民的社会生活。其次，民族冲突又使国际政治问题的解决形式出现了重大变化。再次，民族冲突又对国际关系格局以及相关国家的政治和外交关系产生重要影响。最后，霸权主义及其大国的干预和操纵仍然影响着地区民族冲突并使民族冲突问题进一步复杂化。

2. 宗教问题在政治生活中的重要性

第一，宗教是构成社会生活的重要组成部分。

第二，宗教与社会生活高度关联，保持着与现实社会发展相适应。

第三，宗教在国家政治生活中的作用。

第四，宗教对社会发展的作用具有两面性。

第二节　当代世界的民族与宗教问题

（一）当代世界的民族问题

1. 当今世界民族问题的发展历程

一是二战后民族独立与解放运动的冲击。

二是两极格局冷战的冲击。

三是全球化浪潮的冲击。

2. 当今世界民族问题的层面

首先，全球性的民族问题。

其次，跨国性的民族问题。

再次，一国之内的民族关系问题。

3. 当今世界民族问题的特点

第一，民族问题在世界各国普遍存在。

第二，民族问题与宗教问题紧密相关。

第三，世界性的民族主义浪潮持续不断。

第四，民族问题深刻影响着国际政治、经济与文化的发展。

（二）当代世界的宗教问题

1. 当今世界宗教问题的新状况

第一，宗教信仰多元化，宗教教派林立。

第二，宗教的世俗化倾向。

第三，宗教带给人类共同的新挑战。

2. 当今世界宗教发展的问题

第一，宗教激进主义相当活跃，并引发一系列新的宗教与政治问题。

第二，宗教之间的冲突明显增加。

第三，借宗教之名有恃无恐推行霸权政治。

（三）当代世界民族与宗教问题的成因

第一，冷战体制的瓦解，客观上使长期被冷战格局抑制的民族宗教矛盾得以释放。

第二，经济全球化的加速，进一步扩大了南北国家发展上的差距。

第三，一些宗教力量试图利用冷战后留下的空间以及经济全球化所形成的新的世界发展趋势，扩大势力范围，追求自身的全球性扩展。

第四,西方国家插手民族宗教问题,借机干涉别国内政,谋取政治利益。

第三节 中国的民族与宗教问题

(一)中国的民族与宗教问题现状

1. 中国的民族问题

中国民族问题的关键,就是在平等处理民族关系的前提下,加快少数民族地区的经济与社会发展,实现包括少数民族在内的整个中华民族的繁荣与复兴,促进民族团结,增强中华民族共同体意识。

2. 中国的宗教问题

(1) 宗教信仰自由权利得到法律保障。

(2) 宗教活动有序开展。

(3) 宗教界的作用得到充分发挥。

(4) 宗教关系积极健康。

(二)中国的民族政策

1. 中国民族政策的基础

2. 中国民族政策的内容

3. 中国民族区域自治制度

(1) 中国民族区域自治制度的内容:

民族区域自治制度,是指在国家的统一领导下,各少数民族聚居的地方实行区域自治,设立自治机关,行使自治权。其前提是国家的集中统一,核心是自治机关行使自治权,根本目的是实现各民族共同团结奋斗、共同繁荣发展。

(2) 中国民族区域自治制度的特点:

首先,实行民族区域自治,有利于把国家统一与民族自治结合起来。

其次,实行民族区域自治,有利于把民族发展与区域发展结合起来。

再次,民族自治地方拥有国家法律赋予的双重权力。

最后,民族区域自治制度是单一制国家结构下的民族区域自治。

(三)中国的宗教政策

1. 新时期党的宗教工作的基本要求

党的十九大明确提出了新时期党的宗教工作的基本要求:"全面贯彻党的宗教工作基本方针,坚持我国宗教的中国化方向,积极引导宗教与社会主义社会相适应。"

2. 中国宗教政策的内容

第一,实行宗教信仰自由政策。

第二,依法管理宗教事务。

第三,坚持独立自主自办原则。

第四,积极引导宗教与社会主义社会相适应。

三、考核知识点与考核要求

(一)民族与宗教概述

识记:(1) 民族的定义;(2) 民族的特征。

领会:宗教的起源和本质。

（二）当今世界的民族与宗教问题

应用:分析当代世界民族与宗教问题的成因。

（三）中国的民族和宗教问题

识记:(1) 中国宗教问题的现状;(2) 中国民族政策的内容;(3) 中国民族区域自治制度的内容;(4) 新时期党的宗教工作的基本要求;(5) 中国宗教政策的内容。

领会:(1) 中国民族问题的关键;(2) 处理宗教问题的基本原则;(3) 中国民族政策的实质;(4) 中国民族政策的基本目标。

应用:结合实际说明中国民族区域自治制度的优越性。

四、本章重点、难点

本章重点:民族的概念与特征;中国民族区域自治制度的内容;新时期党的宗教工作的基本要求等。

本章难点:宗教的起源与本质;如何理解当今世界宗教发展的问题;如何理解中国民族问题的关键;如何理解中国民族政策的基本目标。

第十章　国际政治

一、学习目的与要求

通过本章的学习,使学生认识国际政治的基本特点,认识国家主权对民族国家在国际政治生活中的重要性,掌握国际政治格局演变和发展规律,了解国际政治活动的基本准则,理解构建人类命运共同体和建设新型国际关系的重要意义。

二、课程内容

第一节　国际政治的内涵

（一）国际政治的含义

国际政治主要是主权国家之间,也包括国际组织之间和其他政治行为主体之间在世界舞台上形成的相互联系、相互作用、相互制约的政治关系的总和。作为各国和其他国际政治行为主体之间形成的普遍政治体系,国际社会政治关系具有全球性、有机性、有序性、变动性四个特征。

（二）国际政治与国内政治的关系

国际政治和国内政治是两个既有联系又有区别的范畴。一方面,国内政治是国际政治的基础和出发点,国际政治是各国国内政治在世界范围内和国际关系领域中的延伸和相互作用。另一方面,国内政治国际政治在公共权威属性、利益构成和内容、行为主体方面存在不同。

第二节　国际政治的行为主体

（一）主权国家

主权国家是政治国家和民族国家的统合体,是国际政治中最重要最具有决定意义的基本行为主体,是构成当代国际社会的最基本实体。作为国际政治基本行为主体的主权国家,由四个要素构成,即固定的领土、定居的居民、统一政权和国家主权。

(二)国际组织

国际组织是一种跨越国界的机构,是国际政治中的重要的非国家行为主体。国际组织有各种各样的类型,具有不同的宗旨和组织形式,大体上包括国家间的国际组织和非国家间的国际组织。

(三)其他国际政治行为主体

在国际社会中,其他国际政治行为主体主要是指活动于国际政治舞台上的政党、跨国公司及个人。

第三节 国际政治基本准则及国际法

(一)国际政治基本准则的特点和内容

国际政治基本准则或称国际关系基本准则,它是一切国际政治行为主体在国际政治活动中都应该普遍遵循的行为规范,体现为国际政治活动的一切成文的和不成文的原则、规则、规章。国际政治基本准则具有普遍性、共识性、应然性、约束性四个特点。当代国际政治基本准则的主要内容包括各国主权平等原则、以和平方式解决国际争端原则、互不干涉内政原则、互不侵犯原则、和平共处原则等。

(二)国际法的构成、特点和作用

国际法又称国际公法,是调整国家等国际法主体之间的关系,具有约束力的行为和活动原则、规则和规章制度的总和,用以规定国家等国际法主体的国际活动和行为。国际法由平时法、战争法和中立法三个基本组成部分。国际法是国际关系和国际政治准则的重要组成部分,既具有国际关系和国际政治准则的一般特点,又与一般国际关系和国际政治准则存在不同之处。国际法是协调国际政治行为主体之间交往关系的法律依据,对维护世界和平具有重要作用。

第四节 国际政治格局与人类命运共同体

(一)国际政治格局内涵与发展演变

国际政治格局是指一定时期内在世界主要矛盾的主导作用下,在世界范围内形成的基本政治力量对比状况和总体态势,通常表现为一定的国际政治结构或体系。世界性国际政治格局是在现代国际政治关系形成与发展的基础上形成和发展起来的。第二次世界大战后直至苏联解体和东欧剧变,国际政治格局迭经演变,呈现不同发展阶段,显示出新的特点。20 世纪 80 年代末 90 年代初,在种种复杂的内外因素的作用下,东欧剧变、苏联解体,“冷战”宣告结束,美苏争霸主宰世界的两极格局已经终结,世界向着多极化方向发展。

(二)经济全球化与国际政治格局

经济全球化对国际政治格局有深远的影响。经济全球化对多极化格局的促进作用主要是带给各国发展机遇和有利条件,加速经济社会发展,增强综合国力,促使区域经济一体化发展,使国际政治格局形成多元力量,有利于国际政治格局向多极化方向发展。

(三)中国积极参与人类命运共同体与新型国际关系构建

人类命运共同体理念是引领国际政治格局和国际体系变革的新方案。建设相互尊重、公平正义、合作共赢的新型国际关系与构建人类命运共同体的目标一脉相承、互为补充。秉持共商共建共享的全球治理观，建构共商共建共享的全球治理体制，是构建新型国际关系和人类命运共同体的重要途径。以“一带一路”促进人类命运共同体构建和带动新型国际关系建设。

三、考核知识点和考核要求

（一）国际政治的内涵

识记：(1) 国际政治的含义；(2) 国家利益。

领会：(1) 国际社会行为主体的特征；(2) 国际政治关系的三个层次与特点；(3) 国际政治与国内政治的区别与联系。

应用：(1) 结合我国实际，说明维护国家利益在国际政治关系中的意义；(2) 分析我国对外政策是如何为国内政治服务的。

（二）国际政治的行为主体

识记：(1) 主权国家；(2) 国家主权；(3) 国际组织的含义、生成与类型；(4) 其他国际政治行为主体的类型。

领会：(1) 国家主权在国际政治中的作用；(2) 主权国家的必备要素；(3) 国际组织的基本特点；(4) 其他国际政治行为主体与主权国家、国际组织在国际政治中作用的区别。

应用：(1) 结合实际，说明维护我国国家主权的意义；(2) 运用国际组织的理论，分析当前“联合国”所面临的困境；(3) 结合当前的国际形势，评价政治家在国际政治活动中的作用。

（三）国际政治基本准则及国际法

识记：(1) 国际政治基本准则的含义与构成；(2) 国际法的含义与基本构成。

领会：(1) 国际政治基本准则的特点和基本内容；(2) 国际法的特点和作用。

（四）国际政治格局与人类命运共同体

识记：(1) 国际政治格局的定义、形成和发展；(2)“冷战”；(3)“多极化”。(4) 经济全球化的含义；(5) 全球治理；(6) 人类命运共同体的内涵；(7) 新型国际关系的内涵；(8) 共商共建共享的全球治理观。

领会：(1) 国际政治格局的含义；(2) 构成国际政治格局的基本政治力量的特点；(3) 第二次世界大战后，国际政治格局的演变过程；(4) 经济全球化的正负效应与功能以及对国际政治格局的影响；(5) 人类命运共同体与国际政治格局的关系；(6) 新型国际关系建设与人类命运共同体构建的关系。

应用：(1) 结合实际，分析当今和平与发展时代主题与世界格局多极化趋势；(2) 结合实际分析、揭露美国“冷战”后的霸权主义政策；(3) 结合实际，分析经济全球化对全球治理的影响；(4) 结合实际，分析中国如何以“一带一路”建设促进人类命运共同体构建和带动新型国际关系建设的。

四、本章重点、难点

本章重点：国际政治的含义；主权国家的必备要素；国际组织的基本特点；当代国际政治基本准则的基本内容；国际法的基本构成。

本章难点：国际政治与国内政治的联系与区别；当今和平与发展时代主题与世界格局多极化趋势；如何理解经济全球化对国际政治格局的影响；如何理解新型国际关系建设与人类命运共同体构建的关系。

Ⅳ. 关于大纲的说明与考核实施要求

一、课程自学考试大纲的目的和作用

为了使考试内容具体化和考试要求标准化，本大纲在列出考试内容的基础上，对各章节规定了考核目标，以使自学应考者能够进一步明确考试内容和要求，更有目的地系统学习教材，并使考试命题能够更明确命题范围，更准确地安排试题的能力层次和难易程度。

二、课程自学考试大纲与教材的关系

课程自学考试大纲与教材的关系是既有联系，又有区别，既有相关性，其作用又有所不同。课程自学考试大纲中规定了学习的知识、掌握的要求和考核的内容，这些课程知识内容在教材里得到了充分的体现。教材内容是大纲所规定的课程知识的扩展与发挥，也是大纲中考核知识点展开后的详细表述。课程自学考试大纲与教材所体现的课程内容、体例以及章节基本保持一致。课程自学考试大纲里规定的课程内容和考核知识点，课程自学考试教材里必须要有所阐述和有所反映。反过来，教材里有的内容，大纲里就不一定体现。

三、关于自学教材

指定教材：《政治学概论》，全国高等教育自学考试指导委员会组编，周光辉主编，高等教育出版社，2019 年版。

四、关于自学要求和自学方法的指导

（1）在全面系统学习的基础上掌握马克思主义政治学的基本概念、基本原理和基本方法。本课程涉及政治学基本理论的各个方面，知识范围广泛，每章节在独立论述一个问题的同时，相互之间又有着较强的联系性。因此，自学应考者应首先全面系统地通学教材，记忆要求识记的基本概念、名词，进而深入理解基本理论和原理的内涵。其次要认识各章节之间的联系，将基本概念和原理联系起来进行学习和思考。最后要在全面系统学习的基础上突出重点，有目的地学习重点章节。总的来说，学习政治学不能死记硬背，要在准确把握概念内涵的基础上，学会对基本原理的融会贯通。

（2）把学习政治学基本理论和现实政治生活联系起来。政治学是一门应用性很强的学科。政治学基本理论不仅来源于实践，更要应用于实践，即要在实践中不断发现真理、检验真理和发展真理。《政治学概论》一书所阐述的基本原理科学地揭示了人类社会政治现象的本质及其发展规律，因而它对于理解现实政治，特别是对于理解我国社会主义实践中的政治问题和政治现象,有着极其重要的指导意义。因此,自学应考者要把课程的内容与我国的现实政治生活紧密联系起来,进行对照比较、分析研究,以增强感性认识,从而更深刻地领会教材内容,将理论知识转化为实践能力,提高自己分析实际问题和解决实际问题的水平。

五、对社会助学的要求

1. 社会助学者应根据本大纲规定的考试内容和考核目标认真钻研指定教材,明确本课程与其他课程不同的特点和学习要求,对自学应考者进行切实有效的辅导,引导他们避免自学中可能出现的各种误区,把握社会助学的正确导向。

2. 要正确处理基础知识和应用能力的关系,努力引导应考者将识记、领会同应用联系起来,把基础知识和理论转化为应用能力,在全面辅导的基础上,着重培养和提高自学应考者分析问题和解决问题的能力。

3. 要正确处理重点和一般的关系。课程内容有重点和一般之分,但考试内容是全面的,而且重点与一般是相互联系的,不是截然分开的。社会助学者应指导自学应考者全面系统地学习教材,掌握全部考试内容和考核知识点,在此基础上再突出重点。总之,要把重点学习同兼顾一般结合起来,切勿孤立地抓重点,把自学应考者引向猜题、押题的误区。

六、关于考试命题的若干规定

1. 本课程的命题考试应根据本大纲所规定的考试内容和考核目标来确定考试范围和考核要求,不要任意扩大或缩小考试范围,提高或降低考核要求。考试命题范围一般要求覆盖到章,并适当突出重点章节的分量,而且,对于某些原理还要进行跨章节的综合分析性的命题考核。

2. 在考试之日起6个月前,由全国人民代表大会和国务院颁布或修订的法律、法规都将列入相应课程的考试范围。凡大纲、教材内容与现行法律、法规不符的,应以现行法律法规为准。命题时也会对我国经济建设和科技文化发展的重大方针政策的变化予以体现。

3. 试题中对不同能力层次要求的试题分数实行按比例配置,通常为:识记占20%;理解占40%;应用占40%。

4. 要求合理安排试题的难度结构。试题难易程度可分为易、较易、较难和难四个级别:每份试卷中,不同难易度试题的分数依下述比例配置:易占20%;较易占30%;较难占30%;难占20%。

5. 考试试卷通常采用的题型有:单项选择题、多项选择题、简答题、论述题和材料分析题等,各种题型的具体形式参见本大纲“题型举例”。

附录　题型举例

一、单项选择题：在每小题列出的备选项中只有一项是最符合题目要求的，请将其选出。

1. 原始公社制度的基本社会经济单位和社会组织是

A. 胞族　　B. 普那路亚家庭　　C. 氏族　　D. 公民联合体

2. 国家权力属性不包括

A. 主权性　　B. 强制性　　C. 普遍性　　D. 社会性

二、多项选择题：在每小题列出的备选项中至少有两项是符合题目要求的，请将其选出，错选、多选或少选均无分。

1. 中国政党制度的优势包括

A. 有利于中国最广泛人民民主的实现

B. 有利于提高决策水平和执行效率

C. 有利于调动各方面力量，发挥其建设中国特色社会主义现代化的积极性、主动性和创造性

D. 有利于民族团结和祖国统一大业的实现

E. 有利于其他政党学习借鉴

2. 西方国家的“三权分立”原则指的是哪三权

A. 立法权　　B. 考试权　　C. 监察权

D. 行政权　　E. 司法权

三、简答题

1. 当代中国国家结构形式的特点。

2. 简述政党的主要功能。

四、论述题

1. 为什么说中国政党制度是新型政党制度？

2. 论述我国推进国家治理体系和治理能力现代化的含义、意义和路径。

五、材料分析题

材料一：2018 年 2 月 24 日，第十三届全国人民代表大会代表名单公布。截至 2018 年 1 月底，香港特别行政区、澳门特别行政区、台湾省、中国人民解放军等 35 个选举单位先后召开会议，共选举产生第十三届全国人大代表 2 980 名。在选出的代表中：少数民族代表 438 名，占代表总数的 14.70%，全国 55 个少数民族都有本民族的代表；归侨代表 39 名；连任代表 769 名，占代表总数的 25.81%；妇女代表 742 名，占代表总数的 24.90%，妇女代表占代表

总数的比例比第十二届全国人大妇女代表占代表总数的比例提高了1.5个百分点；一线工人、农民代表468名(其中有45名农民工代表)，占代表总数的15.70%，一线工人、农民代表占代表总数的比例比第十二届全国人大一线工人、农民代表占代表总数的比例提高了2.28个百分点；专业技术人员代表613名，占代表总数的20.57%，专业技术人员代表占代表总数的比例比第十二届全国人大专业技术代表占代表总数的比例提高了0.15个百分点；党政领导干部代表1 011名，占代表总数的33.93%，党政领导干部代表占代表总数的比例比第十二届全国人大党政干部代表占代表总数的比例而言，降低了0.95个百分点。

材料二：近年来全国人大会议期间，代表提出的议案不断增多，质量不断提高，涉及的都是关系国计民生的重大问题和群众普遍关心的问题，这些议案分别交由有关国家机关负责办理。

材料三：每年的全国人大会议都要审议国务院的《政府工作报告》、最高人民法院和最高人民检察院的工作报告以及其他报告和议案。

(1) 材料一、二、三分别说明了什么政治现象？

(2) 根据材料一、二、三，谈谈你对我国社会主义民主政治的基本特点的认识。

大纲后记

政治学概论课程自学考试大纲是根据全国高等教育自学考试行政管理专业考试计划的要求编写的。

本大纲由吉林大学周光辉教授任主编，吉林大学殷冬水教授、东北师范大学杨弘教授任副主编。

公共管理类专业委员会组织了本大纲的审稿会。南京大学孙亚忠教授担任主审，吉林大学张贤明教授、东北师范大学刘彤教授参与评审并提出了改进意见。

全国高等教育自学考试指导委员会
公共管理类专业委员会
2019 年 7 月

全国高等教育自学考试指定教材

行政管理专业（专科）

政治学概论

全国高等教育自学考试指导委员会　组编

主　编　周光辉

副主编　殷冬水　杨　弘

编者的话

2008年，高等教育出版社出版了全国高等教育自学考试指定教材《政治学概论》（王惠岩、周光辉主编），该书出版以来，受到广大考生的欢迎。本书是在该教材基础上专门为自学考生编写修订的一本教材。本教材是几代学者集体智慧的结晶。

在教材的编写修订过程中，为体现教材内容的稳定性和时代性的特点，我们保持了原教材的特色和主体框架，吸收了相关领域研究的最新研究成果，尤其是吸纳了新修订的马工程教材《政治学概论》的重要观点，力图帮助读者系统地掌握马克思主义政治学原理，树立马克思主义政治观，学会用马克思主义的立场、观点和方法观察、分析、认识各种政治现象，正确把握政治的本质及其在现实生活中的体现，坚持正确的政治方向和政治立场，注重理论与实践的结合，注重反映当代中国，特别是进入新时代以来的政治实践，力争实现专业性、知识性和通俗性三者的有机统一。

全书由10章构成，具体内容如下：

第1章介绍了政治学的研究对象、研究领域、研究方法、历史发展以及学习意义和学习要领等一些入门性的知识。

第2章介绍了马克思主义国家学说的四个基本理论环节，即：国家的起源、国家的本质、国家的职能和国家的消亡。

第3章介绍了国家历史类型的含义、划分标准，以及国家历史类型更替的规律和方式，对四种具体历史类型的国家的产生、本质、职能以及历史地位等问题做出系统分析。

第4章介绍了国家权力的内涵、特征、结构与形式，探讨了国家政权组织形式与国家结构形式的含义与类型，分析了社会主义中国的国家形式。

第5章介绍了国家机构的含义、基本特征与构成，分析了国家机构设置的影响和制约因素，介绍了西方国家机构的组织原则、主要国家机关及其职权，以及当代中国国家机构的组织原则及其主要国家机关。

第6章介绍了政党的概念、特征及其功能，政党制度的内涵、影响因素以及当代西方国家政党制度的主要类型，介绍了中国特色社会主义政党制度的内涵、特征、基本功能及其运行方式，分析了中国政党制度的优势及其作为新型政党制度的基本内容，介绍了中国统一战线的性质、工作机制和主要任务。

第7章介绍了政治文化的含义与特征、政治文化的构成要素与类型、政治文化的结构与功能，政治社会化的内涵、类型与主要途径，中国特色社会主义政治文化的主要内容、基本特征、建设的基本途径、重要作用。

第8章介绍了政治发展的含义和主要内容，政治发展的动力和主要途径，政治发展与政治稳定之间的关系，中国特色社会主义政治发展道路的形成与发展、基本内涵，以及如何坚定走中国特色社会主义政治发展道路，分析了我国国家治理现代化的含义、意义和主要路径。

第9章介绍了民族的概念与特征、宗教的起源与本质，当代世界的民族与宗教问题，以及我国的民族与宗教政策。

第10章介绍了国际政治的含义、特点以及国际政治与国内政治的关系，国际政治行为主体的类型，国际政治基本准则以及国际法的构成、特点和作用，国际政治格局的发展演变过程、经济全球化对国际政治格局的影响，分析了中国如何参与人类命运共同体构建与新型国际关系建设。

本书作者由在高校中承担过“政治学原理”课的主讲教师组成。第1章由周光辉教授执笔，第2章和第3章由齐宝江博士执笔，第4章由彭斌教授执笔，第5章由林奇富教授执笔，第6章由杨弘教授执笔，第7章和第8章由殷冬水教授执笔，第9章由薛洁教授执笔，第10章由张等文教授执笔。全书由周光辉教授担任主编，殷冬水、杨弘任副主编。

南京大学孙亚忠教授、东北师范大学刘彤教授、吉林大学张贤明教授审阅了本书全稿，提出了诸多宝贵意见，在此向他们致以衷心的感谢。

由于时间、能力水平等诸多因素的限制，本书难免存在错误和不妥之处，恳请广大读者和专家批评指正。

编　者

2019年7月

第一章 导论

政治是人类社会一种特殊的历史现象，它产生于人与人之间的利益冲突，其实质是社会中经济上占统治地位的阶级，通过建立以强制力为核心的公共权力，调节利益分配、缓和社会冲突的活动。政治现象既是复杂的，也是有规律的。政治学研究的目的就是试图揭示人类政治生活的基本规律，从而建立一门关于人类政治生活规律性的科学。本教材以马克思主义的立场、观点和方法为指导，系统分析了人类政治生活的基本问题及其规律，是一本马克思主义的政治学原理教材。本章主要介绍政治学的研究对象、研究领域、研究方法、发展历史以及学习政治学概论的意义和要领等一些入门性的知识。

第一节 政治学的研究对象和研究方法

政治学是研究人类社会政治现象的学科。要确定政治学的研究对象，首先必须了解什么是政治。

一、政治的含义

在西方，“政治”这个概念是从希腊语的 polis 一词演化而来的，它的最初含义是指希腊的古代城邦，即城市国家。西方政治学的奠基人亚里士多德撰写的名著《政治学》，就是在这个意义上使用政治概念的。在古希腊的思想家们看来，政治主要指的是国家的活动。这种认识至今仍有广泛的影响。在古代中国，“政治”一词早在《尚书》《论语》《周礼》等典籍中就已出现，不过“政”和“治”往往是被分开使用的。中国古代对“政治”的理解，与西方古代对“政治”的理解是有差异的。中国古代的“政治”，其核心含义是统治，政治主要是指“治国平天下”的活动，即依据某种道德原则管理社会、治理国家。这种关于政治的理解，在我国传统社会一直延续了 2 000 多年。

自从 2 000 多年前政治学诞生以来，关于什么是政治的问题，一直是一个众说纷纭、争执不休的话题。古往今来，不同的思想家对政治的概念作出了不同解释。大致可归纳为两种：一种是非马克思主义关于政治的解释；另一种是马克思主义关于政治的解释。

（一）非马克思主义关于政治的解释

1. 用道德的观点解释政治，把政治等同为伦理道德

在古代，无论是西方，还是中国，政治学与伦理学是不分的。各个思想家都用道德的观点解释政治，认为政治的最高目的，就是为了使人和社会达到最高的道德境界。我国古代的

儒家思想是道德政治的典型代表。如孔子说:"政者,正也。子帅以正,孰敢不正?"①他把"政"解释为正,所谓正就是正道,也就是符合礼义的道德。儒家强调"礼治""德政",就是要求统治者按照礼法来进行统治,强调统治者要以身作则,自己本身首先要正,也就是要具有良好的道德,这样才能实现好的统治。西方古代思想家柏拉图、亚里士多德也把政治与伦理结合起来分析。柏拉图设计的"理想国"就是"公道或正义之国",而"公道"就是灵魂的最高德性。公道既是个人的道德,也是国家的道德。柏拉图认为,所谓"公道",就是要求每个人在社会中按其本性做分内之事,不管分外之事,而国家的目的就是要保证社会成员各守其位。人类最高的生活就是公道或正义的生活,这是政治活动的最高目的。亚里士多德也认为,城邦(国家)代表着一种最高的"善",其目的就是使人们在城邦中过一种有道德的生活。另外,近代德国古典哲学的代表人物康德、黑格尔也把国家与伦理视同一体,认为国家就是人类伦理精神的集中体现,是一个具有传统的道德精神的社会实体。所有这些观点都把政治作为一种道德活动,甚至一种最高的道德生活来理解,我们称其为"伦理"或"道德"政治观。

2. 认为政治是一种法律现象,将政治说成是立法和执法的过程

持这种观点的人认为,政治的主要现象——国家——是法律的产物,因为国家是为了制定法律和执行法律而设置的。国家作为一个法人,是权利与义务的主体,它拥有独立的人格,具有表示意志及行动的能力。如纯粹法学派的代表人物凯尔森说过:"国家是国内的(不同于国际的)法律秩序创造的共同体。国家作为法人是这一共同体或构成这一共同体的国内法律秩序的人格化"。② 这里,凯尔森把国家说成是一种法律现象,实质上也就是把政治界定为一种法律现象,因为政治活动主要是通过国家来进行的。

3. 将政治视为争夺权力以及施展权谋和玩弄权术的活动

文艺复兴时期,意大利的思想家马基雅维里,在西方政治思想史上第一次将政治与伦理分开,提出了政治是君主夺取国家政权和维护其统治的权术活动的观点。他在《君主论》中指出:政治就是人与人之间争夺权力的斗争。因此,君主必须要像狮子一般凶猛,像狐狸一样狡猾。他主张政治就是用力量来统治人,用权术来欺骗人。从事政治的人,必须要以不断增强自身实力的方式来保持和维护自己的权力。政治活动的这种特征,要求君主必须要不择手段,残酷、欺骗、背信弃义、不讲情面,等等。马基雅维里完全摆脱了伦理对政治的限制,重新规定了政治的本质。德意志帝国的宰相俾斯麦曾说过:"政治就是当政者运筹帷幄的活动。"这也是把政治说成是当政者的统治艺术。中国古代的法家,也把政治理解为对权力的追逐和运用。他们认为,政治就是"集势以胜众,任法以齐民,因术以御群"的事务。这种从权力的角度来理解政治的观点影响深远,直到现在西方仍有相当多的学者将政治视为一种以权力为核心而展开的运筹活动。美国政治学家拉斯韦尔曾说:"政治学是一门经验的学科,研究权力的形成和分享"。③ 德国社会学家马克斯·韦伯也认为:"政治意指力求分享权力或力求影响权力的分配"。④

---

① 杨伯峻:《论语注释》,中华书局 2017 年版,第 127 页。

② [美]凯尔森:《法与国家的一般理论》,商务印书馆 2013 年版,第 269 页。

③ [美]哈罗德·拉斯韦尔、亚伯拉罕·卡普兰:《权力与社会:一项政治研究的框架》,上海人民出版社 2012 年版,第 5 页。

④ [德]马克斯·韦伯:《经济与社会》,商务印书馆 1997 年版,第 731 页。

4. 将政治看作是"管理众人之事"即管理公共事务的活动

我国近代民主革命的先驱孙中山在阐述其民权主义时说:"政治两字的意思,浅而言之,政就是众人的事,治就是管理,管理众人的事便是政治。有管理众人之事的力量,便是政权"。① 他认为,"国家最大的问题就是政治,如果政治不良,在国家里无论什么问题都不能解决"。② 虽然孙中山的定义对政治的实质及其内涵仍未做出准确的阐述,但这一定义无疑标志着我国近代政治观的一种进步。在西方也有许多学者将政治视为管理或与管理有关的活动。例如英国政治学家麦肯齐就曾指出:"目前在英国最通用的定义是奥克肖特的定义,即认为政治是参与一个社会的全面的管理进程。"

5. 把政治解释为围绕政府制定和执行政策而进行的活动,是一种"社会价值的权威性分配的活动"

20 世纪 50 年代以来,将政治视为围绕政府决策所进行的各种社会活动的观点在美国逐渐流行。如"政治是指选择公务员和促进政策的活动""政治即政府制定政策的过程"等说法。在这些观点中,最具影响力的政治概念,是美国政治学家戴维·伊斯顿的"权威性价值分配说"。他在 1953 年出版的《政治体系》一书中首先对政治做出了这一界定,即政治是"为社会做出和执行权威性价值分配(具有约束力的决策)的行为或相互交往"。③ "权威性分配说"在当今西方政治学界影响甚广。

上述各种观点分别从各自的角度揭示了政治的某一方面的特征,具有一定的合理性,然而都未能深入到政治的本质,属于非马克思主义的政治概念。

(二)马克思主义关于政治的解释

马克思主义政治学从政治与经济关系的角度入手挖掘政治的本质,将人们对政治的认识推进到一个新高度。

马克思、恩格斯在《共产党宣言》中指出:"一切阶级斗争都是政治斗争"。④ 列宁说:"政治就是各阶级之间的斗争"。⑤ 他还说:"什么是'政治'?(1)无产阶级先锋队对本阶级群众。(2)无产阶级对农民。(3)无产阶级(和农民)对资产阶级"。⑥ 毛泽东也曾指出:"政治,不论革命的和反革命的,都是阶级对阶级的斗争,不是少数个人的行为"。⑦ 列宁指出:"马克思主义认为,只有当阶级斗争不仅发展到政治领域,而且还涉及政治中最本质的东西即国家政权的机构时,那才是充分发达的、'全民族的'阶级斗争"。⑧ "政治就是参与国家事务,给国家定方向,确定国家活动的形式、任务和内容"。⑨ 列宁着重指出:"政治是经济的集中表现……政治同经济相比不能不占首位。不肯定这一点,就是忘记了马克思主义的最起码的常识"。⑩

---

① 《孙中山选集》(下),人民出版社 2011 年版,第 719 页。
② 《孙中山全集》(第 9 卷),中华书局 1985 年版,第 297 页。
③ [美]戴维·伊斯顿:《政治体系——政治学状况研究》,商务印书馆 1993 年版,第 122~123 页。
④ 《马克思恩格斯选集》第 1 卷,人民出版社 2012 年版,第 409 页。
⑤ 《列宁选集》第 4 卷,人民出版社 2012 年版,第 308 页。
⑥ 《列宁全集》第 41 卷,人民出版社 2017 年版,第 385 页。
⑦ 《毛泽东选集》第 3 卷,人民出版社 2009 年版,第 866 页。
⑧ 《列宁全集》第 23 卷,人民出版社 2017 年版,第 249 页。
⑨ 《列宁文稿》第 2 卷,人民出版社 1978 年版,第 407 页。
⑩ 《列宁专题文集 论辩证唯物主义和历史唯物主义》,人民出版社 2009 年版,第 302 页。

根据马克思主义经典作家对政治的论述，我们可以将政治的实质和含义归纳为以下方面：

1. 政治的根源是经济

政治是经济的集中表现，政治是建立在一定经济基础之上的上层建筑。这说明政治不是脱离经济而孤立存在的，政治的性质由经济基础的性质来决定，但又反作用于经济基础。作为生产关系总和的经济基础，决定着社会的阶级结构、特定阶级的经济地位和经济利益，决定着一个国家的政治法律制度、组织和设施等以及相应的意识形态的状况。政治和经济的相互作用过程，反映着阶级关系及阶级利益的复杂关系。各个阶级之间在经济上的根本对立，必然集中地表现为政治斗争。因此，有什么样的经济关系，就有什么样的政治关系。一切脱离经济关系而孤立地谈政治关系的观点都是错误的。强调经济对政治的决定作用，是马克思主义政治学的根本特征。

2. 政治的实质是阶级关系

政治考虑的不是泛泛的利益关系问题，而是以阶级为最终归属的群体性的利益关系。阶级关系是政治活动的主导因素，一切政治关系均直接表现为或最终可归结为阶级关系。在阶级社会中，阶级性是政治的根本特点。阶级关系包括敌对阶级之间的关系以及其他类型的阶级关系。具体地说，主要有统治阶级与被统治阶级的关系，领导阶级与同盟者的关系，统治阶级内部的关系等。在人民掌握政权，消灭了阶级剥削的社会主义社会，政治的主要内容已经不再表现为阶级斗争，而是如何在社会成员中进行公正的价值分配，努力营造和谐社会的氛围，不断推动国家治理体系和治理能力现代化。

3. 政治的核心是政治权力

国家是政治权力的最终载体，国家政权问题是政治的根本问题。人类政治的发展趋势是暴力的国家垄断，国家控制暴力的结果是使政治权力逐渐成为一种被合法使用的、公共性的强制力。国家政权是这种最高的社会统治权和管理权，是决定政治关系和解决政治问题的根本力量。在阶级社会中，任何阶级要想实现自己的阶级目的，都必须努力争得国家政权。在人民掌握政权的社会主义社会，处理人民内部矛盾，协调利益关系，建设和谐社会，最终也要依靠国家政权。从这个意义上说，政治就是围绕国家政权而展开的社会关系和社会活动，国家政权问题是政治的核心问题。

4. 政治活动是科学，是艺术

马克思主义认为，政治作为一种社会现象，它是有规律可循的，可以运用科学的方法来认识和把握的。我们可以用辩证唯物主义和历史唯物主义方法来研究它，从错综复杂的政治现象中找到其自身的规律性，并在政治实践中，通过掌握政治的客观规律来达到自己的目的。政治也是统治阶级如何利用政权扩大自己，如何争取同盟者，如何打击敌人的一种艺术。作为一个政治家，只有懂得这一点，才能认清政治现象的本质，把握其变化和发展的规律。

根据马克思主义经典作家的论述，我们可以对政治概念作如下界定：政治是阶级社会中以经济为基础的上层建筑，是经济的集中表现，是以政治权力为核心展开的各种社会活动和社会关系的总和。

二、政治学的研究对象和研究领域

（一）政治学的研究对象

从一般意义上讲，政治学是一门研究政治现象的科学。随着政治内涵的不断变化以及本身就存在着对政治内涵的不同看法，人们对政治学的研究对象也有不同的见解。

马克思主义认为，政治活动的核心是国家政权。国家政权是所有阶级社会上层建筑的核心部分。因此，政治学应当抓住政治中最本质、最主要、最根本的东西，即国家政权问题作为基本的研究对象。美国政治科学的创始人伯吉斯认为，“政治即国家，政治活动即国家活动”。著名政治学家伽纳也认为：“国家这种特有的现象构成政治学研究的主题，因此，政治学是一门研究国家现象的科学。”这就要求在研究中根据一定的社会经济条件和阶级状况来揭示国家的产生、发展和消亡的规律，研究各种国家形态更替和政权组织形式变化的规律；研究国家活动和职能及其得以实现的方式和手段；研究国家制定政策，处理阶级关系、民族关系和其他各种政治关系和问题的方式和方法。

将国家作为政治学的主要研究对象，抓住了事物的根本，但是政治学的研究对象却不应仅限于国家。如果仅仅将政治学视为研究国家的学问，那么必定会大大降低政治学的解释能力。我们认为，政治学是研究以国家为核心的各种政治现象、政治关系、政治活动及其发展规律的科学，政治学的研究对象应区分为两个层次。首先，从狭义的角度上讲，政治学要以国家为研究对象，即政治学要研究国家的活动、形式、关系及其发展规律等；其次，就广义的角度而言，政治学要以公共权力为研究对象，研究以公共权力为中心的政治关系、政治制度、政治思想、政治文化、政治行为的内容和规律，研究同国家密切相关的政治现象和政治问题，如政党和政党制度、政治团体、政治参与、政治文化、民族与宗教等等。这样理解政治学的研究对象，既突出了研究的重点，又顾及了学科内容的广延性。

（二）政治学的研究领域

政治学研究对象的界定，规定了政治学研究的内涵。依据研究对象这一内涵，可以推导出政治学的研究领域。由于人们对政治学研究对象的理解和把握不同，因此，人们对政治学研究领域的划分也存在不同看法。

1948 年在国际政治科学协会成立大会上，政治学研究被划分为政治理论，政治制度，政党、舆论和政治团体，国际政治四个研究领域。1975 年，美国政治学学者格林斯坦和波尔斯比编辑的《政治学手册》把政治学研究领域划分为八类，即政治学的范围与理论、微观政治学、宏观政治学、非政府政治、政府体制与过程、政策与政策制定、研究方法、国际政治，研究方法成为政治学研究的一个分支。1996 年，美国政治学家古丁等编辑的《政治科学新手册》，把现代政治学科的分支学科和研究领域划分为八个部分，即政治制度、政治行为、比较政治学、国际关系、政治理论、公共政策与行政、政治经济学、政治科学方法论。①

为了适应时代发展的需要，根据我国社会主义民主政治建设的特点，以马克思主义的基本理论为指导，吸取各国政治学发展过程中的经验，我们可以将政治学的研究范围归纳为下述领域：

---

① ［美］罗伯特·古丁、汉斯-迪特尔·克林格曼主编：《政治科学新手册》，生活·读书·新知三联书店 2006 年版。

1. 政治学理论与方法

它是建立政治制度、指导国家政治活动的基本原理，是政治学的基础与核心。理论与历史是密不可分的，政治思想史是对政治思想发展过程的归纳和总结，因而它也是政治理论的重要组成部分。总之，这一部分应包括：马克思主义政治学原理、中外政治思想史、当代政治学理论和政治哲学、政治学研究方法等。

2. 中国政治

这是我国政治学研究的主要内容。马克思主义政治学的特点是理论与实际相结合。总结我国社会主义民主政治制度建设的经验，逐步改革与完善社会主义中国的政治制度，是政治学研究的主要现实任务。它包括中国政治史、当代中国政治制度、党的领导和建设、地方政府、民族区域自治问题，以及当代中国的政治参与和决策过程、政治发展、传统政治文化的现代化等问题。

3. 比较政治

对各国政治制度进行比较研究，包括横向的现实比较研究和纵向的历史比较研究，将有助于我们深入了解外国政治制度产生和发展的过程，吸取和借鉴其他国家的经验。这个领域包括各国的政治制度、政治史、政治过程、比较政治文化、政治发展以及地区研究和国别政治研究等。

4. 行政管理

社会主义国家具有组织和领导社会主义建设的任务。为了更好地利用国家政权来建设社会主义事业，必须提高国家政权的行政效率，掌握管理现代国家的专业科学知识。这个领域包括行政学原理、国家公务员制度与人事行政学、行政法学、领导科学、市政学与城市管理学等学科。

5. 公共政策

现代政治学的突出特点之一，是对政府制定与执行政策过程的研究日益发展。这是近代实证科学方法进入政治学领域后所出现的一个新的研究领域。总体来说，公共政策包括决策科学、政策分析以及对各类政策的专题研究等。

6. 国际政治

政治学不仅研究国内政治，而且研究国家间的政治，即国际政治。国际政治是一种复杂的国家间的政治现象，它反映了国际社会中各种力量在不同背景下，围绕着国家利益冲突而产生的分化组合、力量对比和权力的角逐。国际政治涉及国家的独立、主权、国与国之间的平等、和平共处、友好合作以及与此相反的渗透、颠覆、侵略、战争等。现代国际关系错综复杂，斗争尖锐，国家间的冲突日益频繁、广泛。目前，我国已与世界上 100 多个国家和地区建立了外交关系，这就需要我们熟悉国际形势，了解当代国际关系的历史背景、世界政治格局的演变过程和各国对外政策的来龙去脉。国际政治学是现代社会出现的一门新的学科，它主要包括：国际政治和国际关系理论、国际组织、国际法、国际关系史、中国外交史、现代国际关系与我国外交政策、外交学与外交及领事业务、现代战争与和平以及国际战略学等问题。

随着社会的飞速发展，政治学的研究领域会不断拓展，其分支学科也会越来越丰富细密。总的来看，上述分类比较客观地反映了当前我国政治学发展和研究的现状。政治学概论这门课程，主要是围绕政治学的基本对象国家而形成的理论体系，并非试图涵盖政治学研究的全部范围，因此，它的作用在于为政治学相关领域和具体问题的研究提供理论基础和方法指导。

三、政治学的研究方法

马克思主义政治学的研究方法,是辩证唯物主义和历史唯物主义。它要求辩证地、客观地认识和分析政治现象,从一定的历史条件出发考察政治现象,从社会经济生活中去探究政治发展的动因,指出政治活动与社会物质存在之间的矛盾和内在联系。它要求透过现象看本质,真正揭示政治现象的客观性和规律性。它具体包括以下几项主要方法:

(一)具体问题具体分析

研究任何政治问题,都必须把它置于一定的历史、社会、文化范围内进行考察,联系它们产生和发展的特定历史背景和环境来进行分析。

(二)从具体到一般,再从一般到具体

在研究政治现象时,不应凭借主观设定的模式,必须从具体的问题入手,逐步得出具有普遍性的结论,然后再用普遍性的理论来指导具体的实践。

(三)理论联系实际

政治学研究要紧密联系活生生的政治现象,尤其是结合中国特色社会主义建设的实际,使政治理论能够指导实践,并在实践中不断使其丰富和完善。

(四)阶级分析

在考察阶级社会中的任何政治现象时,都应找出它所体现的阶级关系,从本质上深刻揭示政治现象的阶级本质。

(五)经济分析

从经济关系入手分析政治现象和政治关系,政治归根结底是经济的反映,物质生活的生产方式制约着政治生活。社会经济的性质决定和制约着社会政治的性质,经济关系的发展变化是政治关系发展变化的根本动力。

在上述方法论原则的指导下,政治学研究还需要采取具体的研究方法。其中比较常用的有:

(一)历史研究法

从政治现象的产生、发展和演变的角度来进行研究,目的是探讨政治活动和政治关系发展的规律性,并预测政治现象的发展趋势。政治史的研究,侧重通过有计划、有步骤地提出问题的方法来开辟自己的研究领域和空间,它重视对历史事实的分析,力求用因果性来解释人类政治活动的规律性。它在宏观方面,解释引起制度变迁的政治、经济、文化心理、自然等因素;在微观方面,通过把握领袖人物的生活经历和人格类型,揭示这些因素在政治活动中的特定作用。

(二)制度研究法

就是从政治制度的形成与演变角度,来探求制度结构类型变化规律的方法。对制度的研究主要有两种倾向,传统政治学的制度研究法主要是静态分析方法,它把政治学看成一种法律规范的科学,研究国家制度的结构和法制等制度性问题,其注意力大多集中在对政府正式机构和与此相关的法律或宪法文件的研究上,诸如探讨国家主权、联邦制和宪政体制等基本概念。动态分析方法,主要是研究制度的功能变化、政治制度在社会体系中的关系、制度模式的相互冲突和协调、制度形成过程中的行为关系机制。这些方法对于发展中国家的社会政治稳定、政治制度建设方面的研究，具有很强的现实意义。由于发展中国家正处于制度转型阶段，制度的转型与过渡能否顺利地进行，将直接关系到社会能否稳定协调地发展。

（三）比较研究法

比较研究法是通过分析两个或两个以上的政治现象的相同点和相异点，来发现政治现象本质和规律的方法，通俗地说，这种方法就是"同中求异、异中求同"的方法。它可以采取纵向的比较，也可以采取横向的比较。纵向的比较是从历史的角度来比较政治现象，即比较过去、现在和未来的政治现象；横向比较是比较同一历史阶段的不同政治现象，如对当代西方各种政治制度的比较研究。

（四）结构—功能研究法

政治结构—功能分析方法，主要是试图通过剖析政治结构和政治功能来揭示政治系统运转的规律性。它的基本任务是解释某种特定的政治现象、政治行为模式和政治系统的特定功能。政治结构这个概念在政治学研究中具有重要意义。因为政治发展的主要标志首先就是国家结构的民主化问题，国家政权作为一种最高的权力结构，它包括立法机关、行政机关、司法机关之间的权力关系以及中央与地方之间的权力关系等。此外，政党结构、利益团体结构、公民的政治文化结构等，也是结构分析的对象。结构和功能分析是密切相关的，任何结构都具有这样或那样的功能。政治系统的主要功能有：利益表达、利益整合、政治沟通、法规制定、法规执行等。政治结构—功能方法是一种被广泛应用的研究方法，它有助于人们理解各种政治现象之间以及政治现象与社会现象之间的复杂关系。它研究各种政治组织、政治机构和政治设施之间的关系，把复杂的政治设施分解成各种各司其职的政治结构，为深入细致地分析政治现象创造条件。它作为一种科学方法，为政治学研究提供了许多新的概念，如正结构、负结构、正功能、负功能等。

此外，当代的政治学研究还采取了多学科综合研究的方法，以便从各个方面和各种角度来分析和考察政治现象。当代政治学与其他社会科学和许多自然科学相互交叉，并因此出现了一系列新的边缘学科，如政治社会学、政治心理学、政治经济学、地缘政治学、生态政治学、政治人类学、计量政治学等。目前，这种跨学科式的综合研究方法虽然还不够成熟，但这一趋向标志着政治学研究正在不断向深度和广度发展，它将对政治学方法论的革新产生深远的影响。

四、政治学与其相关学科的关系

政治学是一门科学，科学是人类认识世界的成果，也是改造世界的思想武器。根据研究对象的不同，科学可以分为若干学科门类，每一类都包括其本身特定的研究领域。同时，在不同科学领域之间还有若干边缘科学。传统的人文学科包括文学、历史学和哲学等学科领域；传统的社会科学则包括经济学、政治学、法学等学科。20 世纪以来，在这些传统学科的基础之上，出现了许多新的边缘学科。如政治学领域就出现了新政治经济学、政治心理学、政治社会学、政治人类学、政治文化学等边缘学科，各门科学都以具有矛盾特殊性的特定客体作为其研究对象。各门科学都以其研究对象的特殊性而成为一门独立的学科。同时也由于它们研究的对象的共性而互相联系，统一构成了一个具有内在联系的科学体系或学科群。政治学吸收其他相关学科的认识成果来研究自己所分析的问题，可以使它深入到导致政治现象出现的各种因素及这些因素的各个层面来全面地分析问题，通过各个层面和角度的分析来探索政治的本质和发展规律。在基本理论方面,政治学与哲学、经济学、法学具有十分密切的联系。正确地理解和把握政治学与这些学科的关系,对于深入地开展政治学研究,特别是对政治学原理的研究,将是十分必要的。

(一) 政治学与哲学的关系

自从人类创造出哲学以来,它就与政治产生了密切的联系。哲学作为人类自然知识和社会知识的高度总结和抽象概括,它所探求的是自然界、社会和人类思维发展的一般规律。因此,哲学始终居于人类知识的最高层次,属于社会意识的最高形式。哲学是一种世界观和方法论,任何阶级或学派的政治学理论都要以某种哲学观点作为自己的理论基础。从根本上说,哲学的研究对象是人。哲学追问的是人类生存和个人生活的价值和意义。哲学研究尽管也涉及自然的问题,但研究自然的最终目的还是为了研究人。因此,哲学的任务在于给人们提供理解自身、理解社会的视角和方式,为人类的生命过程和生存活动提供价值支持。对人的理解不同,相应的政治逻辑就不同。

例如,传统政治观的逻辑起点,认为人性是完善的或者是可以趋于完善的,因而基于这种观点所设计的政治制度则以贤人即道德上的完人治国为基本原则。这种政治思维方式,在古代中国和古希腊社会都占据着统治地位。这种观点归根结底来自于认为人性可以趋向完善这样一种看法。与此相反,现代西方政治哲学的逻辑基点则认为人性将永远是不完善、有弱点的,因而道德上的完人是不存在的,对任何人都应持一种不信任的态度。从这种观点出发,现代西方政治理论提出了分权、法治等原则,其目的在于限制掌握权力的人滥用权力。

上述两种政治思维方式的不同,说明了哲学与政治学之间的密切关系。事实上,在人类社会发展的历史进程中,几乎每一种新的和具有影响的哲学流派出现之后,都会引起政治学基本理论或政治学研究方法论的某些变化,并导致新的政治学流派的出现,以及现有政治学流派的分化或消亡。例如,现实主义政治学就是随着近代哲学领域中人的价值观念出现根本改变以及实证主义和功利主义出现之后的产物。它最终导致了西方政治学从传统走向现代的历史性转折。

马克思主义的政治学说,主要是在马克思主义的历史唯物主义基础上形成和发展起来的。它以马克思主义的哲学为方法论,在汲取人类政治思想史上的优秀成果的基础上,形成了自己的理论体系。在改革开放以前,人们往往教条地理解马克思的历史唯物主义,用国家与法的一般理论来代替政治学的研究,把政治学看成是没有必要存在的学科而取缔。这种现象反映了当时的时代局限性。实际上,马克思主义关于人的学说和关于自由、平等、人权的理论,正是马克思主义政治学说的价值哲学基础,对这些理论做出深入的研究和阐释,建构马克思主义政治哲学的理论体系,用辩证唯物主义指导我国政治学的研究,对政治正义、公民的权利义务关系、物质文明和精神文明建设的关系做出符合我国国情的解释,是我国政治学理论研究中一项十分重要的课题。

(二) 政治学与经济学的关系

经济学是研究各种经济关系和经济活动规律的科学,它大体分为政治经济学、市场经济学、宏观经济学和微观经济学等。

政治学与经济学的联系非常密切。这一方面是因为经济关系决定了政治关系的性质,有什么样的经济基础就有什么样的政治上层建筑,政治是经济的集中表现。在资本主义自由竞争时期,资产阶级所采取的有限国家原则,是与当时自由竞争的经济特点相适应的。当资本主义进入到垄断时期,由于商品生产的社会化和国际化程度的空前提高,资本主义社会的基本矛盾日益加深,资产阶级国家不得不直接地、大量地和经常地介入和干预社会经济生活,担负起资本主义"总指挥者""总调节器"的职能。这种变化说明,经济生活的变化必然会引起社会政治关系的改变,一种新的经济现象的出现,必然会导致政治关系的变化和调整。

另一方面,导致政治学与经济学联系的另一个重要因素,就是关于公平和效率的关系问题。通常认为,经济学所要解决的是"效益"问题,即如何最有效地利用自然资源,生产出更多的商品,创造更大的利润和增加社会财富总量。而政治学所关心的则是"怎样实现公平和社会正义"的问题,也即如何在社会成员中合理地分配社会价值的问题。我们不妨做个比喻,如果把要生产和分配的东西比作一块蛋糕,经济学关心的是如何有效地利用原料把这块蛋糕制作得又大又好,而政治学关心的则是如何把这块蛋糕合理地分配给社会成员,以实现某种特定的政治价值原则。

因此,政治学与经济学二者之间是紧密联系,相互作用的,任何政治学理论,都不能脱离特定的经济学而孤立地存在和发展。马克思主义的政治学说,是建立在马克思主义经济学对资本主义生产方式的深入剖析基础之上的,它与对资本主义剩余价值理论的揭示紧密相关。因此,我们研究马克思主义政治学,必须以马克思主义经济学为基础。同时,我们还要密切关注资本主义社会经济活动的最新变化,注意研究一些新的经济理论,从而有针对性地推动马克思主义政治学的不断发展和完善,使政治学始终关注现实社会中经济关系的新变化,为建立一种体现人与人之间真正平等的社会制度,推动社会的进步而不断做出贡献。

(三) 政治学与法学的关系

法学以人类社会的强制性行为规范——法律——为研究对象。由于政治与法律都是一种具有强制性的社会现象,因而法学与政治学具有不可分割的相关性。在历史上,政治学和法学曾经长期处于彼此不分的状态。古希腊思想家柏拉图的《理想国》和亚里士多德的《政治学》,就是把政治和法结合在一起来进行论述的,在他们看来,政治学和法学是一个问题的两个方面。在欧洲中世纪,天主教会居于最高的统治地位,哲学、政治学和法学都成了神学的附庸。17—18 世纪资产阶级革命时期,政治学虽然逐渐摆脱了神学的桎梏,但它还是与法学结合在一起的。曾经为资产阶级革命摇旗呐喊的启蒙思想家们,既是政治学家,同时又是法学家。他们的著作,例如洛克的《政府论》、卢梭的《社会契约论》、孟德斯鸠的《论法的精神》等,可以说都是兼具政治学和法学两方面内容的著作。19 世纪以后,政治学和法学各自成为一门独立的学科。但是,由于许多问题如民主和法治、立法与决策、分权和制衡、国家、政党制度、公民与国家的关系、政治参与和决策程序等,均具有政治学和法学的两方面内容,所以政治学和法学两者之间的联系,仍然非常密切。当然,这并不意味着政治学要把法的问题与政治问题并列研究,甚至用对法的研究取代对政治的研究。

政治学与法学虽然有着非常密切的联系,但它们各自的研究重点却是不同的。政治学所研究的是人类社会中的权力现象,权力是其研究的核心,特别是公共权力以及围绕公共权力而展开的各类现象。而法学的研究对象则以特定的法律主体的权利和义务关系为重点,即研究立法、执法、守法、司法中人们权利和义务界限的确定、规范化、制度化以及权利的行使、义务的履行等一系列活动。

总的来说,由于法是进行政治活动和实现政治目标的一种规范和手段,特别是在现代社会，民主政治就是在法律约束下的政治，政治必须采取合法性的形式，有规则和有秩序地运行，因而政治和法具有内在的统一性，政治学和法学也就具有必然的联系。特别是像宪法学、立法学、行政法学等学科，本身就兼具政治学和法学的双重性质。

第二节 政治学的历史发展

政治学是一门有着悠久历史的学科，是在人类社会漫长的历史进程中发展而来的。政治学的发展以人类丰富政治实践经验为基础。

一、政治学在古代的发展

（一）中国古代的政治学

中国古代社会实行的是君主专制的政体形式，是奴隶主阶级、封建阶级掌握政治权力的时代。各个朝代、各个国家都是以君主制政体形式来组织政权的，虽然君主制的具体形式、体制并不完全一样。自秦汉以来，中央集权的君主专制制度成为2 000多年封建社会的基本国家制度。在政治思想方面，虽然也有君权神授的学说来论证君主权力的合理性，但政治理论的主要内容，是阐述如何治理国家，如何治国平天下的道理。春秋战国时期是我国奴隶制瓦解、封建制形成的历史转折时期，在这种社会关系大动荡条件下出现的“百家争鸣”局面，实际上是各种政治思想之间的论战。这个时期产生了许多著名思想家，如孔子、孟子、荀子、墨子、老子、庄子、韩非子等。他们都对如何治国平天下发表了许多精辟的见解，其中大部分观点在我国历史上一直是各派政治家、思想家所争论的主题。从这个意义上说，政治学虽然在中国古代没有成为一门独立的学科，但就其研究的内容而言，已经具有2 000多年的悠久历史。

在先秦时代的诸子百家中，对我国政治生活影响最为深远的是以孔孟为代表的儒家政治思想，以老庄为代表的道家政治思想，以韩非为代表的法家政治思想。儒、道、法三家，在我国社会的政治思想发展史上具有重要的代表意义。

由孔丘所创立，孟轲进一步发展和完善的儒家学派，是我国历史上影响最大的学派，长期占据着思想上的统治地位。其主要典籍是《论语》和《孟子》两书。儒家的政治学说，概括起来主要有两个方面。首先是坚持“为国以礼”①的政治原则，这就是所谓的“礼治”。孔子的目的就是以周代的礼法来调整人与人之间的相互关系。其次，儒家学派提出“为政以德”②的治国之道，即所谓的“德治”思想。孔子注重对人的道德教化，反对单靠政令、刑罚来维持社会统治；注重用“宽厚”的办法来进行统治，并要求统治者应该加强自身的道德修养。孔子所提出的这种统治方略，经过孟子的进一步阐释和发展，又被归结为“以德行仁”的“王道”，并以此来反对“以力假仁”的“霸道”。在2 000多年的封建统治中，这一套统治术始终是封建地主阶级维护统治、奴役和欺骗人民的基本手段。

法家是与儒家相对立的主要流派。韩非是先秦法家思想的集大成者，著有《韩非子》一书。他反对孟子的“仁政”和“王道”，主张“霸道”和“以法治国”。他把慎到的“势”、商鞅的

---

① 杨伯峻：《论语注释》，中华书局2017年版，第118页。
② 杨伯峻：《论语注释》，中华书局2017年版，第11页。

“法”、申不害的“术”融为一体，形成了一整套法家的治国理论。他对君主的统治术作了较为详细的描述，其中许多思想早于马基雅维里的《君主论》1 700 多年。中国 2 000 多年的封建社会，法家在我国社会虽然一直居于儒家之下，但在封建社会和半殖民地、半封建社会的政治生活中，却一直发挥着极其重要的作用。

儒家与法家的治国思想虽然各自持着“德治”和“法治”以及“王道”和“霸道”两种治国原则，但他们都主张以积极的手段来治理国家。老子和庄子的政治思想则与此相反，他们主张采用消极无为的手段来进行政治统治。所谓的“无为而治”，就是要求国家尽可能不去干扰人们的社会生活。但这并非意味着统治者应该放弃对国家的治理。老子说过：“为无为，则不无治。”①由此可见，他的目标还是要达到“治”，具体而言，就是实现其“小国寡民”②的理想社会。老子“无为而治”的治国思想，一直被历代统治者作为一种补充性手段，用来缓和阶级矛盾，维持社会统治，并在实际政治生活中与儒法思想一道起着重要的互补作用。“无为而治”主要被作为一种权术思想，成为统治者调节其内部矛盾、缓和阶级矛盾，维护其统治的重要方法。它不仅对中国的政治文化具有非常深远的影响，而且还引起了当代一些外国学者的浓厚兴趣。

儒、法、道三家的治平之学，各有特点、互相对立、互相渗透。中国 2 000 多年的封建统治，正是这三派思想交错运用、互为表里和互相补充的历史。虽然它们均属于封建统治阶级的意识形态，但从对传统文化的总结、借鉴以及古为今用的角度来说，在目前仍然具有一定的参考价值。

（二）西方古代和中世纪的政治学

西方的政治学最早发端于古希腊社会，其主要的代表人物是柏拉图和亚里士多德。柏拉图是古希腊时代伟大的政治思想家，他在其代表作《理想国》中，提出了自己的政治理想。这本书一直被视为西方政治思想的最初萌芽。与柏拉图不同，亚里士多德则是西方社会第一个试图将政治问题与伦理问题加以区别的思想家，他认为伦理学研究的是个人的善，政治学研究的是群体的善，因而他试图在理想的政治组织和政治关系中来寻求善的结论。亚里士多德生活的时代，正值古希腊城邦奴隶制国家不断走向解体的时期。为了挽救当时摇摇欲坠的城邦制度，他在总结希腊 158 个城邦国家的治国经验和教训的基础上，写下了《政治学》这部对后世影响深远的传世之作。在这部著作中，他从“人是天生的政治动物”这一命题出发，系统地阐述了关于国家的起源、性质、目的、任务和活动原则的观点，提出了关于公共权力的性质、国家政体分类以及法治理论。他认为最好的城邦政治，是以中产阶级为基础的民主政治。这些概念和理论的出现，奠定了西方政治学的基本范畴和体系，在西方政治思想史上产生了深远的影响。正因如此，亚里士多德的《政治学》被公认为是西方政治学的真正开山之作，他本人也由此而成为西方政治学的奠基者。

中世纪是西欧社会的黑暗时代，前后长达 1 200 余年。在这一时期，基督教神学一直在意识形态领域占据着统治地位，任何一门学问，都变成了神学的婢女，政治学也成为神学统治的思想工具。神学政治论的主要代表人物是奥古斯丁和托马斯·阿奎那。他们的政治思想虽然不尽相同，但其共同的特点都是从上帝的意旨来解释一切，宣扬人的原罪学说、神创

① ［魏］王弼注、楼宇烈校释：《老子道德经注校释》，中华书局 2008 年版，第 8 页。

② ［魏］王弼注、楼宇烈校释：《老子道德经注校释》，中华书局 2008 年版，第 190 页。

等级理论和君权神授论，主张神权高于王权，世俗王权必须服从于教权。这种政治理论实际上反映了当时教会领主企图直接掌握世俗政治的现实利益要求，同时也为中世纪的等级压迫制度罩上了一层神圣的灵光，与古希腊和罗马的政治学说相比，它具有浓厚的蒙昧主义色彩。

文艺复兴是西方政治学发生历史性转折的阶段。在这一时期，政治学逐步摆脱了宗教神学和传统伦理道德观念的束缚。新时代的政治思想家们，开始以理性和经验的目光来观察和阐释政治现象。此后，西方社会的政治思想，基本上是沿着两条线索发展的：一条是近代资产阶级政治学说的形成和发展，另一条是近代无产阶级政治学说的形成和发展。这两条发展线索，各自先后经历了若干不同的发展阶段。

二、近代以来政治学的发展

（一）近代以来中国的政治学

1840 年鸦片战争以后，中国开始由封建社会逐步沦为半殖民地半封建社会，先进的中国人历尽艰难，积极寻找救国之道。

19 世纪中叶，西方的政治思想和政治制度通过洋务派的宣传介绍传入中国。在这一时期，中国人对西方的政治思想和政治制度的认识仍处于感性认识阶段。到了清末的维新运动，较多的译书、著作、杂志、报纸开始系统介绍西方的国家学说、契约论、三权分立、民主、自由、天赋人权等理念，系统介绍西方的议会制度、政党制度。严复翻译的赫胥黎的《天演论》、赫伯特·斯宾塞的《群学肄言》、甄克斯的《社会通诠》、孟德斯鸠的《法意》等西方政治学说著作，对近代中国政治产生了重要影响。1898 年的戊戌变法虽以失败告终，但梁启超主办的《时务报》《清议报》和《新民丛报》，在介绍西方政治思想和政治理论中发挥了巨大作用。此时，政治学在西方开始成为一门独立的科学。大量西方政治学界出版的著作很快被翻译为中文，在中国广泛传播。据统计，从 1901 年到 1904 年间，中国翻译出版的西方政治学专著有 66 本之多。①

1898 年 12 月，京师大学堂在北京成立。1902 年，京师大学堂的《钦定京师大学堂章程》把大学堂定为三个层次，即大学院、大学专门分科、大学预备科，把大学专门分科定为七科，其中第一科就是政治科。② 随后，陆续兴办起来的大学都设立了政治学系。到 1948 年，中国 100 余所大学中已有 40 多所大学设立了政治学系。一批由中国学者撰写的政治学著作也陆续出版。

中国政治学呈现出多个学派相激相争的格局。资产阶级改良派和封建守旧派提出了以儒家思想为内核的政治学说；资产阶级革命派提出了以近代资产阶级政治思想为蓝本的政治学说；一批接受马克思主义的先进分子积极宣传马克思主义政治学说。

孙中山是近代资产阶级政治学说在中国的传播者和实践者。1894 年，孙中山建立了中国第一个资产阶级革命团体兴中会，提出了“驱除鞑虏，恢复中华，创立合众政府”的革命主张，制定了建立资产阶级共和国的方案，通过对日本、欧美等国的考察，逐步形成了“民族、民权、民生”三民主义的政治学说。1906 年，孙中山提出了“五权分立”的制宪原则，在立法、

---

① 宝成关：《西方文化与中国社会——西学东渐史论》，吉林教育出版社 1994 年版，第 410~414 页。

② 朱有瓛主编：《中国近代学制史料》二辑（上册），华东师范大学出版社 1987 年版，第 754~755 页。

司法、行政三权外，再加上考选权和纠察权。根据五权分立的准则，国家的体制由行政院、立法院、司法院、考试院和监察院组成。由于在中国缺乏社会基础，孙中山的学说及其实践失败了。

当代中国政治学是以马克思主义进入我国为起点的，是在马克思主义指导下逐步发展起来的。在1917年俄国十月社会主义革命胜利和1919年中国五四运动的推动下，马克思主义作为一种新的政治理论，在中国得到广泛传播。早期的马克思主义者陈独秀、李大钊等率先在《新青年》上发表文章介绍马克思主义。1920年，《共产党宣言》翻译出版，在传播马克思主义思想的先进知识分子中产生了强烈的影响，他们纷纷开始运用马克思主义观点，讲授政治学原理，分析社会政治现象。

自1921年诞生起，中国共产党就把马克思主义作为理论基础和行动指南，逐步形成了新民主主义革命路线，在长期革命过程中，发展形成了马克思列宁主义与中国革命实际相结合的重要成果——毛泽东思想。经过28年的努力，在毛泽东思想的指引下，中国共产党领导中国人民完成了新民主主义革命的任务，建立了人民民主专政的新中国。在这一伟大历史进程中，马克思主义政治学说在中国不断发展，获得了强大生命力。

新中国成立以后，在马克思主义指导下，政治学在中国获得了广阔的发展空间。然而，由于受苏联特别是"左"的思想干扰，我国高等教育一段时期忽视政治学专业的教学和建设，高校的政治学系一度被取消，虽然还有少数大学保留有"政治系"或"国际政治系"，但作为一门独立学科的政治学教育与研究，实际上基本中断。

1978年召开的党的十一届三中全会，开创了改革开放历史新时期，中国政治学也进入了一个蓬勃发展的新时期。1979年邓小平在理论务虚会上指出："政治学、法学、社会学以及世界政治的研究，我们过去多年忽视了，现在也需要赶快补课"①。1980年12月，中国政治学会正式成立，标志着我国政治学科得以恢复重建。1985年，中国社会科学院组建了政治学研究所，创办了全国性专业期刊《政治学研究》。从1981年起，部分高校相继设置政治学专业，招收本科生，随后又开始招收硕士研究生和博士研究生。1985年后，又有更多高校设置了政治学、行政管理学、国际政治学等专业，逐步形成了层次完整的政治学类专业的教育系列，为国家培养了大批高素质专业人才。

（二）近代以来西方的政治学

1. 15世纪至16世纪，是西方近代政治学的形成时期

在这一阶段，西欧社会资本主义的生产方式在封建社会中迅速成长。与此相应，新兴资产阶级的政治思想家也开始为建立资本主义制度锻造思想武器，被马克思称为新时代第一个政治思想家的马基雅维里，他在《君主论》一书中，不仅提出了政治关系的基础是财产关系的著名论断，而且从国家的目的出发，第一次提出政治问题与伦理问题在性质上的根本区别。他主张为了实现夺取权力和掌握权力这一目的，可以采用一切可以采用的手段和方法。马基雅维里曾就人性和权力之间的关系问题作了大量的论述。与他同时代的政治思想家布丹，则在他的代表作《共和六论》一书中，从人类社会的历史经验出发，考察和解释了国家与主权的关系，创立了近代资产阶级国家的主权学说，主张建立脱离教会集权统治的世俗政权和独立统一的民族国家。这些政治主张，集中地反映了当时资产阶级反对封建割据，要求建

① 《邓小平文选》第2卷，人民出版社1994年版，第180~181页。

立资本主义政治制度的利益要求,因而是一种具有历史进步意义的政治主张。然而,就在资本主义生产方式开始形成的同时,以莫尔和康帕内拉为代表的早期空想社会主义政治思想,则远远地超出了资产阶级政治思想家这种反封建专制和争取政治平等的范围。他们在各自的代表作《乌托邦》和《太阳城》中,不仅猛烈地抨击了当时私有制度的罪恶与腐朽,而且精心描绘了一个建立在公有制基础之上的,一切社会成员都享有平等权利的理想社会蓝图。尽管这一蓝图还带有浓厚的空想色彩,但它却反映了当时正在形成中的无产阶级的政治要求以及对美好社会的向往和追求。他们揭开了近代无产阶级政治学说史的第一页,并为科学社会主义政治学说的建立,提供了直接的思想资源。

2. 17 世纪至 18 世纪,是西方近代政治学的繁荣阶段

在这段历史时期,适应资产阶级革命的需要,在欧美各国产生了许多著名的资产阶级政治思想家。如荷兰的格劳秀斯和斯宾诺莎,英国的霍布斯和洛克,法国的伏尔泰、孟德斯鸠和卢梭,美国的杰弗逊、潘恩和汉密尔顿等。他们所提出的各种政治主张,构成了近代资产阶级政治原则的理论基础。如他们根据自然权利与自然法理论提出的天赋人权学说、社会契约理论、分权制衡学说和贯穿于这些思想原则中的自由、平等等近代资产阶级的价值理念,不仅为欧美资产阶级革命提供了直接的思想来源和建立政治制度的根据,同时也奠定了现代西方政治学说的基本原则和理论体系。但是,正如马克思主义的经典作家所言,“18 世纪伟大的思想家们,也同他们的一切先驱者一样,没有能够超出他们自己的时代使他们受到的限制”。[①] 这些思想家的政治主张,不过是资产阶级在革命时期的政治经济利益的反映。而这一阶段出现的空想社会主义政治思想,却大大超出了资产阶级狭窄的视野和“整个旧世界秩序的思想范围”,它直接地反映了当时还不够成熟的无产阶级的政治要求和理想。如英国的温斯坦莱,法国的摩莱里、马布利和巴贝夫,就是这一阶段空想社会主义政治思想的典型代表。他们不仅对封建专制主义深恶痛绝,而且对英国资产阶级革命后确立的资本主义制度,也持着彻底的批判态度。他们要求建立共同劳动、共同分配、废除私有制、实行公有制的、实现人人真正平等的社会共和国。

3. 18 世纪末至 19 世纪末,是西方近代政治学的发展和变革阶段

这一阶段,随着资产阶级的政治统治地位在欧美各国的普遍确立,资产阶级的政治思想家开始逐渐抛弃了革命时期的批判精神,转而开始阐释自由主义和实证主义的政治学说,为资本主义的社会秩序辩护。以孔斯坦、边沁为代表的自由主义政治思想家,在个人主义基础上提出了近代资产阶级的功利主义原则,抽象地强调个人自由,反对国家对私人经济活动的干预;以孔德、斯宾塞为代表的实证主义政治思想家,则用自然科学的方法来论证资本主义制度下阶级“合作”和社会“团结”的必然性,主张用“社会政体”来代替国家;用“社会团结”来调和阶级对立;用资本主义的和平发展观念同无产阶级日益成熟的革命思想相抗衡。因此,这一阶段的资产阶级政治学说开始日益走向保守。

在这一阶段中,无产阶级的政治学说得到了很大发展,出现了以圣西门、傅立叶和欧文为代表的空想社会主义学说。他们以深刻、犀利的笔锋,无情地鞭笞了资本主义的政治制度以及整个近代资产阶级社会的道德文明体系。他们怀着极大的热情,详尽地勾画了未来社会的理想蓝图。始于莫尔的空想社会主义政治学说,这时已经达到了它所能达到的最高点,

---

① 《马克思恩格斯文集》第 3 卷,人民出版社 2009 年版,第 524 页。

并构成了马克思主义的思想来源。

19世纪后期,资本主义世界的范围不断扩大,资本主义社会的内部矛盾也开始日益加剧,政治、经济矛盾愈演愈烈。随着工业的发展、工人阶级队伍的日益扩大、教育的普及以及普选权范围的扩大,不断引发了人们对政治问题的关注。资产阶级要维护和巩固其逐渐陷入深刻危机的统治,则不能不加强研究政治领域所出现的一些新的问题。这个时期的资产阶级政治学,已经完全从哲学和伦理学中独立出来,成为一个拥有许多学者的专门学科。由此开始一直到目前为止,西方政治学的发展先后经历了三个历史阶段。

第一个阶段从19世纪末开始至第一次世界大战为止。这个时期的西方政治学主要以国家为研究对象。当时的政治学者们认为,国家的起源、性质和类型,政治制度和政府机构与宪法等法律密切相关,又同为一定社会的上层建筑。在这种观念的支配下,当时政治学的研究方法,除了偏重制度的研究外,还注重法律主义的研究方法。这种方法从法律的角度来研究国家、政府与法律之间的关系。如认为国家是通过法律而产生的,为执行法律而建立的,国家必须服从法律。它所研究的主要问题是:国家的起源、性质和分类,政府的结构与类型,宪法的条文及类别。因此,在这个时期,宪法成为政治学理论的主要研究对象。

第二个阶段是第一次世界大战之后到第二次世界大战前夜。第一次世界大战以后,由于俄国十月社会主义革命的胜利和20世纪30年代出现的全球性经济危机,震动了整个资本主义世界。这对资产阶级政治学也是一个很大的冲击。当时,资产阶级不得不放弃资本主义的自由放任政策,国家开始干预经济,"罗斯福新政"就是其典型的代表。所谓"罗斯福新政",即运用资产阶级国家政权采取一些改良主义措施:如通过大规模举办公共工程和社会救济事业来刺激经济增长,增加政府开支,维持适当的就业和建立若干社会福利制度。这些措施对缓和经济危机起到了一定的作用,并促进了垄断资本主义与国家的结合。适应这个变化,资产阶级的政治学由以研究国家制度为主题,演变为以研究权力为主要方向。因此,有人提出了政治学是研究权力现象的科学的主张。美国政治学家哈罗德·拉斯韦尔提出:"政治研究即是对于权力及拥有权力者的研究。"所谓权力,按照他们的解释,是指"一个人或一个团体,可以依照其自身的愿望,去支配其他的人或团体的能力"。这就是说,凡是个人与个人之间、团体与团体之间、个人与团体之间所存在的支配关系,都属于权力关系,也即政治关系。这样,政治现象就不只限于国家的活动,而存在于一切社会关系之中。但是,有一部分人则认为,在这个意义上所界定的权力现象涉及的范围过于宽泛,政治学不宜研究如此广泛的权力现象,因而主张把政治现象的范围缩小,只承认与国家有关的权力现象才是政治现象,它包括国家本身的权力现象以及影响政治决策的非官方权力现象。

第三个阶段始于第二次世界大战以后。这个时期西方政治学的研究方向,又从权力逐渐转变为政策的制定过程。许多学者认为,"政治即是政府制定与执行政策的过程"。"凡是围绕政府决策中心所发生的事件,即可被定义为政治现象"。这种观点认为,政治系统属于人类社会的次级系统,这个系统的主要功能是根据社群系统(各阶级、阶层、集团等)的需要,通过政策的制定与执行对各种价值进行权威性分配。由于社会中的价值资源是有限的,不能满足所有人的需要,而且各种人或集团的需要又必然存在着不同的差异,因而必须要通过一种社会强制力来进行权威性的分配。他们认为,参与这种权威性政策的制定与执行过程的各种社会活动,都属于政治现象。西方政治学的这种转变,主要是由于第二次世界大战以后,资本主义世界的各种社会矛盾的深化与加剧,垄断资产阶级为了维持它的统治,进一步加强了政府的权力,由所谓的"立法国家"转向"行政国家",它反映了资产阶级对于政治学理论的新的要求。

行为主义方法是20世纪以来西方政治学的主要研究方法。这种方法的主要特征是运用行为科学的方法来研究影响人的政治行为的各种因素,并力图从中找出人类政治行为的规律性。行为主义政治学主要采用了现代社会学、心理学和文化人类学的研究方法。它在两次世界大战之间形成,"二战"以后迅速发展,在20世纪60年代发展到全盛时期,70年代开始走向衰落。

行为主义政治学认为,传统政治学所使用的制度研究方法和法律研究方法,只能研究政治现象的表面,而无法研究实际政治现象中的各种心理和文化因素,只有通过研究政治行为,才可能触及影响和导致产生政治现象的真正原因。行为主义政治学主要研究影响政治行为的各种因素和政治行为的规律性。如进行民意测验、研究影响集团的政治行为的心理因素、研究决定政府决策的各种人为因素、研究国家执行政策的全部行为过程等。

行为主义政治学认为,政治学作为解释人的政治行为的规律性的科学,它应该能够被经验地证明。人的行为不仅应包括一般的个体行为,也应包括团体、组织、集团、政府以及政治领导人的行为。行为不仅指人的活动,而且还包括人的心理和情感因素,以及影响人的行为动机的其他动因,如个体成长过程中的家庭环境、教育和职业的影响等因素。行为主义政治学采取了实证主义的研究方法,他们利用调查和计量的数据和结果,来验证人的行为动机和结果之间的逻辑关系。因而在实际的调查研究中,它大量采用了许多自然科学的数理统计方法和手段。

行为主义政治学的一个重要缺陷,就是单纯用现象调查的方法和计量方法来说明政治行为的动机和规律性,因而它不可能认识政治现象的实质。因为实证主义的调查方法所得出的结论,其根据只能停留在表面现象上。使用自然科学的方法来研究政治现象,虽然具有一定的科学性,但不能仅仅依赖它。因为自然科学对它研究的对象是不加任何价值评价的,但社会科学的研究却需要以价值判断为前提,即判断社会现象的善恶是非和阶级性质。不同的阶级和个人具有不同的价值观念,人们在研究社会现象时,不可能离开某种价值判断,也即人们的意识形态是不同的。因此,任何社会科学不可能回避价值判断这一基本的前提。行为主义政治学宣称他们的研究方法和结论是纯客观的,是没有任何价值色彩的,但这是根本不可能的。正如美国行为主义政治学的权威戴维·伊斯顿在他对行为主义政治学进行全面反省时所说,面对具有是非价值标准的政治现象而采取所谓的价值中立态度,本身就是一种价值选择。

行为主义政治学的盛极一时,使人们产生了一种似乎通过经验调查和计量分析就可以完全解决一切政治问题的信心,很多从事政治学研究的学者纷纷倒向这种纯粹的"政治科学"的研究尝试。然而,行为主义政治学在理论和方法上都有其无法克服的局限性。行为主义关注的往往是政治现象的局部,缺乏宏观的分析视野,因而对于研究20世纪50—60年代出现的诸如"人权运动""女权主义""社会正义"和"福利国家"等重大政治现象显得无能为力,这就使人们对于行为主义的能力产生了怀疑。

在这种背景下,进入20世纪70年代,被贴着政治科学标签的行为主义压抑了几十年的政治哲学开始复兴,自由、正义等政治学的基本价值问题重新进入人们的视野,先后涌现了"新自由主义""新保守主义""社群主义""法团主义"等政治哲学思潮。

不过,政治哲学的复兴绝不意味着政治科学的终结。西方政治学研究以政治科学为主流已然是一个不争的事实和难以逆转的潮流,作为传统研究风格代表的政治哲学思维方式不可能也不应该完全取代政治科学。所以,恰当的解释是,政治哲学的功能在政治科学兴盛的时代被严重低估了,以至于政治学研究在政治科学方向上取得巨大成就的同时,也遭遇到放弃政治哲学而带来的一些困难,于是人们又不得不在某些方面重新求助于政治哲学。政治哲学与政治科学不是谁取代谁的关系,而是相互补充的关系。政治科学的实证研究不可能完全脱离政治哲学的价值判断;而政治哲学的研究也需要政治科学的微观发现加以充实,二者共同构成了对于人类政治问题的较为全面的认识。所以,20 世纪 70 年代以来的西方政治学更多地被称为“后行为主义”时代,而不是政治哲学的时代。

三、马克思主义政治学的发展

马克思主义政治学的出现,是政治学说史上的一个具有划时代意义的转折。19 世纪 40 年代,世界资本主义体系已经形成。随着资本主义的日益发展,资本主义的矛盾逐渐暴露,资本主义生产方式引起的社会危机日趋严重。无产阶级和资产阶级之间的矛盾也不断激化。无产阶级开始以资产阶级掘墓人的身份登上历史舞台。在这种历史背景下,马克思和恩格斯创立了辩证唯物主义和历史唯物主义学说。马克思主义的出现,不但给无产阶级的政治理论奠定了真正科学的基础,而且也是政治学发展史上的一个重大转折,它标志着一个新时代的开始。

马克思和恩格斯系统研究了资本主义各国的政治现象、政治思想和政治制度,精辟分析政治问题,写下了大量著述,形成了马克思主义政治学。《共产党宣言》是无产阶级的第一个政治纲领。它奠定了马克思主义政治学理论体系的基础,对马克思主义政治学的基本原理作了比较系统的阐述,是马克思主义政治学纲领性的重要文献,标志着马克思主义政治学思想开始形成,其主要内容是:

(一)提出了国家是阶级组织的观点

马克思主义以前的政治学,都把国家看成是超阶级的组织,认为国家是人们的“联合体”或“共同体”。无论是封建社会的“君权神授论”,还是资产阶级的“社会契约论”,都企图要证明国家的永恒性质。马克思根据对人类社会历史发展规律的分析,提出了国家是一个历史现象,它不是从来就有的,也不会永远存在的观点。他指出,国家是社会发展到一定阶段的产物,是阶级矛盾不可调和的表现。国家的本质是阶级的专政,国家的职能是国家本质的外部表现,国家的对外职能是国家对内职能的延续,它们都是由国家的本质所决定的。

(二)明确指出了有文字记载以来,人类的历史是阶级斗争的历史,阶级斗争的核心是政权问题

政治从来就是有阶级的政治,阶级关系和阶级斗争是政治关系的基本内容。因而在研究政治现象时,必须运用阶级分析方法,透过复杂的政治现象,分析这些政治现象的阶级本质,并找出其中的规律性。阶级斗争始终是围绕着夺取、建立、巩固和维护政权而进行的,因为国家作为建立在一定经济基础之上的上层建筑,是维护经济基础的最重要的工具。因此,政治中最核心的问题是国家政权问题。国家是实现政治权力的机器,强制性和主权性,是区别国家与其他社会组织的主要标志。

（三）提出了无产阶级专政的理论

这不仅是马克思主义政治学的核心和主要观点，同时也表明了马克思主义国家学说的阶级性。无产阶级专政是无产阶级革命的第一步，是达到消灭一切阶级和进入无阶级社会的过渡形式，其目的是实现共产主义。马克思主义认为，政治集中地反映了阶级的整体的根本利益。社会集团在经济上的利害冲突，必然表现为阶级斗争；阶级斗争又必然导致争夺政治统治权的斗争；阶级斗争是各个阶级之间为实现其各自经济利益的政治活动方式。无产阶级只有通过夺取政权，实现无产阶级专政，并运用国家政权，才能建立社会主义的生产方式。只有通过发展社会生产力，逐步建立在经济上真正平等的社会关系，才能使无产阶级得到彻底的自由和解放。共产主义的实现，也就意味着阶级和国家的消亡。马克思主义的无产阶级专政学说，是马克思主义政治学说的核心之一，它表明了马克思主义政治学与资本主义政治学的根本区别。因此，列宁指出，只有承认阶级斗争，同时也承认无产阶级专政的人，才是真正的马克思主义者。它不仅为无产阶级的革命斗争指明了方向，而且指明了无产阶级专政是从资本主义向共产主义过渡的必经阶段。

（四）系统地阐发了国家的历史类型问题

《宣言》指出无产阶级在政治上不是用共和制来代替君主制，不是简单地要求国家形式的改变，而是要“同传统的所有制关系实行最彻底的决裂”①。它不是用一种私有制来代替另一种私有制，而是要以生产资料公有制来代替私有制，从根本上消灭私有制和剥削制度，建立无产阶级政权，从而实现真正的民主。

马克思主义以前的政治学，都避而不谈国家的历史类型问题，利用国家的政体概念来回避和掩盖国家的本质。马克思主义政治学则鲜明地指出，国家的历史类型，是由它的社会经济基础所决定的。在阶级社会中，有什么样的社会经济基础，就有在这种经济关系中占据统治地位的阶级利用国家权力来进行阶级统治，因而也就有什么性质的国家。国家的历史类型将随着经济基础的变化而变化。无产阶级革命的目的，是要推翻资本主义私有制，建立社会主义公有制的经济基础。这一具有历史意义的根本转折在上层建筑方面的表现，就是以无产阶级专政来代替资产阶级专政。马克思主义关于国家历史类型的论述，明确地指出了国家的阶级本质和历史特征，它不仅解决了对于世界上各种国家如何从根本性质上进行科学分类的问题，而且还阐明了国家发展的历史规律。

（五）系统地阐述了无产阶级的政党学说

马克思主义以前的政治学，都回避了政党的阶级性质，而马克思主义政治学则认为，政党是阶级的组织，是阶级斗争的产物。各阶级之间的斗争必然要发展成为政治斗争。各阶级、阶层之间的政治斗争，最集中的表现就是政党之间的斗争。因此，政党作为一种特殊的政治团体，是在一定的历史条件下的产物，并且也将在一定的历史条件下消亡。它是一种特殊的政治历史现象，是实现政治统治的工具，是为了实现阶级利益而建立的政治团体。它不仅要把阶级意志集中起来，还需要把集中起来的阶级意志上升为国家意志。由于将阶级意志上升为国家意志的任务，必须要通过国家政权机关制定的法律和政策的形式才能完成，因而，政党的根本目的，就是要夺取政权和掌握政权，以行使国家权力的方式来达到自己的目的。在资产阶级国家中，无论是实行共和制还是君主立宪制，政权的建立都是由政党来完成

---

① 《马克思恩格斯选集》第1卷，人民出版社2012年版，第421页。

的。无产阶级政党是社会主义国家政权的领导核心。党对社会的领导，通常是通过国家机关来实现的，党在方针政策方面对各类国家机关的领导，是国家机关正确执行其职能的根本保证。因此，同资产阶级政党政治不同，无产阶级政党对社会主义国家机关起着领导、监督和保障作用。

马克思主义政治学的上述观点表明，它真正地实现了政治学的科学性与阶级性的统一，革命性与实践性的统一。马克思主义以前的政治学之所以不能成为真正反映人类社会历史发展规律的科学，不仅是时代的局限性所决定，更重要的是其阶级的局限性使然。

《共产党宣言》所阐述的上述基本原理，为马克思主义政治学奠定了科学的理论基础。此后，《1848 年至 1850 年的法兰西阶级斗争》《路易·波拿巴的雾月十八日》《〈政治经济学批判〉序言》《资本论》《法兰西内战》《哥达纲领批判》《反杜林论》《社会主义从空想到科学的发展》《家庭、私有制和国家的起源》等马克思主义政治学思想的重要著述陆续出版，马克思主义政治学形成了完备的科学理论体系。马克思主义政治学的阶级和阶级斗争理论、国家理论、无产阶级革命和无产阶级专政理论、政治民主理论以及无产阶级政党理论，都对后世产生了深远影响。

一是有关阶级和阶级斗争的理论。马克思、恩格斯用阶级、阶级斗争的观点、立场和方法考察历史，指出自有文字记载以来的人类历史都是阶级斗争的历史；阶级社会的政治现象都有阶级属性；对立阶级之间的斗争，是政治生活的重要内容；资产阶级与无产阶级两大对立阶级之间的矛盾和斗争，最终导致资产阶级的灭亡和无产阶级的胜利，实现人类的彻底解放。

二是有关国家的理论。马克思、恩格斯从生产力与生产关系、经济基础与上层建筑的矛盾运动分析入手，科学地分析了国家的起源、国家的本质、国家的职能、国家的类型及更替、国家的消亡等问题，揭示了分工和私有制导致了阶级和阶级矛盾的发生，推动了国家的形成，阐明了国家的阶级性和公共性。资本主义国家本质上是资产阶级对广大工人阶级和劳动人民进行的政治统治。作为一种社会历史现象，国家会随着阶级的产生而产生，也必将随着阶级的消亡而消亡。

三是有关无产阶级革命和无产阶级专政的理论。马克思、恩格斯运用唯物史观研究革命现象，指出革命根源于生产力与生产关系的矛盾，是生产力与生产关系之间矛盾运动的结果。就资本主义社会而言，生产力与生产关系矛盾的发展，必然导致无产阶级革命，无产阶级革命必须打碎旧的国家机器，争得民主，建立无产阶级的政治统治，即无产阶级专政。将阶级斗争与无产阶级专政联系起来，论证“阶级斗争必然导致无产阶级专政”①，是马克思主义政治理论和国家学说的鲜明特点。

四是有关政治民主的理论。马克思、恩格斯非常重视民主问题，认为民主属于上层建筑，随着阶级和国家的产生而产生，也是随着其变化而变化的。民主是一个历史范畴。民主都是具体的、相对的，而不是抽象的、绝对的。民主具有阶级性，是统治阶级用来实现其阶级统治的政治形式和手段。一个国家采取什么样的民主形式，其发展程度如何，从根本上讲，取决于这个国家的社会文化传统、历史条件和现实任务。

五是有关无产阶级政党的理论。马克思、恩格斯在《共产党宣言》等著作中，对无产阶

---

① 《马克思恩格斯文集》第 10 卷，人民出版社 2009 年版，第 106 页。

级政党的阶级性质、历史任务、奋斗目标等作了系统阐述，奠定了无产阶级政党学说的基础。

在新的历史时代和革命实践中，列宁继承和发展了马克思主义，把马克思主义政治学推进到了一个新阶段。

列宁创立了帝国主义理论；丰富和发展了马克思主义的国家学说，进一步阐明了国家的起源与本质、国家的一般特征与职能、资本主义国家的阶级实质与政治统治职能以及国家消亡的前提条件和历史进程等问题；得出了社会主义革命可能首先在少数甚至在单独一个资本主义国家内获得胜利的科学结论，领导俄国十月社会主义革命取得了胜利，成功地建立了人类历史上第一个社会主义国家；丰富了马克思主义的无产阶级专政理论，反复强调坚持无产阶级政党的阶级性质和指导思想、民主集中制的组织形式和组织原则，根据形势与任务的发展变化适时制定、调整党的纲领和策略；针对十月革命胜利后苏维埃政权在领导体制方面存在的缺陷和官僚主义现象，提出了加强和完善社会主义监督体制、发展和健全社会主义民主等一系列重要思想。

列宁去世后，斯大林领导苏联共产党和苏联人民，捍卫和继承了列宁主义，巩固和发展了列宁缔造的社会主义苏维埃国家制度，在帝国主义世界包围和敌视的国际环境中取得了一国建设社会主义实践的巨大成就和在反法西斯侵略的卫国战争的伟大胜利。

中国共产党始终坚持马克思主义的指导地位，并把马克思主义与中国革命、建设、改革的具体实践紧密结合起来，在推进马克思主义的中国化进程中，实现了马克思主义中国化理论的两次历史性飞跃，形成了毛泽东思想和中国特色社会主义理论体系两大理论成果。中国特色社会主义理论体系重要组成部分的邓小平理论、“三个代表”重要思想、科学发展观，特别是习近平新时代中国特色社会主义思想对丰富和发展马克思主义政治学理论作出了重要的贡献。

第三节 学习政治学概论的意义和要领

学习《政治学概论》，具有十分重要的意义。学习《政治学概论》，需要掌握学习要领。

一、学习《政治学概论》的意义

“政治学概论”是政治学专业的基础课程。学习“政治学概论”，具有重要意义：

（一）有助于把握正确的政治方向，坚定正确的政治立场

马克思主义政治学在人类历史上第一次科学地揭示了政治现象的根源及其本质，为人们正确认识政治问题指明了方向。学习“政治学概论”，有助于我们系统掌握马克思主义政治学理论、思想、原则和方法，树立马克思主义政治观，学会用马克思主义的立场、观点和方法观察、分析、认识各种政治现象，正确把握政治的本质，认识政治领域的规律，坚持正确的政治方向和政治立场。

（二）有助于提高科学认识当今世界复杂政治问题的能力

理论与实践之间存在密不可分的关系。理论来源于实践，指导实践。理论帮助我们认识世界、解释世界，为我们改造世界创造了条件。“政治学概论”以马克思主义为指导，充分借鉴了人类社会政治文明的成果，阐述了政治学基本理论、概念和方法，总结了人类政治实践的历史经验，阐述了政治活动的本质和规律，为我们认识各种复杂政治问题提供了思想资

源、理论工具和分析方法。学习“政治学概论”,有助于我们提高观察政治形势、分析政治问题、解决政治问题的能力,保持清醒的政治头脑。

(三)有助于学好政治学专业的其他课程

作为社会科学的一个重要分支,政治学有着悠久的历史和丰富的知识内容,有着系统化、层次化的课程体系。在政治学专业的课程体系中,“政治学概论”具有基础性的地位。政治学专业其他课程,在一定程度上是“政治学概论”的立场、观点和方法在不同方面的运用。因此,我们要通过学习“政治学概论”,加深对政治学学科基本属性、基本理论构架、专业话语体系和重要概念的掌握,为进一步学习其他课程打下良好基础。

(四)有助于推进中国特色社会主义政治建设实践

社会主义政治建设是社会主义现代化建设“五位一体”总体布局和“四个全面”战略布局的重要组成部分,是推进社会主义经济建设、文化建设、社会建设和生态文明建设的政治保障。没有党领导的政治建设,“五位一体”总体布局和“四个全面”的战略布局就失去领导力量和发展动力。推进社会主义政治建设和加强党领导的政治建设,离不开马克思主义政治学的理论指导和现代公民的培养塑造。学习“政治学概论”,通过政治学知识的学校教育及社会普及,可以提高公民的政治素质,建立正确的政治价值观,培养公民健康有序的政治参与意识,提高公民政治参与的能力水平,为把我国建设成为富强民主文明和谐美丽的社会主义现代化国家提供支撑。

二、学习《政治学概论》的要领

学习“政治学概论”,要注重从整体上把握教材的科学体系,掌握贯穿其中的基本理论、基本知识和基本方法,掌握政治学的专业视角、思维模式和概念话语体系。具体说来:

(一)要注重掌握马克思主义政治学的基本原理

“政治学概论”是以马克思主义基本原理为指导,阐述政治学基本理论、知识和方法的课程。学习这门课程,要努力掌握贯穿其中的马克思主义立场、思想、观点,掌握马克思主义政治学分析政治现象的具体方法。在学习中,要特别注意掌握当代中国马克思主义政治学理论创新成果,掌握习近平新时代中国特色社会主义政治思想,学会运用这些创新成果和思想去观察、分析各类社会政治现象及其相互关系,研究人类社会发展遇到的各种政治问题,总结社会主义政治建设的基本经验和中国特色社会主义政治发展的规律,不断提高马克思主义政治理论水平。

(二)要注重掌握政治学的基本概念、范畴和原理

学习“政治学概论”,既要注重从整体上把握学科的理论构架,又要注重把握具体丰富的基本概念、基本范畴和科学原理,从而切实提高运用理论分析问题和解决问题的能力。政治学的概念、范畴和原理是实践经验的高度凝结和集中体现,是人们认识世界和改造社会必不可少的媒介和工具。因此,学习和掌握这些基本概念、范畴和原理,是学好政治学的关键,要做到融会贯通,学以致用。

(三)要注重理论与实践之间的结合

“政治学概论”是一门理论性强的课程。学习“政治学概论”,必须将理论学习和深入实践有机结合起来,要有历史思维,要加强思想史、政治史、制度史的学习,了解不同国家为了追求善政实践探索的历史,总结不同国家政治发展的经验和教训,准确把握政治概念、政治思想、政治理论形成和运用的具体历史环境；学习“政治学概论”，要有比较的思维、视野、眼光。人类的政治发展既有共同的规律，也不可避免地存在差异性。学习“政治学概论”，要从比较的视角了解人类政治发展的共同性和差异性，推动政治理论的发展创新。

当前，习近平新时代中国特色社会主义政治建设，是当代中国最大的政治实践，也是学习政治理论知识的最好课堂。要立足于中国特色社会主义实践，自觉参与新时代的改革开放和中国特色社会主义现代化建设，把所学的政治学理论和知识运用到实践中去，不断深化理论学习、检验所学理论。要密切关注国外政治学的新进展，跟踪国外政治学发展前沿，取其精华，去其糟粕，以马克思主义为指导，立足中国实际，立足中国特色社会主义实践，做到科学分析，推陈出新，不断推动马克思主义政治学的发展。当今世界正处在大变革、大调整之中，当代中国的命运更加紧密地同世界的前途命运联系在一起。当下，学习“政治学概论”，也要了解世界发展大势，把握国际政治走向，从世界各国政治发展和政治斗争的大格局中去思考、去认识中国，关注中国的前途和命运。

本章小结

本章以何为政治、何为政治学、为何以及如何学习《政治学概论》为主线，介绍了政治学的研究对象、研究领域、研究方法、历史发展以及学习意义和学习要领等一些入门性的知识。首先，本章介绍了马克思主义和非马克思主义对政治的看法，分析了政治的含义，对政治的概念做了界定；其次，本章介绍了政治学作为一门学科的研究对象、研究领域、研究方法，政治学与其他学科之间的关系，介绍了政治学的历史发展；最后，本章介绍了学习《政治学概论》的意义和要领。

思考题

1. 马克思主义政治观的主要内容是什么？
2. 非马克思主义政治观有哪些代表观点？
3. 简述政治学的主要研究对象和现阶段我国政治学的主要研究领域。
4. 简述近代以来西方政治学发展的三个主要阶段。
5. 中国近代以来政治学的发展脉络是什么？
6. 简述行为主义政治学与传统政治学之间的区别。
7. 马克思主义政治学是如何形成和发展的？
8. 简述学习《政治学概论》的意义和要领。

第二章　国家与阶级

马克思主义政治学认为，国家是政治权力的载体，国家政权问题是政治的根本问题。正确认识国家，需要了解国家的起源、本质、职能和消亡。

第一节　国家的起源

国家起源问题是各类国家学说的基础性问题，不同的国家学说对国家起源的解释不同，重视程度也有很大差异。马克思主义政治学十分重视对国家起源问题的解释，将起源问题视为是关于国家一系列问题的认知起点。这是因为，国家的起源决定国家的本质，国家的本质又决定国家的职能。马克思主义关于国家起源的观点概括起来就是两个基本论断：第一，国家是一个历史范畴，国家不是从来就有的，它是社会发展到一定阶段的产物。这是说明国家产生的时间问题。第二，国家的产生是人类社会内部矛盾运动发展的必然结果，它是生产的发展、私有制的出现、阶级的形成、阶级矛盾不可调和的产物。这是说明国家产生的原因问题。

一、原始社会的社会组织

马克思主义指出，"国家并不是从来就有的。曾经有过不需要国家，而且根本不知国家和国家权力为何物的社会。"①这个社会就是人类的第一个社会形态——原始社会。如果我们将国家理解为其后时代社会组织和制度形式的典型代表，那么在这个国家出现之前的原始社会，人类的组织形式和社会制度又是什么呢？马克思主义关于国家起源问题的分析和论证，就是从探讨原始社会的社会组织开始的。

在《家庭、私有制和国家的起源》中，恩格斯指出："根据唯物主义观点，历史中的决定性因素，归根结底是直接生活的生产和再生产。……一定历史时代和一定地区内的人们生活于其下的社会制度，受着两种生产的制约：一方面受劳动的发展阶段的制约，另一方面受家庭的发展阶段的制约。劳动越不发展，……社会制度就越在较大程度上受血族关系的支配。"②

恩格斯通过这段话，揭示了一幅两种生产交替主导人类社会制度发展的历史图景。这里所说的"两种生产"：一个是指物质资料的生产，一个是指人类自身的生产。

历史唯物主义以生产（自由自觉的生命活动）来定义人的本质以及人类社会的物质性，

---

① 《马克思恩格斯文集》第4卷，人民出版社2009年版，第193页。

② 《马克思恩格斯文集》第4卷，人民出版社2009年版，第15~16页。

而生产无外乎就是物质资料的生产和人类自身的生产两个方面。这样,如果说“历史中的决定因素,归根结蒂是直接生活的生产和再生产”,那么这里的“生产”:要么就是物质资料的生产,要么就是人类自身的生产,除此之外别无他指。

物质资料的生产与劳动的发展阶段相关联,人类自身的生产与家庭的发展阶段相关联。两种生产决定社会制度,恩格斯的意思是说,决定人类社会制度的这两种因素虽然同时存在,但其地位和作用却是不同且循着特定的规律变化的——“劳动越不发展,……社会制度就越在较大程度上受血族关系的支配。”简言之,物质的生产越不发达,人类越受到自身的生产的制约。这两个因素是前后相继的,在不同时代作为其时社会组织和社会制度的主导因素发生作用。换言之,人类的生产力水平越不发达,人的社会组织和社会制度越受到血缘关系的支配。随着生产力的发展,人类终究会迎来物质资料的生产取代人类自身的生产——经济关系取代血缘关系——成为人类社会组织和社会制度根本决定因素的时代,历史在这里完成了一次决定机制转换的“交接棒”。

恩格斯区分两种生产所要表达的是:基于决定因素的不同,人类原始社会的社会组织与社会制度,与其后时代以国家为代表的社会组织与社会制度有着本质的不同,并且二者形成了鲜明的对比。物质资料的生产对应的是生产关系,动因来源于经济领域,它在本质上是物的因素的决定;人类自身的生产对应的是血缘关系,动因来自于伦理领域,它在本质上是人的因素的决定。生产关系取代血缘关系、经济动机取代伦理动机、物的因素取代人的因素,是人类从原始社会的社会组织过渡到文明社会的国家组织的根本原因。要想准确理解国家的产生及其本质,就要对原始社会的社会组织的形成和发展有一个合乎历史和逻辑的说明。

人类自身的生产,就是人类种族的繁衍;家庭的发展阶段,就是人类婚姻家庭形式的变化。恩格斯在《家庭、私有制和国家的起源》中详尽地探讨了原始社会婚姻家庭和血缘伦理因素是如何主导人类社会组织和社会制度变化的,从另一个角度讲,也是物质生产和经济因素的作用是如何从不明显到逐渐成为历史主角的。

在劳动并不发展的原始时代,人类的社会制度(交往模式)主要受血缘关系的支配,而决定血缘关系走向的是人类的婚姻形式的发展。

群婚是人类婚姻发展的第一个阶段,它是指一群男子与一群女子互为所有的婚姻形式。群婚代表着人类婚姻发展的较早形态。群婚本身又分为“血缘婚姻”和“普那路亚婚姻”两个阶段,分别对应“血缘家庭”和“普那路亚家庭”。

(一)血缘家庭

“血缘家庭”是人类历史上第一种家庭形式。在原始社会的旧石器时代,人类经过长期生活经验的积累,认识到不同年龄的人之间的生理差别,在族群内部逐渐选择了按辈分划分婚姻集团,即同一辈分的年龄相近的青壮年男女之间进行集体婚配,从而排除了不同辈分之间的两性结合。由于婚姻集团只有不同辈分之间的界限而没有同一辈分之内的区分,因此,在婚姻集团中,所有女子的共同丈夫是他们的兄弟,同样,所有男子的共同妻子是他们的姐妹,夫妻拥有共同的血缘,故称“血缘家庭”。

(二)普那路亚家庭

“普那路亚家庭”是人类历史上第二种家庭形式。普那路亚家庭是普那路亚婚姻的直接结果。普那路亚婚姻是一种规定了同辈之间禁止通婚的群婚形式,它是在血缘婚姻规则之上附加同辈内部的婚配禁忌而形成的。这就意味着,在这种婚姻关系中,丈夫与妻子彼此之间不是兄弟姐妹,故而不再有共同的血缘,从而区别于血缘家庭。美国学者摩尔根在考察夏威夷群岛土著居民的群婚现象时发现了一个有趣的现象:共妻的男子之间互称“普那路亚”,共夫的女子之间也互称“普那路亚”。普那路亚(Punalua)是夏威夷语意思是“亲密的伙伴”。

为什么人类早期婚姻方式会沿着从血缘婚姻向普那路亚婚姻的方向演进？大致有两方面解释:一方面,随着人口的繁衍,大的血缘家庭逐渐分裂,形成几个小的“族团”,为了保持这些“族团”之间的联系与合作,便通过通婚的方式加以维系。另一方面,人们在长期的经验积累中逐渐认识到“族外婚”对于后代体质的发展更为有益,于是开始在血缘家庭内部有了禁止兄弟姐妹之间结合的想法,由此人类的婚姻制度便从“内婚制”转向“外婚制”。

(三) 氏族

“外婚制”的出现是人类婚姻发展史上一次意义非凡的变革,它最重大的影响就是促使早期人类族群转化为“氏族”。氏族,就是普那路亚婚姻的直接后果。兄弟姐妹之间的婚姻禁忌一经确立,其所在的族群就转化为氏族了。恩格斯说:“氏族,直到野蛮人进入文明时代为止,甚至再往后一点,是一切野蛮人所共有的制度。……同时,出乎意料地给我们阐明了原始时代——国家产生以前社会制度的基本特征。”①就是说,最古老、最原始的群婚和血缘家庭,尚不能构成社会组织,直到氏族产生,才形成了原始的社会组织。

所谓氏族,就是具有血缘亲属关系、同族内部禁止结婚的人们的集团。它是国家产生以前人类社会普遍的社会组织形式,既是原始人类的血缘亲属集团,又是原始社会的劳动生产单位。据考古学资料显示,氏族是在蒙昧时代中期(采用鱼类为食物并使用火)形成的,到野蛮时代的低级阶段(制陶、驯养动物、种植植物)达到全盛,整个氏族时代持续了上百万年,直到现在,国外一些土著居民还保留着氏族社会的痕迹。19 世纪美国考古学家摩尔根,通过对美国印第安人易洛魁部落的长期观察和研究,在 1877 年出版了《古代社会》一书。书中对国家产生之前人类社会的社会状态及社会发展规律提出了许多有价值的观点和证据,马克思和恩格斯对这本书给予了很高的评价。恩格斯的《家庭、私有制和国家的起源》就是在批判地利用摩尔根的研究成果的基础上完成的。

氏族是原始社会的基本社会单位,以氏族为核心,原始社会逐渐形成了从氏族到胞族、部落及部落联盟的由小到大的社会组织结构。马克思和恩格斯根据考古学提供的证据和人类学的分析,认为原始社会的氏族制度具有三个基本特点:

第一,氏族内部禁止通婚,这是氏族制度的根本规则。因婚姻关系的发展而确立,说明联结氏族成员的是血缘纽带,而非其他因素。氏族成员之间、氏族与胞族之间、胞族与部落之间,依次对应着血缘关系不同的亲疏程度。部落和部落联盟虽然要有一定的地域,但这仅是构成其的氏族成员生活的空间,并不说明联结氏族成员的纽带就从血缘因素转化为地域因素。所以,氏族就是纯粹以血缘为基础来确认成员,而非以地域为基础来划分居民,这是原始社会社会组织的本质特征。

第二,氏族议事会是决定氏族事务的管理机构,它是氏族当中所有成年男女均有权参加的平等集会。这样的管理机关是纯粹“公共”性质的,参与管理的成员之间以及管理机构与氏族母体之间均不具有对抗性的关系,这就意味着氏族没有也不需要有同社会脱离并凌驾

① 《马克思恩格斯文集》第 4 卷,人民出版社 2009 年版,第 98 页。

于社会之上的强制性的公共权力。议事会的首领，通常由全体成年男女共同推选，推选的依据是勤劳、勇敢、有能力、有威信和广受爱戴。因此，首领的权力是纯粹父亲般的、道德性质的。首领没有任何特权，可以随时撤换。

第三，氏族成员的根本利益是一致的，彼此之间负有互相帮助和保护的义务。氏族是相互依存的伦理共同体，氏族内部不存在根本的利益冲突。氏族当中，无论哪个成员受到外部族群的侮辱或侵害，所有氏族成员都有义务为其进行复仇，最典型的表现就是血族复仇。复仇是需要一定的组织力量的，但这种力量完全是氏族成员自发的，而不是与氏族相脱离的，它只有对外的功能，而没有对内的性质。换句话说，氏族内部既全民皆兵，又全民皆民，虽有武装，却只是为了维护共同体的外部安全的需要，而不是基于对内镇压和统治的考虑。

对于这种没有公共权力、纯粹由血缘因素和道德力量来维持的氏族组织，恩格斯曾用赞许的语言加以描述："这种十分单纯质朴的氏族制度是一种多么美妙的制度呵！没有士兵、宪兵和警察，没有贵族、国王、总督、地方官和法官，没有监狱，没有诉讼，而一切都是有条有理的。一切争端和纠纷，都由当事人的全体即氏族或部落来解决，或者由各个氏族相互解决；血族复仇仅仅当做一种极端的、很少应用的威胁手段；……虽然当时的公共事务比今日多得多，……可是，丝毫没有今日这样臃肿复杂的管理机关。一切问题，都由当事人自己解决，在大多数情况下，历来的习俗就把一切调整好了。"①

二、阶级的形成与国家的起源

马克思主义之所以如此关注氏族，并不惜笔墨对人类社会早期婚姻家庭形式的演变进行详尽的分析，意在阐明氏族是由人类自身的生产即血缘因素主导社会制度的时代原始社会社会组织发展的最终形式。

氏族是由普那路亚婚姻直接产生的，氏族形成的过程就是原始社会人类族群逐渐对自身加诸婚姻禁忌的过程，而这个过程是完全从血缘关系的角度考虑问题的。第一道禁忌从血缘关系的纵向展开，即在不同辈分之间划上一道通婚禁忌。第二道禁忌从血缘关系的横向展开，进一步排除了族群内部同一辈分之间通婚的可能。对于一个族群来说，这是排除自身内部可能的血缘混杂的最后一步，因为循着血缘关系去划定婚姻禁忌无非就是这一纵一横两个方向，不会再有其他的可能。

至此，人类原始社会的社会组织在血缘关系为主导的时代最终以一个同族内部禁止通婚的集团的形象固定下来。从另一个角度讲，就是血缘和伦理作为人类社会制度主导因素的进程也行将走到尽头。虽然这个过程只是发生了两个简单的婚姻禁忌，但它却包含着几乎全部的人类原始时代的伦理认知和制度意识，其时间跨度也长达近百万年。诚如恩格斯所判断的那样，在这个历史阶段上，决定人类的社会制度的只有血缘和伦理的因素，而物质和经济的因素还没有自己的位置。但是，当氏族制度普遍确立以后，物的生产即经济关系就要逐渐接过人的生产即血缘关系的接力棒了。当这种新的因素正式成为决定人类社会制度的主导之后，氏族也就开始向其后的社会组织形式过渡了。

马克思主义关于国家起源问题的基本论断是：氏族制度的解体和国家的产生，都是人类社会生产的发展，即社会内部基本矛盾运动的必然结果。

---

① 《马克思恩格斯文集》第4卷，人民出版社2009年版，第111页。

首先,氏族制度从形成到解体是社会内部生产发展的必然结果。氏族是在人类社会生产力水平极其低下、尚不足以对社会制度产生决定性影响时的特定产物。在原始公社漫长的历史进程中,氏族制度经历了其从形成到发展、再到完善的过程,并随着人类社会生产力的进步、生产因素逐渐取代血缘因素成为决定人类社会制度的主导因素,而逐渐衰落并最终解体。

其次,国家因阶级的出现和阶级矛盾的不可调和而产生也是社会内部生产发展的必然结果。随着生产的发展、分工的形成、利益的分化、氏族的解体,经济因素成为划分人类社会组织的主导因素,一种新的人类集团——阶级——出现了,氏族时代的道德力量已经无法适应和驾驭这种新的社会成员关系的变化,转而需要一种有组织的强制性力量,当这种力量最终发展到对确定疆域范围内的所有成员,而不仅仅是对确定血缘关系内的有限成员都有约束力的时候,它所依赖的机构就由氏族变成国家了。

(一)阶级的形成

从氏族的解体到国家的产生,私有的出现和阶级的形成具体地推动了这一变革,这也是伴随着人类在原始社会末期发生的三次社会大分工而展开的。

第一次社会大分工是畜牧业与农业的分工。在原始社会野蛮时期的中级阶段,由于冶炼金属生产技术的应用,人类进入了"青铜器时代",即使用金属工具的时代,它标志着原始社会生产力的一次新的飞跃。随着生产工具和武器的改进,人们捕获的动物逐渐增多了,便把吃不完的动物加以驯养繁殖,这比经常狩猎更为方便和可靠。这样,在水草茂盛适合畜牧的地方,人们便把畜牧作为主要生产部门,预示开始出现了游牧部落,并从其他部落中分离出来。同时,人们逐渐从过去采集现成植物的劳动中学会了栽培植物,进而应用畜力进行土地耕作。随着劳动工具的逐渐改进和栽培技术的提高,开始出现了农业部落。这样,专营畜牧业的部落和专营农业的部落就与其他部落相对分离了。原始畜牧业和农业的出现,使人类开始进入了靠人工控制动植物的生长和繁殖来取得重要生活资料的时代,从而把原始社会生产力的发展推进到一个更高的阶段。第一次社会大分工,给社会带来了三个结果和变化:

第一,畜牧业和农业的分工提高了劳动生产率,不同部落都开始有了剩余产品。如畜牧部落的牲畜产品,农业部落的粮食等。这就使过去部落内偶然进行的交换发展为部落之间的经常交换。并且逐渐由过去在氏族之间、部落之间的交换,发展为主要是个人之间的交换。

第二,由于生产的增长,剩余产品的日益增多,私有制出现了。劳动生产率的提高,使人们能生产出多于维持自身生存所需要的产品,劳动力成了人们所追求的东西。扩大生产需要新的劳动力。过去把俘虏杀死,现在将其收留在本族内变为奴隶,成为富裕家庭的私有财产,为家庭的主人劳动,从而有了占有其他人劳动的可能性,也就是剥削的可能性。这种刚刚产生的"零散现象的奴隶制"是家庭奴隶制。这样"从第一次社会大分工中,也就产生了第一次社会大分裂,分裂为两个阶级:主人和奴隶、剥削者和被剥削者"。①

第三,父权制代替母权制和家长制家庭出现。由于生产力的发展、金属工具的发现和应用,畜牧业和农业的分工,主要劳动力由体力较强的男性承担,加上畜群的私有并归男性所

① 《马克思恩格斯文集》第4卷,人民出版社2009年版,第180页。

有,在生产不断发展和家族财富增多的情况下,男性便取得了对劳动产品的支配权。于是,男性在生产中地位的日益提升,逐渐并显著超过女性,二者总的社会关系地位和历史命运也将面临彻底的逆转,人类从氏族时代总体的母权制过渡到氏族时代末期的父权制。

作为生产发展和社会地位变化的重要后果,在氏族内部,一些拥有庞大畜群和个人财富的男性成员开始寻求将自己的财产让自己的子女继承。这样,只知其母而不知其父的普那路亚婚姻就显得不合时宜了,一种全新的婚姻形式"一夫一妻制"开始出现。这是以一个男子对一个女子排他的方式进行的,相对于古老的群婚,这被称为"个体婚姻"。它发生在原始社会的晚期,是由普那路亚婚姻当中的对偶关系转化而来的。

对偶婚,普那路亚群婚与一夫一妻制个体婚姻之间过渡形式,是指在群婚过程中一对男女之间在一定时期内互为"主妻主夫"的现象。对偶婚不是一种稳定的关系,一般只能持续几年,并且这种关系随时可以解除。对偶婚的早期形式是"暮合晨离",晚期形式过渡到"夫居妻家"。也就是说,对偶关系的男性是寄居在女性所在的氏族的,其生产活动的展开及其成果的归属都发生在女性的氏族之内,并且其所生子女也理所当然地归女性及其氏族所有。这就意味着,虽然在夫妻关系中男女的地位是平等的,他们共同负责照料子女。由于男性并不属于女性所在的氏族,故其在女性的氏族中几乎没有任何的地位,但一旦对偶关系破裂,男性就只能孤零零地走人,什么都不能带走。这样的结果,若放在生产力极不发达、不存在任何产品剩余的年代,并没有什么不妥。但当生产力发展到一定的水平,劳动产品普遍出现剩余,即财富的积累成为可能,而这一切又与男性在生产过程中日趋明显的主导地位密切相关的时候,就是难以让人(主要是男性)接受的了。

尽管如此,对偶婚的出现仍然形成了不可忽视的经济和社会影响。首先,尽管"对偶家庭"(对偶婚引发的家庭形式)还不能算是一个独立的经济单位,但对偶婚的出现已经为经济因素冲击氏族制度打开了豁口。由于男子和女子一起劳动、一起消费,一定程度上具备了个体家庭的雏形,从而使个体家庭取代氏族成为基本的社会组织和经济单位逐渐成为可能。其次,对偶婚的出现也给氏族制度带来了一个新的不安因素,即氏族成员的后代开始有了确认自己生身之父的可能。这虽然仍可在血缘因素主导人类社会组织发展的范畴内加以理解,但显然它与男性要生育确定属于自己的后代的经济动机有着更为密切的关联。

一个必须接受的事实是,在对偶婚的较晚阶段,男性在生产当中地位的巨大提升,已经无法让男性再心甘情愿地接受对偶关系的寄人篱下,他们迫切需要将群婚当中这种偶然的对偶关系固定下来。于是,一夫一妻的个体婚姻就取代了共有共享的群体婚姻,从妻而居的族群习俗也让位于从夫而居的家庭伦理。

如果不了解恩格斯关于经济因素逐渐取代血缘因素主导人类社会组织和社会制度发展的原理,往往会误以为一夫一妻制的出现是某种男女平等或爱情忠贞意识的产物,其实在群婚的普那路亚向一夫一妻制过渡的过程中,是彻头彻尾的人类日益膨胀的经济动机在起作用,丝毫不见尊重女性的伦理价值的位置。

尽管古老的群婚方式与现代文明的认知相距甚远,但这并不能抹杀群婚远比一夫一妻制包含更多的对女性的尊重意味,而这种尊重是完全出于血缘伦理的。群婚制度有一个基本的局限,就是所生子女通常只知其母不知其父,因此原始族群的血缘或称世系都是按女性划分的,氏族的典型也是围绕一个辈分最高的女性尊长而构成的母系氏族。不但这位女性尊长,氏族的任何一位女性成员都因其可能成为一个世系的祖先,而会获得一份天然的道德敬重,这里面全无任何复杂的动机,纯粹出于孩子对母亲的自然依赖。

然而,这种景象注定只能出现在生产力极不发达的原始社会的早期阶段。其后,人类性别平等的尊严便在与日益强大的经济力量的对抗中毫无悬念地败下阵来。私有观念的形成、男性财产的增加,使女性越来越无法凭借其在血缘延续方面的优势而继续垄断道德敬重,而逐渐被锁定在婚姻关系中并沦为纯粹的生育工具。从此,人类基本的性别平等被打上了经济差别的烙印,女性尊贵的氏族公社也逐渐被男权主导的政治社会取代了。"可见,个体婚制在历史上决不是作为男女之间的和好而出现的,更不是作为这种和好的最高形式而出现的。恰好相反。它是作为女性被男性奴役,作为整个史前时代所未有的两性冲突的宣告而出现的。"①正是在这个意义上,恩格斯才说,"母权制被推翻,乃是女性的具有世界历史意义的失败。"②

作为母权制颠覆的后果,在一夫一妻制的个体家庭中,夫妻双方的地位相对群婚阶段发生了根本的逆转:首先,男子的统治。丈夫凭借在家庭中的经济地位形成了对妻子的统治权。其次,婚姻的不可离弃性。一夫一妻制婚姻较之对偶婚姻牢固、持久,双方不能任意解除婚姻关系。即便允许解除,通例也是允许丈夫离弃妻子,妻子则不能离开丈夫。

在父权制氏族制度下,从妻居制逐渐为从夫居制所代替,男子娶妻、女子出嫁,成为普遍的婚姻惯例。家庭形式改变了,一种新的家庭关系模式——家长制家庭——出现了。

家长制家庭,是以一个男子为首的大家庭公社,包括一家之长及其晚辈,也包括一些奴隶。家长制家庭的主要特点:一是把非自由人包括在家庭内;二是父权。关于"家庭"一词的来源,根据恩格斯的考察,在古罗马家庭最初是指家庭奴隶,而不是指夫妻和子女,另外还指遗产。家长制家庭出现的必然结果是:家庭的财产包括奴隶为家庭所有;父亲的财产由其子女继承,女性的财产不能让外氏族继承,只许她们在氏族内部结婚。这样,财产的个体家庭私有和氏族内部的通婚,从根本上动摇了氏族制度。父系氏族出现后,氏族制度就逐渐衰落下去。恩格斯指出:"由于母权制的倾覆、父权制的实行、对偶婚制向专偶制的逐步过渡而被确认,并且永久化了。但是这样一来,在古代的氏族制度中就出现了一个裂口:个体家庭已经成为一种力量,并且以威胁的姿态起来与氏族对抗了"。③

第二次社会大分工是手工业和农业的分离。这是人类社会野蛮时代的高级阶段的产物。由于农业与畜牧业的分离及其发展,金属的发现和应用,尤其是铁制工具(如剑、犁、斧等)的使用,使农业能进行大面积的耕种。与此同时,也促使金属加工、织布、陶器生产和榨油、酿酒等多种专门行业的出现。这样,手工业成为专门性的生产部门而从农业中分离开来。第二次社会大分工也产生了三个主要结果:

第一,奴隶制的巩固和发展。手工业与农业的分离,进一步提高了劳动生产率,提高了劳动力的价值。过去,使用奴隶还是零散的现象,现在使用奴隶的规模越来越大,奴隶被大批驱赶到田野和手工工场去劳动。随着土地私有和新的阶级划分,奴隶制成为社会制度的一个基本的组成部分。这时,奴隶已不仅是主人的帮手,而且成了农业和手工业的主要劳动力。新的分工产生了新的阶级划分。

---

① 《马克思恩格斯文集》第 4 卷,人民出版社 2009 年版,第 78 页。
② 《马克思恩格斯文集》第 4 卷,人民出版社 2009 年版,第 68 页。
③ 《马克思恩格斯文集》第 4 卷,人民出版社 2009 年版,第 181~182 页。

第二，个体家庭开始成为社会的经济单位，耕地成为私有财产。由于各个家庭之间产生了财产上的差别，于是又出现了富人与穷人的新的阶级划分。恩格斯说："各个家庭家长之间的财产差别，炸毁了各地迄今一直保存着的旧的共产制家庭公社；同时也炸毁了为这种公社而实行的土地的共同耕作。"①这就是说，土地已经完全过渡为私有财产了。

个体家庭取代氏族公社，不仅是形式和规模的变化，而且在本质上包含着深刻的社会分裂和变革。氏族公社的根本特点是以血缘关系划分成员，而个体家庭的根本特点是以经济动机成就组织。伴随着个体家庭普遍确立的是私有财产观念的广泛形成，经济利益成为这个社会最核心行为动机，经济关系成为这个社会最本质的联结纽带，一种从更大的共性上去理解人类组织和社会关系的理论解释成为可能。

马克思主义理解人类社会的首要观点，就是从经济关系的角度去划分人类集团，这就是马克思主义独特的"阶级"概念。对此，列宁曾做过一个完整的表述："所谓阶级，就是这样一些大的集团，这些集团在历史上一定的社会生产体系中所处的地位不同，同生产资料的关系（这种关系大部分是在法律上明文规定了的）不同，在社会劳动组织中所起的作用不同，因而取得归自己支配的那份社会财富的方式和多寡也不同。所谓阶级，就是这样一些集团，由于它们在一定社会经济结构中所处的地位不同，其中一个集团能够占有另一个集团的劳动。"②

第三，部落联盟的出现。由于人口的增长和不断发生的部落联盟的战争，各亲属部落紧密地团结起来，形成了部落联盟。部落联盟设立由军事首长（罗马称勒克斯、雅典称巴墨勒斯）、议事会和人民大会所组成的联盟机关。这种机关的性质是军事民主制。因为这时的战争和进行战争的组织已成为人们生活的正常活动，于是军事酋长成了不可缺少的常设公职，并且逐渐成为世袭。议事会也逐渐为显贵所把持。这样，世袭王权和世袭贵族的基础奠定下来了。其结果是"氏族制度的机关就逐渐挣脱了自己在民族中，在氏族、胞族和部落中的根子，而整个氏族制度就转化为自己的对立物：它从一个自由处理自己事务的部落组织转变为掠夺和压迫邻近部落的组织，而它的各机关也相应地从人民意志的工具转变为独立的、压迫和统治自己人民的机关了。"③

（二）国家的起源

社会分工促进生产的发展，手工业与农业的分工，就产生了直接交换的商品生产。由于交换的发展，从社会中分离出一个不从事生产而只从事交换的阶级——商人阶级。这是一个寄生的阶级，它从生产上榨取油水并很快获得了大量的财富和对生产的越来越大的统治权，这就是社会的第三次大分工。恩格斯称其为"有决定意义的重要分工"。这次分工的结果有两个：

第一，交换发展需要产生了金属货币。货币借贷、利息和高利贷也相继出现。财富更加集中在少数人手里，结果穷人的数量日益增多，于是按财富又把自由民划分为进行剥削的富人和被剥削的穷人。奴隶数目也大大增加起来，强制性的奴隶劳动已经成为整个上层建筑赖以建立的基础。

---

① 《马克思恩格斯文集》第 4 卷，人民出版社 2009 年版，第 183 页。

② 《列宁专题文集 论社会主义》，人民出版社 2009 年版，第 145 页。

③ 《马克思恩格斯文集》第 4 卷，人民出版社 2009 年版，第 184 页。

第二，由于商业活动、土地买卖与变化，人们为谋生而流动，使原来的氏族与部落的居民杂居起来。这样，自由民中住有奴隶，本地居民中有外乡人。这些变化引起了社会结构的改变，氏族制度面对这些变化就无能为力了。如由于手工业发展而形成的手工业集团的要求，富人对保护私有财产的要求，城市与乡村的不同要求，本地人与外来居民的不同要求等，古老的氏族制度都无法解决，需要有新的机构来代替。特别是由于自由民与奴隶、富人与穷人之间的利害冲突日益尖锐化，原来在没有阶级对立的条件下生长出来的、没有任何强制力的氏族制度，在这种对立冲突面前，就更无能为力了。社会内部的阶级矛盾日益激化，需要有一个第三种力量，它似乎站在相互斗争的各阶级之上，压制它们的公开冲突，至多允许阶级斗争在经济领域内以合法的形式进行。这样，氏族制度被分工及其后果即社会分裂为阶级所炸毁，被新的机关——国家所代替了。

一般的规律是，原始氏族、胞族、部落和部落联盟的管理机构，逐渐获得经常性的权力，权力的性质也由原来的公共所属，蜕变为首领个人或管理集团的“私产”。权力也不再仅仅作为对外的保护工具，转而开始对内强制建立某种社会秩序。这样，氏族时代的道德力量就转化为文明时代的政治权力了。

恩格斯在《家庭、私有制和国家的起源》中，对国家的起源有一段经典论述：

“国家是社会在一定发展阶段上的产物；国家是承认：这个社会陷入了不可解决的自我矛盾，分裂为不可调和的对立面而又无力摆脱这些对立面。而为了使这些对立面，这些经济利益互相冲突的阶级，不致在无谓的斗争中把自己和社会消灭，就需要有一种表面上凌驾于社会之上的力量，这种力量应当缓和冲突，把冲突保持在‘秩序’的范围以内；这种从社会中产生但又自居于社会之上并且日益同社会相异化的力量，就是国家。”①

恩格斯认为：“由于国家是从控制阶级对立的需要中产生的，由于它同时又是在这些阶级的冲突中产生的，所以，它照例是最强大的、在经济上占统治地位的阶级的国家，这个阶级借助于国家而在政治上也成为占统治地位的阶级，因而获得了镇压和剥削被压迫阶级的新手段。”②恩格斯关于国家起源的这个著名论断，表明了三点：

第一，国家是一个历史现象，它不是从来就有的，是社会发展到一定阶段的产物。

第二，国家是阶级矛盾不可调和的产物。在马克思和恩格斯生活的年代，承认阶级存在的观点并不少见，甚至一些观点都可以承认国家是阶级和阶级矛盾的产物，但就是不承认国家是阶级矛盾“不可调和”的产物。因为承认国家是阶级矛盾的产物，还可以把国家说成是居于两个对立的阶级之上的超阶级的存在。国家既不代表剥削阶级，又不代表被剥削阶级，它是高出一切阶级，调和各阶级利益的力量。这样，无论哪个阶级都不应损害它，更不要打碎它。恩格斯则明确指出：国家是社会陷入了不可解决的自我矛盾，分裂为不可调和的对立面而又无力摆脱这些对立面，为了使这些对立面，这些经济利益互相冲突的阶级，不致在无谓的斗争中把自己和社会消灭，才需要表面上凌驾于社会之上的力量。这句话的关键是“表面上”，表面是形式、是现象，而实质则是经济上占统治地位的阶级“获得了镇压和剥削被压迫阶级的新手段”。这说明了国家产生的实质和根源，同一切小资产阶级和资产阶级思想家的关于国家起源的观点划清了界线。

---

① 《马克思恩格斯文集》第4卷，人民出版社2009年版，第189页。

② 《马克思恩格斯文集》第4卷，人民出版社2009年版，第191页。

第三，国家的作用是缓和冲突，是把冲突控制在秩序的范围以内。此处所谓的缓和并非对各个阶级的不偏不倚，而是把冲突控制在秩序的范围内的缓和。秩序的实质是维护那个社会的生产方式、剥削制度和阶级统治，是统治阶级根本利益的集中表现。这个秩序不仅不允许被统治阶级破坏，也不许统治阶级内部个别人或者集团破坏。这就表明国家是代表谁的利益，是哪个阶级的国家了。正如恩格斯所说的，它照例是最强大的、在经济上占统治地位的阶级的国家。

列宁在《国家与革命》一书中，对恩格斯的观点做了进一步概括："国家是阶级矛盾不可调和的产物和表现。在阶级矛盾客观上不能调和的地方、时候和条件下，便产生国家。反过来说，国家的存在证明阶级矛盾不可调和。"①

三、早期国家产生的几种具体形式

由于各个文明的历史条件不同，人类早期国家从氏族制度的废墟上产生的具体形式也是多种多样的。恩格斯在《家庭、私有制和国家的起源》一书中，着重考察了雅典国家、罗马国家、德意志人国家三种欧洲早期国家产生的基本形式。

第一种是雅典形式，即雅典国家产生的具体道路。在野蛮时代高级阶段的末期，雅典地区的商品生产和商品交换有了很大的发展，这导致了不同部落成员的广泛流动并逐渐杂居起来，从而为居住在这一地区但并不属于本地部落的人成为雅典公民提供了可能。原有的氏族组织和伦理规则显然已经无法适应这个变化了的现实，这就需要有一种在氏族组织之外、超越胞族和部落之上、按居住地划分人民和管理公共事务的社会组织及相应的公共权力。于是，人们在雅典设立了一个超越于各个部落的中央管理机关，来处理作为本地区居民各部落成员的共同事务。与此同时，私有制的发展越来越充分，富人与穷人、剥削者与被剥削者之间的分化也越来越明显，典型的阶级就产生了。雅典的做法是把全体成员分为贵族、农民和手工业者三个阶级，并赋予贵族以担任公职的独占权，使得因拥有财富而本来就有势力的家庭在自己的氏族之外联合成了一种特权阶级。对此，恩格斯指出："氏族制度已经走到了尽头。……国家已经不知不觉地发展起来。……这种设置对氏族制度起了双重的破坏作用：第一，它造成了一种已不再直接等同于武装起来的全体人民的公共权力；第二，它第一次不依亲属集团而依共同居住地区为了公共目的来划分人民。"②雅典国家的形成基本是从氏族社会中直接发生的，成为欧洲早期国家产生的"最纯粹最典型的形式"。

第二种是罗马形式，即罗马国家产生的具体道路。在氏族制度的末期，罗马氏族内部也因生产的发展和私有制的出现而形成了迅速的分化，分化出来的世袭贵族控制着公有的土地，并掌握着氏族的权力。当时罗马的氏族部落中已经杂居着许多外来的居民，被称为"平民"。这是一种比较尴尬的身份。一方面平民在经济上占有重要地位，另一方面又不能享有罗马氏族成员的权利，且要承担大量的义务。为了争得与氏族成员平等的权利，罗马平民与罗马贵族展开了尖锐的斗争。作为斗争的结果，成立了新的人民大会，规定只要按财产等级服兵役就享有同等的权利。于是，在广泛而持久的矛盾斗争中，一种新的制度代替了旧的氏族，并逐渐发展成为政治国家。

---

① 《列宁专题文集 论马克思主义》，人民出版社 2009 年版，第 180 页。

② 《马克思恩格斯文集》第 4 卷，人民出版社 2009 年版，第 131 页。

第三种是德意志形式，即德意志人国家产生的具体道路。德意志人国家是在大规模的战争征服过程中建立的，来自北方的野蛮民族虽在武力上是征服者，但其本身的氏族组织却无力统治广大的新领土，这迫使它必须革新自己的组织机构和管理机制，才能适应成为被征服领土的主人的需要。因而，日耳曼氏族组织的机关迅速地就转化为新的国家机关。不过，需要明确的是，对外征服只是日耳曼国家形成的一个外在促动，真正导致日耳曼国家产生的决定性因素仍然是其氏族社会内部阶级的出现和矛盾的激化。正是因为日耳曼部落在国家形成之前就已经发生了这种变化，才使其貌似是通过对外征服获得了从氏族制度到阶级和国家的激变。

恩格斯对欧洲国家产生方式的概括，大致都能找出分工与交换发展、阶级分化与矛盾斗争、国家机构与国家权力建构的相似线索，而我国早期国家产生的形式相对欧洲却有着较为明显的不同，这主要是由二者所处的经济社会条件的差异决定的。

我国古代社会很早就是以定居农业为主体的自然经济体系。在古代国家产生前夕，主要是以木石骨器生产工具为主的原始性农业生产，畜牧业和手工业并没有获得真正意义上的独立发展。在这种情况下，虽然有分工，但并不是社会性的大分工，而只是父系大家族内的自然分工，商品生产也不发达。与这种原始性农业生产相适应，社会的生产单位往往是以家族组织为基础的自给自足的集体劳动组合。随着农业的发展，生产有了剩余，人口数量也在增长，父权家长制和私有制逐渐形成，导致社会内部阶级分化的产生。随着阶级分化的所带来的，除了家族内部以父权为代表的不平等之外，当时的家族与家族之间，以及宗族与宗族之间，也出现了分化和不平等。正是在父权家族力量的扩大过程中，某一显赫家族逐步控制乃至最终凌驾于社会之上，从而导致了国家的产生。

显然，与欧洲国家经典的按地域划分居民不同，我国古代早期国家的形成是一种“从家到国”的途径。① 在形成的过程中，原有的父权制家庭并没有受到破坏，而是比较完整地保留下来，父权与君权找到了完美的契合点，这样原有的家族结构就直接被用作国家结构的基础，从而奠定了我国传统政治生活“家国同构”的基调。《荀子·致士》指出了这一点：“君者，国之隆也，父者，家之隆也。隆一而治，二而乱。”然而，从历史唯物主义的角度讲，我国早期国家的形成也不能从根本上离开生产发展的推动，如果没有私有、阶级这些因素，纯粹道德性的简单的父权结构也没必要上升为强制性的国家机构。所以，尽管具体形式多有差异，但国家起源的基本原理都是相通的。

四、其他国家起源的理论分析

国家的起源问题，在马克思主义看来，关涉到对于国家本质的理解，因而理应成为各种国家学说的一个焦点。然而，这样的看法并非普遍。其他国家学说在关于国家起源的问题上不仅具体解释不同，在重视的态度上也有差异。这里主要介绍三种有代表性的国家起源理论：

（一）神权论

神权论是君主国家常见的关于国家起源的解释，因此也被称为“君权神授论”。这种理论宣扬，国家是根据神（天、上帝）的意志建立的，君主的权力是神所授予的，国家是君主按

---

① 梁颖、李庭华：《中国早期国家形成的道路与形态研究》，广西师范大学出版社 1998 年版，第 11 页。

照上天的启示统治民众的政治安排，民众服从君主就是服从了神的意志。这种观点在现在看来虽然显得荒诞，但在人类漫长的古代政治实践中却具有广泛的统治地位。古代奴隶制和封建制国家的统治阶级几乎都会利用神权论来为其统治的正当性做辩护。

古代中国的神权思想相当发达。至今在汉语文化中仍广为人知的"天道"观念，在古代就被用来说明统治阶级的权力是来源于天命的启示，并将帝王直接称作"天子"——天子受命于天，天下授命于天子。在中国古籍经常能见到"天子作民父母，以为天下王"①，"天工，人其代之"②，这样的具有神权论色彩的国家起源解释。

在外国，神权论也广为流行。从时间上看，最早产生于古代中东各国的神权政治君主国，如古代埃及就把法老视为"太阳神"。古代埃及经常耗费巨大人力物力修筑法老升天的陵墓——金字塔，就与人们根深蒂固的法老能否顺利升天将关系到国家与臣民的命运的神权观念密切相关。中世纪，基督教的宗教神学控制了整个西方思想界，神权国家观遂发展到其顶峰。在当时，即便是王权与教权的斗争中，不论是主张教权高于世俗权力的教会，还是主张王权高于教权的君主，都是以神创国家理论为基础的，认为"一切权力来自于神"，只是教会与君主谁更配领受的问题。及至现代，神权论依托于特定的宗教解释，仍然对与很多国家甚至文明区域有着影响，成为宗教信众广为接受的政治文化。包括进入 21 世纪以来日渐激烈的宗教冲突，都或多或少地与神权论有着这样或那样的关联。

（二）契约论

契约论是近代西方国家最有影响力的关于国家起源的学说，这是西方社会由来已久的契约伦理在现代政治生活理解上的自然延伸，基本观点就是认为国家是人们订立契约的产物。这种理论通常不在意国家起源的历史证据，而是侧重于揭示国家存在的道德基础和法理基础。契约论主要的代表人物有荷兰的格老秀斯、斯宾诺莎，英国的霍布斯、洛克，法国的卢梭等，他们有的用它来解释社会的产生，有的用它来说明政府的原理，但以马克思主义的视角看来，其本质都是在说明国家：一方面是用来说明国家的起源和存在的正当性，另一方面是用来说明统治者与被统治者的关系。

契约论一般都基于这样的假设：在国家出现以前，人类处于一种自然状态，这种状态中的人性普遍都是自利的，人与人的关系也是包含冲突的，有的认为这种冲突会愈演愈烈而使人类陷入"一切人反对一切人的战争"（霍布斯语），有的认为这种冲突是相对有限的，只是人类普遍追求生命、自由、财产等天赋权利时的一种不便（洛克的观点）。无论怎样的结果，至少都说明自然状态是不够完美的，它需要一个组织和相应的强制权力，以帮助人们控制冲突和解决争端，更好地实现合理人生目的的追求，而这个机构就是政府。契约论不太擅于使用国家这个概念，他们更愿意用政府来说明这种强制性的机构和权力，但显然他们的理解与马克思主义所说的国家实质上是一回事。但他们所采取的逻辑推定方法与马克思主义所坚持的历史分析方法，在说服力上有着明显的差异。契约论试图以此把国家说成是一种超越历史、超越阶级的永恒的社会共同体，而马克思主义却为向人们揭示一种历史真实，并将找出其内在的发展规律，从而为人们如何对待国家给出一种与契约论完全不同的提示。客观地说，仅论史实甚或逻辑本身，契约论都无法与马克思主义相提并论，但它对于理解现代国

---

① 《尚书·洪范》。

② 《尚书·皋陶谟》。

家的合理性确有一定的价值，尤其是其所倡导的人民主权和自由平等的思想，对于推动近代西方国家的发展和进步确实起到了积极的作用。

（三）暴力论

暴力论的基本观点就是认为国家起源于掠夺和征服，是在人类群体之间使用暴力的结果，代表人物有德国哲学家、经济学家卡尔·欧根·杜林和19世纪末20世纪初奥地利法学家兼社会学家巩普洛维奇。杜林强调暴力是社会发展的决定性因素，国家经常是作为一个部落对另一个部落施以暴力的结果而出现的，它表现为较强的部落对较弱的土著居民的征服与奴役。

暴力论的问题在于，它把政治征服和奴役看作具有独立的动机，或者认为政治征服和奴役的行动要先于经济发展的过程。这样，追问起来，暴力论就无法回答：为什么强者要征服弱者，并且要使弱者从属于自己？显然，暴力论者在这里有意无意地忽略了奴役或统治的动机问题，而这正是它最根本的局限所在。马克思主义承认暴力在一定条件下对国家的形成起到过促进作用，但它不并不是国家产生的根本原因。如果没有社会内部经济发展和阶级分化在先，单纯的暴力既无从所指也无可依托，显然是不可能产生国家的。

第二节　国家的本质

国家本质，是马克思主义国家学说的一个重要概念，也是整个马克思主义政治学的核心问题，几乎所有马克思主义视野中的政治问题，如统治形式、国家机构、民主与专政、革命与改良等，它们的提出与解决都要取决于对国家本质问题的基本回答。列宁曾针对其所生活时代的政治问题发表过这样的看法："在社会主义革命在全世界已经开始并且恰好在几个国家内获得胜利的时候，在反对全世界资本的斗争特别尖锐的时候，这个问题即国家问题就具有最大的意义，可以说，已经成为最迫切的问题，成为当代一切政治问题和一切政治争论的焦点了。"①

一、马克思主义关于国家本质的基本论断

马克思主义主张通过对国家的起源的分析来揭示国家的本质，即通过与原始社会的氏族组织的特征对比来界定国家的本质，认为这样才是抓住了国家这一事物矛盾的主要方面。这是马克思主义理解国家本质问题的根本思路。国家是在氏族制度瓦解的基础上产生的，但它不是氏族组织的简单继承，而是与氏族组织有着根本区别的特殊的社会组织。

第一，国家是按地域划分居民，氏族是按血缘划分居民。这里所说的"划分"，是指对于其所统辖的组织成员以什么为基础进行管理。按地域划分居民，相对于按血缘划分居民，意味着成员之间关系的重大变化。氏族按血缘划分居民，其成员之间的关系是伦理关系；国家按地域划分居民，其成员之间的关系是经济关系。在马克思主义看来，伦理关系的根本利益是一致的，而经济关系的根本利益是冲突的。因此，国家相对于氏族，就需要完全不同的管理手段和管理机制。

第二，国家设立了强制性的公共权力，氏族则只有纯粹的道德力量。所谓公共权力，是

---

① 《列宁专题文集 论辩证唯物主义和历史唯物主义》，人民出版社2009年版，第293页。

指武装的人——军队、警察和物质的附属物——监狱和强制机关。原始社会的氏族组织是没有公共权力的。公共权力的产生是由于社会成分的复杂化,社会关系处于非均衡状态,人们为了获得资源而引发的冲突和矛盾日益频繁和激烈。原来的那种依托血缘纽带而发生作用的伦理性的氏族管理手段,已经不足以维护正常的社会秩序了。这就需要一种特殊的社会力量,它将通过集中化的、常设的、专门的机构来行使,其作用在于缓和社会冲突,把冲突控制在一定的“秩序”范围之内。

马克思主义经典作家通过国家与氏族特征的鲜明对比,以及对国家起源过程的深入分析,从事物本质的角度给国家下了个定义:“国家是维护一个阶级对另一个阶级的统治的机器。”①“国家是一个阶级压迫另一个阶级的机器,是迫使一切从属的阶级服从于一个阶级的机器。”②这是列宁对马克思和恩格斯的国家观点所做的最深刻的概括。结合第一节中恩格斯关于国家起源的那段经典论述,我们可以清晰地梳理出马克思主义国家观的主要内容:

第一,国家是有阶级社会的政治组织。这既提示了国家的性质,也指出国家存续的时间问题。马克思主义认为,国家是一个“历史现象”。所谓历史现象,就是说它既不是从来就有的,也不是永远存在的,而是人类社会发展到特定历史阶段的产物,它是人类社会内部矛盾运动发展的必然结果,而且也将随着人类社会基本矛盾运动的展开而向前发展。

第二,国家是阶级统治的工具。这句话阐明了国家的本质。这里,首先说国家是一种手段,一种强制性的统治手段;其次说国家是属于特定阶级的统治手段,而非社会公共的手段。国家只是表面上采取一种公共的形式,以使其获得广泛的正当性和普遍的约束力,但这丝毫不能遮蔽所谓公共形式背后的阶级本质。简单说,马克思主义一再强调的国家本质问题,实质就是要认清国家究竟是哪个阶级的政权,是哪个阶级在借助国家实现着阶级的统治。马克思和恩格斯深刻地指出:“正是由于特殊利益和共同利益之间的这种矛盾,共同利益才采取国家这种与实际的单个利益和全体利益相脱离的独立形式,同时采取虚幻的共同体的形式。”③

第三,国家是一部机器。这说明的是国家作为工具在构成上的复杂性、整体性和精密性,国家不是单个的机构,也不是简单的武装,而是由多个部分构成的一个相互关联的有机整体。统治阶级通常会利用其掌握的一切可能的资源,建立起一套组织化的高效的暴力体系。这主要表现在以下几个方面:首先,管理者的常任化和管理机构的专门化,也就是形成了行使这种权力的专门的人——官吏和各种形式的专门机构——国家机关。其次,职业性的常备军的建立。有组织的暴力之所以需要,“是因为自从社会分裂为阶级以后,居民的自动的武装组织已经成为不可能了。”④最后,赋税制度的确立。赋税作为社会全部剩余产品中的特殊组成部分,成为保持公共权力存在和运作的经济基础。这部机器,对于被统治阶级来说,意味着一种符合统治阶级利益的特殊秩序的超强维护;对于统治阶级来说,则意味着必须具备一定的操控技艺。两方面结合在一起,就是有利于统治阶级的符合生产力发展需要的特定生产关系和生活方式的实现。

---

① 《列宁专题文集 论辩证唯物主义和历史唯物主义》,人民出版社 2009 年版,第 288 页

② 《列宁专题文集 论辩证唯物主义和历史唯物主义》,人民出版社 2009 年版,第 290 页。

③ 《马克思恩格斯文集》第 1 卷,人民出版社 2009 年版,第 536 页。

④ 《马克思恩格斯文集》第 4 卷,人民出版社 2009 年版,第 190 页。

二、其他具有代表性的国家观分析

从本质的角度理解国家,并将国家的本质与阶级的对立联系在一起,是马克思主义国家观的独特之处,也是马克思主义超越其他国家学说的深刻之处。然而,在人类漫长的政治实践和政治思想历程中,关于国家的观点和理论是多种多样的,它们都代表了一个时代人们对国家的基本理解。之所以会造成广泛的差异,主要是因为实践者和思想家所处的时代局限,当然也包括从马克思主义视角观察的阶级地位和阶级立场方面的局限。

(一)社会共同体说

把国家看作是社会共同体的观点形成于古希腊和古罗马时代。这方面的典型表述来自古希腊的亚里士多德。亚里士多德在其《政治学》一书中指出,国家是许多家族及村落的联合体,是为达到完美的和自治的生活而组织的人类团体,国家代表着最高的、共同的善,人的价值是在国家共同体的政治生活中得以实现的。古罗马的西塞罗也认为国家是由许多人基于法的一致及利益的共同性而结合起来的集合体。按照社会共同体来解释国家,其基本特点是把国家看作人们基于特定目的而结合在一起的群体。这种观点仅仅涉及国家的形式外观,却遮蔽了国家阶级本质的属性,而且也未能把国家与氏族、部落等社会组织区别开来。

(二)国家契约说

国家契约说实际上是国家起源契约论的自然延伸。关于国家的社会契约论观点,发端于古希腊的伊壁鸠鲁,兴盛于17—18世纪资产阶级革命时期,是资产阶级最具代表性的国家观。近代著名思想家格老秀斯、斯宾诺莎、霍布斯、洛克、卢梭等都是国家契约论的主要代表人物。他们从自然法的角度发展和完善了关于国家的契约理论,使之成为资产阶级推翻封建国家的重要思想武器。国家契约论认为,国家本质上是自然人之间的契约关系。作为典型的资产阶级政治学说,国家契约论对资本主义国家政治学说和政治实践产生了深远的影响。但国家契约论基于某种主观假设,认为国家实质上是人们之间的契约关系,这就从根本上否定了国家的阶级本质。

(三)国家要素说

与马克思主义着力揭示国家内在本质的思路不同,西方大部分学者更愿意从国家的外在特征的角度去描述国家,从而形成了国家"要素说",比较有代表性是"三要素说"和"四要素说"。"三要素说"认为具有主权、领土和居民三个要素的即为国家。"四要素说"则是在主权、领土和居民三个要素之外再加上政府。诚如西方学者意识到的那样,国家要素说的确比较精当地概括了国家的外在特征,然而,在马克思主义看来,单纯强调外在形式而抹杀国家的阶级本质是错误的,需要加以警惕。

第三节 国家的职能

马克思主义与其他学说在国家职能认知方面主要表现为整体观和局部观的差异。马克思主义所理解的是由国家本质决定的统一性的国家职能观,其他学说所理解是由社会需要决定的功能性的国家职能观。相应地,其他学说往往将国家职能表述为"国家功能",具体做法就是把国家各个组成部分的具体活动和任务说成是国家的职能。比如,从国家权力划分与制衡的角度说国家有三个职能:立法、司法、行政;从国家发挥作用的领域角度说国家有四个职能:安全、法治、经济、文化;或者按不同的分类抑或再添上一个说国家有五个职能:安全、秩序、公德、自由、福利。

马克思主义并不认可这样分散和孤立地看待国家的任何局部,而是把国家作为一个统一的整体,从由国家本质决定国家职能的高度来认识。在恩格斯关于国家起源的经典论述中,国家的作用就是缓和冲突,把冲突保持在"秩序"的范围之内。这里的"秩序",指的是阶级统治秩序。它以政治统治为核心,以经济统治为基础。把冲突保持在"秩序"的范围以内,就是维护有利于统治阶级的生产关系,维护在生产关系中占统治地位的阶级的根本利益。

在马克思主义看来,组成国家机器的各个部分,虽然在具体任务、目的、活动方式上各有不同,但它们都是围绕维护由国家本质所决定的特定的"秩序"这一总目的和总任务而展开的。万变不离其宗,国家的本质决定着国家职能的性质、内容和实现方式,这是马克思主义国家职能理论的根本观点。马克思主义就是以这样的思路定义国家职能的。

国家职能,就是由国家本质所决定的国家活动的总目的和总方向,是全部国家机器活动的总和与整体功能。

一、内部职能和外部职能

马克思主义认为,任何国家的活动都表现为两种基本职能:内部的职能和外部的职能。内部职能的主要任务是控制社会秩序,维护社会稳定,谋求经济发展,促进社会进步;外部职能的主要任务是防御外敌入侵,保卫国家安全,扩大国际影响,拓展生存空间。

在具体的国家活动中,国家的内部职能与外部职能是密切地联系在一起的,二者之间是相互依存、相互促进的辩证统一关系。只有加强内部职能,增强综合国力,包括军事、政治、经济和文化的实力,实现国家的外部职能才有了现实的基础。同样,有效地实施外部职能,如通过成功的外交活动建立一个和平的国际环境,对国内政权的巩固和经济社会的发展也会起到积极的作用。

一般来说,内部职能是居于主要地位的,尤其是在和平时期。因为,任何国家的统治阶级如果不首先巩固自己在国内的统治地位,不首先推动国内经济与社会发展,就没有必要的社会政治条件和物质力量来保卫国家安全或支持对外扩张。但是,有些时候,比如战争时期,外部职能就会上升为主要职能,成为主要矛盾。在这样的特定时期,外部职能执行的情况如何,将会直接影响到国内政权的巩固与社会发展。

二、政治职能和社会职能

马克思主义认为,根据国家活动的性质和方式,国家的内部职能又可以进一步划分为政治职能和社会职能。

政治职能,也称阶级统治职能,是指国家按照统治阶级意志,综合运用各种手段并以强制力保障实施的、维护社会秩序的职能。它由国家的阶级性质所决定,是国家所特有的根本性职能。

社会职能,也称社会管理职能,是指统治阶级为了实现和维护自己的政治统治,所必须实施的对于社会公共事务的管理职能。它与社会存在的事实相联系,是包括国家在内的任何人类社会都具有的必要性职能。

马克思主义关于国家政治职能和社会职能的观点中，最复杂的也是最重要的就是对二者地位和关系的理解。

首先，从来源依据上讲，政治职能与社会职能是相对独立、主次分明的。

在恩格斯关于国家起源的经典论述当中，有国家是“一种表面上凌驾于社会之上的力量”的表述，这就指明了国家是具有公共性和阶级性双重属性的共同体。作为公共属性的国家，是社会管理的提供者，具有社会职能。作为阶级属性的国家，是阶级统治是实施者，具有政治职能。因此，政治职能和社会职能在来源依据上是相对独立的，二者分别代表了社会的生存需要和国家的统治需要。另外，从国家作为阶级统治工具的本质规定性上来看，政治职能在二者的关系当中必然是居于主导地位的，是任何国家都必须保证履行的首要职能，否则国家就不成其为国家了。社会职能在二者的关系当中是居于从属地位的，任何时候社会职能的发挥都要以不妨碍政治职能的实现为限度，并且尽可能积极地为政治职能的实现服务。

其次，从静态关系来看，政治职能与社会职能是互相依存、辩证统一的。

虽然政治职能居主、社会职能居次，但社会职能因其对于人类社会存在和发展的不可或缺性，不仅不能被忽视，而且常常成为国家正常履行其政治职能的前提。恩格斯曾指出：“政治统治到处都是以执行某种社会职能为基础，而且政治统治只有在它执行了它的这种社会职能时才能持续下去。”①另外，社会职能的发挥必须以政治职能的有效为基础。社会职能的实施客观上要依托于统治阶级掌握国家权力这一事实，如果一个国家失去了强制性的权威地位，那么管理社会公共事务就将成为一句空话。

最后，从动态过程来看，政治职能与社会职能的发挥程度在不同社会的不同时期是不一样的，并且两种职能的关系地位在特定的社会还可以相互转换。

阶级社会的国家普遍具有这两种职能，并且在任何时期这两种职能的地位都不能相互转换，但这并不妨碍因其所处社会发展阶段的不同，两种职能在作用范围、程度和方式上可以有所差别。在前资本主义社会，国家承担的社会管理职能是比较有限的，政治职能却是比较突出的，甚至是粗暴赤裸的。随着资本主义制度的建立，特别是工业化进程的加快，新兴城市不断出现，资本主义国家的社会管理职能，无论范围、程度还是方式，相对于前资本主义时代都有了巨大的发展。“二战”之后，资本主义国家普遍奉行凯恩斯主义，其后又是福利国家的思想占据主流，使得国家社会职能的范围空前扩张。但是，这种社会职能的扩大，并不意味着社会职能与政治职能的关系地位发生逆转，所有社会职能的发展始终都没离开过把秩序控制在统治阶级允许的“秩序”范围以内这条主线。正如恩格斯所指出的那样，“现代国家，不管它的形式如何，本质上都是资本主义的机器，资本家的国家，理想的总资本家”。

社会主义国家是从资本主义向共产主义迈进的过渡阶段，也是人类历史上唯一不以阶级统治为根本目的的新型国家。因此，社会主义国家的政治职能和社会职能的关系地位是可以相互转换的。并且，还有一个长期的发展趋势——政治职能的作用范围将随着社会的发展、阶级差别和阶级斗争范围的缩小而逐渐缩小，与此同时社会职能将随着经济与社会的发展日益增强和扩展。

---

① 《马克思恩格斯文集》第9卷，人民出版社2009年版，第187页。

我国是人民当家作主的社会主义国家，剥削阶级作为阶级既已消灭，阶级矛盾便不再是社会的主要矛盾，国家的职能重心也应向社会职能的方向转变。“经过长期努力，中国特色社会主义进入了新时代”，①当前社会的主要矛盾演变为人民日益增长的美好生活需要和不平衡不充分的发展之间的矛盾。因此，“党和国家工作的重点必须转移到以经济建设为中心的社会主义现代化建设上来，大力发展社会生产力，并在这个基础上逐步改善人民的物质文化生活”。② 总之，通过创新协同开放共享和绿色发展，不断满足人民日益增长的对于美好生活的需求，积极发展社会主义民主和法治，促进社会的公平正义，建设先进的社会主义文化和生态文明。这是当前我国社会主义国家职能的重要内容。

第四节 国家的消亡

绝大多数西方学说都认为国家是一个永恒现象，除了某些带有无政府主义倾向的观点从总体上否定国家之外，马克思主义是唯一预言国家将会消亡并且提出了系统的国家消亡理论的学说。这是马克思主义运用历史唯物主义观点分析人类社会得出的必然结论。正确认识国家消亡的问题，对于深入理解社会主义的本质，自觉地进行无产阶级革命与社会主义建设，划清马克思主义同机会主义和无政府主义的原则界线具有重大意义。

一、国家消亡的历史必然性

马克思主义认为，国家是一个历史现象，国家不是从来就有的，也不是永远存在的，国家消亡是人类社会基本矛盾运动发展的必然结果。这就是说，自起源开始，国家就在朝着既定的方向发展和更替，最终将会随着社会基本矛盾的逐渐展开而使自己完成一种更高层次的复归——超越阶级社会，进入没有阶级压迫和阶级差别的共产主义社会。因此，国家的消亡是马克思主义国家学说的必然结论，是不以人的意志为转移的客观规律。

恩格斯指出：“阶级不可避免地要消失，正如它们从前不可避免地产生一样。随着阶级的消失，国家也不可避免地要消失。在生产者自由平等的联合体的基础上按新方式来组织生产的社会，将把全部国家机器放到它应该去的地方，即放到古物陈列馆去，同纺车和青铜斧陈列在一起。”③恩格斯的论述表明，国家消亡的前提是阶级的消亡，随着阶级的消灭，作为解决阶级的矛盾的国家，由于失去了作用，就自然成为社会上所不需要的东西而逐渐走向消亡。

马克思主义进一步指出，虽然国家消亡是必然的，但现实中的国家消亡只能在人类普遍进入社会主义国家阶段并且从全人类的意义上消灭阶级、阶级差别和一切可能产生阶级差别的因素之后才能发生。这就是说，一方面消亡国家只能是全人类齐头并进的事情，另一方面任何国家都不能单独启动国家消亡。无论是某个剥削者国家幻想跨越阶段，还是个别社会主义国家试图单兵突进，谈论国家消亡都为时尚早，甚至是一个伪命题。首先，对于非社

---

① 习近平：《决胜全面建成小康社会 夺取新时代中国特色社会主义伟大胜利——在中国共产党第十九次全国代表大会上的报告》，人民出版社 2017 版，第 10 页。

② 《十一届三中全会以来重要文献选读》（上册），人民出版社 1987 年版，第 345~346 页。

③ 《马克思恩格斯文集》第 4 卷，人民出版社 2009 年版，第 193 页。

会主义国家来说，任何剥削阶级都不会心甘情愿放弃自己的统治，不先经历无产阶级革命，建立社会主义的国家政权，是不可能自动退出历史舞台的。其次，对于社会主义国家来说，其建立和发展的过程无时不刻不处在敌对环伺的复杂国际环境当中，如果错误地理解国家的消亡，人为地削弱国家建设，更会使自己陷入被动甚至危险的境地。从这个意义上说，国家消亡既是马克思主义异常确定的必然结论，同时也是马克思主义整个国家学说当中，唯一处于理想和预言的环节，其指导实践的功能都是潜在的和间接的，甚至还可以说是需要人类在未来的实践中不断探索和发展的，因此不可教条地理解和应用。

二、国家消亡的条件与途径

虽然从逻辑上说国家是必然要消亡的，但国家消亡也是需要具备一定的条件并且通过特定的途径才能实现的。关于条件和途径的认识，为人类具体地把握国家消亡这一历史进程提出了实践方面的要求，体现了历史规律的客观必然性与人类实践的主观能动性的统一。

（一）国家消亡的条件

国家消亡条件的核心就是要消灭阶级和消灭一切阶级差别，彻底铲除阶级产生和存在的一切根源，使阶级和阶级差别既不能存在，也永远不能再生。不具备这样的条件，国家是不会消亡的。而要想实现这些条件，就需要在社会主义革命成功之后，在无产阶级政党的领导下，在相当长的历史时期内，坚持不懈地推动社会主义各项事业的发展，在经济、政治和文化方面取得前所未有的甚至是超出当代人思想能力的巨大历史成就。根据马克思主义早先的预言，大致可以推测到这样的目标状态：

经济方面：生产力高度发达，社会产品极大丰富，各尽所能、按需分配；劳动不再是谋生的手段，而是生活的第一需要。

政治方面：国家职能高度简化，成为纯粹的社会管理活动，公职人员不再需要专门的知识和技能，人人都可以自由担任。

社会方面：人类的道德水平有了极大的提高，人与人关系和谐，友爱互助，任何个人的发展成为所有人发展的条件。

只有具备了这样的条件，国家才有可能消亡，而具备这样条件的社会，就是马克思主义所说的人类社会的高级阶段——共产主义社会。“在共产主义社会高级阶段，在迫使个人奴隶般地服从分工的情形已经消失，从而脑力劳动和体力劳动的对立也随之消失之后；在劳动已经不仅仅是谋生的手段，而且本身成了生活的第一需要之后；在随着个人的全面发展，他们的生产力也增长起来，而集体财富的一切源泉都充分涌流之后，只有在那个时候，才能完全超出资产阶级权利的狭隘眼界，社会才能在自己的旗帜上写上：各尽所能，按需分配！”①。

马克思主义的这些设想，进一步概括了国家消亡所必须的各个层面的条件特征。① 阶级对立和阶级差别的完全消灭，是国家消亡的政治条件。② 旧社会分工和脑力劳动同体力劳动差别的消除，是国家消亡的社会条件。③ 全体人民思想道德和科学文化水平的普遍提高，是国家消亡的精神条件。④ 在全世界消灭一切剥削制度，使全人类获得解放，是国家消亡的国际条件。⑤ 社会生产力的高度发展，是国家消亡的最根本条件。因为，“社会阶级的

---

① 《马克思恩格斯文集》第 3 卷，人民出版社 2009 年版，第 435~436 页。

消灭是以生产高度发展的阶段为前提的”。①

（二）国家消亡的途径

国家的消亡不仅需要一定的条件，还需要通过特定的途径，其发展进程也是有规律可循的。

首先，根据马克思主义的论述，国家的消亡是通过无产阶级专政实现的。无产阶级专政是无产阶级的国家政权，是以社会职能成为国家主要职能的新型国家，无产阶级专政的历史使命，是发展高度的社会生产力，消灭阶级压迫和阶级差别，从而使国家演变成纯粹的社会管理组织，完成从阶级社会到无阶级社会的转变。因此，国家消亡离不开无产阶级专政这个基本的途径和凭借，只有通过无产阶级革命建立无产阶级专政，才能达到消灭阶级和消亡国家的目标。

其次，马克思主义认为，“国家不是‘被废除’的，它是自行消亡的。”②国家的消亡不是什么人发布命令的结果，而是国家这个事物自身发生作用的结果，是国家在充分发挥了自己职能之后的必然归宿。所以，列宁的“‘国家消亡’这个说法选得非常恰当，因为它既表明了过程的渐进性，又表明了过程的自发性”。③ 这里所说的渐进性，是指国家消亡也是一个相当长的历史过程。随着促使国家消亡的经济条件和精神条件的逐渐完备、人们之间关系的逐渐改变，作为强制性的暴力机器的国家，才逐渐地成为社会上所不需要的东西了。所谓自发性，是指国家的消亡不是什么人发布命令的结果，它是国家这个事物自身发生作用的结果，是国家在充分发挥了自己职能后的必然归宿，也就是说，它不是被消除的，而是自行消亡的。这是马克思主义关于国家消亡途径的一般原理。

最后，关于国家消亡的具体时间和采用什么形式等具体问题，有待于未来的实践加以说明。正如列宁所说：“我们只能谈国家消亡的必然性，同时着重指出这个过程是长期的，指出它的长短将取决于共产主义高级阶段的发展速度，而把消亡的日期或消亡的具体形式问题作为悬案，因为现在还没有可供解决这些问题的材料。”④

本章小结

本章主要介绍马克思主义国家学说的四个基本理论环节——国家的起源、国家的本质、国家的职能和国家的消亡。它们是前后相继、逻辑一贯的整体。马克思主义认为，国家的起源是理解全部马克思主义国家学说的“钥匙”，对国家起源的解释直接决定了对国家本质的定义。马克思主义将国家看作阶级统治的工具，这种关于国家本质的论断构成了马克思主义国家观的核心，既决定了对国家职能的理解，也影响着对其他政治现象的认知。马克思主义所说的国家职能是指由国家本质所决定的总目的和总功能，通常可以通过内部职能和外部职能、政治职能和社会职能两类划分来进一步理解。国家消亡理论是根据马克思主义的唯物史观分析国家现象所得出的必然结论。正是关于国家消亡的观点使马克思主义与其他

---

① 《马克思恩格斯文集》第3卷，人民出版社2009年版，第563页。

② 《马克思恩格斯文集》第9卷，人民出版社2009年版，第297页。

③ 《列宁专题文集 论马克思主义》，人民出版社2009年版，第260页。

④ 《列宁专题文集 论马克思主义》，人民出版社2009年版，第267页。

国家学说区分开来。

思考题

1. 马克思主义经典作家为什么重视对原始社会氏族组织的研究?
2. 如何理解恩格斯“两种生产决定社会制度”的基本原理?
3. 契约论的观点和局限是什么?
4. 如何理解恩格斯关于国家起源的经典论述?
5. 马克思主义关于国家本质的基本论断是什么?
6. 如何理解国家的作用是将冲突控制在“秩序”的范围之内?
7. 国家职能中政治职能与社会职能有怎样的关系?
8. 如何理解国家消亡的历史必然性与具体消亡过程的复杂性?

第三章 国家的历史类型

认识国家，不仅要了解国家的起源、本质、职能和消亡，还要了解国家的历史类型。具体说来，就是要了解国家历史类型的含义、划分标准、更替的规律和方式，以及四种具体历史类型的国家——奴隶制国家、封建制国家、资本主义国家、社会主义国家——的产生、本质、职能以及历史地位等。

第一节 国家历史类型的含义

在人类历史及当今世界，国家的形态各式各样。如何透过这些差别，找到它们之间适当的共性，从而作出合理的分类，一直是各类政治学说研究的重要课题。国家历史类型，是马克思主义在分析国家现象时提出的一个特有概念，它体现了马克思主义经典作家对国家做出科学分类的努力。

一、马克思主义对国家的分类

人类思想史上，亚里士多德是较早对国家进行系统分类的人。他以掌握国家权力的人数多少为标准，把国家划分为三类：君主国，指国家权力掌握在一个人手中的国家；贵族国，指国家权力掌握在少数人手中的国家；民主国，指国家权力掌握在多数人，即民众手中的国家。在这三类国家中，又有正常国家和变态国家之分，正常国家是指为多数人谋福利的国家，君主国、贵族国、民主国即属于这类国家；变态国家是指以谋私利为目的的国家，包括：专制国家（一人掌权），寡头国家（少数人掌权），暴民国家（多数平民掌权）。

亚里士多德的分类思想对于西方后世学者产生了很大影响。在中世纪，有学者在亚里士多德的分类的基础上，加上一个神权国，即上帝（神）掌权的国家，用以解释中世纪的神权国家。还有学者按照国家对主权的掌握程度，把国家划分为主权国、部分主权国、殖民地国家；又有学者以地理环境特征作为标准，把国家划分为海洋国、大陆国、岛国；现代西方学者比较乐于接受法治国、民主国、专制国、福利国等分类的提法。

与亚里士多德一样，历史上大多数的分类主张都是从国家的外部特征入手的，很少有学者会有意识地从国家的本质和目的的角度考虑问题，因而这些观点都可以被认为是对国家的非本质性分类。

马克思主义坚定地认为国家是阶级统治的工具，维护特定阶级的统治是国家最本质的特征，因此主张从国家本质范畴入手，根据“经济基础”和“阶级实质”来划分国家。简单说，就是看“哪种生产关系占统治地位”“哪个阶级是统治阶级”。显然，这种划分思路完全没有拘泥于人口、疆域、历史、文化等外部的和局部的特征，而是直接深入到事物最本质的层面，因而具有无可替代的理论深刻性和现实合理性。

根据马克思主义经典作家的论述，国家历史类型，就是指根据不同国家在国家本质方面所对应的阶级属性内容的不同，对国家进行的体现历史演进规律的类型划分。由于人类社会具有相同经济基础和阶级属性的国家大致都出现在相同的历史年代，具有明显的整体阶段性和更替规律性，故而马克思主义经典作家将其表述为国家的“历史”类型，也是希望通过这种独特划分方法进一步说明人类历史上不同类型国家的本质及其相互关系。由此可见，马克思主义在国家分类问题上的卓越洞见和贡献在于：超越国家外在的特征，抓住国家的内在本质；不仅要区分形式，还要深入本质，更要阐明规律。

二、国家历史类型的划分标准

恩格斯指出：“在古代是占有奴隶的公民的国家，在中世纪是封建贵族的国家，在我们的时代是资产阶级的国家。”①列宁也指出：“你们应当时刻注意到社会从奴隶制的原始形式过渡到农奴制、最后又过渡到资本主义这一基本事实，……你们根据这种基本划分来观察国家，就会看出，……在人类史上有几十个几百个国家经历过和经历着奴隶制、农奴制和资本主义。”②

从这些论述当中可以发现，马克思主义经典作家关于划分国家历史类型标准的基本思路，即社会的经济基础和国家的阶级本质。这一标准，明确提示了国家政权掌握在哪个阶级手中，保护什么样的经济基础，或者说国家是哪一个阶级的统治。所以，有了国家历史类型的确定，不同国家就有了一个简明的识别标签：哪一个阶级的统治？国家的目的和职能是什么？这些曾经复杂和隐晦的问题都一目了然。

国家的历史类型从根本上说是由国家赖以存在的社会经济基础决定的。在阶级社会中，有什么样的社会经济基础，就有什么样的统治阶级凭借国家权力实施阶级统治，因而就有什么样历史类型的国家。在马克思主义看来，世界上许许多多大大小小的国家，无论它们的外表特征差异有多大，即人口多少、地域大小、历史长短，只要是建立在同一社会经济基础上的，就都属于同一历史类型的国家。

马克思主义指出，自原始社会解体进入阶级时代以来，人类社会先后经历了四种生产方式——奴隶制生产方式、封建制生产方式、资本主义生产方式和社会主义生产方式。在这些生产方式中占主导地位的阶级分别是奴隶主阶级、地主阶级、资产阶级和无产阶级。因此，根据马克思主义的国家历史类型的划分标准，这四种具体的国家历史类型就是奴隶制国家、封建制国家、资本主义国家和社会主义国家。前三种历史类型的国家，由于它们的经济制度都是以私有制为基础的，都是少数剥削者对广大劳动人民的专政，因此统称为剥削者类型的国家。不过，由于不同国家所处的历史条件不同和肩负的历史使命不同，维护的剥削形式也不同，因而它们之间还是有明显区别的。

奴隶制国家，是奴隶主阶级用以压迫和统治奴隶的工具，它维护的是奴隶制的剥削形式。

---

① 《马克思恩格斯文集》第9卷，人民出版社2009年版，第297页。

② 《列宁专题文集 论辩证唯物主义和历史唯物主义》，人民出版社2009年版，第287页。

封建制国家，是封建地主阶级用以压迫和统治广大农民的工具，它维护的是封建制的剥削形式。

资本主义国家，是资产阶级压迫和统治无产阶级的工具，它维护的是资本主义的剥削方式。

社会主义国家，是完全新型的最高历史类型的国家，是人类历史上第一个建立在生产资料公有制基础上的国家，是工人阶级和广大劳动人民摆脱压迫和剥削，实现平等和幸福，并持续推进经济建设和社会进步，进而为实现共产主义创造物质条件与精神条件的工具。

第二节　国家历史类型的更替

马克思主义认为，一种历史类型的国家发展到一定阶段就要被一种新的历史类型的国家替代，这是不以人们意志为转移的客观规律。国家历史类型的更替，是由生产力与生产关系、经济基础与上层建筑这两对人类社会基本矛盾的运动、变化、发展所决定的，因而表现出特定的规律性。

一、国家历史类型的更替规律

马克思主义认为，国家历史类型的更替规律，是由生产关系须要适应生产力的发展、上层建筑须要适应经济基础的变化的规律决定的。生产力与生产关系的矛盾是人类社会的根本矛盾，生产关系一定要适应生产力的发展水平，这是推动人类社会发展的基础动力。社会制度的变革，包括国家历史类型的变革，都是生产关系一定要适应生产力发展水平的规律发生作用的结果。

根据马克思主义，人类社会的生产力是绝对发展的，生产关系一经产生则会在一定时期内保持稳定。因而，当社会的生产力发展到一定阶段，必然会同既有的生产关系发生矛盾，从而要求推动生产关系进行变更。经济基础的这种变更，又将必然引起全部上层建筑的相应变革。在这一变革过程中，国家政权从旧有阶级转移到代表生产力发展要求的新兴阶级手中，旧的国家类型也同时被新的国家类型所代替。社会基本矛盾运动的一个阶段就此结束，一个新的运动阶段也由此开始，国家类型的发展也迎来新的历史阶段。马克思在《〈政治经济学批判〉序言》中深刻地揭示了这种变革过程。他指出："社会的物质生产力发展到一定阶段，便同它们一直在其中运动的现存生产关系或财产关系（这只是生产关系的法律用语）发生矛盾。于是这些关系便由生产力的发展形式变成生产力的桎梏。那时社会革命的时代就到来了。随着经济基础的变更，全部庞大的上层建筑也或慢或快地发生变革。"①

国家历史类型更替的一般规律，并不排除具体更替或发展过程中出现某种特殊性。在不同的社会背景下，由于经济、文化发展水平不同，以及社会历史传统、社会力量构成等方面的差异，国家历史类型的更替具体表现方式也是多种多样的。

---

① 《马克思恩格斯文集》第2卷，人民出版社2009年版，第591~592页。

二、国家历史类型的更替方式

马克思主义认为,国家历史类型更替的基本方式和途径是政治革命。这是因为,国家历史类型的更替是社会政治发展的质变,代表旧的生产力的阶级及其国家与代表新的生产力的阶级及其国家在本质上是对立的,尽管旧的社会制度和国家已经非常腐朽,但也不会自行崩溃,旧的统治阶级绝不会心甘情愿地退出历史舞台,所以,只有通过政治革命,推翻旧的政治统治,一种国家类型向另一种国家类型的历史性转变才能完成。

政治改良是社会政治变化的另一方式,马克思主义承认它在一定的条件下对社会发展是具积极意义的,但马克思主义不认为它能上升到国家历史类型更替方式和途径的层次。改良的实质是统治阶级在被统治阶级斗争的压力下,被迫做出的某些局部性的让步,它并不会改变社会的根本政治制度和政治形态,因而不能完成国家历史类型的更替。尽管如此,改良毕竟是被统治阶级通过斗争获得的,其结果在某种程度上对被统治阶级是有利的。因此,马克思主义认为,当革命的形势还未成熟,通过改良为革命积蓄力量或改善革命的条件,还是可取的。所以,马克思主义并不是反对改良,而是反对用改良否定革命。列宁曾指出:"无产阶级取得胜利以前,改良是革命的阶级斗争的副产品。取得胜利以后,改良在国际范围内仍然是一种'副产品',但对取得胜利的国家来说,如果经过极度紧张的斗争,实力显然不足以用革命手段来实行某种过渡,那么改良是一种必要的、合理的喘息时机。"①列宁十分清楚地提醒人们,革命是无产阶级斗争的主要的、基本的方法,而改良则是一种次要的、辅助性的方法,其目的是为了利用改良来提高人民的政治、经济地位,锻炼和教育人民群众,积蓄革命力量,从而为社会和政治的彻底变革创造条件。

一般地说,革命与改良的区别主要表现在三个方面:

第一,革命表示国家政权从一个阶级转移到另一个阶级手中,并摧毁旧的生产关系和上层建筑,建立和发展新的生产关系和上层建筑,使社会得到根本的改造。改良则是在不改变现行的社会经济制度和政治制度的情况下,通过局部的、个别的某些现状的改善来缓和社会矛盾。

第二,革命的发生不是偶然的,而是历史的必然现象,革命的最深刻的根源在于生产关系一定要适应生产力发展的性质,上层建筑一定要适应经济基础的性质。当现存的生产关系成为生产力继续发展的严重阻碍时,代表生产力发展要求的革命阶级,就会起来推翻反动阶级的统治,改变旧的生产关系,促进新的生产方式的建立和发展,推动社会前进。改良则是在被统治阶级的压力下,迫使统治阶级实行某些让步的政策。

第三,革命的根本问题是国家政权问题,革命阶级在推翻旧的国家政权的过程中必然会遭到旧的统治阶级的激烈反抗。因此,革命不是一种和平的进化过程,而必须用暴力手段打碎旧的国家机器,是一种激烈的社会变动。改良则是渐进的,是一种和平的、局部的改造过程。

马克思主义者与改良主义者有着本质的区别。马克思主义者不是一概地反对改良,只是不满足于改良,强调不停留在改良上,改良的全部合理性在于其要服从革命的原则和目的。改良是被统治阶级通过斗争而取得统治阶级的让步,革命者应当利用这些让步积蓄革

---

① 《列宁专题文集 论社会主义》,人民出版社 2009 年版,第 295 页。

命力量,进而夺取政权,实现社会的根本变革。改良主义者则是停留在改良上,满足于统治阶级的让步,甚至借此来阻止群众革命,其实质还是旧的社会制度的维护者。

国家历史类型变革的实际进程表明:一切剥削阶级类型的国家,都是通过社会变革更替的。资本主义制度是最后一种剥削制度,资产阶级是最后一个剥削阶级。代替资产阶级国家而出现的新的国家类型,就是无产阶级通过社会主义革命所建立的社会主义国家。社会主义国家是人类历史上最高类型的国家,在社会主义社会过渡到共产主义社会之后,国家存在的阶级基础和社会基础逐渐消失,社会主义国家就会逐步自行消亡。所以,与此前历史类型的国家的命运不同,社会主义国家不是被更替,而是以自行消亡的方式退出历史舞台的。

第三节　四种具体国家历史类型概述

根据马克思主义对于国家历史类型的划分以及更替规律的观点,人类社会共有四种基本的国家历史类型——奴隶制国家,封建制国家,资本主义国家和社会主义国家。

一、奴隶制国家

奴隶制国家是人类历史上第一个剥削阶级国家,它是随着原始公社制度的崩溃、奴隶占有制的形成、阶级的出现和阶级矛盾不可调和,出于控制社会冲突和把冲突保持在秩序的范围以内的要求而产生的。

(一) 奴隶制国家的本质

奴隶制国家是建立在奴隶占有制经济基础之上的上层建筑。奴隶社会的经济基础,是奴隶主不仅占有全部生产资料,同时占有生产者——奴隶本身。在这种关系中,奴隶主享有一切权利,不仅可以占有和买卖奴隶,甚至可以随意杀戮奴隶。相应的,奴隶则没有任何政治权利、经济权利、人身自由甚至基本的生命安全。在奴隶主看来,奴隶只是会说话的工具。

在原始社会的末期,由于使用奴隶劳动越来越广泛,自由农民和手工业者的经济状况受到严重冲击,随时面临着破产的威胁,或者不堪高利贷者的剥削,逐渐沦为失去生产资料的自由贫民。

奴隶社会的这种阶级结构,主要表现为奴隶阶级同奴隶主阶级的尖锐矛盾,同时自由贫民与奴隶主之间也存在着一定的斗争。反映在政治上,就是统治与反抗统治,尖锐时就是大规模的奴隶和社会暴动。

在这种经济基础和阶级结构上建立起来的国家,毫无疑问将是奴隶主阶级用来维护自己的根本利益,压迫和剥削广大奴隶和贫民的政治组织,其实质就是奴隶主阶级对奴隶阶级的全面专政。

(二) 奴隶制国家的职能

由于定期补充奴隶的需要,历史上的奴隶制国家经常与战争联系在一起,从而奴隶制国家的两项基本职能——内部职能和外部职能——表现得比较明显。奴隶制国家的本质就是通过这两个职能的协同发挥来体现的。

奴隶制国家的内部职能,是控制奴隶和自由贫民等广大被压迫群众。奴隶主阶级凭借国家的一系列暴力机关,采用极端残酷的手段,镇压奴隶的反抗,实现赤裸裸的暴力统治,这充分反映了奴隶主的剥削形式。如斯巴达,大批屠杀其所奴役的希洛人(奴隶)以恫吓其余的奴隶。在罗马有一条法律规定:奴隶杀害主人时,与这一奴隶同住一屋的全体奴隶均处死刑。而在阶级斗争激化、奴隶起义之后,镇压就更加残酷。如在斯巴达克领导的奴隶起义失败之后,竟有 6 000 名被俘虏的奴隶起义者被活活地钉死在十字架上。

奴隶主阶级通过国家控制被压迫阶级的另一种办法,就是利用宗教作为精神武器,以麻痹奴隶和自由民对他们的反抗精神。宗教在奴隶制国家中起着重要作用,寺庙拥有大量的财产,祭司在国家机关中占有显要的地位。如埃及、巴比伦、犹太的祭司在国家机关中都占有显要的地位,而罗马的僧侣被认为是神在人间的代表。他们主持祭典,解释法律,具有很大的权力。中国的商代以后,设太祝,专掌祭祀。宗教和祭祀被认为是一切公民都应信奉和遵守的。对他们的要求稍有违反,就会受到严厉的惩处。如雅典,对于不信神或违反固定的宗教祭祀仪式的人可以判处死刑。

奴隶制国家的外部职能是侵略他国领土或保卫本国领土以防别国侵略。奴隶制国家的外部职能具有重要意义。由于奴隶主对奴隶非人的虐待和残酷的镇压,大批奴隶过早地死亡,需要经常有大批的奴隶作补充。因此,对外发动战争,进行掠夺,使俘虏沦为奴隶,就成为劳动力再生产和增加奴隶数量的一种必要的手段。同时,战争也是缓和国内矛盾的一种方法。因此,奴隶制时期,战争是频繁的。因为奴隶制国家随时准备侵略弱小的国家,同时也必须时刻准备抵抗外来的侵略。如亚速、埃及、罗马都进行过掠夺战争。罗马正是由于进行多次战争,才由一个不大的城市国家,变成了一个包括地中海沿岸各地的领土辽阔的强大帝国。

(三) 奴隶制国家的统治形式

奴隶制国家,由于各国生产力发展的水平不同,生产资料占有制的方式不同和阶级力量对比关系不同,它们所采取的统治形式也各不相同。古代东方的奴隶制国家,如埃及、巴比伦、亚速、波斯等国,都采用君主制,即所谓东方暴君制。在这种国家里,全部国家权力在形式上属于世袭的君主,他通过复杂的军事官僚机构来管理国家。

希腊的城邦国家——雅典,则采用奴隶主阶级的民主制。表现为“人民大会”具有很大权力和公职人员是由选举或抽签产生的。当然这种民主只是奴隶主阶级内部的民主。所有的奴隶既被剥夺了一切政治权利,也就没有参加人民大会和被选为公职的权利了。

古罗马和斯巴达这样的奴隶制国家采取的是贵族制。表现为由奴隶主阶级中的少数显要贵族组成元老院(古罗马)、长老会议(斯巴达)掌握重要权力。其他重要职务也是由军事显贵或土地富有的显贵担任。这种形式很明显地表明:奴隶主阶级的专政是通过奴隶主阶级中的少数显贵的统治来实现的。

奴隶制国家所采取的形式,无论是把统治权力集中于一个人(君主),还是少数人(贵族),或是更多一些人(民主),它们的实质则是共同的,都是奴隶主阶级实行的政治统治,都是奴隶主对奴隶进行的阶级专政。

二、封建制国家

封建制国家,是在奴隶制生产关系逐渐瓦解之后,新的封建制生产关系建立起来,适应新的生产关系和社会阶级结构之后建立起来的。封建制国家的本质,是在土地所有制上占统治地位的封建阶级对广大农业劳动者进行剥削和压迫的工具。我国大约在 2 300 多年前,西欧大约在 1 500 年前,开始进入封建时期,因此都有着长期的封建国家经历,但因所处历史条件不同，各国在经济、政治等方面都有比较明显的差异。

（一）封建制国家的经济基础和阶级本质

封建制国家是建立在封建制经济基础之上的上层建筑。封建社会是以自然经济为主的农业社会，农业是最基本的生产部门，土地是最主要的生产资料，决定生产资料与劳动者结合方式的土地所有制则是封建社会生产方式中“现实的关系”，即生产关系的核心。因此，分析封建社会的土地所有制，是我们研究封建社会生产关系、认识封建制国家的出发点。

封建社会土地所有制的具体形式主要有四种：地主占有制、领主占有制、国家占有制和自耕农占有制。中国封建社会占支配地位的土地所有制形式是地主占有制。地主制经济允许土地买卖。我国早在战国时期就打破了“田里不鬻”原则，承认了土地买卖的合法性。在这种制度下，地主获得土地的主要手段是购买。他们把自己占有的大量土地分别出租给佃农耕种，并通过收缴地租的方式榨取农民的剩余劳动。“农民用自己的工具去耕种地主、贵族和皇室的土地，并将收获的四成、五成、六成、七成甚至八成以上，奉献给地主、贵族和皇室享用。”①这就是地主制经济的剥削本质。

在西方封建社会的大部分时期，领主占有制是占支配地位的封建土地所有制形式。在这种制度下，土地由国王封赐给大封建主，然后不规则逐级分封给各级领主。下级领主对上级领主承担一定的义务，如提供兵役、交纳贡赋等。领主掌管的领地可以世代相袭，但不能自由买卖。他们在自由的领地上经管庄园，利用特权和暴力压榨附属农奴。其主要剥削手段是把田产分为份地和保有地，农奴使用自己的工具耕种份地来维持自己和家庭的生活，同时无偿地为领主耕种保有地，并承担本领地的贡赋、徭役等。与奴隶制相比，农奴的处境有所改善，领主不可以随便屠杀农奴，但是农奴仍然被强制束缚在领地上。

封建土地国有制就是以国家的名义占有土地。在中国封建社会前期曾出现过屯田、营田、职田、农庄和均田等土地国有制形式，但它们本质上不过是扩大了的地主所有制。这不仅因为当时的国家是地主阶级的代表，而且因为就国家与耕种国有土地的农民之间的关系来看，实质上是一种地主与佃农的租佃关系。也就是说，国家不像封建庄园的领主那样具体干涉土地经营，而且农民向国家交纳的赋税实际上也不是国家法权的体现，而是一种变相的地租。正如马克思所指出的：“同直接生产者直接对立的，如果不是私有土地的所有者，而是像在亚洲那样，是既作为土地所有者同时又作为主权者的国家，那么，地租和赋税就会合为一体，或者不如说，在这种情况下就不存在任何同这个地租形式不同的赋税。……在这里，国家就是最高的地主。”②西方封建社会，国王虽然名义上是全国土地的主人，但土地分封给各级领主掌管，因此其土地所有制实质上并不是国有制而是领主占有制。

自耕农占有制就是农民自己占有所耕种的土地，即所谓“一夫挟五口，治田百亩”的土地制度。自耕农所占有的土地是少量的，只能作为自己生存的条件，而不是用以剥削他人。在地主所有制占支配地位的封建社会，自耕农的地位是孤立的、极不稳定的。他们的土地成为地主兼并的对象，劳动力则成为佃农、雇农的后备军，同时还要遭受官府的压迫、盘剥。因此，自耕农占有制不论在经济关系中还是在政治影响方面都是地主占有制的附属和补充。

---

① 《毛泽东选集》第2卷，人民出版社1991年版，第624页。

② 《马克思恩格斯文集》第7卷，人民出版社2009年版，第894页。

综上所述,在封建社会的四种土地所有制形式中,真正占支配地位、并且对封建制国家起决定作用的,在中国是地主占有制,在西方是领主占有制。这两种土地所有制虽然形式有别,但本质是相同的。它们都具有封建社会生产关系的基本特征,即土地由享有一定特权的大土地所有者占有;劳动者耕种地主或领主的土地,并以实物或劳役的形式将维持家庭生产和生活以外的剩余劳动无偿交付给土地占有者;劳动者不像奴隶那样是属于主人的财产,他们不依附于主人,而且有一个独立生产、生活的单位——家庭。同时也有别于近代的雇佣劳动者,不是出卖劳动力并以"等价交换"的原则从领主或地主那里换取生活资料,而是在超经济强制下把自己的剩余劳动无偿交给土地占有者。可见,在封建的经济关系中,大土地占有者和农民处于剥削和被剥削的对立地位,这就决定了封建社会的主要矛盾是农民阶级和大土地占有者之间的矛盾。历史上层出不穷的农民起义就是这一矛盾激化的表现。在这种经济基础上所建立的封建制国家,必然是在生产关系中占统治地位的大土地占有者阶级从政治上对农民阶级实行专政、压迫以维护其阶级统治的工具。

(二)封建制国家的统治形式与文化特征

封建制国家的特征是其本质的具体表现,因此,决定封建制国家本质的封建生产关系也就成为封建制国家特征的决定力量。由于中国和西方历史上的封建生产关系采取了不同的形式,在此基础上产生的封建制国家的特征也必然不尽相同。概括地说,中国和西方封建制国家的不同特征表现在下述三个方面:

1. 在国家结构方面,中国是中央集权制,西方是分封割据制

马克思主义认为,国家的政治权力是统治阶级用来实现自己经济利益的手段。封建制国家的政治权力当然也是如此,它的基本职能就是对农民阶级实行超经济强制,即迫使农民人身依附于大土地占有者阶级,以便无偿占有农民的剩余劳动。在奴隶制和雇佣奴隶制——资本主义制度中,劳动者是在生产资料占有者的管理下劳动,他们不是生产过程的直接组织者,因而不能直接支配劳动产品,只能从奴隶主和资本家那里领取生活资料或劳动报酬。封建制则完全不同,农民占有生产工具,并且是全部或部分生产过程的直接组织者,可以直接支配全部或部分劳动产品,因此,没有超经济强制,大土地占有者就无法迫使农民以实物或劳役的形式交出自己的剩余劳动。中国和西方历史上的封建土地所有制形式不同,因此国家政治权力的运用方式,即超经济强制的实施方式也有区别。这一区别正是导致中国和西方的封建社会在国家结构上采取不同形式的直接原因。在中国的地主制经济中,由于土地可以自由买卖,作为大土地占有者的身份是不固定的;况且,地主主要以实物或货币地租为手段占有农民的剩余劳动,因此,其个人不可能享有等同于西方领主的政治特权。在中国,实行超经济的强制手段——政治力量是游离于土地关系之外、由国家行政机构统一掌握的,地主个人无权直接运用政治权力压迫农民。农民不是被大土地占有者束缚在固定的领地上,而是被国家政权束缚在一个行政区域内,其主要手段就是统一的户籍制度和作为基础工具的乡里、保甲组织。只有运用国家政权的力量,地主阶级作为一个整体才能够实现对农民阶级的超经济强制,从而保障自己的经济利益。我国的封建地主阶级为了满足自己的需要,必然要建立一个强大、统一的国家政权。自秦始皇起,地主阶级就提出了"海内为郡县,法令由一统"①的思想,建立了统一的中央集权制国家。经过漫长的发展和多次反复,我

---

① 《史记·秦始皇本纪》。

国最终于10世纪(五代、北宋之交)形成了一套集中统一、下设郡县、由专职官吏操纵的庞大、复杂的国家机器。中国封建社会前期也曾出现过"分封制",但大都属于封户而不分土,或分土而不治民的情况,与西方中世纪的领主分封制完全不同。总之,中国的中央集权制是地主经济的产物。正如王亚南所说:"没有封建的地主经济作基础,中央集权的专制官僚政体是不可能因为任何理由发生与发展的。"①

西方封建社会的经济基础是领主制生产关系。领主的土地由分封而来,世代相袭,不能买卖,因而领主个人作为土地占有者的身份是固定的,有保障的;同时,领主主要以劳役形式占有农民的剩余劳动,这就要求农民对领主有较强的人身依附性。因此,在领主制的封建社会里,土地所有权和实施超经济强制的政治权力都集中在领主个人手中。领主在得到分封的土地时,同时也得到了这块土地上的"特恩权",即行政、立法、司法、军事、铸币等特权,并以此迫使农民对其人身依附,由于大领主在其统辖地内几乎行使着全部国家权力,因此形成了封建割据状态,这时的封建制国家实际上不过是若干很少联系的、半独立的领地国家的联合体而已。

在西方封建社会后期,随着生产力的发展和资本主义经济关系的逐步形成,其经济基础也从领主制转向了地主制,土地可以买卖,地租采用了货币形式。但是,这与中国封建社会的地主制不同,它不是西方封建社会的基本经济形态,而是以封建制向资本主义制过渡的经济形式。这时的地主,是对立于贵族领主的,许多人后来转向工、商、金融业,成为近代资产阶级的前身。因此,在这一基础上形成的中央集权制的国家也与中国不同,实际上成为确立资本主义生产关系的先决条件,而不仅仅是维护封建制生产关系的工具。

2. 在权力结构方面,中国是官僚等级制,西方是地产权力等级制

中国封建社会的地主制经济关系决定了它不可能形成土地所有制的等级结构,在此基础上,地主阶级在政治、法律上的等级划分也很不严格。中国的地主阶级为了对农民进行超经济强制,在地主的个人权力范围之外又建立了一整套庞大、复杂的国家机器,由专职官吏行使行政、司法、军事等权力。这就形成了中国封建社会所特有的权力结构——封建官僚制。王亚南指出:"中国的专制官僚政体是随着中国的封建的地主经济的产生而出现的,它主要是建立在那种经济基础上的。"②

中国封建社会的官僚制具有以下三个特点:

首先,它是由专职官吏组成的权力机构。各级官僚不是凭借自己在经济上的地位,而是通过举荐、科举等途径,由国家任命而取得官职的,并且按官职领取国家俸禄。因此,从形式上说,政治权力是游离于土地所有权之外的。随着封建地主经济的发展和中央集权的加强,历代统治者不断健全、扩大自己的专职官吏队伍。据明史记载:"历代官制,汉七千五百员,唐万八千员,宋极冗至三万四千员,本朝自成化五年武职已愈八万。合文职,盖十万余。"③由此可见封建官僚队伍的扩大趋势。

其次,在官僚集团内部,有着按等级划分官职的严密组织。我国第一个封建官僚政

---

① 王亚南:《中国地主经济封建制度论纲》,华东人民出版社1954年版,第15页。

② 王亚南:《中国官僚政治研究》,中国社会科学出版社2005年版,第37页。

③ 《明史·刘体乾传》。

权——秦朝建立之初,统治阶级就提出"邦之急,等级"①,把建立官僚等级制度作为当务之急。到了魏晋时代,官僚制度已经发展到相当完备和复杂的程度,形成了九品三十等的官僚等级制度,并为以后历代封建统治者所沿用。这种官僚集团内部的等级制,成为维持君主专制和中央集权制的有效手段。

再次,封建官僚按官阶高低享有特权,特权成为官僚制的核心。我国封建社会的官吏,除了食取俸禄之外,还享有如下特权:减免赋税,如汉制规定,六百石以上官吏除军役外免除全家人一切徭役,下级官吏和博士弟子本人终身免役;"官当"即以官抵罪,如隋朝《开皇律》规定,犯和罪以官当徒者,五品以上一官当徒二年,九品以上一官当徒一年;"任子""荫袭",即大官僚有权保举自己的子弟做官,如汉制规定,二千石以上官吏,任满三年即可保举子弟一人为"郎"。此外,利用职权谋取私利,因升官而发财者更是封建社会的常见现象。"初来单马执鞭,返去从车百辆",成为封建官僚的如实写照。

西方封建社会的领主制是一种土地所有权与政治特权相结合的制度。因此,逐级分封所形成的严格等级就必然成为权力结构的直接基础。正如恩格斯所说:"在中世纪的封建国家中,也是这样,在那里,政治上的权力地位是按照地产来排列的。"②在这种等级制度下,不仅土地所有者必然成为政治权力的掌握者,而且,阶级划分与等级划分也是一致的。统治阶级内部各等级之间有着一定的人身依附关系,不同等级的土地占有者即拥有不同等级的政治特权,没有土地的农奴成为没有任何政治权利的被剥削、被压迫者。如西方封建社会中领主与附庸的关系,领主对于依附于他的附庸负责"保护",附庸则必须对领主"效忠",即军事上提供军队,政治上参加咨询(领主的会议),经济上纳贡、奉献金钱等等。这种以领地分封为基础的阶梯式的权力结构,是西方封建制国家的重要特征。中国和西方封建制国家的权力结构虽然形式不同,但其本质却是一致的,它们都是适应大土地占有者阶级的需要,利用政治权力压迫、剥削广大农民的手段。

3. 在统治思想方面,中国侧重于宗法伦理观念,西方则主要借助于宗教信仰

政治上的专制与思想上的迷信是分不开的。利用宗教化的意识形态对人民进行思想统治,是封建社会大土地占有者阶级巩固国家政权,维护自己在经济关系中的统治地位,镇压人民反抗的重要的、不可缺少的手段。但是由于经济基础和政治制度不同,中国和西方的封建统治者在运用这一手段时也采取了不同的方式。

中国封建社会是一个以地主制经济为基础的中央集权的国家。因此,它既需要有一种宗教化的、以盲目信仰为基础的政治文化来控制人们的思想,又不允许有一个像西方的教会那样的组织独立于国家政权之外。在中国封建社会两千多年的历史中,宗教从来没有直接干涉政治的权力。中国唯一在本土产生并遍及全国的宗教——道教,起源于先秦老庄的"无为"哲学,本身即具有脱离政治的虚无主义倾向。此外,世界上最有影响的三大宗教——佛教、基督教和伊斯兰教在传入中国后即消除了其参与政治的传统。佛教的神职人员甚至称为"出家人",以示远离"红尘"。这种情况完全是适应中央集权制的结果,表明地主阶级的国家政权不允许在自身之外存在任何其他的政治力量,同时也决定了宗教在中国不能直接作为控制政治文化的手段。

① 《为吏之道》,湖北云梦出土的秦简。

② 《马克思恩格斯文集》第4卷,人民出版社2009年版,第192页。

中国历史上的封建制国家采取了一种特殊方法来建立其思想统治的功能,即把孔子的伦理哲学思想宗教化。这不仅因为孔子哲学思想的内容适应封建地主阶级的需要,而且因为这样可以避免产生一个独立于国家之外的教会组织。孔子的儒家学派在创始之初不过是诸子百家之一,而孔子本人也仅仅是一个不甚得志的学者。随着封建社会的发展,统治阶级为了控制人民的思想,不断提高儒家的地位。西汉时期,“罢黜百家,尊崇儒术”,儒家思想成为占统治地位的正统思想。后来,儒家思想进一步被封为儒教、孔教,孔子本人也随之被神化了。在两千多年的封建历史中,人们对孔孟之道只能盲目信仰,对孔子、孟子只能盲目崇拜。因此,说儒家思想在政治文化方面起到了和西方基督教相同的作用,是不为过分的。然而,地主阶级在把孔子的思想宗教化的同时,并没有建立一个孔教会,这也是由中国封建社会特殊的经济、政治条件所决定的。

在中国,孔孟之道在发挥其思想统治作用时,是与宗法思想相结合的。所谓宗法,是指以血缘亲属关系为基础的,规定宗族内部的尊卑、贵贱和上下等级的一种制度。主要表现为同姓宗族内部分为大宗、小宗和嫡长子继承等。这种制度在统治阶级内部同政治权力相结合,形成了君主专制和官僚门阀制。在劳动人民中,则形成了以族权为中心的父子、兄弟、夫妻等隶属关系。这样,整个社会就形成了君君、臣臣、父父、子子的宗法思想与制度。孔孟之道与这种思想和制度结合在一起,正是为了以此为手段,调整统治阶级内部关系,控制、压迫劳动人民,维护封建统治秩序。正像孔子自己所说的:“其为人也孝弟,而好犯上者,鲜矣;不好犯上,而好作乱者,未之有也。”①由此而见,利用孔孟之道和封建宗法思想对人民进行思想统治,是中国封建制国家政治文化方面的一个重要特征。

西方封建制国家直接借助宗教垄断政治文化领域,是起因于它们的领主制经济以及由此产生的分封割据制度。宗教具有两个重要特征:一方面,它是一种思想,表现为教义;另一方面,它又是一个组织,表现为教会。这两方面对西方封建统治阶级都是必不可少的。他们利用宗教教义毒害、麻痹人民,让僧侣垄断全部文化教育,使整个思想领域都带有神学色彩,从而禁锢了人们的思想。同时,他们还利用教会组织对抗、削弱王权,维护领主制经济和分封割据制度。在西方封建社会,政教合一是一种普遍现象。教会占有特殊的地位,拥有巨大的权力,对社会生活、政治生活和私人生活的一切方面都加以干涉。教会还享有广泛的司法权,拥有审判机关——宗教裁判所。它不仅审理僧侣案件,而且还审理俗人案件,在反对“异教”的借口下残酷迫害不满现行制度的人们。这样,教会一方面削弱了王权,使国王无法把国家统一起来,另一方面加强了对人民的控制,填补了王权削弱所带来的空白。当欧洲封建社会后期领主制开始崩溃,中央集权的民族国家开始形成时,教会在国家政治生活中的作用也随之减弱,这就从反面证明了西方中世纪的宗教具有既统治人们思想、又维护领主制经济关系和封建割据制度的双重作用。

中国和西方历史上的封建制国家在上述三方面的不同特征表明,封建社会的经济基础对其上层建筑的决定作用,是一种具体的、现实的联系,而不是一种抽象的联系。经济基础不仅决定上层建筑的本质,而且决定着上层建筑的形式。只有全面认识不同国家的上层建筑采用不同形式和表现出不同特征的根本原因,才能深刻理解封建制国家的本质。

---

① 《论语 · 学而篇》。

三、资本主义国家

资本主义国家是人类第一个现代意义上的历史类型国家，是人类社会发展和国家更替的重大进步，创造了举世瞩目的文明成果。在阶级方面，资本主义代表着一种与传统社会完全不同的先进的生产方式，极大地促进了人类社会生产力的提高，从而将人类的物质文明推到了空前的高度。在政治方面，资本主义国家创造了以选举制、议会制和政党制为核心的丰富制度文明成果，并将人类的民主意识、平等意识、法治意识以及社会管理水平推向更高的层次。然而，由于其所有固有的社会化大生产与资产阶级私人占有制之间的矛盾，资本主义终究无法适应社会生产力的持续发展，资本主义国家注定要被另一种全新的历史类型的国家所替代。

（一）资本主义国家的产生

资本主义国家的产生，是封建社会末期生产力发展的结果，是维护新生的资本主义生产关系和资产阶级统治地位的政治需要。

资本主义生产关系最早萌芽于中世纪西欧的自治城市，11 世纪的时候，这样的城市已经遍布欧洲各地，成为当时西欧经济的重要组成部分。及至 14 世纪，生产力有了更大发展，随着生产分工的细化和贸易货币关系的扩展，城市经济中行会式的生产组织方式逐渐被淘汰，手工业作坊主摆脱了行会制度的束缚，以雇佣劳动作为主要的经营方式，遂将帮工和学徒转变成雇佣工人，作坊主自己则转变成了资本家。与此同时，富裕起来的商人开始把自己的经营所得投入手工业，成为最早的工业资本。他们与手工业劳动者签订雇佣合同，自己也转化为资本家。资本家的大量涌现，连同雇佣劳动关系在社会生产和经济活动中的普遍确立，标志着资本主义生产关系接近形成。马克思指出，“现代资产阶级本身是一个长期发展过程的产物，是生产方式和交换方式的一系列变革的产物。”①

资本主义生产关系一经形成就开始快速拓展，这种拓展需要两个基本条件：一是充足的货币集中在少数人手中；二是出现大量能够自由出卖自己劳动力的雇佣劳动者。回顾欧洲资本主义的发展史，这两个条件的实现都是通过“原始积累”完成的。这是一个充满了剑与火、血与泪的过程，其中最著名的就是“圈地”运动。所谓圈地，就是通过暴力的手段把农民从土地上赶走，强制劳动者和生产资料的分离。这样，既把农业生产资料转化为资本，又获得了大批的自由劳动力。原始积累的第二个途径是奴隶贸易，通过贩卖世界其他地区的人口，迫使他们沦为雇佣劳动者，同时积累了巨额资本。原始积累的第三个途径是殖民活动，通过征服和掠夺殖民地，既获得了资本，又开拓了市场。所以，列宁指出，“原始积累是强迫劳动者同生产资料分离，把农民从土地上赶走，侵占公有地，实行殖民制度、国债制度、保护关税制度等。‘原始积累’在一极造成‘自由的’无产者，在另一极造成货币所有者即资本家”②。

资本主义生产关系在形成和扩张中表现出四个基本特征：第一，生产资料为资本家私人所有；第二，资本主义生产的目的是为了获取剩余价值；第三，资本主义生产以雇佣自由劳动力的方式进行；第四，资本主义生产以交换和货币关系作为自己存在的必要条件。

---

① 《马克思恩格斯文集》第 2 卷，人民出版社 2009 年版，第 33 页。

② 《列宁专题文集 论马克思主义》，人民出版社 2009 年版，第 22 页。

资本主义生产关系的这些特征使其与被之替代的封建制生产关系有着相容的一面。首先，它们都是以生产资料的私有制为基础的，从而使得新的生产关系能在不根本改变所有制性质的情况下，仅仅通过改变经营方式就获得生长。其次，资本主义生产关系是直接在经济领域发生和孕育的，从而可在不首先触动封建国家政权的情况下获得发展。对此，马克思和恩格斯有过论述，“资产阶级赖以形成的生产资料和交换手段，是在封建社会里造成的”①。

然而，资本主义生产关系毕竟是一种适应生产力发展要求的新兴因素，代表着先进的生产力，因此决定了它必然还有与封建生产关系矛盾和不相容的一面。首先，封建的生产关系是以劳动者对于封建主的人身依附关系为特征的，劳动者并没有出卖自身的自由；资本主义生产则以雇佣劳动为基本方式，这是资本家与雇佣劳动者之间自由交易关系，因而必须要以劳动者具有支配自己的劳动的自由为前提。其次，封建生产关系下的生产以使用价值的生产为目的，生产限于自给自足；资本主义生产则以追求剩余价值为目的，因而其生产具有无限扩展的动机。最后，封建的生产关系是建立在国家权力的超经济强制基础上的，表现为社会身份的等级制；资本主义生产以则市场的平等交换作为活动条件的，强调自由在社会经济流通领域的价值，故而排斥任何超经济的强制因素。经济决定政治，这些差异在政治上的要求也是难以协调的，所以，无论是资本主义生产关系还是资本主义国家本身都必然要求突破旧的封建形式的束缚以求得更充分的发展。

资本主义国家是资产阶级革命的结果，政治革命是其产生的基本途径。资产阶级利用人民群众的力量，通过各种形式的政治革命或斗争，击败了封建地主阶级及其统治者，完成资产阶级革命，进而建立自己的政治统治。在实际历史进程中，由于所处历史条件和阶级对比状况的不同，各国资产阶级革命所采取的具体方式也有所不同。

在 16—19 世纪，资产阶级革命主要有三种类型，分别以英国、法国和德国的革命模式为典型代表。

英国资产阶级革命发生于 1640—1688 年。16 世纪，资本主义在英国工业中迅速发展，英国的海外贸易有了显著增长，与此同时，资本主义经济深入农村，破坏了封建经济关系和经济结构，不仅造成了大量的自由劳动力，而且形成了以资本主义经济关系和生产方式进行经济活动的新贵族。资产阶级、新贵族和广大工人农民成为革命力量，这些力量和封建王权的矛盾日益尖锐。1640 年英国革命爆发，封建专制王权被推翻。其后，经过革命力量与封建势力的反复较量，由于封建势力的强大和英国大资产阶级革命的不彻底性，1688 年，英国大资产阶级与封建势力达成政治妥协，实现“光荣革命”，建立了君主立宪制的资产阶级国家。资产阶级与封建势力的妥协及君主立宪制的确立，构成了资产阶级革命英国模式的特点。

法国资产阶级革命是一种急风暴雨式的大革命形式。随着资本主义生产在法国的发展，到 18 世纪，法国成为欧洲大陆资本主义工商业最发达的国家。但是当时的法国又是欧洲大陆上典型的封建君主专制国家，国王控制着全部国家权力，法律公开确认人们的不平等，社会划分为三个等级，第一等级的贵族和第二等级的僧侣是特权等级，而包括资产阶级、农民、城市贫民和工人在内的广大人民构成了法国社会的第三等级。在 1789 年革命前，法国的资产阶级已经成为社会上最强大、最富有、经济上最有势力的阶级，但政治上却被排除

① 《马克思恩格斯文集》第 2 卷，人民出版社 2009 年版，第 36 页。

在特权之外。当时，广大第三等级与封建专制统治之间的矛盾成为法国社会的主要矛盾。在大革命前，法国出现了反映资产阶级政治经济要求的思想启蒙运动，这一运动起到了深刻的政治动员作用。1789年，法国资产阶级革命爆发，在与封建势力的较量中，法国人民采取了大规模暴力革命的方式，打碎了封建专制制度，消灭了封建贵族，建立了资产阶级政权。此后，经历了长期的复辟与反复辟的斗争，确立了资产阶级共和国。

德国资产阶级国家建立的基本特征是封建国家政权在社会政治经济多重压力下，被迫进行资本主义改良，逐步使封建专制国家转变为资产阶级国家。到19世纪初，当英国和法国由于资产阶级革命的胜利而迅速发展时，德国依然是一个政治上分裂割据、经济上落后的国家。德国社会发展的内外部困境，激化了资产阶级和人民与封建统治阶级的矛盾，迫使德国统治者采取资产阶级的改良措施。1807年普鲁士首相斯太因颁布了关于解放农奴人身依附关系、停止徭役的“十月赦令”“农奴解放令”，开始了德国社会向资本主义的演进，到1871年，德国实现国家统一，资产阶级取得统治地位，德国演变为资本主义国家。

综上所述，尽管各国的具体形式和进程多有差异，但总的共性是资产阶级在与封建地主阶级的政治斗争中获得了胜利，作为胜利的成果，资产阶级生产关系和经济制度代替了封建生产关系和经济制度，资产阶级政治统治代替了封建地主阶级政治统治，资本主义国家得以最终建立。

（二）资本主义国家的本质

资本主义国家在本质上是资产阶级的统治，是资产阶级维护资本私有制及其根本利益、剥削和压迫无产阶级和广大劳动人民的机器。资本主义国家以资本主义生产关系为经济基础，是建立在资本主义生产关系基础上的政治上层建筑。资本主义国家的政治生活、政策方针和实际措施，本质上都是在维护资本的属性及满足其利益最大化的要求。

资产阶级凭借其对资本的控制及在雇佣劳动关系中的优势地位，获得了对无产阶级和广大劳动人民乃至整个社会生活的支配地位。正是因为有此前提，资本主义国家才有能力建立和维持一套国家机器，豢养官僚队伍，获得国家权力的强制力，从而使资产阶级由占有生产资料的阶级上升为政治统治的阶级，全面主导社会政治生活和政策选择，建立和维持符合资产阶级要求的政治、经济和社会秩序。

资本主义国家的国家职能，无论是对内职能还是对外职能，不管是政治职能还是社会职能，都是按照资产阶级的根本利益要求来组织和执行的。马克思和恩格斯指出，资本主义国家“完全同在专制国家中一样，在那里，政府的监督劳动和全面干涉包括两方面：既包括由一切社会的性质产生的各种公共事务的执行，又包括由政府同人民大众相对立而产生的各种特有的职能”①。

在历史上的许多时期，资产阶级对无产阶级和广大劳动人民都主要采取暴力镇压的职能方式。随着资产阶级的统治日趋巩固，资本主义国家更多的是采用所谓“民主”的方式。这种方式以选举制、代议制和多党竞争制作为政治生活的基本机制，在政治上给予无产阶级和劳动人民一定的政治自由和参与权。这种方式与暴力统治方式的最大不同，就在于它以貌似自由公正的方式掩盖了资产阶级对无产阶级和劳动人民的专政。列宁对此曾有评论，“世界各国的资产阶级都必要规定出两种管理方式，两种保护自己利益和捍卫自己统治的

① 《马克思恩格斯文集》第7卷，人民出版社2009年版，第431~432页。

斗争方法，并且这两种方法时而相互交替使用，时而以不同的方式结合在一起。第一种方法就是暴力的方法，拒绝对工人运动作任何让步的方法，维护一切陈旧腐败制度的方法，毫不妥协地反对改良的方法。……第二种方法就是‘自由主义’的方法，即采取扩大政治权利、实行改良、让步等等措施的方法”①。

无论采取哪种方法或职能方式，都是为了更好地维护资产阶级的整体利益，但资本主义私人占有制和自由竞争的特点决定资产阶级内部的关系也不是铁板一块。马克思和恩格斯指出，资本主义国家“不过是管理整个资产阶级的共同事务的委员会罢了”②。从这个意义上说，资本主义国家的各项制度，都是按照符合资产阶级的整体利益的要求建构和运行的。所以，诸如选举制、代议制、分权制衡、两党或多党制等，除了迷惑无产阶级和广大人民的意图之外，还有协调资本集团内部竞争关系的作用。

（三）资本主义国家的发展

资本主义自问世以来，经历了两个主要发展阶段，即自由资本主义时期和垄断资本主义时期。与此相对应，资本主义国家的发展也有两个基本形态，即自由资本主义国家和垄断资本主义国家。

1. 自由资本主义国家

自由资本主义国家，是指资本主义国家建立之初资本主义正处于上升时期的国家形态，列宁称其为“正常的资本主义社会”。在这个阶段上，资本规模普遍较小，市场空间相对较大，生产经营比较分散，经济活动的主体以单个企业为主。这些特点决定了这个时期的资本主义以开放市场、自由贸易、自由竞争作为经济活动的基本方式。具备这样的特点和顺应这样的方式的资产阶级，被称为“自由资产阶级”，他们是这个时期资本主义生产关系的主要承担者，在经济生活中占据主导地位，在政治生活中发挥主要影响。

自由资本主义国家的政治特征是资产阶级以自由主义的政治方式来统治国家。既然生产关系是以自由贸易和自由竞争作为基本形式的，经济决定政治，政治生活同样也会按照自由竞争的规则和方式来运行。就其特性而言，自由资产阶级崇尚个人自由，于是在自由资产阶级主导和控制下的政治生活，自然就以维护个人自由作为支配性原则和基本出发点。这种自由主义方式在政治生活的不同方面有着不同的具体体现。

在政治生活的基本原则和价值方面，它体现为资本主义国家以所谓的公民政治自由、政治权利和政治平等作为政治生活的基本观念和价值基础。

在政治制度方面，推行选举制、代议制和政党政治，作为这些制度的核心，国家议会也在资本主义这个时期的社会政治生活中具有突出的权力地位。

在政府职能方面，自由资本主义国家定位于“消极国家”“夜警国家”，政府的职能只限于必要的公共事务，将对社会生活的干预保持在最低限度。

在政府政策方面，自由资本主义国家奉行自由放任的经济政策，社会经济活动完全由“看不见的手”来调节，政府鼓励和维护个人在市场中的活动自由。

2. 垄断资本主义国家

垄断资本主义国家，是指与资本主义发展到垄断阶段相对应的国家形态。从 19 世纪末

① 《列宁专题文集 论资本主义》，人民出版社 2009 年版，第 68 页。
② 《马克思恩格斯文集》第 2 卷，人民出版社 2009 年版，第 33 页。

开始，资本主义的发展从自由资本主义时期进入垄断时期，资本主义国家也随之从自由资本主义国家阶段过渡到垄断资本主义国家阶段。垄断资本主义国家的形成，是社会生产力的社会化和资本主义生产资料私人占有制之间的矛盾运动的结果，意味着资本主义社会矛盾的全面激化。

资本追逐利润的无限冲动，导致资本主义经济竞争日益加剧，也带来了资产阶级内部的急速分化。在激烈的竞争中，大资本不断兼并和吞噬中小资本，使资本不断趋于集中。资本的集中意味着生产资料日趋集中在少数资本家手中，从而形成了生产和资本的垄断，形成了工业和金融的垄断寡头和垄断财团。垄断资本家凭借自己的垄断地位和优势就可以获得垄断利润，因此，垄断资本不仅不像原先那样积极关心和采用先进的科学技术，而且还常常人为地阻碍科学技术的发明和使用，这就表明，以生产资料私人占有为核心的资本主义生产关系已经成为资本主义生产力发展的障碍。

垄断资本主义国家的阶级特征是垄断资产阶级取代自由资产阶级成为资产阶级的主体，成为控制和支配社会的阶级。随着垄断集团和垄断寡头的形成，垄断财团的利益大大超过资本家的个人利益，因此资本主义国家从以保护个人主义自由和权利为主要出发点转向以保护利益集团，尤其是垄断财团的利益为根本原则，公民的个人自由和权利逐渐被利益集团和政治统治者集团的利益和特权所侵蚀。

在政治制度和权力结构方面，垄断资本的集中导致了资本主义国家权力的集中，标志着资本主义民主的议会在政治生活和政治过程中的地位和作用逐步下降和弱化，而便利垄断资本集团直接对人民进行控制和统治的行政权力得到了扩张和加强。与此同时，作为阶级压迫和对外扩张工具的军事官僚机构的力量和作用也得到极大加强。

在资产阶级与国家政权的关系方面，由于垄断资本的巨大利益需要凭借强大的国家政权才能得以实现和维护，垄断资产阶级日益直接和紧密地与资本主义国家政权结合。资本主义国家的权力职位和公共政策成为垄断资本和财团之间竞争和讨价还价的对象，国家权力逐渐沦为垄断资本的私人工具。在驱使其代理人更公开、更有效地代表其利益要求的同时，垄断资本家也越来越多地直接进入政府，运用国家政权谋求资本的利益。列宁指出，“垄断既然已经形成，而且操纵着几十亿资本，它就绝对不可避免地要渗透到社会生活的各个方面去，而不管政治制度或其他任何‘细节’如何。”①今天是部长，明天是银行家，今天是银行家，明天是部长，成为资本主义国家的普遍现象。

在政府职能方面，资本主义国家越来越把政府变为集中主要权力的“万能政府”，政府作用的范围、方式和强度随之发生了转变。政府从自由资本主义时期的“最低限度政府”转变为对经济、社会、文化进行干预的政府，从“消极政府”转变为积极和强有力地控制和调节社会内外矛盾的政府，从“守夜人”转变为社会的领航者和掌舵者。与此同时，为了适应垄断资本国际掠夺和竞争的需要，资本主义国家的对外职能也得到大大强化。

综上所述，垄断资本主义国家的形成，标志着资本主义固有的矛盾发展到了一个新的阶段，意味着资本主义社会内外矛盾的全面加深，迫使资本主义国家不得不面对愈加严酷的经济、政治和社会危机。1929—1933 年的世界大萧条，就是垄断资本主义国家所面临的各种矛盾的一次集中爆发。这场危机极大地摧毁了资本主义社会的生产力，使得各种社会矛盾

---

① 《列宁专题文集 论资本主义》，人民出版社 2009 年版，第 147 页。

急剧尖锐化。为了摆脱危机,各国垄断资产阶级纷纷强化了国家政权对社会生活和经济生活的控制和干预,希望能找到一个摆脱危机的办法,但其选择的具体道路和方式却有所不同。以德国、意大利和日本为代表的资本主义国家采取了公开的暴力镇压和赤裸裸的恐怖统治的方法,使得垄断资本主义国家呈现法西斯国家的形态。以美国为代表的国家则采取了政府更加积极干预和引导社会经济生活,调节社会分配,建立经济保障体系的方法。这套办法在“二战”以后为资本主义国家所普遍采用,从而形成所谓的“福利国家”实践。从这个意义上说,法西斯国家和福利国家是20世纪30年代以来垄断资本主义国家的两大基本形态。

法西斯国家是一种特殊形态的垄断资本主义国家,它是垄断资本所采用的最残暴、最野蛮的政治手段,是垄断资产阶级为维护其根本利益和统治地位而实行的公开的恐怖统治。法西斯主义是资本主义制度发生动摇的产物,是特定资本主义国家应对经济和社会危机时的一种极端的政治选择。

法西斯主义的出现,在很大程度上与相关国家特定的历史、经济、社会和文化背景有关。20世纪30年代德国、意大利和日本这些走上法西斯道路的国家,相对来说其资本主义生产关系的发育都不太充分,封建势力和封建文化还没有彻底瓦解,无产阶级和社会进步势力发展也相对弱小,从而不足以对强大的垄断资本和反动势力形成有效的制约。另外,这些国家普遍都有着较为浓厚的国家至上主义、民族优越感和沙文主义传统,这些政治文化和意识形态特点,客观上助推了法西斯主义在特定国家的出现。

在法西斯独裁和恐怖体制下,法西斯国家形成了自己的独有特征。

在统治思想方面,为了论证法西斯专制制度的合理性和合法性,麻痹和控制人民的思想,法西斯国家一般都以“种族优越论”“领袖崇拜论”等作为政治统治的精神支柱和思想特征。这种宣传竭力鼓吹自己民族是优秀民族或优秀种族,其他民族都是“劣等人种”,应该予以消灭。鼓吹法西斯国家的存在和发展高于一切,法西斯领袖人物是天才的化身,是民族和国家命运的承担者。因此,法西斯的民族或种族利益,法西斯领袖的绝对权威,构成了法西斯国家信奉的根本价值和至上信条。

在经济生活方面,法西斯国家的基本特征是垄断资本与国家政权紧密结合,国民经济军事化。为了强有力地维持独裁统治,在法西斯国家,垄断资本转变成了国家垄断资本,控制着国民经济命脉,同时,法西斯政权还通过政府组建经济垄断集团。在此基础上,法西斯国家把国民经济全面军事化,政府的军费开支急剧膨胀,军事工业生产迅速发展,国民经济生活按照军事体制组织和管理。

在政治生活方面,法西斯公然抛弃甚至是形式上的资产阶级自由、民主和人权,取消资产阶级的议会制、选举制和多党制,实行法西斯的寡头统治。与此同时,法西斯政权蔑视公民的基本民主权利,以极端恐怖和残酷的手段,大肆镇压无产阶级和劳动人民。

在对外关系方面,法西斯国家为了转移国内矛盾,奉行疯狂的对外扩张和侵略政策,发动大规模的侵略战争,企图以军国主义和战争来获取更多的殖民地,强化垄断资本的国际竞争地位。但是,法西斯体制作为垄断资本以军事独裁、恐怖统治和对外战争摆脱危机的途径,不仅没有解决资本主义社会的根本矛盾,而且全面激化了垄断资本面临的各方面矛盾,随着第二次世界大战的结束和世界反法西斯力量的全面胜利,法西斯国家也最终崩溃。

福利国家,是资本主义国家通过创办并资助社会公共事业,实行和完善一整套社会福利政策和制度,对社会经济生活进行干预,以调节和缓和阶级矛盾,保证社会秩序和经济生活正常运行，维护垄断资本的利益和统治的一种方式。

福利国家的最初实际尝试起始于20世纪30年代资本主义世界经济大危机时美国总统罗斯福推行的“新政”。面对资本主义世界的经济大危机，美国罗斯福政府采用英国经济学家凯恩斯的“国家干预主义”经济学说，引进政府机制进行宏观经济调控，制定了一系列政府干预经济的政策，它们对于缓和当时的经济危机、恢复美国经济起了一定的作用。

第二次世界大战后，在经济危机与无产阶级和劳动人民斗争的双重压力下，资本主义各国都不同程度地采用政府干预经济的政策，并将政府干预扩大到公共福利领域。国家通过扩大劳动就业机会和社会福利的形式进行了一定程度的社会财富再分配。福利国家企图通过国家再分配的方法来解决阶级矛盾，这在生产资料资本家占有制没有改变的情况下，是根本不可能的。然而，这却不妨碍福利国家政策的实施的确有利于保障资本主义经济运行的事实，因此它在实质上是维护了现时代资产阶级整体的根本利益。

由此可见，福利国家可以被看作资产阶级国家的一种现代形态，是资本维持雇佣劳动关系、缓和社会矛盾的一种改良方式。福利国家没有也不可能从根本上解决资本主义的矛盾和困境，不过是使资本家对于无产阶级和劳动人民的剥削变得更温和和隐秘罢了。而且，随着社会生产力的发展和社会各种矛盾的进一步深化，福利国家的政府政策也越来越不灵了。当福利国家和政府政策不能最大限度地保证垄断资产阶级的超额利润时，资本主义国家便开始鼓吹削减社会福利，减少公共财政支出。20世纪70年代以来西方资本主义国家的私有化浪潮和新自由主义的盛行，就是这种困局的证明。

四、社会主义国家

社会主义国家是无产阶级通过革命，在打碎资产阶级国家机器基础上建立起来的新型国家。社会主义国家的出现，是资本主义社会的基本矛盾，即生产社会化与生产资料资本主义私人占有制之间的矛盾发展的必然结果。社会主义的本质是解放生产力、发展生产力，消灭剥削、消除两极分化，最终达到共同富裕。因此，社会主义国家是全新意义上的国家，它的历史使命是消灭阶级和阶级差别，为人类向更高层次社会的跃进准备物质条件和精神条件。

（一）社会主义国家的建立

社会主义国家的建立，是由人类社会基本矛盾的运动所推动的，是资本主义国家经济、政治和社会矛盾发展的必然结果，是无产阶级和广大人民群众通过无产阶级革命推翻资产阶级统治后作出的正确的政治选择。

随着资本主义的发展，资本主义社会内在矛盾也在不断发展。资本主义生产方式中所固有的社会化大生产与生产资料的资本主义私人占有制之间的矛盾是在资本主义自身的范畴内无法克服的，其运动发展的结果，就是造成周期性的经济危机，从而严重伤害社会的生产力。无产阶级是社会化生产力的代表，无产阶级的利益、意志和要求，本质上体现着社会化生产力发展的要求。所以，从适应生产力的角度来说，社会主义与资本主义，一个适应，一个阻碍；一个先进，一个落后，其结果不言自明。社会主义必然代替资本主义，这是不以人的意志为转移的客观规律。

社会主义国家的建立，创造了一个全新的国家类型，将人类社会政治和国家的发展推进到了一个新的历史阶段，它是对资本主义国家的历史性否定。

首先，社会主义国家的经济基础是对资本主义国家经济基础的历史性否定。社会主义国家的经济基础是社会化大生产的特性在生产关系方面的体现，它适应人类生产力发展的基本趋势和本质要求，为生产力的进一步发展创造了广阔空间。从这个意义上说，社会主义国家经济基础对于资本主义国家经济基础的否定，实际上是适应和促进生产力发展的生产关系对于阻碍生产力发展的生产关系的否定。

资本主义生产关系代替封建生产关系，只是以一种新的生产和经营方式，即商品生产和交换方式适应生产力发展的要求，实现了对于封建经济生产和经营方式的否定。但是，这一否定并没有根本改变生产资料的私人所有制，它只是以资本主义的生产资料私有制代替了封建社会的生产资料私有制。而社会主义国家建立的根本动因，是适应生产力的社会化要求，改变生产资料的私人所有制，建立社会主义公有制。因此，无产阶级革命在人类社会有国家以来，第一次以生产资料公有制代替了生产资料私有制，从而消灭了剥削者政权。

另外，在以往一切社会变革中，新的生产关系可以在旧制度内逐渐形成，当新的生产关系基本成熟时，社会革命就爆发，社会革命的任务就是夺取政权。一般来说，夺取政权也就完成了革命的任务。比如，资本主义生产关系就是在封建社会内部产生和成熟的。资产阶级革命也通常是以夺取政权来完成的。但是以生产资料公有制为基础的社会主义生产关系，不可能在以私有制为基础的资本主义社会内部形成，无产阶级革命的基本任务，是在建立工人阶级政权后，建设新的社会主义生产关系。因此，无产阶级革命与以往革命不同，它在必须在夺取政权之后"利用自己的政治统治，一步一步地夺取资产阶级的全部资本"①，夺取政权只是革命的开始。无产阶级在夺取政权以后，还要以国家政权为工具，改造旧的生产关系和建设新的社会主义生产关系，创立全新的社会主义国家经济基础。

社会主义国家对于资本主义国家的否定，还体现为无产阶级统治对于资产阶级统治的否定，并且在这一否定中根本改变了阶级发展的历史命运。无产阶级统治地位确立之日，就是资产阶级统治地位被否定之时。社会主义国家，是以无产阶级和广大劳动人民的根本利益作为最高价值取向，摒弃了资产阶级的价值视角和价值原则。由此可见，无产阶级统治对资产阶级统治的否定，是朝着全人类解放目标的重大迈进，是历史发展的本质要求和人类的根本利益所在。

无产阶级统治对资产阶级统治的否定，体现在无产阶级对国家政权问题的根本性认识。马克思主义认为，当一个社会形态发展到一定历史阶段，特别是到了它的末期，代表旧生产关系的统治阶级为了维护其反动统治，总是利用国家政权，镇压革命运动，阻止社会变革，因此，革命首先就是夺取政权。政权问题对于无产阶级革命尤为重要。无产阶级革命的根本问题是国家政权问题，无产阶级必须夺取政权。建立无产阶级专政，这是马克思主义基本原理，是无产阶级革命战略问题。

马克思主义认为，无产阶级夺取政权的方式，也即社会主义国家建立的途径，主要是暴力革命。不过，马克思主义者从来不把暴力革命作为唯一的形式加以绝对化，认为只要革命出现和平发展的可能，"共产主义者当然是最不反对这种办法的人"②。在马克思主义看来，无产阶级夺取政权的方式问题，是一个可以选择的策略问题。这就是说，我们现在所看到的资本主义国家，无论发达的还是不发达的，未来进入社会主义的方式不是单一的，因为各个

---

① 《马克思恩格斯文集》第2卷，人民出版社2009年版，第52页。

② 《马克思恩格斯文集》第1卷，人民出版社2009年版，第684页。

国家的具体情况不同，唯一相同的是资本主义必然要为社会主义所替代的历史规律，还有人类在实践中不断创造智慧去追逐的社会理想。

（二）社会主义国家的本质

社会主义国家的本质是无产阶级专政，是无产阶级的政治统治，这种政治统治同一切剥削阶级的政治统治根本不同，它是人类历史上最高的和最后的一种政治统治，这种政治统治的具体表现，就是新型民主和新型专政相结合的国家。

民主是在特定的经济基础上保障公民的权利得到平等实现的政治形式。民主是具有鲜明阶级性的，并且从来都是与专政紧密联系在一起的。在阶级社会中，它表现为以特定阶级的利益为基础，平等地实现统治阶级成员政治权利的国家形式。社会主义民主是无产阶级和广大劳动人民所享有的民主，对于极少数的敌对势力和敌对分子来说，则意味着专政。因而它是广泛的、真实的民主。

资本主义民主的实质是“金钱民主”。它由资产阶级操纵，保障资产阶级成员的政治权利的实现，为资产阶级的利益服务。它以资本主义交换关系作为政治生活的基本法则，形成了政治权利和政治过程表面上的平等，却掩盖了资本主义私有制造成的事实上的不平等。在资本主义民主的实际运行过程中，由于私有财产对于政治权力的决定意义和金钱政治的实际要求，无产阶级和广大劳动人民实际上被排除于资本主义政治过程之外。资本主义民主同时意味着对于无产阶级和广大劳动人民的专政。

社会主义民主作为新型的民主，它是无产阶级和广大劳动人民享有的民主，是广泛的、真实的民主。

第一，社会主义民主是建立在社会主义公有制为主体地位的经济基础之上的，它是无产阶级和广大劳动人民共同占有生产资料，从而为公民享有民主权利提供经济保障。它使社会主义国家全体公民形成了本质上一致的共同利益，也为协调人民内部各种不同的利益关系，解决不同的利益矛盾创造了条件。

第二，社会主义民主通过不同于资本主义民主的一系列制度，规范民主的运行和公民权利的实现。社会主义民主以民主集中制的原则组建国家机构，保证人民的最高权力地位，实现对行政权和司法权的控制和监督。社会主义民主以共产党作为民主的领导力量，保证人民根本利益和要求的实现。社会主义民主以人民监督的制度体系，保证人民权利对公共权力的制约，使得公共权力按照人民的意志运行。社会主义民主以社会主义法治作为民主的法律基础，从而使得公民的权利具有了法律保障。

社会主义新型民主同时也是一种新型的专政，只有社会主义国家才能真正做到民主与专政的统一，只有社会主义国家才能称自己为人民民主专政。社会主义国家出现之前，人类历史上所有的专政都是剥削阶级的专政，实施专政的主体是剥削阶级，被剥削阶级是专政的对象。只有社会主义国家，在人类历史上破天荒地以被剥削阶级取代剥削阶级掌握政权，由被剥削阶级实施专政，剥削阶级被专政。正是因为这种地位的反转，使专政这个词失去了它原本的意味。社会主义国家的专政只在短暂的特定历史时期内与暴力和强制的应用有过关联，在社会主义存续的更多时候它都是无“政”可“专”的。社会主义国家政权全部强制性的价值都在于保障人民享有民主，甚至可以说就是在人民中间贯彻民主。正是在这个意义上，社会主义国家的民主和专政实质上是统一的，民主更加纯粹，专政也远离压迫，一切都是新型的，一切都是属于人民的。

（三）社会主义国家的特征

社会主义社会的建立，创造了与资本主义截然不同的生产关系，从而为生产力的迅速发展创造了广阔的空间。“社会主义的本质，是解放生产力，发展生产力，消灭剥削，消除两极分化，最终达到共同富裕。”①社会主义国家是社会主义社会上层建筑的核心，社会主义的国家本质要通过国家的基本职能和各项具体功能的发挥体现出来，这是一项全新的人类事业，超出了过去所有类型国家的理解范畴，这就决定社会主义国家必须具有不同于以往历史类型国家的特征：

第一，社会主义国家以生产资料公有制为经济基础。工人阶级和广大劳动人民作为生产资料的主人，确立了生产过程中人与人之间的真正平等，为实现按劳分配，进而消除两极分化，实现共同富裕创造了条件。

第二，社会主义国家以工人阶级为领导阶级，以工农联盟为国家的阶级基础。工人阶级与现代的大工业生产相联系，是先进的生产力的代表，是社会主义国家的领导阶级。知识分子作为工人阶级的一部分，是社会主义建设的重要力量。农民阶级与工人阶级有着共同的阶级利益和历史命运，是工人阶级可靠的同盟军。

第三，社会主义国家的基本职能在于大力发展生产力，建设社会主义物质文明、政治文明和精神文明，实现全面、协调和可持续发展，推动社会全面进步，建设和谐社会，以满足人民不断增长的物质和文化需求。这也意味着，社会主义国家的政治职能已经退居次要地位，社会主义国家已经不是以镇压为主要职能的国家。社会主义国家职能的这种变化是对已经质变的国家本质的积极适应，同时也标志着社会主义国家在人类社会文明的发展上已经跨进了全新的阶段。

第四，社会主义国家是无产阶级政党领导下的国家，作为无产阶级先锋队的共产党的领导，构成了社会主义国家的政治特征。无产阶级专政不能直接由包括全体无产阶级的组织来实现，只能由作为工人阶级和劳动人民的核心力量和先进队伍的无产阶级政党的领导来实现。“马克思主义教育工人的党，也就是教育无产阶级的先锋队，使它能够夺取政权并引导全体人民走向社会主义，指导并组织新制度，成为所有被剥削劳动者在不要资产阶级并反对资产阶级而建设自己社会生活的事业中的导师、领导者和领袖。”②

第五，社会主义国家以马克思主义作为指导思想。马克思主义是对人类社会及其发展规律的科学分析和阐述，它通过揭示资本主义社会内在矛盾，指明了无产阶级的历史地位和作用，是无产阶级革命的精神武器，是社会主义建设的理论指南，是对无产阶级和广大劳动人民根本利益高度的理论概括。马克思主义同时又是一个开放的理论体系，面对正在展开的全新的人类实践，马克思主义也要与时俱进，在与实践的互动中不断丰富和发展。

（四）社会主义国家的历史地位和作用

历史上的革命，一般都是一种私有制代替另一种私有制，一种剥削压迫关系代替另一种剥削压迫关系，这种革命通常以政治革命的完成——政权的移易——而告终。无产阶级革命是人类历史上最伟大、最深刻、最广泛的革命，其任务和目标不仅是要消灭资产阶级，而且要消灭一切阶级、消灭阶级差别、消灭私有制和私有观念，建设高度的社会主义物质文明和

---

① 《邓小平文选》第3卷，人民出版社1993年版，第373页。

② 《列宁专题文集 论马克思主义》，人民出版社2009年版，第198页。

精神文明，最终实现共产主义。无产阶级革命的这一特点，决定了社会主义国家的建立只是革命的第一步，甚至只是一小步，未来的征程才任重道远。

社会主义国家的历史任务主要体现在如下几个方面：

第一，就其根本性质来说，社会主义经济关系与资本主义经济关系是对立的，因此，在无产阶级革命发生时，并没有在原有社会中发育成长起来的现成的社会主义经济关系，这就需要社会主义国家通过政权的力量，对私有经济进行改造和引导，建立国有经济和集体经济，由此建立社会主义的经济关系。此后，社会主义国家还面临着进一步完善基本经济制度的历史任务。比如在社会主义的初级阶段，国家在完善公有制主体地位的同时，还要努力探索促进生产力发展的各种有益形式，积极履行推进生产力发展的历史使命。

第二，依法打击少数敌对势力和敌对分子的反抗和破坏活动，维护社会主义的秩序和稳定，防御国际敌对势力的侵略和颠覆，捍卫国家主权、安全和领土完整。在社会主义制度建立以后，由于历史上的剥削制度和剥削阶级遗毒和影响还不可能在短时期内消除，还不可能杜绝少数敌对分子、严重刑事犯罪分子和经济犯罪分子的产生，在国际范围内还存在敌视和破坏社会主义制度和建设事业的势力，所以社会主义国家仍然须要建设强有力的国家机器，为实现社会主义的本质保驾护航。

第三，组织和管理社会主义经济，大力发展生产力。根据生产力发展的要求，确立经济建设是社会主义国家的中心任务，建立和完善社会主义市场经济体制，承担和加强对于经济运行的宏观调控，调整和改革一切不适合生产力发展要求的制度和体制，实施对外开放，积极参与国际经济竞争与合作。

第四，协调人民内部矛盾，健全社会主义民主，建设社会主义法治。社会主义社会的主要矛盾是人民内部矛盾，社会主义国家必须针对人民内部矛盾建立一套有效的应对协调机制。社会主义民主建设是保障人民民主权利，充分发挥人民群众积极性、创造性的重要制度安排和精神条件。社会主义法制是经济发展和民主建设的制度保障，依法治国和建设社会主义法治国家是社会主义政治文明建设的基本方略。

第五，发展社会主义文化教育事业，建设社会主义文化。社会主义文化教育事业的发展，关系到国民素质的提高和人才资源的培养，关系到科学技术的进步和综合国力的提升，关系到人民群众文化生活和精神需求的满足，因而是社会主义国家的重要战略任务。这项任务的履行，必须坚持以马克思主义为指导，继承优秀传统文化，弘扬优秀民族文化、借鉴先进人类文化。

第六，创造条件消灭三大差别，逐步向共产主义过渡。根据马克思对于共产主义社会的论述，社会主义社会是人类向共产主义的过渡阶段，这决定了社会主义国家肩负着特定的历史职能，这就是努力推进生产力的发展和社会进步，逐步创造向共产主义过渡的现实条件。然而，人类社会发展的复杂性、理想与现实的差异性，决定了社会主义国家这一历史职能的履行，将是一个漫长的历史过程，需要几代人、几十代人的艰苦奋斗，通过长期不懈努力奋斗，最终人类必将摆脱政治国家而走向自由人的联合体，实现人类的彻底解放。

本章小结

本章主要阐述国家历史类型的涵义、划分标准，以及国家历史类型更替的规律和方式，并对四种具体历史类型的国家的产生、本质、职能以及历史地位等问题做出比较系统的分析。本章的主要观点是:人类历史上有关国家分类的思想,大多是根据国家的外部特征进行区分的。马克思主义的国家历史类型划分方法,是从国家的本质角度入手进行划分的。马克思主义以不同国家赖以存在的经济基础以及代表这一经济基础的阶级在国家中的统治地位作为标准,将人类历史上的国家分为四种基本的历史类型——奴隶制国家、封建制国家、资本主义国家、社会主义国家,进而从历史发展的角度揭示了国家的阶级本质,科学地阐明了国家的分类问题和历史演进规律问题。

思考题

1. 马克思主义的国家分类主张与其他国家分类方法有什么不同?
2. 国家历史类型的定义和划分标准是什么?
3. 为什么说社会主义国家取代资本主义国家是历史的必然?
4. 革命与改良的区别是什么?
5. 如何看待资本主义国家普遍采用“民主”的职能方式?
6. 资本主义“福利国家”的进步与局限是什么?
7. 社会主义国家的历史地位和作用是什么?
8. 如何理解社会主义国家是新型民主与新型专政的统一?

第四章 国家权力与国家形式

国家权力既是国家本质的集中表现,同时也是统治阶级实行统治的重要力量。在阶级社会中,为了保障和维护自身的政治地位与利益,贯彻并实现其意志,各个不同的阶级、阶层和社会集团都力图掌握或分享国家权力。国家形式实质上就是国家权力的纵向与横向配置方式,它包括国家结构形式与国家政权组织形式两方面。国家权力和国家形式问题的研究,有助于进一步理解马克思主义政治学的国家理论,有助于深入认识国家权力的本质和结构特点。

第一节 国家权力的内涵、特征、结构与国家形式

自从人类社会产生了国家以后,国家权力就开始存在了。本节将考察国家权力的基本内涵和主要特征,分析国家权力的结构,说明国家形式的基本内涵。国家形式实质上就是国家权力的配置方式,它包括国家政权组织形式、国家结构形式与政治体制等方面的内容。

一、国家权力的内涵

国家权力是统治阶级强制被统治阶级或从属阶级服从其意志的能力。国家权力是统治阶级意志的体现,它能够在一定地域范围内以社会整体代表的名义来运用强制力管理社会公共事务。

从发生学的角度上讲,权力与人类社会存在着共生关系。但是,国家权力不同于人类社会中其他形式的权力,它是在人类社会分裂为阶级以后随着国家的产生而形成的权力。在阶级社会,由于社会成分的复杂化与社会关系的非均衡化,人们为了获得生存资源和利益而引发的阶级矛盾和冲突日益频繁和激烈,所以,原来的那种以血缘为纽带、依靠"自然发生的共同体的权力"来维系并以习俗为主要调整手段的社会整合机制就不足以保障正常的社会秩序。这就需要一种特殊的力量来保障社会秩序,缓和社会冲突,把冲突控制在一定的"秩序"范围之内,防止社会由于内部矛盾和冲突的不断激化而导致整个社会的毁灭。这种特殊的力量是通过集中化的、常设的、专门的机构来行使的。以国家为表现形式的公共权力就是这种特殊的力量,它是社会公共职能独立化、社会内部分裂成管理者与被管理者的结果。

国家权力与社会相分离的具体表现有三方面:第一,形成了行使国家权力的专门的机构与人员,即各种形式的国家机关和官吏,使管理机构得以专门化,管理者得以常任化。第二,

建立了职业性的常备军。国家所以需要建立有组织的暴力机构,“是因为自从社会分裂为阶级以后,居民的自动的武装组织已经成为不可能了”。[①] 第三,确立了赋税制度。“赋税是政府机器的经济的基础。”[②]赋税属于社会全部剩余产品中的特殊组成部分,它是保持公共权力存在和运作的基本经济前提。

从本质上讲,国家权力是一种政治权力。在阶级社会,不同阶级的各种政治力量的活动与相互关系主要是围绕国家权力的产生、分配和行使而展开的。国家权力的本质属性是阶级性,它代表以国家意志作为表现形式的统治阶级的意志,是统治阶级实现政治统治的工具。马克思和恩格斯同时也指出,国家权力“是整个社会的正式代表,是社会在一个有形的组织中的集中表现”[③]。国家权力通过相应的组织体系将统治阶级的意志集中起来,并上升为国家意志,对内对外正式代表国家并通过国家机构予以实施。

马克思主义经典作家关于国家权力的论述,主要包括如下三方面内容:

第一,国家权力是根源于社会经济基础的政治权力。国家产生于社会,社会的生产关系构成了国家的经济基础。从根本上讲,国家的目标、维持和运作都是由社会经济基础决定的。自从人类社会产生不同的阶级以后,那些在社会经济生活中占据统治地位的阶级就掌握了国家权力。恩格斯在分析政治统治阶级时指出,国家“照例是最强大的、在经济上占统治地位的阶级的国家”[④]。那些在社会经济关系中居于统治地位的阶级,必然会根据本阶级的利益和意志在政治关系中处于统治地位,并且通过国家权力维护既有的经济结构和政治秩序。因此,国家在本质上是在社会经济关系中居于统治地位的阶级的国家,国家权力则是统治阶级在经济领域拥有支配性权力的政治体现。

第二,国家权力本质上是在政治生活中占据统治地位的阶级的权力,它所表达的国家意志实际上是统治阶级的意志。国家权力通常会表现为以社会形式出现的公共权力,国家的本质规定性则在于其阶级属性。国家权力不是基于某种自然关系产生的,也不是纯粹为满足社会公共需要建立的,而是阶级矛盾和冲突的结果,是经济上占支配地位的阶级通过一定形式上升为政治统治阶级的结果。国家权力所表达的国家意志,本质上是在政治上占据统治地位的阶级的意志。因此,国家权力从根本上讲是阶级统治的权力,是阶级权力通过一定形式上升为国家权力的结果,是统治阶级为了维护其阶级利益、巩固其阶级统治而将阶级意志上升为国家意志的结果。

第三,国家权力是承担着社会管理职能的公共权力,具有管理社会公共事务的职能。国家是在社会基础上形成的,是社会发展到一定阶段的产物,国家权力因而必然具有管理社会公共事务的职能,表现为以社会形式存在着的公共权力。恩格斯曾经指出,“政治统治到处都是以执行某种社会职能为基础,而且政治统治只有在它执行了它的这种社会职能时才能持续下去。”[⑤]所以,尽管国家权力在本质上是统治阶级实现其统治的工具,然而,国家权力作为公共权力是以履行一定的社会公共职能作为前提的。实际上,国家权力只有在履行社会管理职能的基础上才能更好地维护统治阶级的权力和统治秩序。

---

① 《马克思恩格斯选集》第 4 卷,人民出版社 2012 年版,第 187 页。

② 《马克思恩格斯选集》第 3 卷,人民出版社 2012 年版,第 375 页。

③ 《马克思恩格斯文集》第 9 卷,人民出版社 2009 年版,第 297 页。

④ 《马克思恩格斯文集》第 4 卷,人民出版社 2009 年版,第 191 页。

⑤ 《马克思恩格斯选集》第 3 卷,人民出版社 2012 年版,第 559 ~ 560 页。

二、国家权力的特征

与其他类型的权力相比，国家权力的特征主要表现在如下几个方面：

（一）主权性

主权性既是国家权力具有的基本属性，同时也是国家独立所不可或缺的基本条件。在国家内部，主权是指国家具有至高无上的权力，即与社会中各种其他类型的权力相比，国家权力的地位和效力是最高的，任何其他类型的权力都不能抵触或违背国家权力的意志。在国际关系中，主权是指一个国家的独立性，即一个国家具有独立自主地处理对内对外事务的最高权力。如果一个国家失去了主权，那么，它就不能成为独立的国家。所以，国家主权是不容侵犯和破坏的，任何侵犯和破坏一个国家主权的行为都会危及这个国家的安全与生存。

（二）强制性

国家权力所以能够对社会成员具有普遍约束力，就在于它是一种具有强制性的力量，是一种“有组织的暴力”。恩格斯就曾强调指出，“这种公共权力在每一个国家里都存在。构成这种权力的，不仅有武装的人，而且还有物质的附属物，如监狱和各种强制设施”①。自从国家产生以后，国家权力就成为一种特殊的力量，它可以有组织的、系统地运用强制力，并且不再允许合法地存在着任何其他形式的暴力组织。在这个意义上，国家权力与其他类型的权力的区别主要就在于它是一种凌驾于其他各种社会权力之上的权力，能够在国家管辖范围内垄断性地运用强制力。

（三）普遍性

作为一种凌驾于其他各种社会权力之上的公共权力，国家权力对于其管辖范围内的全体居民具有普遍约束力，所有社会成员、组织、集团都不得违背国家权力的意志和规定。这就是说，国家权力应当在国家管辖范围内得到普遍遵循，它不仅对被统治阶级和从属阶级的成员具有约束力，而且对统治阶级内部的成员也具有约束力。

（四）组织性

国家权力所以具有强制性和普遍性，原因在于它是通过相应的国家组织体系予以保障实施的。国家组织体系具有相应的规模、层级和广度，它依据国家权力的类型、职能、层级等构建出各种国家机构，形成特定的国家权力结构。通过在其管辖范围内构建出全覆盖的组织体系，国家才能维护主权，抵御侵略，保障国家法律得到遵循，保证国家的方针政策能够在其地域空间内获得普遍有效的实施。

三、国家权力的结构

（一）国家权力的结构构成

国家权力通常依赖于相应的国家组织机构而存在，它是一种具有结构性的权力。国家权力通常由两类结构性权力构成：一种是按照国家权力的功能分工将其划分为不同的功能性权力，另一种是按照国家权力的层级配置将其划分为不同层级的权力。

从国家权力的功能分工上讲，功能性的国家权力通常区分为立法权、行政权、监察权和

---

① 《马克思恩格斯文集》第 4 卷，人民出版社 2009 年版，第 190 页。

司法权。

立法权是国家意志的集中表达。一般而言,现代国家的立法权主要由立法机构行使,其权力运作的基本方式是集体商议和投票表决。

行政权是执行和落实国家意志,管理国家政治、经济、社会和文化等公共事务的权力。行政权通常由行政机构行使,通过自上而下的纵向的国家机构予以贯彻实施。

监察权是监督、调查和处置各级国家机关及其公职人员的权力。监察权通常由监察机关依据法律规定独立行使。

司法权是指在诉讼案件和非诉讼案件过程中,通过施用法律解决社会纠纷、维护国家意志的权力。司法权一般由司法机关行使。

从国家权力的层级配置上讲,层级性的国家权力是在不同行政层级上配置的国家权力,其中主要是国家权力在中央与地方层级上的配置,即中央权力与地方权力。中央权力是一个国家的中央国家机关掌握的权力,地方权力则是地方国家机关拥有的权力。

(二)国家权力的横向结构

国家权力的横向结构,是各种功能性国家权力的相互关系和运行原则的结构性构成。

国家权力的横向结构在国家政权组织原则和组织形式上的体现,就构成了国家的政体。在当代,资本主义国家奉行"分权制衡"的原则,社会主义国家则以"民主集中制"为组织原则。

1. 资本主义国家的政权组织原则

资本主义国家通常以"分权制衡"作为政权组织原则。所谓"分权制衡",就是按照不同的功能将国家权力分为立法权、行政权与司法权三种权力,让它们由三种不同的国家机关各自独立执掌和行使,形成鼎立之势,互相制约,由此形成分权制衡的权力结构。通常来说,议会行使立法权,总统或内阁行使行政权,法院行使司法权。

作为资产阶级国家政权的组织原则,分权制衡是资本主义经济、社会、文化与政治发展的产物。从历史的角度来看,分权制衡原则是从等级分权、阶级分权逐步发展起来的。16世纪以后,随着西欧国家资本主义经济逐步孕育成熟,国王、贵族和市民阶层三者展开权力斗争,出现了等级间结成联盟、相互制约的局面,形成了以等级代表会议为政治舞台的等级分权格局。随后,资产阶级逐渐上升成为新兴政治力量,它以由等级代表会议发展而来的议会为阵地,在与封建领主统治阶级进行政治斗争的过程中,得以分享权力,形成相互制约的政治权力格局。此后,西欧国家封建领主阶级日渐式微,资产阶级内部分化形成不同的阶层、集团和派系,资本主义国家分权制衡的政权组织形式,逐步演变为资产阶级内部各个阶层、集团和派系借助于不同的功能权力相互制约。因此,分权制衡原则成为资产阶级为防止统治集团中个别人或少数人实行专制统治而做出的政治制度安排,成为资产阶级在国家机构内部协调关系、整合统治力量的方法和手段,从而也就成为在整体上保证资产阶级政治统治利益的政治权力结构。

在资本主义国家的宪法和政治制度中,分权制衡原则通常体现为以下三方面的制度设计:第一,由三个不同的机关分别执掌和行使立法权、行政权和司法权;第二,每一个机关都是相对独立的,它们在行使各自分掌的权力时,都会受到其他机关的制约,同时也都不能离开其他机关的协助;第三,每一个机关都拥有防止、抵御其他机关侵犯其权力的法律手段。通过上述这些安排,实现不同权力之间的制约与平衡,从而形成分权制衡的权力格局。

由于历史传统、社会文化与具体国情等方面的不同,也由于在制度设计时实际的政治形势与政治力量对比的差异,分权制衡原则在各国的具体实施形式不同,从而形成了不同的政治体制。美国实行的是典型的"三权分立":立法权、行政权和司法权分别属于国会、总统和最高法院以及联邦下级法院,它们之间在宪法上的地位是平行的,宪法未规定最高权力机关。英国则实行以立法至上为特点的"混合权力体制":议会是最高权力机关,国王在名义上拥有最高地位,首相和内阁是国王的辅佐,他们组成责任内阁承担行政职责,行政机关与立法机关分立,然而,首相与内阁依据惯例又必须是议会议员,是由议会从议员中选举产生的,向议会负责,因而形成了混合权力体制。法国在1958年建立的第五共和国采用了"以行政权为重点的分权":1958年的法国宪法极大地提高了总统的地位,总统和总理共同掌握行政权,同时对议会权力作了较多的限制。

2. 社会主义国家的政权组织原则

社会主义国家的政权组织原则为民主集中制,民主集中制是民主基础上的集中和集中指导下的民主相结合的制度。民主集中制组织原则具体体现为:

(1) 民主集中制遵循人民主权的精神,贯彻"一切权力属于人民"的根本原则。各级国家权力机关必须以人民民主为基础,由民主选举产生,对人民负责,受人民监督,为人民服务。其他国家机关,包括行政机关、监察机关、司法机关等,都由国家权力机关选举产生,对它负责,受它监督。这就是说,国家权力机关集中统一行使国家权力,其他国家机关都产生和从属于国家权力机关,国家权力机关与其他国家机关之间不是并列和平行的关系,而是决定与执行、授权与负责、监督与被监督的关系。

(2) 合理划分和高效协同国家机关权责的原则。国家对元首权、行政权、监察权、审判权、检察权和武装力量的领导权和职责都有明确划分。国家元首、行政机关、监察机关、司法机关和军事机关都依法行使各自的权力,在各自职权范围内开展工作。这就是说,国家机关实行合理分工,协调运行,并建立各种民主监督制度,在保证国家权力机关统一行使国家权力的前提下,在不同的国家机关之间建立必要的依法行使权力的制约机制,以使整个国家机器有活力地运转,便于各个国家机关有效地进行工作。

(3) 民主集中有机结合的国家权力运行原则。国家权力机关制定法律和做出其他决定,均经过充分协商讨论,并以投票表决等方式通过;国家其他机关实行首长负责制,集中行使权力,保证政令法令的统一。这就是说,法律的制定和重大问题的决策,必须由国家权力机关民主决定,集中和代表人民的意志和利益;而法律和决策的执行,必须高度集中并实行严格的责任制,保证国家其他机关可以高效工作,从而使整个国家机关做到分工负责,各行其权,各司其职,各尽其责。

(4) 在中央和地方的关系上,实行中央集中统一领导下合理配置权力的原则。在中央集中统一领导的前提下,充分发挥中央和地方两个积极性,合理划分中央国家机关和地方国家机关的职权;既要有高度统一的中央集权,又要有适度的地方分权,既要保证中央权威,使政令统一和畅通,又要发挥地方的自主性、积极性和主动性,从而发挥全部国家机关的整体效能。

(三) 国家权力的纵向结构

国家权力的纵向结构是国家层级权力相互关系及其运行原则的结构性构成,它在组织和机构方面体现为中央与地方政权机关的相互关系结构。这种权力关系所包括的内容主要有两个方面：

（1）纵向权力的划分和配置。国家以法定程序，将国家权力配置给中央政权机关和地方政权机关，明确划分中央和地方政权机关各自应享有的专有权以及共同行使的共有权的范围，规定它们各自行使权力的方式等。

（2）纵向权力的协调和制约。在中央和地方政权机关之间进行权力划分和配置的基础上，使两者所拥有的权力在运行过程中以法定程序有机协同，以实现相互协调和制约。

四、国家形式

（一）国家形式的含义

国家形式是统治阶级为实现本阶级的统治而组织国家的政权组织形式和结构形式，是组织、管理和控制国家机器的制度和体制的总和。从国家形式的本质意义来考察，任何国家的统治阶级为了进行有效的统治，都必须以一定的形式、方法和手段协调和团结本阶级的力量，解决其内部关系问题，也必须以一定的形式、方式和手段来解决与被统治阶级的关系问题。这里所说的形式、方式和手段是制度、体制意义上的，而制度化、体制化的形式、方法和手段就从根本上决定了国家的形式，也体现了国家采取一定的国家形式的根本目的。

（二）国家形式的基本内容

从国家形式的基本内容上分析，它包括以下三个方面：

第一，国家政权组织形式，即政体，尤其是中央（全国）政权机关的组织形式。政体主要涉及中央政权机关的设置、权力配置和相互关系等，它决定了国家机关设置和权力配置的基本原则，体现了一个国家的横向权力结构和权力分配关系。从权力配置和国家机关设置的角度看，政体主要体现为国家最高统治权力的行使方式和最高国家权力机关的组织形式。前者是指国家最高统治权力由一个机关集中行使，还是由数个机关分工行使；后者是指国家最高权力机关是由一个人组成还是由一个集体组成，也就是由一个人还是由一个集体形式的机构行使国家最高统治权。

第二，国家的结构形式，主要是指国家的中央权力机关与地方权力机关、整体与局部之间关系的构成方式，它是中央权力与地方权力的关系在国家组织结构形式和原则上的体现。国家结构是国家形式的另一个重要内容，它决定调整和处理国家整体与部分之间的相互关系和权力划分的基本原则，反映了一个国家的纵向权力结构和权力分配关系。

第三，国家机关权力的具体运作方式和具体制度，通常被统称为“政治体制”。在国家形式中，除了国家政权组织形式和国家的结构形式以外，还有一些具体制度和具体形式，如选举制度、执政党与政权的关系、决策程序、政府机构的设置和规模、中央对地方的领导体制和具体控制手段、国家机关公职人员的选用和管理方式等。它们只是组织、管理和控制国家机器的制度的具体环节，属于国家形式的细节方面。

第二节 国家政权组织形式

在政治社会中，所有国家都必须通过相应的政体形式组织起来。本节将考察国家政体的基本涵义与特性，分析国体与政体的关系，比较剥削阶级国家与社会主义国家政权组织形式的差异。

一、国家政权组织形式概述

（一）政体的含义

国家政权组织形式，即政体，是指一个国家的统治阶级为了实现其统治需要而采用的一定的政权组织形式，也就是统治阶级组织国家政权机关的形式。毛泽东曾经指出，政体是“政权构成的形式”，是指“一定的社会阶级取何种形式去组织那反对敌人保护自己的政权机关”①。从国家权力配置的角度上讲，政体主要体现为国家最高统治权力的行使方式，即国家最高统治权力是由一个机关集中行使，还是由若干机关分工行使；从国家机关设置的角度上看，政体主要体现为国家最高统治权力的组成形式，即国家最高权力机关是由一个人组成，还是由一个集体组成。

（二）政体与国体的关系

政体问题始终是政治学关注的一个主要问题。历史上，不少思想家都曾研究过国家的政体问题，提出了政体划分标准并划分出不同的政体，比较不同政体形式的优劣。例如，亚里士多德将政体看成是“城邦一切政治组织的依据”，是用来“确定最高统治机构和政权的安排”、订立城邦及其全体“所企求的目的”的职能组织②。法国思想家孟德斯鸠认为，“政体的原则对法律有最大的影响”③。总的说来，西方思想家的政体基本分类原则是一致的，他们基本上是继承了亚里士多德的学说，其理论上共同的根本缺陷在于，他们都没有说明政体与阶级统治的关系，没有在区分国体的基础上对政体进行分类，混淆了国体与政体的区别。从根本上讲，如果要正确地说明政体问题，那就必须理解政体与国体的关系，不能将两者混为一谈，不能离开国体来讨论政体，也不能用政体的区分来掩盖和代替国体的区分。

在阐释政体与国体的关系之前，必须对它们的内涵稍作分析。毛泽东曾指出，国体就是指“社会各阶级在国家中的地位”④。这就是说，国体所体现的是国家的阶级性质。在关于国体的分析中，最重要的是关于哪个或哪些阶级掌握政权的问题，如果在几个阶级联合执政的情况下则应当进一步分清哪个阶级是这个执政联盟的领导阶级。因此，国体与国家的历史类型是密切相关的。自从人类社会进入文明时代以来，任何国家都是具有一定性质的国家，是由一定的阶级统治的，都属于一定的国体，也都具有一定的历史类型。

从国体与政体的关系来看，两者是辩证统一的关系。国体表明哪个阶级是占据统治地位的阶级，而政体则规定着统治阶级通过什么样的形式来组织政权实现统治。国体与政体的关系，是内容与形式的辩证关系。内容决定形式又离不开形式，形式表现内容又不能脱离内容。这就像恩格斯论述共和政体时指出的那样，“共和国像其他任何政体一样，是由它的内容决定的”⑤。

一方面，内容决定形式，国体决定政体。国体表明一个国家是由哪个阶级进行统治的，它反映了国家的阶级属性和阶级内容。国体决定着政体的本质属性和目标，决定着一个国家的统治阶级选择何种政权组织形式以服务于其阶级利益。与政体相比，国体是占首要地

---

① 《毛泽东选集》第 2 卷，人民出版社 1991 年版，第 677 页。
② ［古希腊］亚里士多德：《政治学》，商务印书馆 1983 年版，第 129、178 页。
③ ［法］孟德斯鸠：《论法的精神》上册，商务印书馆 1982 年版，第 7 页。
④ 《毛泽东选集》第 2 卷，人民出版社 1991 年版，第 676 页。
⑤ 《马克思恩格斯选集》第 4 卷，人民出版社 2012 年版，第 652 页。

位的。政体必须体现国体的性质，服从于国体的需要，即服务于统治阶级组织、完善和巩固其统治的需要。在现实政治中，国家的阶级本质从根本上决定着政体的选择和采用，政体都是依附于一定的国体，为一定的国体服务的。一个国家采取和选择何种政体，主要是由其统治阶级根据本国国情决定的。政体必须适应于国体，当国体发生变革时，政体也就会发生变化。

另一方面，形式体现内容，政体反映国体。从内容和形式的关系讲，没有一定的形式，内容就会变成虚幻的东西。一定的国体要通过一定的政体形式来表现，“没有适当形式的政权机关，就不能代表国家。”①只有具备适当而完备的政体，统治阶级才能更好地组织和运行自己的国家机器，维护和巩固国家的性质，实现统治阶级的意志和利益。因此，所有统治阶级都是依据其利益和需要来设计国家权力结构，确定最高政权机关内部的权力配置关系。

需要指出的是，政体具有相对独立性。作为国家政权组织形式，政体并非完全处于被动状态，它在实现和保证统治阶级的地位和权力、增强政权的统治能力方面具有重要作用。国体相同的国家可以采取具体形式不同的政体，同一个国家在不同历史时期，所采取的政体的具体形式也会有所不同。一个国家必然要求实现国体和政体的统一，两者是相辅相成，不可或缺的。

（三）政体的基本特性

通常而言，国体一经建立，就具有相对稳定性，在没有发生重大历史变革的情况下，国体是不会改变的。政体则是相对变化的，它与国体相比具有复杂性、多样性、相对灵活性等特征。

（1）政体的选择受到多种复杂因素的影响。政体的基本原则是由国家的阶级性质决定的，国体对政体的决定作用是根本性的，第一位的。然而，除此之外，特定国家的政体选择还受多方面因素的影响。统治阶级在决定国家采取何种政体时，必须考虑各种社会政治力量的要求，甚至不能无视被统治阶级的要求。也就是说，一个国家采取何种政体还受到各种政治力量对比状况的制约。同时，一个国家的具体历史条件、文化传统和民族构成、民族习惯、民族心理以及国际环境等因素，也都会影响其政体形式的形成。“世界上不存在完全相同的政治制度，也不存在适用于一切国家的政治制度模式。‘物之不齐，物之情也。’各国国情不同，每个国家的政治制度都是独特的，都是由这个国家的人民决定的，都是在这个国家历史传承、文化传统、经济社会发展的基础上长期发展、渐进改进、内生性演化的结果。”②

（2）政体具有多样性。一般而言，国体决定政体，每一种国体都会采取与之相适合的特定政体。国体不同的国家，政体也必然具有体现其阶级统治性质的区别。但是，这并不意味着一种国体只能选择采取一种政体，不意味着国体相同的国家也必然采取相同的政体。影响一个国家政体的因素是多方面的、复杂的，所以，国体与政体并非简单的对应关系，政体不是直接地、机械地表现国家的阶级本质。由于一国的政治力量对比和具体历史条件、文化传统等因素的影响，现实中的政体是多种多样的。国体具有相同性质的国家完全可能采取不同的政体，例如，美国和英国的国体相同，美国采用共和制，英国却采用君主立宪制，其主要

---

① 《毛泽东选集》第2卷，人民出版社1991年版，第677页。

② 习近平：《在庆祝全国人民代表大会成立六十周年大会上的讲话》，《十八以来重要文献选编（中）》，中央文献出版社2016年版，第60页。

原因在于两国选择国家政体形式时所面临的历史环境和文化传统不同。

（3）政体是国情的产物。在历史上，那些具有不同性质的国家在政体问题上也存在着一定的继承和借鉴关系。例如，不少欧美国家在建立资产阶级国家以后仍然以某种形式保留了封建时代的君主制，而现代的资产阶级共和国则在很大程度上借鉴了古罗马的共和制。这说明，不同的国家之间，包括国体不同的国家之间，可以在政体形式方面相互借鉴。不过，一个国家采用何种政体，借鉴什么，如何借鉴，都是由特定国家的统治阶级和人民根据本国的国情做出决定。“设计和发展国家政治制度，必须注重历史和现实、理论和实践、形式和内容有机统一。要坚持从国情出发、从实际出发，既要把握长期形成的历史传承，又要把握走过的发展道路、积累的政治经验、形成的政治原则，还要把握现实要求、着眼解决现实问题，不能割断历史，不能想象突然就搬来一座政治制度上的‘飞来峰’。”①

（4）相对于国体而言，政体的发展变化具有灵活性和变异性。在一定的社会发展历史阶段上，一定的经济基础和阶级统治一旦建立，就会在相当长的时期里持续存在，因此，国体是比较稳定的。在许多情况下，即使发生了政权更替，也未必导致国体的改变。例如，中国历史上的多次改朝换代、现代许多国家的政府更迭和政变，并不意味着政权由一个阶级转移到了另一个阶级手里。然而，政体却受到更多、更复杂的因素的影响，其灵活性和变异性要大得多。在不同的历史时期，虽然同一个国家的国体没有改变，但是，其政体形式却可能发生变更。例如，法国在第二次世界大战后其国体没有转变，而其政体则先是采用议会共和制，后来改为半总统制。

（四）政体的分类

政体的形式具有多样性，这就需要进行政体分类。政体分类的目的，是要比较分析不同的政体，发现它们的优劣，从中选择理想的政体，为实现国家的长治久安而设计适宜的政体形式。

早在古希腊和古罗马时期，不少思想家和学者就已经注意到国家的政体形式问题，并进行了政体的分类。古希腊的历史学家希罗多德是最早进行政体类型划分的，他曾依据执政者人数将政体区分为君主政体、贵族政体和民主政体。亚里士多德在调查和分析希腊 158 个城邦的基础上第一次较为系统地研究了政体问题，并提出了政体划分标准以及关于政体选择的主张。亚里士多德认为，政体分类的标准主要有两条，一是统治者是为城邦谋利益还是为自己谋利益，二是统治者人数的多寡。根据前一条标准，他将政体分为照顾城邦公共利益的正宗政体和照顾统治者利益的变异政体两类；根据后一条标准，他先将正宗政体分为君主政体、贵族政体和共和政体，相应地将变异政体分为僭主政体、寡头政体和平民政体。此外，古罗马学者波利比乌斯、西塞罗等人也提出过划分政体的标准。

近代以来，许多资产阶级思想家在批判封建专制统治的过程中十分重视对政体问题的研究，并探讨了政体的划分标准。16 世纪的法国思想家博丹提出以国家主权的归属即主权者的人数和行使权力的方式来区分政体；17 世纪的英国思想家洛克则以立法权行使者的多寡区分民主政体、寡头政体和君主政体；18 世纪的法国思想家孟德斯鸠根据国家最高权力掌握在哪些人手中以及他们对待法律的态度，对政体问题作过分类研究。

---

① 习近平:《在庆祝全国人民代表大会成立六十周年大会上的讲话》,《十八以来重要文献选编(中)》,中央文献出版社,2016 年版,第 59 页。

总体上讲,尽管上述西方思想家的观点彼此间存在着较大的分歧,然而,他们所遵循的政体分类原则基本上只是继承亚里士多德的学说,往往都局限于有关政体分类的技术性层面,缺乏对政权的社会阶级性质和形成过程的考察,混淆了国体与政体的区别,没有在区分国体的基础上进行政体分类。

马克思主义主张,在对国家政体进行分类时不能脱离对阶级统治性质的分析,应当联系特定国家的国体即国家的阶级统治性质进行分析。也就是,不仅应当显示国家政体的类型,而且需要揭示特定政体形式的阶级属性。列宁曾经指出,“国家形式是多种多样的”①。在奴隶制时代,国家的政体类型就有君主制和共和制、贵族制和民主制的区别。由此可见,在确认国家阶级本质的基础上,联系国家阶级本质对政体进行分类,是把握国家形式与本质统一的重要途径。

按照马克思主义方法,我国学者在对国家政体进行分类时,首先依据国体的不同,确定国家的阶级本质,然后分析总结历史上产生和存在过的以及现存的种种政体形式,最终提出下述关于国家政体的具体分类标准和依据:第一,最高国家权力的归属,即最高国家权力机关的组成是一个人还是一个集体;第二,最高国家权力机关的产生方式及任期;第三,中央国家权力机关的设置以及它们之间的权力分配、地位和相互关系。

根据前两条标准,可以把历史上的国家分为君主制政体和共和制政体两种类型。君主制政体的基本特征是,最高国家权力事实上或象征意义上集中于君主一人,君主一般是世袭的,是没有任期限制的。共和制政体的基本特征是,无论象征性掌握最高国家权力的机关还是实际行使国家权力的机关都是通过某种形式的选举产生的,并且一般都具有严格的任期限制。在此基础上,运用第三条标准,也就是,根据中央国家机关是否分工行使国家权力,它们的权力是否受到宪法和法律的限制、是否受到制约,它们的地位和相互关系如何等,就可以进一步在君主制和共和制的基础上区分出各种不同的政体形式。例如,列宁在分析奴隶制共和国政体时,就根据共和国的“内部结构”进一步区分了“贵族共和国”和“民主共和国”②。需要指出的是,还应当看到,在现实政治生活中,任何政体的分类标准都是相对的,不同的政体形式往往可能会相互交替,混杂掺和。

二、不同类型国家的政权组织形式

按照马克思主义关于政体分类的观点,依据国体的不同,可以将迄今为止所有的国家政体形式归为两类,一类是剥削阶级国家政权组织形式,另一类是社会主义国家政权组织形式。

(一)剥削阶级国家的政权组织形式

1. 君主制

君主制通常是指由一名君主实际上或名义上掌握最高国家权力的政权组织形式。君主制国家一般实行君主世袭制,其典型的世袭原则是君主权位由其男性后代依长幼顺序继承。同时,有些君主制国家在实行男性优先的原则下也允许女性后代继承君位,即传子为主,无子传女;有些君主制国家则在王族内部实行轮流继承,通常是兄终弟及,叔亡侄继;也有些国

① 《列宁专题文集 论辩证唯物主义和历史唯物主义》,人民出版社 2009 年版,第 289 页。
② 《列宁专题文集 论辩证唯物主义和历史唯物主义》,人民出版社 2009 年版,第 290 页。

家的君主可能是通过推选产生的，例如，古代罗马早期帝国，以及中世纪欧洲的一些由诸侯国家组成的帝国。无论君主是世袭的还是推举产生的，都是终身任职，没有期限限制。在君主制国家中，在决定君主权位时，实际的政治形势和政治力量对比的影响都是不可低估的。由于各国国情和阶级状态不同，君主制国家具有若干种不同的具体形式，不同国家君主制的具体表现形式也有所不同。列宁就曾指出，“君主制根本不是形式单一和一成不变的制度，而是非常灵活的和能够适应各阶级的统治关系的制度。”①通常而言，君主制可以划分为几种具体类型：

（1）专制君主制。专制君主制又称“绝对君主制”或“无限君主制”。在这种制度下，君主独自掌握最高统治权，拥有绝对的、不受任何法律限制的权力，也不受任何机关的制约，君主集立法、行政、司法、军事、财政大权于一身，通过直接对他负责的官僚机构进行统治。专制君主制是奴隶制、封建制国家所盛行的政体。这种政体在古代东方国家比较典型，西欧各国在封建社会末期多发展成为专制君主制国家。

（2）贵族君主制。君主名义上掌握着全国最高权力，实际上其权力则只限于自己的领地，全国最高统治权由君主和贵族会议共同掌握。这是一种君权比较虚弱并且被分割的君主制，它主要存在于西欧封建社会的早期阶段。

（3）立宪君主制。立宪君主制又称“有限君主制”。在这种制度下，君主虽然拥有某些最高国家权力，但是君主的权力按照宪法规定在不同程度上受到其他国家机关的制约和限制。立宪君主制通常是资产阶级与封建势力相互妥协的产物，它属于资产阶级国家的一种政权组织形式。“当资产阶级还没有和专制君主政体彻底决裂的时候”，“立宪君主政体是资产阶级统治的适当形式”。②

2. 共和制

共和制通常是指国家最高权力机关和国家元首由选举产生并有一定任期的政权组织形式。与君主制政体一样，共和制政体也有不同的表现形式：

（1）贵族共和制。贵族共和制的基本特征是，国家行政长官由公民大会选举产生并有任期限制，国家最高权力实际上掌握在贵族手中。这种政体形式主要见于古代希腊和罗马。

（2）民主共和制。民主共和制是资产阶级国家普遍采用的一种政体形式。列宁指出，“民主共和制是资本主义所能采用的最好的政治外壳”③。在民主共和制国家中，国家元首、议会和政府首脑等各主要国家权力机关通常由公民直接或间接选举产生，并有严格的任期限制。从国家元首、议会和政府三者的关系上看，由于国家元首、议会和政府的地位、产生方式和权限配置不同，民主共和制可以区分为议会共和制和总统共和制。

议会共和制：凡是政府（内阁）由拥有多数议席的政党组成并对议会负责的国家，称为议会共和制国家。在议会共和制国家中，议会是国家的最高权力机关，享有立法权和监督权；政府（内阁）是由议会授权产生的，对议会负责；总统只是名义上的国家元首，没有实权。因此，议会共和制的主要特点表现为，政府（内阁）的产生和存废以议会为基础。当代的意大利、德国、奥地利等国采用这种政体。

---

① 《列宁全集》第 20 卷，人民出版社 2017 年版，第 358 页。

② 《马克思恩格斯选集》第 4 卷，人民出版社 2012 年版，第 565 页。

③ 《列宁选集》第 3 卷，人民出版社 2012 年版，第 120 页。

总统共和制：总统既是国家元首又是政府首脑，领导内阁并执掌行政权。在总统共和制国家中，总统掌握行政实权，其任命和领导的政府各部部长及一切行政机构在法律上只对总统负责，不对议会负责；议会掌握立法权，与总统所代表的行政权之间是并立和相互制约关系。因此，总统制共和国的主要特点是，政府（内阁）由总统提名组织成立并对总统负责。美国是实行总统共和制的典型国家。

（二）社会主义国家的政权组织形式

社会主义国家一般采取民主共和制的政权组织形式，但是，这种民主共和制与资本主义国家民主共和制有着本质区别。社会主义国家政权本质上是人民民主专政，是人民当家作主的政权，它实行一切权力属于人民的原则，所以，只有社会主义国家才实现了本质与形式的统一，真正实现了“民主共和制”。恩格斯曾经预言，工人阶级“只有在民主共和国这种形式下，才能取得统治。民主共和国甚至是无产阶级专政的特殊形式”①。

从历史的角度来看，社会主义国家的民主共和制是在长期的社会主义实践中逐步发展起来的。在不同国家的社会主义政治实践过程中，已经出现过多种多样的民主共和制形式，其中，具有典型意义的有下述三种政体形式：

（1）公社制。1871年，巴黎无产阶级和人民群众举行武装起义，建立了人类历史上第一个无产阶级专政的政体形式。公社制是巴黎公社的政权组织形式，其基本特点在于，第一，公社委员会作为最高权力机关，统一行使立法权和行政权；第二，公社实行直接选举，公社管理人员由普选的代表组成，代表对选民负责，随时可以撤换。公社的一切大事由普选产生的代表民主讨论决定，由各分组委员会具体贯彻执行。第三，公社废除旧式国家机器，废除旧警察和官吏，将公职人员变成人民的“公仆”。第四，公社废除常备军，用武装的人民取代它。这不仅是用新的武装力量来保护自己，而且意味着这种武装力量在性质上根本不同于资产阶级的武装力量。巴黎公社是“无产阶级社会主义共和国的这种‘一定的’形式”②，也是按照议行合一精神建立起来的无产阶级政权组织形式。

（2）苏维埃制。苏维埃制是俄国十月革命后建立的第一个社会主义国家的政权组织形式。苏维埃制的社会阶级基础是工人阶级和农民阶级，其基本特点在于，第一，最高苏维埃既是最高立法机关，又是最高国家权力机关，其他一切国家机关都由它产生，由它授权并向它负责；第二，最高苏维埃实行两院制，设立主席团作为常设机构；第三，苏维埃的代表由人民选举，对人民负责，代表可以由人民撤换。苏维埃制是社会主义国家选择政体形式的伟大创造，为后来的社会主义国家提供了重要经验。中国共产党在土地革命战争时期（1927—1937年）曾经创建了中央政权机构中华苏维埃共和国（1931年）。苏维埃政权的建设在一定程度上加强了对各根据地、各部分红军的中枢指挥作用，也为抗日战争和解放战争时期的根据地建设，以及后来的新中国政权建设，提供了丰富的经验，培养了大批领导骨干和组织管理人才。

（3）人民代表大会制。人民代表大会制是中华人民共和国的根本政治制度，是中国人民在长期的革命和建设中的经验总结。人民代表大会制以我国的工人阶级领导、工农联盟为基础，最广泛地代表其他社会主义建设力量。人民代表大会制是中国各族人民按照民主

---

① 《马克思恩格斯选集》第4卷，人民出版社2012年版，第294页。

② 《列宁专题文集　论马克思主义》，人民出版社2009年版，第214页。

集中制的原则,定期选举产生自己的代表,组成各级人民代表大会,作为人民行使国家权力的机关,其他国家机关由人民代表大会产生并对其负责。也就是说,人民代表大会是我国国家生活的中心,也是国家权力的中心;全国人民代表大会是最高国家权力机关,全国人民代表大会及其常务委员会行使国家立法权。人民代表大会制是我国人民在中国共产党领导下,按照马克思主义国家学说并结合中国实际而创立的新型的人民民主专政的国家政权组织形式,是适合我国国情的社会主义国家政权组织形式和治理形式。

第三节 国家结构形式

自从人类社会产生了国家以后,国家就需要处理中央与地方、整体与部分之间的关系,国家结构形式问题也就随之产生。本节将考察国家结构形式的基本含义与类型,说明单一制国家与复合制国家的基本差异。

一、国家结构形式的含义

国家结构形式,是指国家为了处理中央与地方、整体与部分之间的关系而对国家权力进行划分与配置的基本模式,它涉及的是一个国家的各个部分以什么形式和方式整合为国家的问题。

自从人类社会产生了国家的时候起,国家结构问题也就产生了。一个国家采用何种国家结构形式,是由多种因素共同作用决定的。一个国家的地理环境、历史传统、民族构成、文化习惯、国民心理和情感以及统治阶级为解决民族问题所采取的政策和策略等都会成为影响选择国家结构形式的因素。由于各个国家的具体国情、历史条件、文化传统等因素不同,它们所采用的国家结构形式自然也不相同。国家结构形式的选择,最终也要由各国人民根据自己的国情自主决定。同时,一个国家的国家结构形式也不是一成不变的,它在一定的条件下是可能转化的。

二、国家结构形式的基本类型

近代以来,世界各国采用的国家结构形式可以分为两种基本类型,即单一制和复合制。

(一) 单一制

单一制是将国土按地域划分成若干行政单位、具有统一主权的国家结构形式。单一制的基本特征是:国家具有单一的宪法、统一的法律体系和司法体系、统一的最高国家权力机关、行政机关体系以及公民具有统一的国籍。当今世界许多国家实行单一制。按照中央与地方权力分配的程度差异,单一制又可以细分为中央集权型单一制和地方分权型单一制两种类型。

(1) 中央集权型单一制。国家权力高度集中于中央政府,地方政府受中央政府的控制和监督。在西方国家中,法国是比较典型的中央集权型单一制国家。

(2) 地方分权型单一制。中央政府单独执掌军事、外交等方面的全国性政务,它对地方政府的权力受到某种程度的限制,一般只能通过立法监督、行政监督和财政监督等间接手段来实现对地方政府的控制,地方政府在地方事务方面享有较大的行政自治权。在西方国家中,英国是比较典型的地方分权型单一制国家。

（二）复合制

复合制国家结构形式比较复杂，其一般特征是由若干个国家或地区作为成员单位通过协议组成联合体。由于国家或地区联合的程度、形式与权力划分等因素的不同，复合制国家结构又存在多种具体表现形式。在当代，复合制国家结构形式有两种常见的类型：一种是联邦制，一种是邦联制。

（1）联邦制。联邦制是当代常见的复合制国家结构形式。它是由若干具有相对独立性的政治实体（州、邦、省）通过制定并遵守统一的联邦宪法而形成的具有单一主权的国家结构形式。联邦制具有如下特点：从整体来看，联邦制国家具有适用于全国的宪法和基本法律，联邦公民具有统一的国籍，联邦政府在全国范围内设立立法、行政和司法体系，行使国防、外交、发行货币等主要国家权力，对外代表联邦作为主权国家拥有国际法主体资格；从组成成员看，联邦成员在不违反联邦宪法和法律的前提下具有各自的宪法、法律以及各自的立法、行政和司法机关，拥有相当大的自主权管理本区域内的财政、税收、文化、教育、社会发展等公共事务。不过，有少数联邦国家允许其组成成员在联邦宪法、法律和条约的范围内，就某些事务与外国签订条约和协定。1789 年以来的美国、“二战”以后的德国都属于典型的联邦制国家。

联邦国家与联邦成员之间通常建立的是分享国家权力的关系，这种关系构成了联邦制国家结构形式的具体内容。在典型的联邦制国家中，联邦政府是由各个组成成员协议建立的，其权力被认为是由联邦成员让与的，因而联邦与其成员之间并非领导与服从的关系，而是契约与合作的关系。一方面，联邦是一个统一的主权国家，各个联邦成员都要共同遵守联邦宪法与基本法律，接受联邦政府的法定管理；另一方面，联邦成员又是具有相当大的独立性的政治实体，它们拥有各自的宪法和法律，独立享有管理本区域公共事务的权力，并且保留联邦宪法规定以外的全部权力。这就与地方分权型的单一制国家有着根本的不同。

（2）邦联制。邦联制是由若干独立的主权国家为实现某种特定目的，通过缔结条约分享部分国家主权而形成的松散的国家联合形式。邦联制是历史上存在过的特殊国家形式。

邦联制的特点是：从整体来看，邦联没有统一的宪法，只有各成员国缔结的条约，邦联没有统一的军队、赋税、预算和国籍，对各成员国缺乏强制性的约束力；从组成成员看，各成员国仍然是独立的主权国家，保持着除条约规定的明确委托邦联机构的权力之外的对内对外的国家主权，具有对内对外的政府管理职能，可以自由退出邦联。由于邦联并不具有单一主权国家特征，实际上它只是主权国家之间的一种特殊联盟关系。在这种意义上，邦联并不具有真正的国家性质，它甚至不能被看做是一种国家结构形式。历史上的北美十三州的联盟、现在的英联邦等都是比较有代表性的邦联。

（三）单一制与复合制的区别

单一制国家和复合制国家在主权状况、法律系统、对外关系和独立自主性等多个方面存在着诸多区别。

从主权状况看，单一制国家只有一个统一的主权，地方政府不享有主权；在复合制国家中，联邦制国家的成员单位一旦成为联邦成员后就不再保留独立的主权，不再具有国家的地位，而邦联的成员国或者加盟国则拥有各自的主权。

从国家机构看，单一制国家只有一个最高立法机关、一个中央政府，地方政府是由中央政府设立的，地方政府的权力是由中央政府授予的，地方政府必须服从中央政府所代表的最高国家权力;在复合制国家中,联邦政府或邦联是由各个成员单位协议建立的,各成员单位甚至先于联邦政府或邦联而存在,复合制国家的立法机关、行政机关和司法机关,与成员国或加盟国的立法机关、行政机关和司法机关互不隶属,其中邦联甚至没有自己的立法机关。

从法律系统看,单一制国家仅拥有一部宪法,地方政府的地位由宪法规定;在复合制国家中,联邦的宪法和法律是全国最高法,联邦的成员单位拥有各自的宪法或法律,它们是联邦制国家宪法的立法者,而邦联甚至没有统一的宪法,而只有成员国或加盟国之间的盟约。

从对外关系看,单一制国家在国际法中被视为单一主体,在主权国家参与的国际组织中,具有国际法中单一主体的地位,公民拥有统一国籍;在复合制国家中,联邦制国家在国际法中通常被视为单一主体,其公民拥有统一国籍,而邦联则不是国际法的主体,它只在某种场合代表联合的全体,各成员国的公民也没有共同的国籍,邦联的成员国或加盟国在国际法中可以各自以主体地位并参与由主权国家参与的国际组织。

从独立自主性看,单一制国家的地方政府没有从国家分离出去的权力;在复合制国家中,联邦的成员单位不能否认和拒绝联邦的权力,通常不能自由地退出联邦,而邦联的成员国或加盟国则拥有脱离邦联的权力。

第四节　社会主义中国的国家形式

中国是人民民主专政的社会主义国家,中国人民在中国共产党的领导下按照马克思主义国家学说,结合中国的实际创立了相应的国家政权组织形式与国家结构形式。本节将介绍我国的国家政权组织形式与国家结构形式,说明其基本特征、形成缘由和特色。我国的国家政权组织形式是人民代表大会制度。我国是统一的、多民族的单一制国家,民族区域自治制度和特别行政区制度是我国单一制的两大特色。

一、国家政权组织形式

(一)人民代表大会制度是我国的国家政权组织形式

人民代表大会制度是中华人民共和国的政体,是中国采用的政权组织形式,是中国人民在中国共产党的领导下按照马克思主义国家学说,结合中国实际而创立的新型人民民主专政的国家政权组织形式。“在中国实行人民代表大会制度,是中国人民在人类政治制度史上的伟大创造,是深刻总结近代以后中国政治生活惨痛教训得出的基本结论,是中国社会一百多年激越变革、激荡发展的历史结果,是中国人民翻身作主、掌握自己命运的必然选择。”①

作为一种政体,人民代表大会制度的基本内容包括如下几方面:②

第一,中华人民共和国的一切权力属于人民,这是中国政治制度的核心内容和根本准则。中国一切国家机关的权力都来自人民。我国国家政治体制的安排和国家机构的设置,根本目的是从政治上和组织上保证全体人民掌握国家权力,真正成为国家的主人。人民行

---

① 习近平:《在庆祝全国人民代表大会成立六十周年大会上的讲话》,《十八大以来重要文献选编(中)》,中央文献出版社 2016 年版,第 53 页。

② 《彭真文选》,人民出版社 1991 年版,第 442~456 页。

使国家权力的机关，是全国人民代表大会和地方各级人民代表大会，它们均由民主选举产生的代表组成，受选民和原选举单位的监督。选民或者选举单位有权依照法律规定的程序罢免自己选出的代表。

第二，全国人民代表大会是国家最高权力机关，其他一切国家机关，包括国家主席、国务院、中央军委、最高人民法院和最高人民检察院，都由全国人民代表大会产生并对它负责，向它报告工作，受它监督。因此，我国的国家权力是由人民代表大会统一行使的，体现了社会主义制度下工人阶级和最广大人民群众根本利益的至上性和统一性。

第三，全国人民代表大会是国家最高立法机关，全国人民代表大会及其常设机关全国人民代表大会常务委员会行使国家立法权。我国是人口众多的大国，全国人民代表大会人数不能太少，但人数多了又不便于进行经常工作，因此设立了全国人民代表大会常务委员会作为全国人民代表大会的常设机关。全国人民代表大会常务委员会每届任期同全国人民代表大会每届任期相同，它行使职权到下届全国人民代表大会选出新的常务委员会为止。

第四，实行合理分工、协调一致，分工合作、相互配合的原则。在全国人民代表大会统一行使国家权力的前提下，对国家的元首权、行政权、监察权、审判权、检察权和武装力量的领导权，进行明确的划分，同时规定人大常委会委员不得同时担任国家行政机关、监察机关、审判机关和检察机关的职务。这就使各个国家机关都在各自的权力范围内行使自己的职权，使国家权力机关和其他国家机关能够合理分工、协调一致地工作。国家机构的这种合理分工，既能避免权力过于集中，又能使国家机构之间相互配合，使国家的各项工作有效地进行。

在我国，人民代表大会是国家政治生活的中心，也是国家权力的中心。人民代表大会制是实现人民当家作主的一种根本政治制度。“中国实行工人阶级领导的、以工农联盟为基础的人民民主专政的国体，实行人民代表大会制度的政体，实行中国共产党领导的多党合作和政治协商制度，实行民族区域自治制度，实行基层群众自治制度，具有鲜明的中国特色。这样一套制度安排，能够有效保证人民享有更加广泛、更加充实的权利和自由，保证人民广泛参加国家治理和社会治理”。①

（二）我国实行人民代表大会制度的历史必然性

人民代表大会制度是适合我国国情的治理形式，也是适合我国社会与政治发展的社会主义政体形式。中国实行人民代表大会制度，而不实行分权制衡的国家政权组织形式，是由我国的社会政治发展状况和国家性质决定的。

第一，中国社会政治发展的历史表明，人民代表大会制度是我国人民的历史选择。1840年鸦片战争以后，由于西方列强的入侵和封建统治的腐败，中国逐渐变成为半殖民地半封建国家。从那时候开始直到新中国成立，各阶级、各阶层围绕着中国应当建立什么样的政治制度和政权组织形式提出了种种主张，展开了激烈斗争。孙中山先生领导的辛亥革命建立了资产阶级共和国，试图实行分权制衡的国家政权组织形式，但由于没有能保障广大人民的权利，最终在国内外反动势力的冲击下归于失败，未能改变当时中国的半殖民地半封建社会的状况。自那以后，无论旧中国采取何种形式的政治制度，都丝毫没有改变其代表帝国主义、封建主义、官僚资本主义利益的本质，没有改变当时中国的半殖民地半封建社会的状况，中国人民仍然处于被压迫、被奴役、被剥削的悲惨地位。中国人民从长期的探索和奋斗中深刻

---

① 《习近平谈治国理政》（第二卷），外文出版社2017年版，第288页。

认识到，在中国照搬西方政治体制是一条走不通的路，要实现民族独立、人民解放和国家富强，就必须彻底推翻剥削阶级的政治制度，建立全新的人民民主的政治制度，真正实现人民当家作主。以毛泽东为主要代表的中国共产党人，从第一次国内革命战争时期、第二次国内革命战争时期、抗日战争时期、解放战争时期到新中国成立初期，创造性地将马克思主义国家学说同中国具体实际相结合，对建立新型人民民主政权及其组织形式进行了长期探索和实践，为新中国成立以后确立人民当家作主的国体和政体积累了经验。毛泽东于 1940 年在《新民主主义论》中第一次提出中国未来的政权组织形式是人民代表大会制度。1949 年 9 月，中国人民政治协商会议第一届全体会议制定的《中国人民政治协商会议共同纲领》正式确定人民代表大会制度为中华人民共和国的政权组织形式。1949 年 10 月 1 日，中华人民共和国的成立，标志着中国政治实现了向人民民主的伟大跨越。1954 年 9 月 15 日，第一届全国人民代表大会第一次会议在北京召开，标志着人民代表大会制度在全国范围内得以建立。

第二，人民代表大会制度体现了我国的政权性质，是最适合于我国人民当家作主和管理国家的政权组织形式。中国是社会主义国家，是工人阶级领导的、以工农联盟为基础的人民民主专政的国家。这就决定了工人阶级和全体劳动人民是国家的主人。因此，我国的政体形式必须适应我国的国体性质。通过人民代表大会制度，我国人民在普遍的民主选举的基础上，产生自己的代表，组成各级人民代表大会。各级人民代表大会都对人民负责、受人民监督，保证全国各族人民依法实行民主选举、民主决策、民主管理、民主监督，享有宪法和法律规定的广泛的民主、自由和权利。我国的民主选举制度实行普遍性原则，享有选举权和被选举权的公民占了 18 岁以上公民的 99%以上。我国各级人民代表大会的代表具有广泛的群众基础，包括了各地区、各民族、各阶层、各方面的人士，他们来自于人民，反映人民的意见和要求，代表人民决定国家的和地方的大事。除了在充分讨论的基础上进行表决以外，我国的人民代表大会的代表（委员）之间经常进行沟通和协商，因而既能够将不同地区、民族、阶层的共同意愿集中起来，又能够反映和协调各方面的特殊利益，统筹兼顾，把广大人民的意志和力量凝聚起来。人民代表大会制度体现了人民民主的根本性质，保障了人民当家作主，能够有效地动员全体人民以主人翁的地位投身于各项国家建设。

第三，人民代表大会制度实现了国家权力机构与其他国家机关之间的合理分工，能够保障国家机关协调高效运转。作为国家权力机关，人民代表大会统一行使国家权力，实行民主集中制，集体决定问题；国家行政机关、监察机关、审判机关、检察机关以及军事机关由人民代表大会产生、对它负责、受它监督，合理分工、协调一致地工作，使国家的各项事业能够统一有效地进行。

第四，人民代表大会制度维护了国家统一和民族团结，保障了国家长治久安。我国人民代表大会制度坚持在中央统一领导下，合理划分中央和地方的职权，在各少数民族聚居的地方实行区域自治。这有利于充分发挥中央和地方两个积极性，团结一切可以团结的力量，调动一切可以调动的积极因素，巩固和发展平等团结互助的社会主义民族关系，实现全国各族人民的大团结。

我国人民代表大会制度确立半个多世纪以来的历程充分证明，它是符合中国国情的政体形式，体现了中国社会主义国家的性质，为中国人民当家作主提供了最好的组织形式，为国家机构高效运转提供了有力的制度保障。因此，人民代表大会制度不仅是中国人民当家作主的根本途径，同时也是中国国家力量的重要源泉。

二、国家结构形式

(一) 我国是统一的、多民族的单一制国家

根据中国国家的社会主义性质,结合历史传统和具体国情,中国的国家结构形式为统一的、多民族的单一制国家。中国的国家结构形式具有以下几方面的特点:

第一,中华人民共和国是全国各族人民共同缔造的统一的多民族国家。

第二,中央和地方的国家机构职权的划分,遵循在中央的统一领导下,充分发挥地方的主动性、积极性的原则。

第三,在少数民族聚居的地方实行区域自治,各民族自治地方都是中华人民共和国不可分离的部分。

第四,全国人民代表大会批准省级地方(省、自治区和直辖市)的建置,国务院批准省级地方的区划并批准省以下地方的建置和区划,全国人民代表大会决定特别行政区的设立及其制度。

第五,省、直辖市人民代表大会及其常务委员会可以在不与宪法、法律、行政法规相抵触的前提下制定地方性法规,但须报全国人民代表大会常务委员会备案;自治区人民代表大会有权制定自治条例和单行条例,但须报全国人民代表大会常务委员会批准后生效。全国人民代表大会常务委员会有权撤销省、自治区、直辖市国家权力机关制定的地方性法规和决议,国务院有权改变或者撤销地方各级国家行政机关的决定和命令。

第六,地方各级人民政府既要对同级人民代表大会负责并报告工作,也要对上一级国家行政机关负责并报告工作,国务院统一领导全国地方各级国家行政机关的工作,全国地方各级人民政府都服从国务院。

这些特点表明,中国既是一个多民族的国家,又是一个统一的国家;在国家结构形式上实行单一制,但本着发挥中央和地方两个积极性的原则,实行适度的地方分权。

中国作为一个多民族的国家,之所以采用单一制,其原因主要在于:

第一,我国历史上有统一的传统和实行单一制的渊源。早在公元前3世纪的秦代,我国就建立起统一的、中央集权的多民族国家,之后虽有过几次短暂的割据和分裂,但在大部分时间里是统一的,而且总的趋势是统一的。几千年来,我国各民族都把国家统一作为最高的价值追求,统一理念深入人心。

第二,我国作为多民族的国家,各民族之间有着和睦相处、友好往来的传统。经过历史上多次大的民族融合,我国形成了汉族人口占绝大多数、汉族与各少数民族共同组成中华民族的民族格局。我国绝大多数少数民族在分族聚居的同时,又与其他兄弟民族主要是汉族相互杂居,即形成"大杂居、小聚居"的局面,各民族之间在长期的密切交往中互通有无,建立了相互帮助、相互依存、不可分离的关系。这就构成了统一的单一制国家的民族基础。"我国是全国各族人民共同缔造的国家。在长期历史进程中,各民族共同开发祖国的辽阔疆域,共同创造灿烂的中华文化,形成了共同团结奋斗、共同繁荣发展的中华民族多元一体格局。近代以来,各族人民休戚与共、抵御外侮,特别是在中国共产党领导下浴血奋斗,为国家独立、民族解放作出巨大贡献,赋予中华民族以全新的意义。"①

---

① 习近平:《中共中央、国务院关于加强和改进新形势下民族工作的意见》,《十八以来重要文献选编(中)》,中央文献出版社2016年版,第103页。

第三，我国是一个多民族、多元文化的国家，多样性统一的中华文化是各民族对统一的多民族国家认同的强大思想基础。多元性的统一，既是多民族国家的构成方式，也是中华文化的内在特征。各民族文化的相互交流，始终贯穿中华文化的形成和发展全过程。历史证明，各民族共同促进了中华文化的形成和发展，中华文化多样性的统一是中华文化的根本特性，也是各民族文化的依托和根基。

第四，我国各族人民的最高利益是维护祖国统一。近代以来，我国各族人民为了抵御外来侵略、摆脱帝国主义的压迫、实现国家独立，同仇敌忾，浴血奋斗。尤其在抗日战争中，在中国共产党领导下结成了广泛的抗日民族统一战线，抗击并最终战胜了日本帝国主义，赢得了百年以来中华民族反侵略战争的第一次完全胜利。经过解放战争，我国各民族在中国共产党领导下建立了统一的武装力量，获得了政治上的解放，为实现祖国统一奠定了坚实基础。我国建立单一制的国家，有助于实现各族人民的最高利益，维护国家统一。

第五，我国各民族之间的关系是平等、团结、互助、和谐的社会主义新型民族关系，汉族离不开少数民族，少数民族离不开汉族，各少数民族之间也互相离不开。各民族在长期历史发展中结成了休戚与共、互助合作的紧密联系，在经济发展、科学技术、文化教育、自然资源等方面各有优势、互补共济。采取单一制国家形式，有利于充分发挥汉族地区和少数民族地区各自优长，互相学习，互相支持，互相帮助，使之相互结合、取长补短，实现各民族共同繁荣、共同发展。

第六，我国各民族既具有团结友爱的光荣传统，同时也需要紧密团结与合作，防止和抵御外来干涉和侵略。我国各民族在历经数千年的迁徙、贸易、婚嫁、交融中，孕育了团结友爱的宝贵传统。近代以来，我国各民族同仇敌忾，共御外侮，使团结友爱的优良传统得以发扬光大，使中华民族从自在的联合走向自觉的联合，各民族团结一致走上了通向伟大复兴的崭新征程。我国建立单一制国家，有助于促进各民族共同团结奋斗，有利于防止和抵御外来干涉和侵略，维护祖国统一，维持国家独立和安全。

（二）我国单一制国家的特色

我国实行单一制的国家结构。我国的单一制是具有中国特色的单一制。其中，民族区域自治制度和特别行政区制度是中国特色社会主义基本政治制度的重要组成部分，是具有中国特色的单一制国家结构形式的重要体现，也是我国人民根据我国的实际情况独创的制度。

1. 民族区域自治制度

在单一制的国家结构形式下，中国的行政区主要划分为一般行政地方和民族自治地方。民族区域自治制度是中国的一项基本政治制度，是在国家统一领导下实行的，它包括民族自治地方的建制和自治管理。所谓民族区域自治制度，是指在国家的统一领导下，各少数民族聚居的地方实行区域自治，设立自治机关，行使自治权。民族区域自治制度的前提是国家的集中统一，核心是自治机关行使自治权，根本目的是实现各民族共同团结奋斗、共同繁荣发展。在我国的行政区划序列中，民族自治地方包括自治区、自治州、自治县（旗）三级；另外，在相当于乡的民族聚居地方设立民族乡。中华人民共和国的民族区域自治制度是在统一的国家内实行的，各民族自治地方都是中华人民共和国不可分离的部分，各少数民族都要维护国家统一，保证中央人民政府的统一领导和国家总的路线、方针、政策在各民族自治地方贯彻执行。

根据《中华人民共和国民族区域自治法》,民族自治地方的自治机关(包括人民代表大会和政府)除享有宪法规定的一般地方国家机关的权力外,还享有自治权,包括根据当地民族特点,通过制定自治条例和单行条例,适当变通执行法律、行政法规的权力。实行民族区域自治,体现了国家坚持实行各民族平等、团结和共同繁荣的原则,有利于把党和国家总的路线、方针、政策与民族自治地方的具体实际情况结合起来,有利于把各民族热爱祖国的感情与热爱自己民族的感情结合起来,有利于保障各少数民族当家作主的权利,促进各少数民族地区经济、社会和文化的发展,确保国家统一和共同繁荣。

2. 特别行政区制度

我国现行宪法规定,“国家在必要时得设立特别行政区,在特别行政区内实行的制度按照具体情况由全国人民代表大会以法律规定。”①这一规定为贯彻“一国两制”的原则实现祖国和平统一提供了宪法保障。

1997年7月1日和1999年12月20日,中华人民共和国分别恢复对香港、澳门行使主权,中国人民解放军进驻香港、澳门,中国外交部在香港、澳门分别设立了特派员公署,香港特别行政区和澳门特别行政区以及两个特别行政区政府也相应成立,并开始正常运转,“一国两制”“港人治港”“澳人治澳”的设想在香港、澳门正式变成现实。

特别行政区制度是中国特色社会主义政治制度的重要组成部分,它包括如下两方面的内涵。一方面,国家主权统一于中华人民共和国的中央政府。特别行政区制度设立的前提与核心是“一个国家”,即中华人民共和国。中华人民共和国只有一个最高国家权力机关——全国人民代表大会,一个中央政府——国务院。特别行政区是中华人民共和国的一部分,是直接接受中央政府管辖的一个地方行政区域。特别行政区政府是一级地方行政机关,它与中央政府之间是地方与中央的关系。特别行政区的基本法是由全国人民代表大会制定的,特别行政区的立法机关根据基本法的规定制定法律,并须报全国人民代表大会备案。特别行政区行政长官由当地选举产生后,须经中央政府任命,并在国务院总理的监督下宣誓就职。特别行政区必须积极维护中央政府的权威和国家的统一,中央政府依照宪法和法律对于特别行政区行使全面管制权。所以,虽然特别行政区享有高度的自治权,但是,这些权力归根结底都是中央政府授予的,权力来源于中央。因此,“一国两制”并没有改变我国单一制的国家结构的基本形式。

另一方面,特别行政区享有高度的自治权。特别行政区实行与其他省、直辖市、自治区不同的社会经济、政治和文化制度。特别行政区基本法是特别行政区的宪制性法律,不仅特别行政区要遵守,全国上下都要遵守,中央政府和全国各地方都不允许干预特别行政区依照基本法实行的高度自治。除外交事务和国防事务由中央政府管理外,特别行政区享有行政管理权、立法权、独立的司法权和终审权;特别行政区保持财政独立,实行独立的税收制度,财政收入不上缴中央,中央政府也不在特别行政区征税;特别行政区享有铸币权,可以发行自己的货币;特别行政区享有特定的外事权,可以以“中国香港”“中国澳门”的名义发展对外经济、文化关系,参加民间性国际组织。

实施“一国两制”方针,保持香港、澳门长期繁荣稳定,必须全面准确贯彻“一国两制”“港人治港”“澳人治澳”、高度自治的方针,严格依照宪法和基本法办事,牢牢掌握宪法和基

① 《中华人民共和国宪法(2018年修订)》第31条。

本法赋予的中央政府对香港、澳门的全面管治权，完善与基本法实施相关的制度和机制。要支持特别行政区政府和行政长官依法施政，团结带领香港、澳门各界人士齐心协力谋发展、促和谐，保障和改善民生，有序推进民主，维护社会稳定，履行维护国家主权、安全、发展利益的宪制责任。

本章小结

本章在论述国家权力的内涵、特征、结构与形式的基础上，探讨了国家政权组织形式与国家结构形式的涵义与类型，分析了社会主义中国的国家形式。首先，本章阐释了国家权力的内涵、特征与结构，分析了资本主义国家与社会主义国家在政权组织原则上的差异，介绍了国家形式的基本内容；其次，本章阐释了政体的基本内涵、特征与分类，分析了国体与政体之间的关系，考察了不同类型国家的政权组织形式；再次，本章阐释了国家结构形式的内涵，考察了国家结构形式的基本类型；最后，本章阐释了社会主义中国的国家政权组织形式与国家结构形式的基本内容，探讨了我国采取人民代表大会制度的必然性，介绍了中国民族区域自治制度和特别行政区制度的基本内容。

思考题

1. 简述国家权力的基本特征。
2. 简述国体与政体的关系。
3. 简述资本主义国家与社会主义国家在政权组织原则上的差异。
4. 人民代表大会制度为什么是中国的根本政治制度？
5. 中国为什么必须坚持人民代表大会制度而不能搞“分权制衡”？
6. 简述当代中国国家结构形式的基本特点。
7. 简述我国的“一国两制”方针。

第五章　国家机构

国家机构是公共权力运作的组织载体，是统治阶级巩固和维持其统治地位、实现其阶级利益和履行国家职能的组织体系。中央层次的国家机构主要包括国家元首、立法机关、行政机关、监察机关和司法机关等机构设置，地方层次也有相应的国家机构设置。国家机构是社会的正式代表，是体现国家本质和执行国家职能的组织表征和保证。马克思喻称国家机构的整体为国家机器。国家是文明社会的概括，这种概括集中体现在国家采取什么政体形式并由其决定的国家机构的设置和活动上。分权制衡是当代西方国家机构的基本设置原则，民主集中制是社会主义国家机构的组织原则。

第一节　国家机构概述

一、国家机构的含义和特征

国家是阶级统治的政治运筹机器。任何一个国家的统治阶级都要通过行使国家权力实现其阶级统治。统治阶级在实现其阶级统治的政治组织中，最主要和最强有力的政治组织是国家权力组织。国家权力的政治组织体系即国家政权机关，它是一个纵向层次性和横向分部性的政治组织系统、复杂严整而有活力的政治组织体系。国家机构是国家机关的总和。作为国家机器即国家权力承载和运作行使的机器，由各种国家机关组合构成，国家的本质和职能正是通过这架机器得以体现和实现。任何一个国家的统治阶级为了实现和维护本阶级的意志和利益，履行国家职能，行使国家权力，都要组建各种国家机关。作为国家权力运行的组织载体，国家机构不同于一般的社会公共机构，并具有以下几个主要特点：

（一）阶级性

国家机构具有鲜明的阶级性。作为阶级统治的工具，国家机构是由在经济上占统治地位的阶级所组建、掌握和运用，并为维护其阶级统治利益和为维持统治阶级所必需的社会秩序服务的。从这个意义上，国家机构的存在和全部活动都具有鲜明的阶级倾向和政治倾向。国家机构的阶级性不是由统治阶级的全体成员来掌握和运作国家机构表现的，而只能由它的少数优秀分子进入国家机构来操作这整套机构，组成国家统治集团来运作这套机构。国家机构的鲜明阶级性集中体现在国家统治集团身上。

（二）社会性

任何国家机构都是以全社会的名义进行活动的，其社会性首先是由于国家机关面向国家全体社会成员，其次是因为国家管理是对社会生活各个领域的全面管理。国家机构的社会性特征从根本上是由国家机构执行的政治统治职能和社会管理职能这两大国家基本职能决定的，而且政治统治职能的实现必须以社会管理职能的实施、实现为前提和基础。正因为这样，国家机构一般以全社会的名义进行活动。此外，国家机构运行的全部费用也是由全社会负担的，它的一切活动开支及其工作人员的薪俸都由国库支付，国库收入的来源则是通过税收等手段由全体社会成员提供。

（三）整体性

国家机构是统一的整体，是有机构成的政治组织体系和国家权力系统。组成国家机构的各个国家机关既不是各自孤立的，相互之间也不是分离的或对立的。它们既各自分立又密切联系，既各自分工又相互配合，既分权行使又统一于一个国家权力系统。为了贯彻、体现统治阶级的统一意志，各个不同国家机关从根本上说是相互依赖、相互合作，并形成领导、指挥和操作的网络，它们是完整的政治组织体系和政治权力运筹系统。保持和维护国家机构的整体性十分重要，如果某一国家机关或各个国家机关之间的权力、职能配置不合理，机构设置和组织产生弊端，就会影响整个国家机构的正常运转，甚至造成整个国家管理和社会管理的混乱。

（四）强制性

统治阶级通过国家机构的活动普遍地约束全体社会成员，包括国家公职人员在内一律遵守根据统治阶级需要确立的法律规范、道德规范等各种社会规范，把各种社会矛盾维护在“秩序”的范围内。国家机构的强制性并不是说所有国家机关都是暴力机关，也不是国家机构一切活动都采取强制的甚至暴力手段，而是所有的国家机关都是以强制力为后盾和支持。具体说，在依法治国情况下，主要是依靠法律强制；解决对抗性矛盾，则需要依靠暴力强制。法律强制即国家机构制定和执行法律、法规，惩罚、制裁违法行为，要求所有社会成员一律遵守。暴力强制即暴力机关（如武装力量、警察、法院、监狱）对公民中那些危害国家安全、侵害人民生命财产、破坏公共事业的刑事犯罪分子依法予以打击、惩治。一般而言，法律强制是普遍适用于所有人，而以暴力强制为后盾的。暴力强制则是直接施用于少数危害社会的严重犯罪分子。

二、国家机构的构成

国家发展史和国家学说发展史表明，任何一个国家的国家机构都是由各种国家机关组成的，各种国家机关都是国家机构整体的组成部分。每个国家机关都担负一定任务，执行一定职能，行使一定职权，发挥一定作用。它们在国家机构体系中，具有各自的特定功能。各个国家机关之间与一国国民经济和社会发展规律的现实与未来需求相适应，存在必要的合理的某种形式的分工。从历史上古代雅典国家机构的产生和发展过程可见，原来的氏族议事机关承担起立法职责，原来的氏族酋长和军事首领转化为国家首脑，并以他们为中心建立起系统地进行国家管理的机关，并产生了专门依法进行裁决的机关。古代雅典国家机构的这种体制，就是由立法机关、行政机关、司法机关这些主要国家机关构成统一整体国家机构的雏形。它表明古代雅典国家机构已初步形成了国家机关之间最基本的分工。古代希腊的亚里士多德最早注意到了这点，他在考察和比较研究希腊城邦政体的基础上，对古代雅典国家机关进行了分析,认为一切政体都具有三种机能,即议事机能、行政机能、审判(司法)机能①。18世纪法国思想家孟德斯鸠提出"三权分立与制衡"理论,进一步把国家权力分为分权与相互制衡的三个部分——立法权、行政权、司法权,相应地把国家机关划分为分立与制衡的三个机关——立法机关、行政机关、司法机关。从现代国家成长的历史进程来看,国家元首、立法机关、行政机关、监察机关和司法机关共同构成国家机构的基本组成要素。

(一)国家元首

世界近代以来,任何国家都设置国家元首这一国家机关以代表国家主持内外国家事务。国家元首的功能是充当一个国家对外的最高代表,依据国内法处于国家最高领导地位,根据国际惯例享有最高规格的国际礼遇,充当一国在国际社会中的国际政治行为主体。不论在事实上还是在形式上与礼仪上,国家元首是处在国家机关体系的最高地位,象征着国家的统一,体现着最高国家权力,象征着国家主权,行使国家元首的各项职权。国家元首作为一个国家机关,通常由一个个人组成,也有的由集体组成或由个人与集体结合为一体组成。在具体的政治实践中,有的国家元首同时为政府首脑;有的国家则是国家元首与立法机关共同行使国家元首的权力。

(二)立法机关

立法机关是行使立法权的国家机关,即有权审议、制定、修改和废止法律以及进行执法监督的国家机关。国家立法机关的基本职能是立法和监督。它所制定的法律是体现国家意志并具有法律效力的规范性、权威性文件。法律规范与一般社会规范不同,是一种具有国家强制力和约束力的特殊规范。一个国家的最高立法机关,通常是处于最高国家权力机关的地位,因此它对行政机关、司法机关起更大的制约作用,是国家机构的最重要的组成部分。

(三)行政机关

行政,含有"执行"和"管理"两方面的含义。在国家机构各国家机关分工组织体系中,执行是指执行立法机关制定的法律和决定,管理则是指管理国家内政、外交、军事等方面的事务。国家行政机关是负责拟定和执行法律、制定和执行国家政策、管理国家对内对外事务的机关。最高国家行政机关即通常所说的中央政府,它负责制定并组织实施有关全国的政治、经济、文化、外交、军事等一切内政外交的重大决策和政策。国家行政机关面向全社会进行全方位全天候的日常管理和服务,在国家机构组织体系中处于关乎国家安危、社会发展、国计民生和国家国际地位的位置。最高国家行政机关是国家机构的关键组成部分。

(四)监察机关

监察机关是指国家对所有行使公共权力的公职人员实施法定监督、行使国家监察职能的机关。通常情况下,监察机关主要实施法定的监督权、调查权和处置权,对涉嫌法律规定的职务犯罪案件,需按照程序转交国家司法机关处置。监察机关独立行使监察权,不受行政机关、社会团体和个人干预。监察机关通常由立法机关产生并对其负责。在我国,监察机关由本级人民代表大会选举产生,与本级行政机关、审判机关和检察机关是相互配合、相互制约的关系,共同对于产生其的本级人民代表大会及其常务委员会负责。

(五)司法机关

司法机关是代表国家行使司法权的国家机关。对于司法机关有狭义和广义两种理解和

---

① 参见[古希腊]亚里士多德:《政治学》,商务印书馆1983年版,第215页。

权限设定。狭义的司法机关仅指行使审判权的审判机关即法院;法院代表国家依法审理各种民事案件和刑事案件及其他某些特别案件,并做出判决。法院一般划分为不同审级,如初审法院、上诉法院和终审法院。广义的司法机关除法院外还包括行使法律监督权的检察机关;检察机关的主要职责是对刑事案件进行调查并代表国家提起公诉,追究被告的刑事责任。由于各国国情的不同,或取狭义司法机关概念或取广义司法机关概念,具有不同的情形,但司法权除审判权外也包括检察权的法理认知却大致是共识的。

三、国家机构的设置

国家机构不是自发产生、形成的,它是各国综合各方面制约国家机构设置的主客观因素,根据国体和政体的要求,按照统治阶级意志和一定的组织原则,编制、组织和构建起来的。一般说来,国家机构的设置受到多种因素的影响,主要有:一是国体因素。国体因素决定国家机构的性质和运行取向。一般说来,占统治地位的阶级在设置国家机构时,总是按照统治阶级政治统治效益最大化的要求,设计、建构和运行、维护本阶级统治的国家机构。二是国家统治方式。国家机构是一个国家政权的组织形态,直接受到国家统治方式的制约。一般地,政体类似的国家其国家机构的设置原则通常也基本相似。三是社会因素。主要包括社会经济、社会结构和社会文化状况,也包括社会心理和历史传统。

(一)国家机构设置的影响和制约因素

国家机构的设置不是任意的和随意的,其设置受到一些主客观因素的影响和制约。统治阶级设置国家机构一般要充分考虑到如下影响和制约因素:

1. 国体的制约

国家机构是国家政权本质的实体体现和表征。一般而言,国体的性质决定国家机构的性质和运行取向,决定国家机构的设置和国家机关划分及相互关系的基本原则。国体相同的国家,它们的国家机构性质相同,其担负和执行的政治职能和社会职能在本质上也相同,因此,国家机构的设置和国家机关划分及相互关系的基本原则也大体上相同。反之,国体不同,其国家机构的性质也具有根本区别,这种区别特别反映在国家机关的划分及其相互关系上面。

2. 国家统治方式的制约

国家统治方式是指统治阶级的政治统治方式,包括国家治理形式、国家管理形式、国家结构形式。这三种形式都影响国家机构的设置。其中,国家治理形式,即实行法治还是人治,是主导性制约因素;而国家管理形式即政体,直接制约国家机构的设置。因为,国家政体体现一个国家的横向权力结构和权力分配关系,而且国体相同的国家可以采用不同的政体,它在实际上决定着国家机构设置和权力配置及权力运行机制的特征,包括设立哪些国家机关、各个国家机关在国家机构体系中的地位以及这些国家机关之间权力、职能的划分及其相互关系,等等。国家结构形式直接决定中央国家机构和地方国家机构的关系,间接地影响到国家管理形式特别是中央政府与地方政府的管理体制。以上这三种形式综合地制约着一个国家的国家机构的组建和设置形式。

3. 社会与国情因素的制约

国家机构的组建,一般预先要有方案,方案的拟议确定,必须与特定社会的国情相适应,主要包括一个国家社会经济、社会结构和社会文化状况,也包括社会心理和历史传统。历史和现实表明，不同国度有不同国情，其所面临的经济、政治、文化、社会等方面的形势、局面、问题不同，国家在一定历史时期内需要完成的总任务和经济社会发展的目标不同，因此，国家机构需要承担和执行的政治统治与社会管理的国家基本职能的具体内容和重点也就不同。这些不同的地方，都制约和影响着一个国家国家机构的具体安排，特别是国家的总任务和具体任务不同，就需要在国家机关的结构性划分和部门与层次性划分以及职能方式转换性划分等方面，精心设计，周密组织。同时，还要考虑到一个国家的自然与人文环境条件，诸如历史状况、文化传统、种族与民族、物质文化发展水平、人口数量、结构与素质、疆域与资源，以及国家面对的国际环境。这些因素，也都会对一个国家的国家机构设置发生影响。

（二）国家机构设置原则和形式的差异性

国家机构的设置或组建是统治阶级按照自己的意志，在一定的理论原则和法制原则指导和确认下，进行周密政治设计的国家自主行为。理论原则确定国家机构总的框架及国家机关之间的相互关系，即国家机构体制；法制原则规定理论原则法制化的具体要求，即国家机构的制度、规则，国家机关的权限、职能、责任与编制，以及各国家机关之间相互关系的体制与机制。不同历史类型国家统治阶级组建国家机构的理论原则和法制原则是不同的，但是，任何国家的统治阶级总是根据最有利于巩固、维护、完善本阶级统治需要，遵循一定的理论原则和法制原则去建立自己的国家机构的。

构成国家机构的各个国家机关的具体设置和形式，在不同国家会有种种差别，不会完全相同，甚至完全不同。一般而言，任何国家的国家机构都是由国家元首、立法机关、行政机关和司法机关构成，体现国家职能的一般需要，这是一般规律性表现。但是，这个一般规律性在不同时代不同国家的现实体现却存在着差别，即主要国家机关在不同国家的设置和采取的结构形式是不同的。比如，当代各国，同样是总统制，有独任总统、双任总统（国家元首和政府首脑）、总统总理分任结合总统，有实权总统也有虚位总统。又如，同样是立法机关，有的是两院制，有的则是一院制，都实行两院制的国家其两院关系和政治机制也不尽相同。此外，即使在同一个国家，在其不同历史时期，国家机关的设置，其地位、作用、形式也是有变化的。

在不同的国家，各国家机关之间的权力划分和分配、地位和作用、职能和职责，以及相互关系机制，也是有一些差别的。比如，同样是国家行政机关，有的国家由政府单独行使行政权，有的国家由国家元首直接领导政府，有的国家由国家元首和政府共同或连带行使行政权。换言之，各个国家的国家机关如何产生，权限和任职期限，各国家机关的相互制约体制、机制、形式和程度，它们之间如何相互依赖、相互配合，在不同国家是不尽相同的，在同一国家也由于社会与政治、经济体制的变动而有所变革。

第二节　西方国家的国家机构

西方国家的国家机构是资产阶级在革命中推翻封建阶级统治，建立资产阶级共和国取代封建专制国家，按照资产阶级思想家的分权理论原则并把这一原则法制化建立和逐步完善起来的。

一、西方国家机构的组织原则

资本主义以前的奴隶制国家的一部分和封建制国家的大部分，盛行君主制政体，其国家机构组织原则，一般为君主集权制。按照这一原则，国家权力全部集中在最高统治者君主手中，其国家权力也存在立法、行政、司法的分类，但这三种权力都源于和授自君主，受君主统一控制和监督。君主权力高于一切，君主是国家最高主宰，官僚队伍和官僚机构臣属于君主，是君主的仆从和配备物。从权力结构看，奴隶制国家和封建制国家“行政权高于立法、司法权，这种三权关系所形成的权力结构要求的政权组织形式，是专制型的政权组织形式”①。其国家机构的体制是君主专制。资产阶级革命推翻了封建阶级的政治统治，随之也否定了君主专制的国家机构。资产阶级共和国建立后，普遍实行了共和制政体，依据启蒙思想家洛克、孟德斯鸠的分权制衡学说，形成三权鼎立的权力结构、政权组织形式，三权分立与制衡成为资本主义国家设计与组建国家机构的理论原则和法制原则。三权分立与制衡原则的基本含义是国家权力为立法权、行政权、司法权三种权力，它们分别由三个不同的国家机关掌握，各自独立行使，形成鼎立之势，而又互相制约和平衡。

三权分立与制衡的组织原则和政权组织制度，经历了一个逐步发展的历史过程。始初，在封建社会末期，由于资本主义生产关系孕育近于成熟，国王、贵族和市民三者展开权力斗争，出现了等级间结成联盟、相互制约的局面，形成了以等级代表会议为政治舞台的等级分权格局。后来，资产阶级成长壮大，它以由等级代表会议发展而来的议会为阵地，同以国王为代表的封建统治阶级争夺统治，分享权力。在这一历史背景下，17 世纪英国思想家洛克提出了阶级分权学说，主张把国家权力分为立法权、行政权和联盟权，其中以立法权地位最高，由议会掌握，行政权则由国王掌握（联盟权实际为行政权的一部分）。洛克的阶级分权学说的实质是要削弱国王的权力和地位，而让新兴资产阶级控制的议会成为国家最高权力机关，其政治倾向和利益显然在新兴资产阶级一边。正如马克思、恩格斯所指出：“在某一国家的某个时期，王权、贵族和资产阶级为夺取统治而争斗，因而，在那里统治是分享的，那里占统治地位的思想就会是关于分权的学说，于是分权就被宣布为‘永恒的规律’。”②到 18 世纪，法国思想家孟德斯鸠进一步发展了分权理论，他把国家权力分为立法权、行政权和司法权，并主张司法独立。他强调，由于任何政府都有腐化的趋向和扩张权力的自发倾向，为了防止专制，应当实行以权力制约权力的政治权力结构。孟德斯鸠提出并奠定了三权分立与制衡理论的基础，其实质是反对和防止国王的专制统治，以保障谋求发展的新兴资产阶级所需要的自由。后来，资产阶级革命推翻了封建统治，建立了资本主义国家，在总结反对封建专制统治斗争经验的基础上，各国普遍确认和实行了三权分立与制衡这一国家机构组织原则，将国家权力分为立法权、行政权、司法权，分别由立法机关、行政机关、司法机关行使，相互制约平衡。这时，这一原则已不再具有等级分权、阶级分权的意义，而成为防止统治集团中个别人或少数人实行专制统治而做出的政治制度安排。

资本主义国家在立国伊始，即实行法治的国家治理形式，三权分立与制衡制度化法制化，成为西方国家建构国家机构的法制原则。在西方各国宪法中，它通常表现为下述几方面

---

① 王惠岩：《当代政治学基本理论》，天津人民出版社 1998 年版，第 42 页。

② 《马克思恩格斯选集》第 1 卷，人民出版社 2012 年版，第 179 页。

的制度设计:由三个不同的机关分别执掌和行使立法权、行政权、司法权;每一个机关都是相对独立的,它们在行使各自分掌的权力时,都不能离开其他机关的协助;每一个机关都拥有防止、抵御其他机关侵犯其权力的法律手段。通过上述三方面的实际安排,实现不同权力的制约与平衡,“从而形成三权分立的权力结构。这种权力结构比专制的权力结构要进步、要民主,在体现民主程度上要比专制前进一步”①。

需要指出,由于各国的国情不尽相同,三权分立与制衡原则在西方各国的具体实施形式也不同,从而形成了不同的国家机构体制。比如美国实行“严格的三权分立”,立法权、行政权、司法权分别归属于国会、总统、最高法院及联邦下级法院,三者之间在宪法上的地位是平等的。宪法没有规定最高权力机关。而英国则实行以立法至上为特点的“混合权力体制”——议会权力最高,国王在名义上有最高地位,首相和内阁是国王的辅佐,行政与立法分立,但内阁由议会产生,向议会负责,二者混在一起。法国更具特别情形,1958 年第五共和国采用了“以行政权为重点的分权”——1958 年法国宪法大大加强和提高了总统地位,由总统和总理共同连带掌握、行使行政权,同时对议会权力作了不少限制。

二、西方国家的主要国家机关及其职权

由于各资本主义国家按照三权分立与制衡原则组建国家机构,它们的主要国家机关分别是执掌和行使立法权、行政权、司法权的立法机关、行政机关、司法机关。尽管西方各国在这三个国家机关的设置、运作和相互关系等方面有差异,但这三个国家机关在国家机构体系中的基本地位、组织原则和基本职权大体上是相同的。

(一) 立法机关

西方国家的立法机关即议会(或称国会)。议会是资本主义时代的产物,它滥觞于中世纪后期欧洲某些国家由君主召集的包括僧侣、贵族、新兴市民阶级的代表组成的等级代表会议,这种代表会议被资产阶级代表控制后,逐渐演变、发展为现代议会。作为资本主义国家立法机关的议会最早产生于英国,后在美国、法国及其他西方国家普遍建立。英国、美国、法国三国的议会机构和议会制度,是西方国家立法机关和立法制度的典型代表。

西方国家的议会一般由选举产生的法定人数的议员组成。议员有法定的任期,向选民负责。全国议会议员一般是专门职业性职务,领取薪俸、津贴和办公费用,并可雇佣一定数量的工作人员。议员在议会会议期间享有不受逮捕、在议会会议上发言表决以及在议会外免受追诉等项特殊权利。

各国议会的内部组织结构一般有一院制、两院制两种形式,大多为两院制。两院制的如英国、美国、法国、德国等。一院制的如瑞典、葡萄牙、丹麦、新西兰等。两院制即议会由两院组成,一般称为参议院、众议院,通称为上议院、下议院。下议院议员通常按选区直接选举产生,名额按人口或选民人数依一定比例分配。上议院议员的选举办法和名额分配,有的实行直接选举,有的实行间接选举,有的国家还有部分任命产生、世袭或当然担任的议员。议会作为立法机关,任何法律均须依法和按法律程序经两院通过。只是下议院一般在提出财政预算议案方面有优先权。同时,两院之间也存在权力之间的相互制约的关系,一般下议院权力高于上议院。如下议院通过的法案受到上议院的否决时,如果下议院再次表决通过该法

---

① 王惠岩:《当代政治学基本理论》,天津人民出版社 1998 年版,第 42 页。

案,该法案即自然成为法律。这时,上议院的意见对此便无能为力。

议会实行两院制还是一院制,各有缘由。实际上,二者都是在一定历史条件下形成的。如英国的议会两院制源于等级代表会议时的贵族院和平民院。美国国会的两院制则是制宪会议时为协调大州与小州之间现实利益的矛盾,以及为了防止“立法专制”而选择的一种方案,其目的是协调平衡资产阶级各利益集团和联邦内各不同区域之间的不同利益。归根到底,搞一院制还是两院制,各国也是从本国实际出发的。

西方国家议会作为立法机关有较宽泛的权力,各国宪法规定的职权不完全相同,其主要职权职能大致可以概括为立法权、财政权、监督权三项。

(1) 立法权。立法权即以国家名义制定、修改、废止法律的权力。这是议会最基本的权力,通过这项权力的行使,资产阶级的意志通过立法程序上升为国家意志,成为全社会的行为规范。其立法程序是:提案—审议—通过—公布。提案权又称创议权,创议权有的国家专属于议员(如美国),有的属于政府和议员两方面(如法国、德国、意大利等)。立法程序中,核心是审议和表决通过法律草案,这是议会立法权的最重要表现。议会在审议重要的议案时,一般可举行听证会,听取政府官员和有关公民的意见,再经议员展开辩论,然后表决以多数通过。公布法律的权力则归于国家元首。

(2) 财政权。财政权即财政同意权,是议会控制政府税收和开支的权力。其主要内容是审议和批准由国家行政机关编制的预算案、赋税案、公债案以及其他有关公民负担的财政案。上述几方面议案经议会通过即为法律形式的法案,政府方可执行,政府开支则只限议会同意的范围以内。这就是说,政府必须根据议会授权才能征税和支出,未经法律拨款,政府不得从国库开支。国家预算法律,通常以适用一年为限,这在西方各国已成惯例。财政同意权是各国议会防止政府滥征税、乱开支、加重企业和公民个人负担的有力措施。因为政府收支反映着政府的政策倾向,所以,这项权力也表现出议会对政府财政政策的监督。

(3) 监督权。监督权即议会对政府及其政策和政府官员行为进行监督的权力。对政府的监督主要表现在以下四个方面:一是决定和监督政府的组成。这在总统制国家和议会制国家具有不同情形。在实行总统制的美国,总统非由议会选举产生,总统组织、领导政府,在组织政府的过程中,总统提名的政府高级官员,必须经过参议院同意后才得任命。在议会制国家,由议会选举产生政府首脑(总理或首相),由政府首脑再组织政府。一般政府首脑由议会中多数党领袖担任;二是在议会制国家,议会拥有倒阁权,即通过对政府不信任案使政府集体辞职。政府向议会负政治责任,政府的总政策和施政纲领必须获得议会多数的支持。当议会不同意政府的政策时即可追究政府的政治责任,这时,政府或者集体辞职,或者以解散议会的方式,通过选民重新选举议会,对议会与政府的“冲突”做出最终判断和选择。对政府的不信任案一般由议会下议院通过;三是行使弹劾权,即议会对政府高级官员个人的犯罪或严重失职行为进行控告和制裁,追究法律责任,罢免其职务或判罪。弹劾案通常由议会或议会下议院通过决议提起弹劾起诉,再由相应机构(英国是上议院、法国是高等法院、美国是参议院)进行审理并裁决;四是行使质询权,即议员对政府的政策和政府成员所管理的事务提出口头或书面询问,要求相关者做出解释和答复。

(二) 行政机关

西方国家的最高国家行政机关即中央政府,一般由政府首脑和各部部长组成,通常称为内阁,所以组织政府常称作“组阁”。但是,内阁也常用以指称政府首脑和政府重要成员组成的核心决策中心机构。

西方国家行政机关的体制与国家政体之间的关系在大体上是对应的。议会制政府体制亦称内阁制,政府由政府首脑领导、对议会负集体责任,不对国家元首负责。总统制政府体制,总统兼任政府首脑,内阁成员各就个人所主管的部门对总统负责。不论实行哪种政府体制,西方国家政府组成过程中,都充满统治集团内部进行政治交易的气味,经济利益、政治利益的矛盾和党派之间的政治竞争等因素在其中有重要影响,而且这种影响还会延续到政府组成之后。

现代西方国家的政府权力由宪法和法律规定,受宪法和法律以及议会、司法机关的制约。其职权主要有如下五个方面:

(1) 执行法律与委托立法。执行法律是政府的基本权力,即维护宪法、执行法律的权力。议会制定的法律,只规定有关事务的一般规范,通常由议会授权政府补充必要的实施细则,为此,政府有权制定相应的规章、规则、条例,这些一般与法律具有同等或相关效力。这种行政立法权称为委托立法权。

(2) 管理全国公共事务和行政事务。管理全国公共事务和行政事务是政府职权中范围广泛、复杂纷繁的职权,中央政府和地方政府在管理权限上有明确划分。中央政府的管理权限涉及国家的内政、外交、军事等各个方面,包括管理重大全局性行政事务和调控社会经济活动。地方政府一般只管理内政事务,没有外交权和军事权。政府在行使管理权时,有权制定政策和进行行政决策,发布行政命令,采取相应的行政措施。必要时,可以实施戒严,动用警察、民防武装和军队。但采取这些措施时,要依照法律,接受议会监督,要经过议会授权。

(3) 处理对外关系事务。处理对外关系事务即外交权,包括制定外交战略和政策、与外国建立外交关系、谈判和缔结条约和协定、参加国际组织和国际会议、指导外交机构和驻外使节的活动等。如缔约,由政府负责谈判条约内容,磋商条约的细节和文字,由国家元首代表国家签署,经议会批准生效。

(4) 军事权。政府的军事权包括领导国家武装力量的建设及其军事行动,制定军队编制,组织军队训练和装备,组织武器研制、制造和采购,以及军队的调遣和指挥,等等。西方各国多以国家元首为武装力量最高统帅,但在议会制国家,国家元首的武装力量统帅权只是名义上的。而在总统制国家,因国家元首兼政府首脑,武装力量统帅权和军事指挥属总统一人。但是,无论哪种体制,政府的军事权均受议会的制约,如军队编制和军事预算须经议会通过。在战争问题上,各国一般区分为宣战权和军事指挥权,宣战权归于议会,议会通过决定,再由政府组织实施。

(5) 立法参与权。立法参与权即政府有权参与立法程序,由此构成行政机关对立法机关的制衡。主要分为两方面:一是立法创议权,适用于议会制国家,包括创议修改宪法和制定普通法律,以宪法修正案和法律草案形式提出。在总统制国家,总统和政府无权拟定法律草案,总统的立法参与权限于指导立法,即可以以国情咨文或专门咨文形式提出立法纲领和立法计划。二是法律否决权,其在公布法律的程序中体现,适用于总统制国家。如美国总统同时又是政府首脑,如果他拒绝某些法律,可能将否决意见书连同法案一起退回国会,如果国会两院以 2/3 多数再次通过该法案,法律即成立并生效。

(三) 司法机关

按照三权分立原则和三权鼎立权力结构的要求,司法机关是独立行使司法权的国家机关。孟德斯鸠认为,“如果司法权不同立法权分立,自由也就不存在了”,那就会出现“专断的权力”①。司法机关独立,旨在保障公民自由,首先是资产阶级的自由,同时也进一步明确了国家机关的分工,有利于实行法治,有利于防止专制和暴政,有利于政府保持清正廉洁,是历史的进步。在西方国家机构体系中,司法权的行使属于法院,但采用狭义上的司法权概念,主要指审判权和法律解释权。而检察机关归属政府领导,总检察长通常为内阁成员,充当政府法律顾问,代表政府出庭参加诉讼。检察官受总检察长领导,但在对案件进行调查时享有独立行事权和保障。基于上述司法体制,司法机关的职权主要有如下三个方面:

(1) 审理各种诉讼案件。法院审理的各种诉讼案件,主要包括刑事案件、民事案件、行政案件、选举案件等。在司法诉讼中,法院的职能是适用法律,即按法定程序通过审理认定案件的事实,依法做出裁决。审判权为法院所独有,其他国家机关不得侵犯。

(2) 处理某些非诉讼性事务。法院处理某些非诉讼性事务,主要指某些民事法律关系由法院执行、保证、监督和公证,如登记财产、公证结婚、检验遗嘱、处理遗产、公布失踪和死亡、指定监护人和保护人等。

(3) 违宪审查。违宪审查是司法机关审查和裁决国家机关的行为是否违反宪法,审查对象包括立法机关制定的法律、法令,政府根据法律颁布的行政法规、发布的行政命令以及采取的行政措施。

行使违宪审查权的机构有两种类型,一是由普通法院行使违宪审查权,如美国、日本、加拿大、澳大利亚及拉美一些国家;二是由专门的宪法法院行使违宪审查权,如意大利、德国、法国、奥地利等。各国司法机关行使违宪审查权的方式有“事后审查”和“事前审查”两种。“事后审查”以美国为典型,其法院不主动审查议会通过的法律、法令和政府的命令、法规,法律生效后,如未遇有具体诉讼案件,也不主动审查,只在通过审理具体诉讼案件时就其适用法律是否违宪做出裁决。法院认为有关法律违宪,亦不直接宣告撤销或废除违宪的有关法律,只宣布“不执行”或“拒绝执行”——即意味着这条法律实际上已被废止。“事前审查”(又称“预防性审查”)以法国为典型,宪法法院——宪法委员会在各项组织法颁布前,议会两院内部规则执行前,均予以审查,裁决其是否符合宪法,而不论其是否发生了争议。议会的其他立法,在颁布前如发生争议,总统、总理、议会两院议长、60 名议员,均可提请宪法委员会审议。宪法委员会裁决违宪的法律不得公布。

西方国家司法机关在司法实践中逐步形成一套司法原则和司法制度,主要有司法独立原则、无罪推定原则、不告不理原则,辩护制度和法官保障制度。在这些原则和制度中,司法独立原则是最重要的基本原则,其他原则和制度都是保证“司法独立”的实现和体现“司法独立”的。所谓“司法独立”是指法院和法官只服从法律,独立行使司法权。其具体含义有三个方面:一是司法权由法院和法官独立行使,不受立法机关和行政机关的干涉,法院和法官的审判活动只服从宪法和法律;二是一个法院的审判活动不受另一个法院的干涉,上级法院对下级法院亦然,只是可在其判决做出后,依上诉程序或上告程序变更其判决;三是法官在审理过程中坚持独立,不受各方意见包括检察官起诉的影响,法官按照“自由心证”原则办案,即法官凭自己的“良心”审理案件,行使司法权力。

司法独立原则及其他原则和制度,对于保障公民人身和私有财产权利,维护市场经济所

---

① [法]孟德斯鸠:《论法的精神》,商务印书馆 1982 年版,第 156 页。

需要的社会秩序起了积极作用。当然，西方国家的司法机关是实现资产阶级阶级统治、政治统治的机关，其法律是维护资本主义社会的经济、政治、社会关系的行为规范和规则，其司法原则和制度，是以其国家强制力为保证，为维护整个资本主义社会制度，为维护资产阶级的整体利益服务的。

第三节　社会主义中国的国家机构

根据我国现行宪法规定，中国的国家机构以民主集中制作为国家机构建设的组织原则，并由全国人民代表大会、中华人民共和国主席、国务院、中央军事委员会、地方各级人民代表大会和地方各级人民政府、民族自治地方的自治机关、监察委员会、人民法院和人民检察院等国家机关组成。按其属性和职能，我国国家机构系统分为国家权力机关、国家主席、国家行政机关、国家监察机关和国家司法机关等。中央和地方国家机构职权的划分遵循在中央的统一领导下，充分发挥地方的主动性、积极性的原则。

一、国家机构的组织原则

（一）民主集中制原则的由来

民主集中制原则最初是作为无产阶级政党组织原则提出来的。马克思、恩格斯在领导和参与建立建设无产阶级政党的过程中，形成了民主集中制的思想，并把它作为第一国际的组织和活动原则。列宁在领导俄国革命和俄国无产阶级政党建立建设中，明确地“主张民主集中制”①。民主集中制原则运用于无产阶级国家政权建设并确定其为国家机构组织原则是经由巴黎公社委员会组织原则——“议行合一”发展来的。

马克思在批判资产阶级政治思想和西方资本主义国家三权分立与制衡政权体制、权力结构和国家机构机制的过程中，总结巴黎公社政权建设的历史经验，提出要用议行合一原则代替分权与制衡原则。巴黎公社的无产阶级政权机关是公社委员会，公社委员会统一兼管和同时行使立法权和行政权，即公社委员会是立法机关与行政机关合二而一的，公社市政委员既参加委员会制定法律和做出重大决定，又担任各部门委员会委员直接组织、执行公社委员会制定的法令和决议。马克思认为，“公社是一个实干的而不是议会式的机构，它既是行政机关，同时也是立法机关”②。就是说，巴黎公社委员会这一无产阶级政权机构的组织原则是议行合一。按照马克思的思想，议行合一原则具有三层含义：① 议行合一以否定、替代资本主义议会制的三权分立原则为前提；② 在国家政权机构组织的意义上，议行合一不是行政机关和立法机关在组织形式上的简单合并，而是两种国家权力和职能在职掌、从属上的集中统一；③ 议行合一即公社委员会兼管行政权和立法权，两权兼管是由人民选出的代表机关统一行使国家权力，这种人民代表机关既是权力机关又是工作机关。议行合一原则中已包含了民主集中制思想内容，或者说，巴黎公社委员会无产阶级政权机构组织的经验已包含了民主和集中两个方面，即一方面，公社委员全部由普选产生，并随时可以撤换；另一方面，由公社委员会集中统一行使权力，并开展各项工作。这两方面结合为一体，实际上体现

---

① 《列宁全集》第25卷，人民出版社2017年版，第72页。

② 《马克思恩格斯选集》第3卷，人民出版社2012年版，第98页。

了民主基础上的集中和集中指导下的民主的基本精神。

中国共产党在领导新民主主义革命过程中,在抗日战争时期的抗日民主政权建设中,即确定以民主集中制为抗日联合政府的组织原则。毛泽东指出:“政府的组织形式是民主集中制,它是民主的,又是集中的”,“一方面,我们所要求的政府,必须是能够真正代表民意的政府;这个政府一定要有全中国广大人民群众的支持和拥护,人民也一定要能够自由地去支持政府,和有一切机会去影响政府的政策。这就是民主制的意义。另一方面,行政权力的集中化也是必要的;当人民要求的政策一经通过民意机关而交付于自己选举的政府的时候,即由政府去执行,只要执行时不违背曾经民意机关通过的方针,其执行必能顺利无阻。这就是集中制的意义”①。1945 年,中国共产党提出建立新民主主义共和国和联合政府主张,毛泽东进一步系统阐述了民主集中制是建立建设新民主主义共和国国家政权的机构组织原则,指出:“新民主主义的政权组织,应该采取民主集中制,由各级人民代表大会决定大政方针,选举政府。它是民主的,又是集中的,就是说,在民主基础上的集中,在集中指导下的民主。只有这个制度,才既能表现广泛的民主,使各级人民代表大会有高度的权力;又能集中处理国事,使各级政府能集中地处理被各级人民代表大会所委托的一切事务,并保障人民的一切必要的民主活动。”②这就明确指明了人民政权国家机构的建立建设,要在人民代表大会根本政治制度框架内,按照民主集中制原则,划分国家机关和确定其相互关系。

根据马克思主义、毛泽东思想关于无产阶级专政的社会主义国家国家机构建设的指导思想,从中国实际出发,中华人民共和国以民主集中制作为国家机构建设的组织原则,这一原则在国家机构的划分和各国家机关之间的相互关系方面主要表现为在人民代表大会制度这一政权组织形式、这一政体、这一根本政治制度的“权力结构”范围内,由人民选举的有一定任期的代表组成的人民代表机关是国家最高权力机关和立法机关,行政机关、监察机关、司法机关由它产生,对它负责,受它监督;权力机关与行政、监察、司法机关的相互关系不是平列关系,更不是相互的制约或制衡关系,而是决定与执行、产生与负责、监督与被监督的主导与从属关系。其基本精神是人民通过自己选出的代表对国家事务拥有全权;在体制和结构上,它强调社会对公共权力的直接制约,以及人民代表大会权力机关对行政机关、司法机关的制约。中华人民共和国的历史和现实表明,坚持实行民主集中制这一国家机构组织原则,比西方国家的三权分立与制衡有更大的优越性,正如邓小平所指出:“西方的民主就是三权分立,多党竞选……我们实行的就是全国人民代表大会一院制,这最符合中国实际。如果政策正确,方向正确,这种体制益处很大,很有助于国家的兴旺发达,避免很多牵扯。”③习近平也指出,“我国社会主义制度能够集中力量办大事是我们成就事业的重要法宝……集中力量办大事,抓重大、抓尖端、抓基本,形成推进自主创新的强大合力。”④

(二)民主集中制原则在国家机构中的体现

我国的国家机构是以立法权、行政权、监察权、司法权的配置为主要结构,以民主集中制作为国家机构建设的组织原则,与西方国家三权分立的区别是它们都以人民主权为基础为

---

① 《毛泽东选集》第 2 卷,人民出版社 1991 年版,第 383 页。
② 《毛泽东选集》第 3 卷,人民出版社 1991 年版,第 1057 页。
③ 《邓小平文选》第 3 卷,人民出版社 1993 年版,第 220 页。
④ 《十八大以来重要文献选编》(中),中央文献出版社 2016 年版,第 26 页。

依归,即权力的来源与归宿都是当家作主的人民。民主集中制原则在国家机构的设置和组织、权力的运作上,体现在下述四个方面:

1. 保证人民当家作主,国家一切权力属于人民,由人民代表大会行使

社会主义中国是人民当家作主的国家,国家机构的建立和建设,必须遵循人民主权根本原则,以人民民主为基础,获得人民支持和拥护,对人民负责,受人民监督,为人民服务。这具体表现在:全国和地方各级人民代表大会是行使国家权力的国家机关,必须由民主选举产生,对人民负责,受人民监督。其他国家机关(行政机关、监察机关、司法机关),由国家权力机关产生,对它负责,受它监督。这就是说,主要国家权力的关系不是鼎立的,而是由全国人民代表大会作为最高国家权力机关统一集中行使国家权力,其他国家机关受其制约,从属于它。两者之间关系不是平列的,而是决定与执行、授权与负责、监督与被监督的关系。权力机关体现人民当家作主,保证人民当家作主,其他国家机关的总体功能是为人民服务,体现为人民公仆。

2. 保证国家机关之间合理分工,协调运作,依法进行权力制约

社会主义国家的国家权力机关同时也是立法机关,它在行使立法权、重大问题决定权以及执法监督权和对一府两院活动与工作监督权的同时,按照民主集中制原则,对行政权、审判权与检察权、武装力量领导权以及国家元首权都依法明确划分,使各国家机关依法行使各自的权力,在各自职权范围内进行工作。这样,保证国家机关之间实行合理分工,协调运作,并进行有效的民主监督和法制监督,保证国家权力机关集中统一行使国家权力,在各国家机关之间依法行使权力时建立制约机制,既防止权力的分散、无力,又避免权力过分集中,以使整个国家机器有活力地运转,便于各国家机关有效地进行工作,并不断提高效率。

3. 保证立法和决策民主化和执行的集中化与分工责任制

国家机构的活动实行民主集中制,要民主,更要集中。国家权力机关制定法律和做出其他重要决定,是集中代表人民的意志和利益,体现人民民主;法律和决策的执行,必须实行政令法令的统一,必须保证行政权、司法权行使的集中统一,并实行行政机关、司法机关的严格的责任制,以保证行政机关顺利高效地工作,严格有效地执行国家权力机关制定的法律和做出的决定,从而使整个国家机构做到分工负责,各行其权,各司其职,各尽其责。

4. 保证合理划分中央国家机构和地方国家机构的职权和管理权限,充分发挥中央与地方两个积极性

民主集中制是社会主义制度的组成部分。按照这一原则,在中央国家机构和地方国家机构的关系上,既要有高度统一的中央集权,又要有适度的地方分权。在中央集中统一领导的前提下,充分发挥中央和地方两个积极性。既要保证中央权威,使政令统一和畅通,又要发挥地方的一定自主性、主动性和积极性。合理地确定中央国家机构和地方国家机构的设置,合理地划分二者的职权范围、管理权限,以发挥全部国家机构的整体效能。

二、我国的主要国家机关及其职权

我国的国家机构由国家权力机关、国家主席、行政机关、监察机关和司法机关这五个主要国家机关构成,但在政权权力结构上具有体现人民当家作主和人民主权的基本特点,即最高国家权力机关同时也是最高立法机关,最高国家权力机关集中统一行使国家权力并行使立法权,全部国家机关都以它为中心为主导并受其全权自上而下的制约,构成国家机构的统

一整体。我国的国家行政机关、监察机关、审判机关、检察机关都由人民代表大会产生，对它负责，受它监督。

（一）国家权力机关

我国的国家权力机关是全国人民代表大会和地方各级人民代表大会及其常委会。全国人大行使国家一切权力，包括行使立法权。它首先是由人民选举的人民代表组成的统一行使国家一切权力的机关，同时具有立法职能、立法权。作为最高国家权力机关不受任何其他国家机关的限制，不允许其他国家机关与之抗衡。它在国家机关体系中处于最高地位，拥有最高权力，其他国家机关由它产生，对它负责，受其监督、制约。

国家权力机关由人民代表组成，人民代表通过直接选举或间接选举产生，不受职业限制，体现不同民族、性别、宗教、教育程度、职业在人民代表大会代议机构中的代表性。人民代表在代表大会上享有发言和表决不受法律追究的权利以及人身特别保护权利。人民代表是兼职，在会议期间和会外行使人民代表职权，由所在单位给予时间、工资、奖金及其他的福利保障。人民代表在代表大会会议结束后，回到所在单位，在生产或工作岗位表现出人民代表的代表性，保持同人民群众经常的密切的联系。

为了保证人民代表的广泛性，人民代表的数量较多，各界别人民代表在代表总数中占有适当的比例。由于绝大多数代表是兼职的，所以代表大会会期较短，代表大会闭会期间，全国人大和县以上各级地方人大设常委会为常设机关。常设机关负责召集代表大会，大会闭会期间，依法行使人大的部分职权。常设机关对代表大会负责，向其报告工作，受其监督。

我国最高国家权力机关的职权广泛，大致可归纳为以下四个方面：

（1）立法权。立法权即制定、修改、废止和补充法律的职权。中华人民共和国宪法对全国人大和全国人大常委会的立法权限划分规定：全国人大有权修改宪法，制定和修改刑事、民事、有关国家机构和其他基本法；人大常委会可制定和修改“除应当由全国人大制定的法律以外的其他法律”，还可以在全国人大闭会期间在不同全国人大制定的法律基本原则相抵触的前提下对该法进行“部分修改和补充”。

（2）决定权。决定权是最高国家权力机关就国家重大问题和事项做出决定的权力。全国人大此项权力的范围包括：审查和批准国民经济和社会发展计划、国家预算和决算（常委会有权审查和批准上述计划和预算在执行过程中所作的部分调整方案）；批准省级行政区的建置，决定特别行政区的设立及其制度；决定战争与和平问题；以法律形式决定中央国家机关的组织，等等。全国人大常委会有权决定缔结条约和外交协定；规定军人和外交使节及其他各种衔级制度、国家勋章和荣誉，决定特赦；决定全国总动员和局部动员，决定全国或个别省、自治区、直辖市的戒严；在全国人大闭会期间决定宣布战争状态，等等。此外，宪法还规定全国人大可以行使“应当由最高国家权力机关行使的其他职权”，全国人大常委会可以行使“全国人民代表大会授予的其他职权”。

（3）任免权。任免权是最高国家权力机关组织其他国家机关的权力，具体指人事任免权。如我国全国人大有权选举国家主席、副主席、中央军事委员会主席、国家监察委员会主任、最高人民法院院长、最高人民检察院检察长，根据国家主席的提名决定国务院总理，根据国务院总理的提名决定国务院的其他组成人员，根据中央军事委员会主席的提名，决定中央军事委员会副主席的提名，决定中央军委的其他组成人员。还有罢免权，如全国人大有权罢免由它选举和决定的上述人员。全国人大常委会的人事任免权限是：根据国家监察委员会主任的提请任免国家监察委员会副主任、委员，根据最高人民法院院长的提请任免最高人民法院副院长、审判员、审判委员会委员和军事法院院长，根据最高人民检察院检察长的提请任免最高人民检察院副检察长、检察员、检察委员会委员和军事检察院检察长，决定驻外全权代表的任免；在全国人大闭会期间，根据国务院总理的提名决定国务院的其他组成人员，根据中央军委主席的提名决定中央军委的其他组成人员。

（4）监督权。监督权是最高国家权力机关监督其他国家机关的权力。这项权力实施的范围包括：通过法定方式和程序，听取由它产生的其他最高国家机关的工作报告，进行审议，提出质询；对其他最高国家机关的工作进行检查、调查、督促和纠正；通过执法检查，督促由它制定的法律和作出的决定的贯彻实施。宪法规定，全国人大及其常委会有权监督宪法的实施，人大常委会有权解释宪法和法律；全国人大有权审查和批准国民经济和社会发展计划执行情况的报告，国家预算执行情况的报告；全国人大常委会有权监督国务院、中央军事委员会、国家监察委员会、最高人民法院和最高人民检察院的工作，有权撤销国务院制定的同宪法、法律相抵触的行政法规、决定和命令。此外，全国人大及其常委会在必要时还可以组织对特定问题的调查，并根据调查结果作出相应的决议。

（二）国家主席

中国的国家元首是国家主席，国家主席是国家机构的重要组成部分，其地位和职权是其他国家机关所不能代替的。国家主席由全国人民代表大会选举产生，国家主席每届任期同全国人民代表大会每届任期相同。国家主席的职权根据全国人民代表大会及其常务委员会的决定来行使，主要包括：公布法律；任免国务院总理、副总理、国务委员、各部部长、各委员会主任、审计长、秘书长；授予国家勋章和荣誉称号；发布特赦令，宣布进入紧急状态，宣布战争状态，发布动员令；进行国事活动，代表国家接受外国使节，派遣和召回驻外全权代表，批准和废除同外国缔结的条约和重要协定等。

（三）行政机关

中国的最高国家行政机关即国务院，作为中央政府它是最高国家权力机关全国人大的执行机关，是最高国家行政机关。国务院由全国人大产生，向它报告工作，对它负责，受它监督。地方各级政府由地方各级人大产生，既对产生它的地方国家权力机关负责，也对上级国家权力机关和上级政府负责。在我国，国家行政机关受国家权力机关的监督和制约，不存在国家行政机关对国家权力机关的制约。这是人民代表大会制度决定的，体现人民代表大会制度的优越性。

行政机关内部运作体制，1954 年宪法规定采用集体领导制，即政府决策由政府全体组成人员或常务机关集体讨论通过，日常问题由政府首脑决定。1982 年宪法规定，国务院实行总理负责制。国务院由总理、副总理、国务委员、各部部长、各委员会主任、审计长、秘书长组成。由总理、副总理、国务委员、秘书长组成国务院常务会议。总理全面领导国务院的工作，召集和主持国务院全体会议和常务会议，讨论决定国务院工作的重大问题，但这种讨论决定不是表决通过，而是经集体讨论，对应做决定的问题，由总理裁定。地方各级人民政府也实行各级行政首长负责制。

国务院的职权范围广泛，大致可以概括为如下七项：

（1）行政立法权。国务院的行政立法权即根据宪法和法律，规定行政措施，制定行政法规，发布决定和命令，以及根据全国人大及其常委会的授权制定暂行规定和条例。

(2) 议案权。根据我国宪法的规定,国务院有权向全国人大及其常委会提出议案。其中最重要的是法律议案,即法律草案由国务院有关部门草拟,经国务院全体会议通过后提交全国人大或全国人大常委会,经立法程序成为国家法律、法令。重要议案还包括由国务院编制和执行、向全国人大或全国人大常委会提交的关于国民经济和社会发展计划及计划执行情况、国家预算和预算执行情况的议案。

(3) 行政管理权。国务院的行政管理职权宽泛繁复,主要有:统一领导全国行政机关的工作,宏观管理国民经济与文化及社会事务,规定中央、省、自治区、直辖市的行政机关的职权划分,管理和调整国家公务员的选择和配备,审定国家各级行政机关的编制,任免、培训、考核、奖惩国家公务员,改变或撤销各部委和地方各级国家行政机关的不适当的决定和命令。

(4) 行政区划管理权。国务院有权确定和管理地方行政区域的划分和建置,根据全国人大批准的省、自治区、直辖市建置,确定它们的区域的划分,批准县、市、自治州、自治县的建置和区域划分。

(5) 领导和管理经济和城乡建设权。国务院领导和管理全国经济和城乡建设工作,以及环境保护工作。其职能主要是统筹规划、制定政策、运用政策和信息引导市场,搞好宏观调控,依法对市场进行监督,组织协调,提供服务。

(6) 社会管理权。国务院的社会管理权力也很广泛,主要有负责维护公共秩序,保护保障公民权利,领导和管理教育、科技、文化、卫生、体育、人口控制等工作,领导和管理民政、公安、司法行政工作,以及少数民族事务和华侨事务等。

(7) 行使全国人大和全国人大常委会授予的其他职权。

(四) 监察机关

中国的监察机关是国家的各级监察委员会,包含国家监察委员会和地方各级监察委员会。监察委员会由主任、副主任、委员组成。国家监察委员会是我国的最高监察机关,由全国人民代表大会产生,负责全国监察工作;地方各级监察委员会由本级人民代表大会产生,负责本行政区域内的监察工作。监察委员会主任每届任期同本级人民代表大会每届任期相同。国家监察委员会主任连续任职不得超过两届。国家监察委员会对全国人民代表大会和全国人民代表大会常务委员会负责。国家监察委员会领导地方各级监察委员会的工作,上级监察委员会领导下级监察委员会的工作。地方各级监察委员会对产生它的国家权力机关和上一级监察委员会负责。监察委员会依照法律规定独立行使监察权,不受行政机关、社会团体和个人的干涉。监察机关办理职务违法和职务犯罪案件,应与审判机关、检察机关、执法部门互相配合,互相制约。

监察委员会依照法律规定履行监督、调查、处置职责,包括以下几个方面:对公职人员开展廉政教育,对其依法履职、秉公用权、廉洁从政从业以及道德操守情况进行监督检查;对涉嫌贪污贿赂、滥用职权、玩忽职守、权力寻租、利益输送、徇私舞弊以及浪费国家资财等职务违法和职务犯罪进行调查;对违法的公职人员依法作出政务处分决定;对履行职责不力、失职失责的领导人员进行问责;对涉嫌职务犯罪的,将调查结果移送人民检察院依法审查、提起公诉;向监察对象所在单位提出监察建议。

国家监察机关的监察对象包括:中国共产党机关、人民代表大会及其常务委员会机关、人民政府、监察委员会、人民法院、人民检察院、中国人民政治协商会议各级委员会机关、民主党派机关和工商业联合会机关的公务员，以及参照《中华人民共和国公务员法》管理的人员；法律、法规授权或者受国家机关依法委托管理公共事务的组织中从事公务的人员；国有企业管理人员；公办的教育、科研、文化、医疗卫生、体育等单位中从事管理的人员；基层群众性自治组织中从事管理的人员；其他依法履行公职的人员。

监察机关行使监督、调查职权，有权依法向有关单位和个人了解情况，收集、调取证据。根据监督、调查结果，依法作出处置。

（五）司法机关

我国司法机关是依照宪法和法律代表国家行使审判权和法律监督权的机关，由审判机关人民法院和法律监督机关人民检察院共同构成，由国家权力机关产生，对其负责，受其监督。法官和检察官由人大及其常委会选举和任免。

人民法院审理民事案件、刑事案件和行政诉讼案件。人民法院实行四级两审终审制，设有基层、中级、高级、最高人民法院。此外还有各类专门法院。最高人民法院对全国人大及其常委会负责，地方各级人民法院对产生它的国家权力机关负责。最高人民法院监督地方各级人民法院和专门法院的审判工作，上级人民法院监督下级人民法院的审判工作。

人民检察院行使法律监督权，提起公诉，对法院的错误判决和裁定，依法提出抗诉。人民检察院分为最高人民检察院，省、直辖市、自治区人民检察院，地、市、自治州人民检察院，县、市、自治县和市辖区人民检察院。各级人民检察院实行双重领导体制。最高人民检察院是最高检察机关，对全国人大及其常委会负责，地方各级检察院对产生它的国家权力机关和上级检察院负责。最高人民检察院领导地方各级检察院的检察工作，上级检察院领导下级检察院的检察工作。

我国司法机关的活动和工作遵循和执行“有法可依，有法必依，执法必严，违法必究”的方针和如下几项原则：① 法院和检察院分工负责，互相配合，互相制约原则；② 以事实为根据，以法律为准绳进行审判、检察活动的原则；③ 司法独立，只服从法律，不受任何行政机关、社会团体和个人干涉原则；④ 在法律面前人人平等，不容特权，不容民族歧视原则；⑤ 保障诉讼参与人依法享有的权利原则；⑥ 公开审判原则（涉及国家机密、个人隐私和未成年人犯罪案件除外）；⑦ 民主集中制即合议制原则。

本章小结

本章概述了国家机构的涵义、基本特征与构成，阐明了国家机构设置的影响和制约因素，分析了西方国家机构的组织原则、主要国家机关及其职权，以及当代中国国家机构的组织原则及其主要国家机关。本章重点剖析了社会主义中国的国家机构和西方国家的国家机构在组织原则上的区别，通过本章节的学习，有助于我们正确认识三权分立与制衡原则的历史地位及其局限性，准确理解民主集中制原则在社会主义中国的国家机构建设中指导意义。

思考题

1. 国家机构的含义。
2. 国家机构的基本特点。

3. 简述国家机构的基本构成要素。
4. 简述国家机构设置的影响因素。
5. 简述国家机构的设置原则及其形式差异性。
6. 西方国家立法机关、行政机关和司法机关的关系。
7. 为什么说我国的根本政治制度是人民代表大会制度?
8. 民主集中制在我国国家机构设置、组织和权力运作上的体现。

第六章 政党和政党制度

政党是现代社会普遍的政治现象。政党制度是现代国家政治制度的组成部分。在现代国家，政党特别是执政党通常通过一定的方式、方法和程序参与政治活动、行使国家权力、干预政治生活。从政党与民主相关联的角度来看，政党的出现和政党制度的形成体现了人类社会政治发展的规律和趋势，是人类政治文明发展的重要成果。一个国家的政党制度是由该国国情决定的。中国共产党领导的多党合作和政治协商制度具有独特优势，是适合中国国情的新型政党制度。

第一节 政党基本理论概述

理解和把握政党的含义、特征、功能等基本理论问题是理解和把握不同国家政党及政党制度的基础和前提。本节主要阐释这些基本理论问题。

一、政党的含义与特征

（一）政党的含义

从词源上看，政党一词源于拉丁语“Pars”，英文 Party、法文 Parti、德文 Partito、西班牙文 Partido、都是从拉丁文词根 Pars 转化而来，其原意是“部分”，后来转意为一种政治组织。

关于政党定义，人们的理解不尽相同。西方学者基于不同的角度为其下过多种定义。有人认为政党是为适应选举（竞选）而建立的政治组织，是某一阶级为争取选票而建立的具有高度组织性的团体；有人认为政党是某些人为了谋求官职而建立的政治集团，是为取得国家权力和控制政府而建立的政治组织；还有人将政党界定为充当社会与政府间的媒介和仲裁人角色的组织等。这些定义只是指出了政党在不同侧面的某些特征，更多地是从政党的活动和政党政治的表面形态上所作的描述，而没有触及政党问题的实质。

马克思主义政治学说开辟了政党理论研究的新阶段。马克思主义从政党的阶级实质角度，结合政党的组织和活动内容，对政党做了全面和深入的阐述。

马克思主义关于政党的基本观点是，政党是在阶级的基础上产生的，是特定阶级用来执掌或影响国家政权的工具，是社会政治斗争的集中代表。列宁指出：“在通常情况下，在多数场合，至少在现代的文明国家内，阶级是由政党来领导的；政党通常是由最有威信、最有影响、最有经验、被选出担任最重要职务而称为领袖的人们所组成的比较稳定的集团来主持的。这都是起码的常识。”①“在以阶级划分为基础的社会中，敌对阶级之间的斗争在一定的

---

① 《列宁全集》第 39 卷，人民出版社 2017 年版，第 21 页。

发展阶段上势必变成政治斗争。各阶级政治斗争的最严整、最完全和最明显的表现就是各政党的斗争。”①此外，政党又是一个阶级中最活跃、最坚定、最有觉悟的一部分组成的，具有高度组织性的政治组织。列宁在论述无产阶级政党的时候特别谈到了这一点：“党是阶级的先进觉悟阶层，是阶级的先锋队。”②“只有以先进理论为指南的党，才能实现先进战士的作用。”③

根据马克思主义经典作家的论述，结合政党发展的历史与现实，我们可以对政党作这样的定义：政党是代表一定阶级、阶层或集团的根本利益，并由其中一部分最积极的分子所组成，具有共同的政治纲领和理论主张，采取共同的行动，为参与、取得和维护政权而组成的政治组织。

（二）政党的特征

政党作为一种政治组织具有以下的特征：

1. 政党是一种特殊的政治历史现象

政党作为一种特殊的政治历史现象，表明政党不是从来就有的，也不是永恒存在的。政党是在一定的历史条件下产生的，同时也将在一定的历史条件下消亡。政党是阶级斗争发展到一定历史阶段的产物。但不是所有的阶级斗争都会产生政党。在奴隶制、封建制社会曾出现过“朋党”和“会党”之类的组织。“朋党”是当时的朝臣和士大夫内部的少数人为了个人进退而党同伐异的宗派组织。“会党”一般存在于下层社会中，是为了某种利益和目的，往往伴以宗教迷信而结成的民间秘密组织。这些组织同现代意义的政党完全不同。历史上最早出现的现代意义上的政党是资产阶级政党。西方代议制度的确立，成为资产阶级政党产生和发展的政治条件。无产阶级政党是无产阶级反对资产阶级的斗争发展到一定阶段的产物。

2. 政党由阶级、阶层或某些重要的社会集团中的一部分人组成

政党是由阶级、阶层、集团中最积极、最活跃的一部分人所组成的。从比较宽泛的意义上说，阶级、阶层都可以称之为“集团”。在一个特定的社会集团中，其成员的社会经济地位和利益意识的强弱是不同的。各个集团在追求和实现自身的使命和利益时，都是由其中的一部分积极分子来领导的。到了近代，首先在资产阶级之中，而后在无产阶级之中，积极、活跃、敏感的一部分人分别组成各自的政党，通过参与政治去实现他们的最大利益。当集团处于被统治地位时，通过政党影响国家权力和争得政治权利；当集团处于统治地位时，则通过政党实现对于国家权力的执掌。政党虽然不是集团唯一的组织和代表，但它却代表着集团的根本利益、长远利益和全局利益，是集团利益的最高代表。由于集团中的其他组织往往只代表集团中局部的、一定时期内的、地域性的利益，因此，一个集团要实现自己的根本的和长远的利益，组成政党几乎是一种必然的选择。这也是政党与其他社会组织形成区别的要点之一。

3. 政党有自己的组织和纪律

政党要发挥集团的组织者和领导者的作用，就必须建立自己的组织体系，并以此将全党

---

① 《列宁全集》第 12 卷，人民出版社 2017 年版，第 127 页。

② 《列宁全集》第 24 卷，人民出版社 2017 年版，第 38 页。

③ 《列宁选集》第 1 卷，人民出版社 2012 年版，第 312 页。

的力量集中起来,共同行动,以实现自己的奋斗目标。没有一个有效的组织体系,就很难组织和动员本党成员以及更广泛的追随者,就不可能实现其目标,当然也就不可能发挥其组织和领导作用。

建立政党是为了进行有成效的政治活动,要使政党的活动具有力量和产生影响,就必须用组织纪律来约束党的成员,把全党的力量统一起来,统一行动。参加党的一个基层组织,如支部或其他基层组织;投本党候选人的票;服从本党的决议、指示和领导;在经济上帮助党,比如交纳党费或不定期地进行捐款等,都是政党的基本纪律约束。一般说来,一个政党的纪律越严格,就越具有战斗力。

有些资产阶级政党组织结构比较松散、纪律也比较松弛,只有在选举时才表现出来。工人阶级政党则具有严密的组织和严格的纪律,这种建立在自愿、自觉基础上的组织纪律是无产阶级取得革命和建设胜利的基本保证。

4. 政党有自己的政治纲领

拥有政治纲领,是政党区别于其他社会团体的重要标志之一。政治纲领即政见,它规定了政党的基本政治目标。政治纲领是政党公开树立起来的一面旗帜,外界就是根据它来判断这个党。政治纲领中的政治目标是政党成员结合的基础,没有这个基础,任何团体都不能称其为政党。列宁指出:“一个政党如果没有纲领,就不能成为政治上比较完整的、能够在事态发生任何转折时始终坚持自己路线的有机体。”①所以,政党的政治纲领一方面用以号召群众,争取群众的信任、支持和拥护,另一方面也表现了政党与其他社会组织等的根本区别。

不同的政党有不同的政治纲领,这是由政党所代表的阶级、阶层、集团的特点和历史使命所决定的。美国独立战争后的两党——联邦党和民主共和党的分歧表现为对集权和分权问题上的不同政见。在资产阶级的政治、经济统治地位确立以后,资产阶级政党的不同就表现为各政党的政治纲领的保守和激进之分。保守党派与激进党派的分歧不但表现为政见的差别,而且也在某种形式上表现出来。通常议会开会时,保守党派的议员坐在议长的右侧,激进党派的议员则坐在议长的左侧,由此,便有了右翼政党和左翼政党之称。无产阶级政党的政治纲领非常鲜明,它不仅表明自己的近期目的,而且也明确地提出自己建设共产主义社会的理想。正因为如此,无产阶级政党才拥有了广泛而坚实的群众基础。

5. 政党与政权密不可分

一般来说,政党只有掌握了政权才能实现其政治纲领。掌握政权是政党的核心目标。这是政党区别于其他社会组织的一个根本点。如果一个政治团体不是为了掌握政权而存在和活动,那么无论它的组织多么严密也不成其为政党。在西方国家,根据是否执掌政权,对于政党进行了区分:执掌政权的政党称为执政党,未执掌政权的政党则称为反对党或在野党。无产阶级政党也要掌握政权以实现其政治纲领,但是它同资产阶级政党的轮流执政不同。它以推翻资本主义制度,建立人民政权,实现和发展最广大人民的根本利益为最终目标。

上述五个方面的特征是相互联系、不可分割的,不同政治制度下的政党可能有某个特征表现明显或不明显,但总的来说一般都具备这些基本的特征。需要说明的是,随着社会政治

---

① 《列宁全集》第20卷,人民出版社2017年版,第357页。

的发展，政党的一些特征也在发生悄然变化，例如，在选举政治条件下，部分政党出现了政策趋同倾向。而出现在各国政治舞台的一些新兴政党，其特征具有明显的特殊性，比如绿党，它不是简单地代表特定阶级和阶层的利益，而是具有非常广泛的社会基础；跨国政党，如欧洲议会党团、欧洲政党联盟等，其与特定国家政权的直接关联并不明显。这些都是政党和政党政治发展中出现的新现象，需要加以关注。

二、现代政党的产生与分类

（一）现代政党的产生

17 世纪 70 年代英国议会中形成的辉格党和托利党，通常被认为是近代资产阶级政党形成和发展的开端。资本主义生产关系是资产阶级政党产生的经济根源。资产阶级政党的产生是其巩固反对封建统治的成果、争取和扩大自己在政治上的平等权利以及阶级内部不同集团和派别利益的客观需要。随着资产阶级革命的成功和资本主义政治制度的确立，政党和政党政治逐步成为资本主义国家政治生活的重要组成部分。

通常资本主义国家建立初期的法律框架内并没有与政党相关的制度设计，早期的资产阶级政党也很不成熟，很多活动方式与既有的政治运行机制存在严重冲突。因此，政党一度被排斥在政治活动范围之外。但是，资产阶级革命解除了封建制度对社会成员个体的人身束缚和压迫，要求资本主义的政治统治创造出新的政治运行机制来组织新的社会政治活动。同时，传统的政治社会化途径，如家庭、教会、学校等政治色彩的淡化，也需要有新的途径适应和满足新的政治生活需要。这是政党和政党政治产生的深层次原因和背景。在这种背景下，政党现象逐步被资本主义各国的政治生活所接受，政党制度也被逐步纳入了各国的政治制度和法律体系。第二次世界大战以后，联邦德国、意大利、法国等先后通过宪法途径对政党的法律地位作出了明确规定。虽然美国、英国的宪法没有明确政党的具体政治角色，但在普通法律或最高法院的裁决中，还是规定了政党在该国政治体制中的地位和作用。1967 年联邦德国颁布《政党法》（一般被认为是西方国家第一部关于政党的法律），对政党的地位、作用、组织、经费等问题作了比较系统和明确的规定。

工人阶级作为独立的政治力量不断成熟，是工人阶级政党产生的阶级基础。在资本主义社会中，各国工人阶级和劳动人民反抗资产阶级剥削、压迫的斗争，促成了工人阶级政党的产生。工业革命使整个社会日益分裂为资产阶级和工人阶级——两大直接对立的阶级。阶级利益的对立必然导致尖锐的阶级斗争。在资本主义早期阶段，工人通常把自身的苦难归结为机器大生产，由此掀起了诸如捣毁机器、破坏工具之类的自发工人运动。尖锐、复杂的阶级斗争的发展，使他们逐步认识到：不组成自己有战斗力的政党，就不可能获得政权，也就不可能得到真正的解放。于是工人俱乐部、工会等团体纷纷成立，工人们开始有组织地为改善劳动条件、缩短工时和提高生活水平而斗争。

工人阶级政党由“自在”到“自为”的转变，是在科学社会主义理论的指导下完成的。世界上第一个工人阶级政党是 1847 年成立的共产主义者同盟。1848 年马克思和恩格斯为共产主义者同盟撰写了纲领——《共产党宣言》。19 世纪后期，欧洲许多国家陆续成立了工人阶级政党。由此可以从一般意义上说，无产阶级政党是为争得和建立体现其根本利益的国家政权而诞生的。随着俄国十月革命的胜利，世界上第一个共产党领导的社会主义国家建立。此后，在各种类型的国家里陆续出现了一大批以马克思主义为指导的工人阶级政党。

中国共产党于1921年成立。作为中国工人阶级和中国各民族人民利益的代表，中国共产党领导中国人民经过艰苦卓绝的斗争，于1949年建立了新中国。

（二）现代政党的分类

世界政治发展实践表明，接受、承认和运行政党，是20世纪人类政治生活的一个重要特征。但由于社会经济、政治、文化等条件的差异，不同政党及政党政治具有其特殊性和复杂性。根据一定的标准对政党进行分类有助于理解政党这一复杂的政治现象。常见的分类方式有以下四种：

1. 以政党代表的阶级和阶层属性为标准，可将其分为不同阶级和阶层的政党

这是根据马克思主义对政党本质的分析，来对政党进行分类的。这种划分不仅可以区分资本主义国家内的不同的政党，而且可以区分资本主义国家和社会主义国家的政党。以此作为划分政党的标准，可以把当今世界上的政党划分为工人阶级政党和资产阶级政党，资产阶级政党又可以区分为代表中小资产阶级的政党和代表垄断资产阶级的政党等。此外，在社会主义国家还存在一些接受共产党领导、享有参政权的民主党派，在资本主义国家也存在着小资产阶级政党。

2. 以政党是否掌握政权为标准，可将其划分为执政党、参政党、反对党、在野党

在社会主义国家，共产党是执政党，有些国家存在民主党派，作为参政党参与政治活动；在资本主义国家，根据政党是否通过担任了政府首脑，掌握了国家行政机关，可以把政党划分为"执政党""反对党"或"在野党"等。在议会选举中取得多数议席的政党或政党联盟或者在总统选举中获胜的政党为执政党，而其他政党则为反对党或在野党。

日常生活中人们常把"在野党"称为"反对党"，但严格说来，二者的含义是有区别的：前者是指在两党制的条件下与执政党相对峙的那个最大的"在野"的党派，它往往有一套类似政府组织的班子，即"影子内阁"，随时可能通过政治危机或合法选举上台执政，例如，只有在像英国这样的实行两党制的内阁制国家，最大的在野党才能被称为"反对党"；而"在野党"则是指在多党制条件下所有不执政的政党。在多党制下，往往没有反对党。此外，需要注意，在实行总统制的国家，由于立法机关和行政机关没有连带责任，因此，执政党不一定是多数党，在野党或反对党也不一定是少数党。

3. 以政党的法律地位为标准，可将其分为合法政党和非法政党

凡为法律所承认的政党是"合法政党"，反之则为"非法政党"。除此以外，在个别国家还有"半合法政党"，即那些虽然没有为法律所承认，但当局又默许它们进行活动的政党。一个政党是否具有合法地位，仅仅与该国的法律有关，而与该政党的性质无关。

4. 根据政党的活动范围，可将其分为跨国政党联盟、国内政党和地区性政党

目前，绝大多数政党属于国内政党，其活动限于民族国家之内，但在历史和现实中也存在一些跨国政党联盟，其活动范围超越民族国家，如共产主义的政党组织第一国际、第二国际、第三国际以及主要存在于欧洲的社会党国际等；当代最引人注目、在某种程度上可以说预示现代政党一种重要的发展前途的"跨国政党"，是欧共同体出现的"欧洲议会党团"和"欧洲政党联盟"。

除了上述几种主要的分类标准，西方学者有时还以意识形态倾向为依据，将政党区分为极左翼、左翼、中间、右翼和极右翼或激进党派和保守党派。一般来说，左派政党更加强调和关注平等和社会保障，主张国家更多干预经济；右派政党则更多强调关注效率和个人自由，

要求国家减少对经济活动的干预。这种分类的标准常常是比较模糊的。

以上分类方法各自选取不同的角度,彼此不相排斥。我们在认识和分析问题时,往往可以多种分类方法并用,互为补充。

三、政党的功能

政党是现代政治不可或缺的因素,在政治生活中发挥着重要的作用。由于东西方政治制度和意识形态上的不同,因而在对政党功能的认识上也相应地表现出了视角和结论上的差异。

西方学者通常把政党在组织选举、控制政府、担任公职、制定政策、监督政府、利益表达、利益综合、政治录用和政治社会化、政治沟通等方面的活动看作是政党的主要功能。但是,政党作为阶级组织,它同阶级的关系密不可分。在资本主义社会里,有统治阶级的政党,也有被统治阶级的政党。如果混淆了这一点,就会导致把政党说成是超阶级的政治团体。

马克思主义认为,研究政党的作用不能离开阶级关系。在剥削阶级占统治地位的国家里,统治阶级政党的一切活动都是为了维护和巩固统治阶级的政治统治;被统治阶级政党的一切活动都是为了反对和推翻统治阶级的政治统治。这是政党政治的根本功能之所在。因此,我们研究政党的功能应着重研究政党同本阶级群众的关系和代表本阶级利益所从事的主要活动。据此,我们将政党的功能概括为如下四个方面:

1. 争取和影响群众

政党的本质属性是阶级性,任何政党都是一定阶级、阶层或集团利益的集中代表,那种纯粹的“代表全社会利益的政党”实际上是不存在的。作为阶级、阶层的一部分,政党生存的基础是群众,如果没有群众,或者脱离群众,甚至只有少数追随者,政党就必然会陷入孤军作战的境地,最终导致溃散。因此,政党的首要任务就是争取自己所代表的阶级、阶层和集团的那部分群众的支持,正如列宁指出的,“任何一个代表着未来的政党的第一个任务,都是说服大多数人民相信其纲领和策略的正确”①。当然,不同阶级政党争取群众的目的不同。资产阶级政党争取群众的目的在于争取选票和对其纲领与政策的支持。因此,为了选举获胜、执掌政权,它不惜采取任何手段,包括虚假承诺、金钱收买、利益诱导等。无产阶级政党把争取群众作为它的一项重要任务,这是因为无产阶级政党的阶级基础是工人阶级和广大劳动群众。无产阶级政党是代表历史发展规律的政党,因此在正确的思想指引和正确的组织领导下,它完全能够代表最广大人民群众的根本利益,从而成为一个国家和民族先进性力量的代表。

争取群众与教育群众紧密相连。为了更好地争取群众,政党通常还要担负起教育群众、提高群众的政治觉悟的任务。对人民群众进行宣传教育,提高劳动人民的政治觉悟,是无产阶级政党的重要使命。正如列宁所说的:“无产阶级先锋队的作用,即训练、启发、教育工人阶级和农民中最落后的阶层和群众并吸引他们来参加新生活。”②无产阶级政党在掌握政权以前,教育人民群众的目的是为了动员、凝聚和加强革命力量,准备进行社会主义革命。在掌握政权以后,宣传教育人民群众的目的,则是为了使广大人民群众了解、信任和拥护党的

---

① 《列宁专题文集　论社会主义》,人民出版社 2009 年版,第 82 页。

② 《列宁选集》第 4 卷,人民出版社 2012 年版,第 160 页。

路线、方针、政策,激发人民群众的积极性、主动性和创造性,正确行使人民当家作主的权利。

2. 整合和集中阶级意志

政治统治体现的是统治阶级的整体意志和根本意志,因此,政党作为实现政治统治的工具,它的重要功能就是集中阶级意志。任何一个阶级社会,统治阶级成员在维护其阶级利益和对被统治阶级进行统治这个根本点的认识上都是一致的,但在具体政策制定和实施方面却永远无法避免分歧。这就需要有一种力量来整合和集中阶级的意志。承担这项功能的就是政党。

在资本主义社会里,一个政党能在多大程度上集中整个阶级的意志,通常要通过竞选活动来检验。资产阶级政党的竞选活动实际上就是统一阶级意志的活动。资产阶级政党在竞选活动中对其纲领、政策进行宣传,争取本阶级群众对其政纲的支持和采纳。哪个政党在竞选中获胜,就标志着哪个政党的纲领、政策得到了多数人的采纳、支持和拥护。获胜的政党就可以通过执掌政权、制定法律和政策的方式将统治阶级的意志集中起来,上升为国家意志。

在社会主义国家,工人阶级和广大人民当家作主,人民群众的根本利益是一致的,但也存在着各种矛盾。为了发展生产力,为了建设社会主义,就需要形成统一的意志。无产阶级政党代表工人阶级和广大人民的根本利益,在集中人民意志的过程中起着决定性作用,因为共产党没有除广大人民利益之外的任何自身利益。党制定路线、方针、政策的过程,就是集中人民意志的过程。

3. 掌握和行使国家权力

政党不仅要把阶级意志集中起来,还要把集中起来的阶级意志上升为国家意志。阶级意志上升为国家意志,必须通过立法和制定政策的方式才能实现。所以,政党的目的就是要掌握政权、行使国家权力。在近现代国家,政治权力的行使,在正常的情况下都是通过政党政治实现的。政党在组织政府、制定法律和政策、施政等方面都起着重要作用。

在西方国家,无论是共和制国家还是立宪君主制国家,政权机构通常是由政党组织的。政党掌握政权的方式有两种,一是操纵议会,通过选举取得议会多数席位,把本党的政纲通过议会制定为法律交由政府执行;二是由本党的官员组织和参加政府。在资本主义国家的实际政治生活中,政党还在调节议会和政府之间的权力关系、调节联邦制国家中央和地方分权之间的矛盾以及对政府进行监督等方面,发挥着重要作用和影响。

在社会主义国家,无产阶级政党是社会主义国家政权的领导核心。党对社会的领导是通过国家机构来实现的。党对国家机关的领导主要是政治领导,即政治原则、政治方向、重大决策以及向国家机关推荐重要干部。从这个意义上说,与资本主义国家的竞争性政党政治不同,无产阶级政党的领导是国家机关正确执行职能的根本保证。

4. 培养政治骨干

政党不仅聚集着本阶级、阶层、集团的政治精英和中坚分子,而且还以其特定的理论、纲领和组织原则、活动方式创造着特定的政治文化,并以这一政治文化教育和塑造党员,从而在增强党组织的凝聚力,提高党员的政治素质,强化党员的政治意识和精神,培养党员特别是政治骨干的实际政治能力等方面发挥不可或缺的作用。因此,政党通常都会为本阶级培养和准备骨干分子,并通过他们组织政治活动,实现特定的政治和社会目标。

第二节 政党制度及其主要类型

政党制度作为国家政治制度的重要组成部分，在很大程度上决定了国家政治生活的形态。任何国家的政党制度都受其社会利益结构、阶级力量和政治力量成熟程度、国体与政体形式、具体政治制度与政治规则以及这个国家历史、文化、经济社会发展等影响，都具有独特特点。

一、政党制度的内涵与影响因素

（一）政党制度的内涵

政党制度是指由法律规定或在政治生活实践中形成的、规范政党行使国家权力或参与国家政治生活的政治制度。政党制度是现代国家政治制度的重要组成部分，规定了国家政治生活中各主要要素与政党之间的关系，例如，政党与政权及各国家机构之间的关系、政党之间的关系、政党与社会的关系、政党活动的基本政治法律规范等。

政党制度具有一般性特点：

（1）一国政党制度依据统治阶级利益要求而制定，其第一原则是有利于统治阶级政治统治和政治利益的实现，因此，统治阶级可以依据自己统治和利益要求完善调整或改变政党制度。

（2）一国政党制度可以由成文法规定，也可以由根据实际政治需要而形成某些相应的宪法惯例规定；可以在宪法中以原则性规定呈现，也可以按照宪法惯例而形成。

（3）一国政党制度规定了该国政党的地位、作用和活动方式，从而对该国国家政治制度、政治体制以及社会成员的政治活动方式具有深刻影响。

人们通常在同一意义上使用“政党制度”与“政党政治”两个概念。但严格说来二者是有区别的：政党制度是指政党行使或参与国家政权的规范的总和，包括政党的组织形式、成员类型、纲领章程、活动方式等内容，而政党政治则是指由政党来组织和行使国家政权这样一种政治活动方式。

（二）政党制度的影响因素

政党制度的形成和发展受诸多因素影响，主要有以下几个方面：

1. 受一国社会利益结构影响

在资本主义国家，基于资本主义私有制基础上的资产阶级的个人利益在整个社会利益结构中占据主导地位。资产阶级为实现其各自不同利益，必然组织不同的政党进行政治竞争，从而形成多党竞争局面。在社会主义国家，无产阶级和广大劳动群众的共同利益和根本利益在整个社会利益结构中占据主导地位，而无产阶级政党作为这一利益的代表，是国家的执政党，其他政党作为广大劳动群众不同方面利益的代表，与执政党之间必然形成合作和监督关系。

2. 受一国不同阶级力量和政治力量发展和成熟的对比程度的影响

政党代表了在不同阶级利益和政治利益基础上形成的各种政治力量。而政党制度的形成和发展则表明某一政党在国家政治生活中的力量不断增强和成熟，并与其他政党、政治团体、政治成员之间关系方面形成了特定的规则。

3. 受一国国体和政体的影响

国体作为国家的性质和根本属性,规定了国家各阶级、阶层在国家政治生活中的地位;而政体作为国家政权的组织形式,规定着该国家各阶级、阶层在政治生活中的作用及作用方式和程序。国体和政体共同影响一国政党制度的具体形态。例如,在议会共和制政体中,政党制度受议会制度影响很大,政党的主要活动场所在议会,主要活动方式是通过竞争议席、控制议席进而控制国家权力;在总统共和制政体中,政党制度既受议会制度影响,也与总统直接相关,政党既要竞争议席、控制议席,也要争夺总统职位。在法西斯独裁政体中,只允许一个政党存在和活动,从而形成法西斯一党制。

4. 受一国具体政治制度和政治规则的影响

国家具体政治制度和政治规则对其政党制度形成和具体形态具有决定性影响。选举制度的差异对各国政党制度的影响就非常明显,比如,采取复选举区制和比例代表制的国家,往往形成多党制,而采取单人选区多数制的国家,则容易走向两党竞争及两党制。

除上述因素之外,一国的历史文化传统、民族结构、地域因素等也都对该国政党制度具有重要影响。因此,政党制度是十分复杂的政治现象,不能简单肯定某种政党制度而贬低其他政党制度。各国采用什么样的政党制度依据其国情综合因素而定,被实践证明对本国经济社会进步和发展以及最广大群众根本利益实现有利的政党制度即是具有合理性的、适合其国情的政党制度。

二、政党制度的主要类型

为了更好理解各国政党制度,人们对政党制度进行了不同分类。最有代表性的是根据政党与政权的关系以及参与政权的政党数量,将政党制度划分为一党制、两党制和多党制三种类型。也有学者根据政党之间的关系,将政党制度分为竞争性政党制度和非竞争性政党制度。马克思主义主张根据政党制度的性质划分政党制度类型,按照这个标准,可以将政党制度划分为资本主义国家政党制度和社会主义国家政党制度。

(一)资本主义国家政党制度及其主要类型

资本主义国家政党制度是资本主义国家政党活动的合法规则、方式和程序。资本主义国家的政党制度是资本主义国家政党在参与政治活动过程中逐渐形成的。由于各资本主义国家的历史传统、政治制度、阶级结构以及各种政治力量对比情况的差异特别是选举制度的不同,其实行的政党制度的形式也各不相同。从轮流执政的政党数目、政党关系、政党执政方式等方面综合考察,资本主义国家的政党制度通常可以分为三种类型,即两党制、多党制和一党制。

1. 两党制

(1) 两党制的内涵:资本主义国家的两党制是指资本主义国家中代表资产阶级不同利益集团的两个势均力敌的政党通过竞选取得议会多数席位,或赢得总统选举胜利而轮流执掌国家政权、组织政府、主持国家事务的政党制度。在议会选举中获得多数席位或在总统竞选中获胜的一党执掌政权,成为“执政党”或称“在朝党”;而在议会选举中没有取得多数席位或在总统竞选中失利的政党,成为“反对党”或称“在野党”。需要注意的是,两党制国家的反对党一般不是从根本上反对政府,更不是要推翻现政权存在,而是以合法监督政府、制约执政党的形式充当现政府的后备军,在时机成熟的时候,即政府换届或执政党陷入政治危机时取而代之,实现政权的和平更迭,从而使整个国家机器正常有序地运转。

两党制描述的仅仅是一国内两大政党轮流执政的政治现象,不是说这个国家内只存在两个政党。事实上,实行两党制的资本主义国家,除了轮流执政的两大政党外,往往还存在其他一些小党,例如,在美国,除民主党和共和党外,还存在共产党、社会党、社会劳工党、社会主义工人党等;在英国,除了保守党、工党两大党外,还存在自由党、共产党、社会民主党、民族阵线等小党。但这些小党因本国政治制度特别是选举制度及其运作机制所限制,往往难以独掌政权,只能以其他方式和途径影响、参与政府决策和社会政治活动;当一个大党在议会中难以赢得多数时,往往需要小党的支持;在两大党力量均衡、僵持不下的时候,小党也可以对这二者到底由谁取得执政权起着重要的影响作用。

(2) 两党制的典型形式:两党制最初产生于英国,后传入英国的殖民地和受英国影响较深的国家,如美国、加拿大、新西兰、澳大利亚等国家。两党制与各国的具体的政治制度相结合,就形成了各具特色的政党制度的运作模式。在目前实行两党制的国家中,有两种典型的两党制模式。

一种是以英国为代表的议会内阁制下的两党制模式。

英国两党制的形成和演变过程与英国政党的演变过程相一致,大体经历了三个阶段:

第一阶段,辉格党与托利党先后交替执政时期。在这阶段,英国还没有形成具有实质性的政党制度,但为英国两党制的形成和发展奠定了基础。英王威廉三世以前,政府内阁是由托利党人和辉格党人选出若干人共同组成。直到 1714 年,乔治一世即位不久,英国议会才形成了国王不出席内阁会议,而由乔治一世指定议会中获得多数议席的辉格党领导组成内阁,由此,英国开创了一党组阁的先例。议会下院多数党领袖组阁成为英国政治制度中的宪法惯例。在这一阶段,因选举法所限,英国两党的活动仅限于议会。

第二阶段,保守党与自由党轮流执政时期。在这阶段,托利党和辉格党在工业革命之后演变成保守党和自由党。两党为适应 19 世纪中叶开始确立的普选制,从议会内的政派集团逐步扩展成全国群众性政党组织,这既是近代意义政党形成的标志,也是政党政治形成的标志。

第三阶段,保守党与工党轮流执政时期。在这个阶段,英国工党取代自由党地位,形成保守党和工党轮流执政的政治格局。保守党于 1907 年首创"影子内阁",以后凡在大选中获得下院次多数议席的政党则正式成为反对党,可以组织"影子内阁",成为"后备政府"。反对党可以通过不信任投票推翻现政府,取代执政党上台执政。反对党成为有责任的反对党。这一阶段,是英国两党制的成熟和完善时期,英国形成了一套体系完整、运作合理、具有本国特色的两党制。具体而言,英国两党制具有如下特点:

第一,两党围绕下议院议席选举展开活动。英国实行议会内阁制的政治制度,上议院议员由贵族世袭或国王任命,与政党制度无关。下议院议员由选举产生,两大党靠竞选争夺下院议员席位,获得多数席位的政党为执政党,组织内阁,执掌政权。执政党的领袖担任首相,内阁成员也都是议会议员。这样,执政党不仅掌握行政权,也掌握立法权。在选举中获次多数议席的党,成为法定"反对党"。在议会中,执政党与反对党在形式上泾渭分明,其"对抗"性活动也仅以议会为限。反对党作为"后备政府",也有一套类似政府组织的班子(其设置与内阁部门一一对应),即"影子内阁"领导本党在下议院中的一切活动。当议会就某项政策进行辩论时,由负责该事务的"影子内阁"成员代表反对党发言。如果在下届议会选举中获胜,“影子内阁”就成为该党的执政内阁。

第二,两党均采取集中制原则。为保证执政党的议案能在下院顺利通过,政策得到有效地贯彻,英国两大政党都制订了严格的党纪约束本党党员和议员的行动。在每次重要投票中,两党所有议员必须按其所属党的决定投票。否则,轻则影响晋升,重则在下次大选中不予提名,甚至有被开除党籍之危险。英国两党都有其领袖任命的党的干事监督该党议员的出席情况和投票情况。所以,尽管两党政治分野相当明显,但只要本党议员内部不发生严重分歧,作为多数党领袖的首相,在整个任期内,一般都能得到议会的支持,能够比较有效地推行其政策,从而能够保证本届政府的稳定和统一。

第三,英国政党的集中性质还体现在政党本身的组织结构上。英国政党中央和地方组织之间有着直接的联系纽带,并且政党活动具有连续性。两次大选之间,它们的活动并不停止,而是继续各自的宣传活动,如召开会议,组织地方力量参加地方选举,保持与议会和内阁的接触。

另一种两党制典型形式是以美国为代表的总统制下的两党制模式。

美国是一个典型的两党制国家。长期以来,美国民主党和共和党轮流执政,共同维持美国政治的发展与稳定。美国两党制最早萌芽于建国之初的联邦党派和反联邦党派的对立,在这段时期美国事实上是只存在民主共和党的一党统治。后来几经分化、重组,直至1828年大选,民主共和党分为民主党和国民共和党(国民共和党于1834年改名为辉格党,后来内部分裂,北部辉格党与反对奴隶制的民主党人等政治力量在1854年7月成立新党,取名共和党),开始实行由两党的全国代表提名总统候选人的制度,美国两党制初步形成。美国两党都建立了从全国到地方各级党的国会外组织。1828—1852年,两党轮流执政,但民主党在政治舞台上占据优势,辉格党仅有两次执政机会(1840—1844年,1844—1852年)。美国内战结束到19世纪末20世纪初,美国正式形成了比较稳定的由共和党和民主党轮流执政的两党制。

美国总统制下两党制的特点:

第一,美国两党制与总统竞选紧密相关。美国实行总统制,总统和国会在法律地位上是平等的。总统选举和参众两院的选举是两个各自独立的选举过程。美国两党制以总统竞选论胜败,两党在议会中席位的多少与执政党和非执政党的地位无关。总统竞选获胜者为执政党,失败者为反对党。在这一制度下,一党若在总统选举中获胜,即使在国会选举中失利也不会影响其执政地位。也就是说,执政党不一定是多数党,在野党或反对党也不一定是少数党。在美国历史上,常常出现在总统选举中获胜的执政党却是国会中少数党的情形,这种情形需要执政党与在野党或反对党进行更多的妥协与合作。

第二,美国两大政党均组织结构松散,没有严格的纪律约束。美国的两大政党虽然存在从地方到中央的组织机构,但结构松散,凝聚力弱,基本上是各州和地方委员会的松散联盟,党的全国机构对州和地方机构的权力很有限。因此,美国的两大政党均没有严格的纪律。两党党员没有严格的入党手续,党员人数统计以大选前的选民登记或以投票为依据。在国会两院中,两大党都有本党的政党领袖,各党领袖各有一名助手,即督导员,共同负责领导、监督本党议员,协调本党议员的行动以推行本党在重大问题上的决策,但党的组织对议员个人却不具有英国式的强有力约束。这主要是因为美国议员由选民选举产生,进退升迁与政党胜败无关,所以议员主要从选区利益出发考虑自己的态度和倾向。美国两大政党这种松散的结构和纪律约束形式,使得两党内部的人员流动比较大,两党所代表的阶级利益也日趋模糊,这也使得美国两党制保持了相对的稳定。

(3) 当代两党制的新变化。

第一,两党的社会基础日益趋向一致。在工党崛起之前,英国自由党、保守党都是代表资产阶级利益的政党。在工人运动基础上建立的工党自称代表劳工的利益,而且其选民中相对有较多的下层劳动者支持。第二次世界大战后,中等收入者逐步增加,为争取这部分人的选票,英国工党在政治态度方面一再宣称向所谓"中间方向"靠拢,与自由党、保守党的社会基础差别已不如成立之初那样分明。美国两党松散的结构及其相互的交融是其政党制度一大特征。

第二,两党政策与立法思想日益趋同。战后以来,英国两大党的政策主张趋同现象非常明显。从战后的"巴茨克尔主义"到布莱尔主义,英国福利国家政策体系作为英国两大政党共识政治的核心内容,清楚地表明了英国两大政党政策上的趋同性。在立法上,虽然政府更迭,但执政党并不轻易否定上届政府的立法,而且往往重提下台政府因大选而搁置的一部分议案,甚至是在野时所批评、攻击乃至于反对的某些议案。例如,1970 年,新上台的保守党政府重提被上届工党政府搁置的 14 项议案;1974 年,工党政府重提保守党政府搁置的 15 项议案。美国两大政党虽然在很多问题上存在较大分歧和差异,但由于两党形成于共同民主价值观及政体之下,加之政党组织涣散、选民中间化、政治经济形势复杂化等因素影响,其在政策和立法主张方面也具有很大趋同性。

2. 多党制

(1) 多党制的概念

所谓多党制,就是在一个国家中,多党并立,各党单独或联合竞选和执政的政党制度。在多党制国家,在选举中获得议会多数席位的党单独或联合执政,未参加政府的政党成为在野党,起监督和牵制执政党的作用。实行多党制的主要有西欧、北欧的多数国家和第三世界摆脱殖民统治的一些民族独立国家。

社会利益的多元化和错综复杂的社会矛盾是多党制形成的内在原因。比如德国历史上就长期存在宗教分歧、教派之争,在政党制度下就以政党的面貌和党派斗争的形式出现,如基督教民主联盟、基督教社会联盟;工人阶级与资产阶级的矛盾和对抗,产生了各种维护和代表工人利益的工人组织和政党;主张德意志民族统一与代表诸侯国利益的地方主义的矛盾,派生出许多代表地方主义利益的小党,如联邦联盟党、巴伐利亚故乡党、德国汉诺威党等;工业社会导致的生态问题,则促成了以保护生态平衡为宗旨的绿党及其他多个类似小党的出现,等等。

比例代表制是多党制形成的主要制度条件。一个国家政党制度的类型与选举制度密切相关。多党制国家一般都实行比例代表制。比例代表制使小党有机会、有可能在议会中占有一席之地。但比例代表制也造成政党林立、组阁困难、政局不稳等现实政治困境。因此,各国的比例代表制往往需要辅以一些限制性措施,例如,在意大利,为防止权力过度分散,通过法律规定了获得选票的最低限额;俄罗斯联邦实行比例代表制的同时,规定只有选票超过5%的政党和选举组织才能进入议会,参与分配议席。

(2) 多党制的主要类型。在实行多党制的国家中,因政党结构的差异执政党执政方式亦有不同,一般可分为三种类型。

第一,两极多元格局的多党制。这种类型的政党制度特点:一是政党数量多,力量分散;二是各政党往往分化成阵线分明的左右两大阵营,轮流执政;三是政权的更替往往取决于第三党的结盟。德国和第五共和国时期的法国是这种类型的典型国家。在法兰西第五共和国第一届国民议会成立之前,戴高乐一改过去惯用的比例代表制,实行"单记名多数两轮投票制"。这种选举制度客观上促使法国政党格局向左翼和右翼两极集合。1962 年 11 月,在法国的立法选举中首次使用单记名多数两轮投票制,由此,法国多党林立的政党格局开始向两极分化。此后,每经历一次选举,法国党派重新进行一次分化组合,直到 1974 年 5 月的法国总统选举后,法国最终形成"两派四党"的政党格局。

第二,多元并存的多党制。在这种政党制度下,任何一个政党在选举中都很难单独获得绝对多数席位,政府一般都是联合政府,反对派也组成联合阵线与之相抗衡。实行这种多党制的国家有意大利、瑞士、芬兰和 1958 年第五共和国建立之前的法国。

在 1958 年以前的法国,经常参加竞选的政党保持在十几个到五十多个之间。在比例代表制的选举制度下,一个政党很难获得多数议席,只能联合组阁,而阁员之间没有连带关系,又无统一纪律约束。代表不同社会集团利益的政党一旦在某项政策上发生分歧,不是有关政党撤回阁员而酿成内阁危机,就是通过议会的不信任案推翻政府。这种制度造成了第三、四共和国时期的不稳政局,例如,第三共和国每届政府平均寿命不足 8 个月;第四共和国时期内阁更迭更是在 12 年中达到 20 次,每届政府平均寿命只有半年,最长的不过一年多,最短的只有两天。

意大利也是多党制的典型。战后活跃在意大利政坛上的、影响较大的政党有七个:天主教民主党、意大利共产党、社会党、社会民主党、共和党、自由党和社会运动党。天民党是战后意大利最大的政党,在议会中所占席位最多,一直是意大利最主要的执政党。共产党是意大利第二大党,经常处于反对党地位。两党的席位占了议会的绝大多数;其他小党的席位远远小于两个主要政党。小党在众议院中所占席位最高时达 39%,但也无法与两大党抗衡。而且两大党所获选票数相差不大,在参众两院席位数也相差无几,所以任何一党都无法成为议会多数,而宁愿争取其他小党的支持形成议会微弱多数而单独执政或与其他小党组成联合内阁,共同执政。正是这种政党格局,造成了意大利政局的频繁动荡。只要有一个小党,哪怕微不足道的小党撤回对政府的支持或退出政府都会引起政府危机。自"二战"结束到 1990 年 9 月,意大利更换了 49 届政府,平均寿命 10 个月,寿命最长的 2 年 10 个月(还曾一度陷入危机),最短的只有 9 天。

多元并存政党制度的最大特点:一是常常不得不形成联合执政的局面;二是政权更迭比较频繁。值得注意的是,政权不稳并不一定意味着政治不稳定。法国经历了第三、第四共和国的频繁倒阁,第五共和国宪法孕育而生,促成了两极多元的政党体制,保证了政局的相对稳定。而意大利虽然政府频繁更换,但内阁主要成员保持了相对稳定,一般而言,新政府的大部分组成人员是前一届政府的人马,特别是外交部长和内政部长这两个重要职务,其人选变动较小,因而实际控制意大利政府大权的政界要员变动不大,从而保证了意大利内外政策的连续性和在政府频繁更迭的情况下保持相对安定的政治局面。

第三,一党独大的多党制。在这种多党制度下,也存在多个政党,但其中一个政党处于明显的优势地位,单独执政,而其他政党处于在野党地位。典型的例子是日本的"五五体制"。

在日本，议会中拥有席位的政党有7个左右，但在1955年日本自由党和民主党合并为自由民主党，从此自民党便获得了议会的绝对多数，连续执政38年。根据宪法，日本并不禁止其他政党执政的可能性，所以属于多党制。事实上日本自民党是“党内有派”，派系之间的斗争并不亚于政党之间的斗争，只不过是在自民党一党的旗号下，党内不同派系之间的竞争和轮流执政代替了其他国家的政党之间的竞争和轮流执政。1993年，自民党发生分裂，派系之间的竞争演化为正式的党派竞争，标志着日本由一党独霸政坛的政党格局的解体和多党制的暂时形成，但日本政党格局的演化并未停止。

此外，存在一党独大类型的国家还有印度、新加坡以及墨西哥等。

3. 一党制

资本主义国家一党制是指国家政权完全掌握在一个资产阶级政党手中，在法律上和事实上都不允许其他政党存在或与之争夺政权的政党制度。一党制的要害不是一党执政，而是全国只有一个合法政党。现代国家的一党制有两类典型形式，一类是法西斯主义的一党制，一类是亚非拉一部分民族独立国家的一党制。

法西斯主义一党制形成于20世纪20—30年代。当时的日、德、意等资本主义国家面临全面危机，这些国家的垄断资产阶级为维护其统治地位，抛弃了资产阶级民主制，利用本国的封建专制和军国主义文化传统相结合，实行赤裸裸的一党专制的极权统治。法西斯主义一党制的特点：一是其代表的是大垄断资本的利益和要求；二是公开并严令取缔一切其他政党的存在和活动；三是实行恐怖专政、血腥统治，以暴力和屠杀作为主要统治手段；四是对外进行疯狂的军事扩张。

亚非拉部分民族独立国家的一党制有其深刻独特的历史背景。这些国家长期处于殖民统治之下，经济、文化极端落后，政治上分裂，部族矛盾、宗教矛盾、民族矛盾以及国家间矛盾十分尖锐，加之长期缺乏民主传统等现实状况，实行一党制的集中领导往往是维护国家政治稳定和经济发展、维护国家主权独立的需要。

（二）社会主义国家政党制度及其主要类型

社会主义国家的政党制度是无产阶级政党掌握国家权力，领导无产阶级和广大人民群众进行社会主义革命和建设，镇压敌对阶级反抗的制度性规定。共产党的领导是社会主义国家政党政治的主要内容。但是，体现这种内容的形式——政党制度，在不同的国家却不是整齐划一的。是实行一党制，还是实行共产党领导下的多党制，是由各国不同的阶级关系状况、不同的历史条件、不同的革命进程决定的。从社会主义国家发展历史过程看，社会主义国家实行或曾经实行过的政党制度主要有两种类型：无产阶级政党领导制和无产阶级政党领导下的多党合作制。

在一些社会主义国家（包括原社会主义国家），工人阶级政党是唯一合法存在的政党并执掌国家政权。这些国家工人阶级政党单独执政的形成过程，有着多种原因。有的国家因为工人阶级政党在民主革命或反法西斯战争中是唯一的领导人民斗争的政党，新政权成立以后，其他政党在人民中失去影响而消失。有的国家共产党或工人党成为执政党后，由于受各种影响而取缔了其他政党，建立了工人阶级政党单独执政的政权。

苏联是社会主义国家实行共产党单独执政的政党制度的典型。十月革命后，俄国国内不仅有布尔什维克，还存在孟什维克和社会革命党等其他许多小资产阶级性质的政党和团体。列宁根据当时各政党和革命的实际情况，曾经设想过由多党组成“联合政府”和“分掌政权”，正如他在1917年11月的《俄国社会民主工党（布尔什维克）中央委员会宣言》中所指出的：“我们坚持苏维埃政权的原则……同意同苏维埃中的少数派分掌政权，但这个少数派必须诚心诚意地服从多数，并执行全俄苏维埃第二次代表大会全体批准的，采取渐进的、然而是坚定不移的步骤走向社会主义的纲领”①，因此，从1917年11月全俄苏维埃第二次代表大会至1920年2月全俄苏维埃第八次代表大会期间，虽然布尔什维克在代表大会中占绝对优势，但社会革命党、孟什维克等一直有代表参加，所以，当时的苏维埃政权实际是布尔什维克占多数的“联合政府”。十月革命后，由于新生的布尔什维克政权面临复杂的国内外形势，布尔什维克党与其他政党在布列斯特——立托夫斯克和约、战时共产主义等问题上发生了分歧，左派社会革命党人退出了政府。第二年又发生了武装叛乱，而后小资产阶级政党就从苏俄历史上消失了。列宁的多党合作设想最终未能实现，布尔什维克党成为苏联的唯一执政党。

东欧的一些原社会主义国家也曾经由工人阶级政党单独执政，如罗马尼亚、匈牙利、阿尔巴尼亚和南斯拉夫等。阿尔巴尼亚自走上社会主义道路开始就只有劳动党一个执政党。罗马尼亚和匈牙利在革命胜利初期除执政的工人阶级政党外，还有若干政党存在，后来受苏联模式的影响，罗马尼亚共产党和社会民主党于1948年2月召开两党联合代表会议，宣布成立统一工人党，随后匈牙利共产党和社会民主党宣布合并，成立匈牙利工人党，一些小资产阶级政党与农民政党由于种种原因退出了历史舞台，这两个国家逐渐演变为工人阶级政党单独执政的局面。

在朝鲜，社会民主党和天道教青友党曾经存在，但从20世纪八九十年代开始实际已停止活动。目前古巴、越南、老挝等社会主义国家也由共产党（人民革命党）单独执政。

在一些社会主义国家，还实行了执政党与其他政党合作领导的政党制度形式。原东欧社会主义国家中的波兰、捷克斯洛伐克、保加利亚、民主德国等都曾经实行这种政党制度。这些国家有着相似的历史背景。在第二次世界大战中，这些国家的各种民主力量在反对法西斯的斗争中联合起来，共同斗争；取得胜利后，在由民主革命过渡到社会主义革命的过程中，这些国家的民主党派也认识到，工人阶级政党所确立的目标是最具有代表性的，需要继续与工人阶级政党合作，从而在新兴的社会主义国家中形成了工人阶级政党领导的多党制度。后来，在向社会主义转变的过程中，原东欧这些国家的多党联合执政等形式逐步转变成工人阶级政党领导的多党合作制。保加利亚实际是两党合作制，即保加利亚工人党和农民联盟党的合作；波兰实行的是波兰统一党领导下统一工人党、统一农民党和民主党的合作；捷克斯洛伐克是共产党与人民党、自由党等的合作；民主德国是执政的统一社会党与民主农民党等四个小党的合作。

中国实行的是中国共产党领导的多党合作和政治协商制度。中国各民主党派在抗日战争和解放战争中与中国共产党结成统一战线，共同为新民主主义革命的胜利和建立新中国作出了贡献，并在新民主主义革命胜利后，自觉选择了支持中国共产党的领导，成为与执政的中国共产党合作的参政党，为社会主义建设事业贡献力量。

---

① 《列宁选集》第3卷，人民出版社2012年版，第358、359页。

第三节 当代中国的政党与政党制度

当代中国的政党主要有作为执政党的中国共产党和作为参政党的八个民主党派。中国政党制度即是中国共产党领导的多党合作和政治协商制度。中国政党制度作为新型政党制度,既符合中国国情和中国经济社会发展的现实要求,具有鲜明的中国特色,又合乎时代发展潮流,体现了社会主义民主政治的本质要求。

一、当代中国的政党

当代中国的政党主要包括作为执政党的中国共产党和作为参政党的八个民主党派,即中国国民党革命委员会(简称民革)、中国民主同盟(简称民盟)、中国民主建国会(简称民建)、中国民主促进会(简称民进)、中国农工民主党(简称农工党)、中国致公党(简称致公党)、九三学社、台湾民主自治同盟(简称台盟)。

(一)中国共产党是中国处于领导地位的执政党

1. 中国共产党的执政地位和领导地位是历史和人民的选择

中国共产党的执政地位和领导地位是在中国长期的革命、建设和改革实践中逐步形成并不断巩固的,是中国历史和人民的选择。鸦片战争以后,中国逐步沦为半殖民地半封建社会,帝国主义的侵略和封建势力的压迫使广大劳动人民处于水深火热之中,民族危机和社会危机不断加深。中华民族面临着争取民族独立解放和实现国家繁荣富强这两大历史任务。历史经验表明,旧式的农民起义、封建统治阶级的自强、资产阶级改良派和革命派的努力,都没能改变中国半殖民地半封建的社会性质和中国人民的悲惨命运。官僚买办资产阶级,包括北洋军阀和国民党统治集团所代表的大地主大资产阶级,对外依靠帝国主义,对内实行专制统治,不仅在本质上是反动力量,而且实质上是旧制度的维护者。中国的民族资产阶级试图建立资产阶级共和国,并为之进行过诸多努力,但其两面性导致其既无法真正摆脱与帝国主义、封建主义的联系,又没能发动群众起来斗争,更提不出彻底反帝反封建的革命纲领,因此,在反动势力冲击下,其领导的革命只能以失败告终。而农民阶级的狭隘性、保守性也决定了其不能提出代表先进生产力发展要求的政治主张,进而形成强大的有组织、有纪律的力量,成为革命的领导阶级。在这种特定的历史背景下,作为中国工人阶级的先锋队和中国革命的领导阶级,中国共产党登上中国的历史舞台。中国共产党将马克思列宁主义与中国革命的具体实践相结合,制定了中国新民主主义革命的正确纲领和路线,带领全国人民实现了反帝反封建斗争的完全胜利,建立起工人阶级领导的以工农联盟为基础的人民民主专政的社会主义共和国,并在社会主义建设和改革进程中不断向实现国家繁荣富强、人民幸福富裕的目标迈进。所以,中国共产党的领导地位是在其带领中国人民完成两大历史任务的过程中形成的,具有历史的必然性。历史证明,只有中国共产党领导工人阶级和广大人民群众共同努力才担负起了完成两大历史任务的使命。

中国革命的历史进程,就是中国各族人民逐步认识中国共产党、自愿接受中国共产党领导的过程。中国共产党在领导中国人民为完成两大历史任务不懈奋斗的进程中,在领导中国社会主义现代化建设和改革开放伟大事业进程中,始终坚持一切从最广大人民的根本利益出发、坚持代表全国各族人民的根本利益,从而获得了中国各族人民最广泛的支持,其领导地位和作用不断得到巩固和加强。实践证明,中国共产党的领导是中国发展进步的关键因素,是中国走向繁荣昌盛、实现民族伟大复兴的根本政治保证。

2. 中国共产党的领导作用

中国共产党对国家和社会的领导主要是政治领导、思想领导和组织领导。中国共产党的领导作用是通过按照党的基本理论、纲领和路线,制定大政方针,提出立法建议,推荐重要干部,进行思想教育,发挥党组织和广大党员的先锋模范作用实现的。

党的政治领导主要体现为,在党和国家建设事业发展进程中,党按照马克思主义的基本原理,立足中国国情,反映时代要求和人民意志,确定奋斗目标,制定正确的路线、方针、政策,并通过法律程序上升为国家意志,成为全体人民共同遵循的规范,从而始终发挥总揽全局、协调各方的领导核心作用。

党的思想领导主要体现为,党始终坚持不懈地用马克思主义理论特别是中国化马克思主义理论成果武装全党、教育人民,不断提高人民群众的思想觉悟,组织和鼓舞人民自觉地为实现共同的目标而努力奋斗。

党的组织领导主要体现为,通过充分发挥各级党组织的政治核心作用和战斗堡垒作用,发挥党员的先锋模范作用;培养、选拔、考核和监督干部并向国家机关推荐德才兼备的干部;密切党同人民群众的血肉联系,保证党的路线、方针、政策的贯彻执行,保证国家的宪法、法律付诸实施,以推进中国特色社会主义事业的发展。

党的政治领导、思想领导、组织领导是统一的、不可分割的整体,政治领导是根本,思想领导是灵魂,组织领导是保证。在实践中,中国共产党坚持科学执政、民主执政、依法执政,不断改革和完善其领导体制和工作机制,按照党总揽全局、协调各方的原则规范党委与人大、政府、政协以及各人民团体的关系。一方面,党委在同级各种组织中发挥领导核心作用,支持各方独立负责、步调一致地开展工作,通过这些组织中的党组织和党员干部贯彻党的路线、方针、政策,贯彻党委的重大决策和工作部署;另一方面,支持人民代表大会依法履行国家权力机关的职能,经过民主讨论和法定程序使党的主张成为国家意志,使党组织推荐的人选成为国家政权机关的领导人员,并对他们进行监督;支持政府依法行政;支持审判机关和检察机关依法独立公正地行使审判权和检察权;支持政协围绕团结和民主两大主题,履行政治协商、民主监督、参政议政的职能;加强同民主党派合作共事;充分发挥中国特色社会主义政党制度的特点和优势;支持工会、共青团和妇联等人民团体依照法律和各自章程独立自主地开展工作,更好地发挥各民主党派和各人民团体联系各方面人民群众的桥梁和纽带作用。

3. 坚持党的领导必须不断改善党的领导

坚持党的领导和改善党的领导是辩证统一的。坚持党的领导所要解决的是社会主义事业的领导核心,即党在社会主义事业中的地位和作用的问题;改善党的领导所要解决的则是完善党的领导方式和执政方式,以更好地实现党对社会主义建设事业的领导问题。坚持党的领导是改善党的领导的前提;改善党的领导是为了更好地坚持和实现党的领导。党领导的社会主义建设事业不断向前推进和发展,面临的世情、国情、党情不断发生新变化,特别是随着中国特色社会主义建设进入新时代,只有根据时代发展要求,以改革创新精神不断提高和完善自己,不断推进党的建设实践创新、理论创新、制度创新,才能确保党始终走在时代前列,始终成为中国特色社会主义建设事业的坚强领导核心。

在新时代,改善党的领导,就是要坚持以改革创新精神加强党的建设,把党的执政能力建设和先进性建设作为主线，坚持党要管党、从严治党，贯彻为民、务实、清廉的要求，加强思想建设以坚定理想信念，加强组织建设以造就高素质党员干部队伍，加强作风建设以保持党同人民众的血肉联系，健全民主集中制、完善惩治和预防腐败体系，提高党的建设的科学化水平，进一步把党建设成为立党为公、执政为民、求真务实、改革创新、清正廉洁、富有活力、团结和谐的马克思主义执政党。

（二）中国民主党派是处于参政地位的参政党

1. 中国民主党派的形成

中国民主党派是在新民主主义革命时期，在反帝爱国、争取民主和反对国民党独裁专制的斗争中先后建立和形成的。中国民主党派的发展是高扬爱国主义旗帜、不断追求民主进步的过程，是同中国共产党风雨同舟、团结合作的过程。

中国民主党派大多成立于抗日战争时期和解放战争时期。当时，中国的一些民族资产阶级、城市小资产阶级及其知识分子要求反对帝国主义的侵略压迫，反对国民党的反动统治，同时又对中国共产党领导的土地革命运动和武装反抗帝国主义和国民党反动派的斗争抱有怀疑观望态度，因此，试图探索新的救国方案，走国共两党之外的"第三条道路"，从而先后形成了不同的政治派别——民主党派。在中国共产党统一战线政策的影响和争取团结下，各民主党派不断加深对中国共产党的了解，逐步形成亲密合作关系，共同致力于民族独立解放和人民解放斗争。抗日战争胜利后，国民党发动全面内战，民主党派自觉站在中国共产党一边，为新民主主义革命的最后胜利而奋斗。特别是 1948 年中国共产党发布著名的"五一口号"后，民主党派积极响应，纷纷表示愿意在中国共产党领导下，共同致力于中国民主革命的成功和新中国的早日实现。在血与火的斗争洗礼和比较选择中，民主党派在政治上实现了从同情和倾向中国共产党到公开表示自觉接受中国共产党领导、走新民主主义革命道路的根本转变。这一根本转变，充分体现了民主党派的历史进步性，为中国共产党领导的多党合作和政治协商制度的形成奠定了政治基础。

2. 中国的民主党派

中国的民主党派，历史上是指中国反对国民党独裁统治，以民主为宗旨的各党派。新中国成立，中国共产党执政后，民主党派指中国共产党以外中国其他的参政党。目前，我国主要有八个民主党派：中国国民党革命委员会、中国民主同盟、中国民主建国会、中国民主促进会、中国农工民主党、中国致公党、九三学社、台湾民主自治同盟。

中国国民党革命委员会（简称民革）。1947 年 11 月，中国国民党民主派和其他爱国民主人士在香港举行第一次联合会议。1948 年 1 月 1 日，中国国民党革命委员会正式宣布成立。民革主要由原中国国民党中的左翼人士、长期支持和参与民革革命活动的进步人士、同台湾各界有联系的人士以及其他人士中有代表性的上中层人士和高中级知识分子组成。

中国民主同盟（简称民盟）。中国民主同盟于 1941 年 3 月 19 日在重庆秘密成立，1941 年 11 月 16 日公开宣布成立，当时名称是中国民主政团同盟。1944 年 9 月，中国民主政团同盟在重庆召开全国代表会议，决定改名称为中国民主同盟。民盟主要由从事文化教育以及科学技术工作的高中级知识分子组成。

中国民主建国会（简称民建）。1945 年 12 月 16 日在重庆成立，是由当时爱国的民族工商业者和与之有联系的知识分子发起的。目前，其主要成员为来自大中型城市的工商企业家和经济界的高中层人士。

中国民主促进会(简称民进)。1945 年 12 月 30 日在上海正式宣告成立,是由当时文化、教育、出版界知识分子以及一部分工商界爱国人士发起的。目前,民进成员也主要是由从事教育、文化、出版工作的高中级知识分子组成。

中国农工民主党(简称农工党)。由国民党左派领导人邓演达于 1930 年 8 月 9 日在上海组织成立的中国国民党临时行动委员会发展而来,该委员会于 1935 年 11 月 10 日改名为中华民族解放行动委员会、1947 年 2 月 3 日改名为中国农工民主党。农工党主要由医药卫生界高中级知识分子、环境保护和人口资源领域的代表性人士组成。

中国致公党(简称致公党)。1925 年 10 月在美国旧金山成立,由华侨社团发起。1947 年 5 月,致公党在香港举行第三次代表大会,通过改组成为新民主主义的政党。致公党主要由归国华侨和侨眷中的中上层人士组成。

九三学社。九三学社的成立可以追溯至 1944 年底一批进步学者为争取抗战胜利和政治民主,继承和发扬五四运动的反帝爱国与民主科学精神而在重庆组织的民主科学座谈会。后来,为纪念抗日战争和世界反法西斯战争的伟大胜利,改建为九三学社,并于 1946 年 5 月 4 日在重庆正式召开成立大会。九三学社主要由科学技术界高中级知识分子组成。

台湾民主自治同盟(简称台盟)。1947 年 11 月 12 日在香港成立。由一部分从事爱国主义运动的台湾省人士在台湾人民二二八起义失败后发起。台盟主要由居住在中国大陆的台湾省籍人士组成。

3. 中国民主党派的参政作用

民主党派作为我国的参政党,是通过政治参与和政治协商为人民服务的政党。与西方国家的政党不同,中国民主党派虽然不是执政党,但也不是在野党和反对党,它参加国家政权、参与国家大政方针和国家领导人选的协商,参与国家事务的管理,参与国家方针、政策、法律、法规的制定执行等,这些参政权是西方国家的在野党不可能拥有的。中国共产党与民主党派在坚持四项基本原则的基础上通过提出意见、批评、建议的方式进行互相监督,而且,这种监督作为政治监督,是我国社会主义监督体系的重要组成部分。由于中国共产党处于领导和执政地位,更加需要自觉接受民主党派的监督。在中国革命特别是中国特色社会主义现代化建设和改革开放实践中,各民主党派已经成为各自所联系的社会主义劳动者、社会主义事业建设者和拥护社会主义的爱国者的政治联盟,成为中国共产党领导的为社会主义建设和发展服务的政治力量,在中国社会政治生活中担负着重要角色、发挥着不可替代作用。各民主党派的领导机构和广大成员,不仅代表着他们所联系的那部分人民群众的具体利益与要求,同时也始终关心和研究国家的全局性问题,不断为国家发展和人民利益建言献策。在半个多世纪的历史发展中,他们和中国共产党通力合作,相互监督,共同推动了中国特色社会主义建设事业的不断发展。新时代,实现和推进党和国家事业走向新的辉煌,更加需要各民主党派的支持和通力合作。因此,要支持各民主党派按照各自章程规定的参政党建设目标,遵循坚持中国共产党的领导、发扬社会主义民主、坚持进步性和广泛性相统一原则,加强思想建设、组织建设、制度建设,不断提高民主党派政治协商、参政议政和民主监督水平。

二、中国特色政党制度是新型政党制度

(一) 中国特色政党制度的形成与发展

中国政党制度既是中国社会历史发展的必然选择,也源自中国共产党自身的组织和领

导体制及其社会整合能力。

近代中国陷入半殖民地半封建社会的深渊，国家和民族危难深重。为摆脱帝国主义和封建主义的压迫，一代又一代中国仁人志士奋起抗争，努力寻求救国救民的真理。中国民主革命的先行者孙中山，发动和领导了具有资产阶级民主革命性质的辛亥革命，结束了中国延续几千年的封建专制制度，建立了中华民国，并效仿西方国家实行议会政治和多党制。随后，中国社会出现“组党”热潮，当时产生的政党有 300 多个。但议会制和多党制因不适合中国国情，很快就在中外各种反动势力的冲击下归于失败。1925 年 3 月孙中山逝世后，国民党开始分裂，蒋介石逐步取得国民党领导权，开始独揽国家一切权力，并残酷打击和迫害民主进步力量，推行“一个政党、一个主义、一个领袖”的一党专制制度。蒋介石的一党专制政权代表和维护的是大地主、大买办、大官僚的利益和特权，严重违背了民主政治发展潮流和人民愿望，最终被历史所抛弃。

中华民族要实现彻底解放，建立独立主权的民族国家，需要有一个具有先进理论指导的能够整合中国社会各种进步力量的独立、强大的政治领导力量。中国共产党在反帝反封建革命过程中，在领导新民主主义革命过程中，以马克思主义理论为指导，不仅建立了牢固的工农联盟，而且与由民族资产阶级、城市小资产阶级以及同他们相联系的知识分子、爱国民主人士的代表人物组成的各民主党派和无党派各界爱国人士结成了最广泛的统一战线，赢得了抗日战争和解放战争的胜利，建立了新中国，从而成为中国革命和国家建设的核心领导力量，进而建立起多党合作的新型政党制度。

中国政党制度是在中国长期的革命、建设和改革实践中形成和发展起来的。具体而言，中国共产党领导的多党合作和政治协商制度孕育于抗日战争时期，在解放战争中逐步成熟，以中国人民政治协商会议的召开和中华人民共和国的成立为标志开始正式确立，并在党的十一届三中全会以后得到重大发展和完善。

中国共产党自成立之日起，就遵循马克思主义建党思想和原则，基于中国政治发展的实际，提出了新民主主义革命纲领，并团结全国各革命阶级为实现民族独立、人民解放和国家富强以及人民幸福而不懈奋斗。抗日战争时期和解放战争时期，以民族资产阶级、城市小资产阶级以及同这些阶级相联系的知识分子和其他爱国分子为社会基础的各民主党派基于反帝、爱国、民主的政治要求纷纷成立，广泛开展抗日民主运动，成为中国社会的进步力量。中国共产党根据中国社会革命的性质以及革命的任务，有效地动员各阶级革命力量，使他们团结在自己的周围，建立起强大的革命统一战线。各民主党派积极参加中国共产党领导的抗日民族统一战线，同中国共产党一道，坚持抗战、团结，反对国民党顽固派的投降、分裂和倒退行径。抗日战争胜利后，民主党派继续和中国共产党一道反对国民党蒋介石集团的内战、独裁政策。

中国共产党在领导新民主主义革命过程中，逐步确立了在中国各种革命力量中的核心领导地位。各民主党派、无党派民主人士在长期的革命实践中经过比较，自觉地、郑重地选择了中国共产党的领导。1948 年 4 月，中国共产党提出召开新政治协商会议、成立民主联合政府的主张，得到各民主党派和无党派民主人士热烈响应，他们公开表示，愿意在中国共产党的领导下，共同为建立新中国而奋斗。1949 年 9 月中国人民政治协商会议的召开，标志着中国共产党领导的多党合作和政治协商制度的正式确立。从此，中国共产党与各民主党派长期合作共事、共同参加新中国国家政权建设有了重要的组织形式和组织机构，为中国政党制度的发展奠定了重要的基础。

中华人民共和国成立后，执政的中国共产党进一步加强同各民主党派的团结合作，并不断推进多党合作的理论创新和实践发展。1956 年社会主义改造基本完成后，根据中国阶级状况发生的深刻变化，中国共产党提出了与各民主党派“长期共存、互相监督”的八字方针，明确共产党存在多久，民主党派就存在多久，共产党可以监督民主党派，民主党派也可以监督共产党，从而从政治上和制度上规定了共产党和各民主党派共存共亡的相互关系。中国共产党领导下的多党合作制度的基本格局由此确立。但是，1957 年后特别是“文化大革命”期间，多党合作制度遭受严重挫折。

党的十一届三中全会以来，中国共产党根据中国社会发展所面临的形势和任务，明确提出，多党合作是中国政治制度的一个特点和优势，确立了中国共产党与各民主党派“长期共存、互相监督、肝胆相照、荣辱与共”的十六字方针，并提出了一整套关于多党合作和政治协商的理论和政策。坚持和完善多党合作制度成为中国特色社会主义理论和实践的重要组成部分。党的十三大在肯定多党合作的十六字方针的同时，正式将中国的政党制度表述为“共产党领导下的多党合作和政治协商制度”。这是中国共产党第一次正式确认“多党合作和政治协商制度”是与人民代表大会制度并列的一项国家基本政治制度。1989 年 12 月，中国共产党正式通过了《中共中央关于坚持和完善中国共产党领导的多党合作和政治协商制度的意见》，多党合作和政治协商走上了制度化轨道。1993 年，第八届全国人民代表大会第一次会议将“中国共产党领导的多党合作和政治协商制度将长期存在和发展”载入宪法，中国多党合作的政党制度有了明确的宪法依据。2002 年党的十六大后，中国共产党从建设社会主义政治文明的高度，先后制定了《中共中央关于进一步加强中国共产党领导的多党合作和政治协商制度建设的意见》（2005 年）和《中共中央关于加强人民政协工作的意见》（2006 年），多党合作制度进一步制度化、规范化和程序化。

党的十八大以来，党和国家就坚持和完善中国政党制度、提高制度自信和效能等方面提出了一系列新思想、新观点、新论述，不断丰富、完善和创新中国政党制度，特别是 2015 年中共中央出台的《中国共产党统一战线工作条例（试行）》，成为多党合作制度化、规范化发展的纲领性文献。中国政党制度不断完善，成为具有中国特色的新型政党制度并在中国特色社会主义现代化建设实践中发挥越来越重要作用。

（二）中国特色政党制度的内涵与特征

中国共产党领导的多党合作和政治协商制度是具有中国特色的社会主义政党制度。作为中国的一项基本政治制度，中国政党制度指的是中国共产党与中国民主党派及其他社会组织通过人民政治协商会议以及其他形式进行合作和政治协商的制度。

中国共产党领导的多党合作和政治协商制度具有鲜明的特征。

第一，中国共产党的领导是中国政党制度的前提和基础。在我国的政党制度中，中国共产党是执政党，各民主党派是参政党，不是在野党，更不是反对党。在国家政治生活中，共产党作为执政党，处于统揽全局、协调各方的地位，民主党派作为参政党，是接受共产党领导的，同中国共产党通力合作的亲密友党。在中国政党制度下，共产党的领导不是共产党包办一切事务，而是在与各党派民主平等基础上进行政治领导，即政治原则、政治方向和重大方针政策的领导，或者说主要通过制定正确的路线方针政策，团结民主党派为实现全面建设小康社会的宏伟目标而共同奋斗。中国共产党的领导地位是在长期革命、建设、改革实践中形成并巩固起来的,是历史的选择、人民的选择。

第二,共产党和各民主党派根本利益相一致,有共同的奋斗目标。中国共产党与各民主党派具有共同的政治基础,这个政治基础在新中国成立初期是《共同纲领》;在社会主义改造完成后,是建设社会主义的共同目标和新宪法,而其中最基本、最核心的内容是爱国和民主。这一政治基础决定了共产党与各民主党派是基于根本利益上的一致性和共同的政治目标,从而走到一起:在新民主主义革命和社会主义革命时期,民主党派作为民族资产阶级、小资产阶级及其知识分子组成的带有阶级联盟性质的政党,同共产党一道为争取民族独立和解放,实现国家繁荣富强和人民共同富裕而奋斗;在社会主义建设和改革开放新时期新世纪新阶段,民主党派作为各自所联系的一部分社会主义劳动者、社会主义事业建设者和拥护社会主义爱国者的政治联盟,又同共产党一道共同致力于中国特色社会主义建设。

第三,政治协商是中国政党制度的核心内容。政治协商作为中国政党制度的核心内容,表现为各党派团体、无党派人士和各族各界人士对国家和地方的大政方针以及经济、政治、文化和社会生活中的重要事务在决策之前和决策执行过程中进行协商。中国共产党与民主党派政治协商的基本方式主要有两种,即"中国共产党同各民主党派的政治协商"和"中国共产党在人民政协同各民主党派和各界代表人士的协商"。协商民主是实现党的领导的重要方式,是我国社会主义民主政治的特有形式和独特优势。"人民政协是具有中国特色的制度安排,是社会主义协商民主的重要渠道和专门协商机构。人民政协工作要聚焦党和国家中心任务,围绕团结和民主两大主题,把协商民主贯穿政治协商、民主监督、参政议政全过程,完善协商议政内容和形式,着力增进共识、促进团结。加强人民政协民主监督,重点监督党和国家重大方针政策和重要决策部署的贯彻落实。"①

第四,宪法和法律是我国各政党活动的基本准则。中国共产党领导的多党合作和政治协商制度作为中国社会主义民主的重要内容,是在社会主义法制的框架下设定和运行的。各政党包括执政党都必须尊重宪法的权威。各民主党派具有宪法规定的权利和义务,享有宪法所保障的政治自由、组织独立和法律平等地位,以及自主管理内部事务、独立开展活动的权利。

(三) 中国特色政党制度的基本功能和实现方式

1. 中国特色政党制度的功能

(1) 提供政治参与渠道。中国特色政党制度为中国各民主党派的政治参与开辟了制度化渠道,把各种社会政治力量纳入政治体制,推进社会主义民主积极稳步发展,从而巩固和扩大了人民民主专政国家政权的基础;通过这一制度,可以有效调动各方面积极性,广集民智,广求良策,推动执政党和政府决策的科学化、民主化。

(2) 反映和表达不同阶级、阶层利益。中国特色政党制度作为政治协商的平台,是各党派各阶层有效反映中国经济体制变革、社会结构变动、利益格局调整所带来的社会各方面的利益、愿望和诉求的合法渠道,从而为兼顾和协调各方利益关系奠定前提条件。

(3) 整合社会力量、提高政治认同。中国特色政党制度以中国共产党领导为前提和基本原则,通过各民主党派的广泛合作,从而形成强大的社会整合力,以应对中国国家现代化

---

① 习近平:《决胜全面建成小康社会 夺取新时代中国特色社会主义伟大胜利——在中国共产党第十九次全国代表大会上的报告》,人民出版社 2017 年版,第 38 页。

建设的艰巨性和复杂性。在建设中国特色社会主义共同目标下,中国共产党通过政治协商,紧密团结各民主党派,调动各方面的积极性,使民主党派政治认同不断提高,从而引导和组织社会各方力量沿着现代化方向不断前进。

(4) 实现民主监督、提高执政水平。中国共产党与各民主党派互相监督,有利于强化体制内的监督功能,避免由于缺乏监督而导致的种种弊端。各民主党派反映和代表着各自所联系群众的具体利益和要求,能够反映社会多方面的意见和建议,提供中国共产党自身监督之外更多方面的监督,促使执政党更加自觉和坚决地抵制和克服官僚主义和各种消极腐败现象,不断提高和改进共产党的执政水平和执政能力。

(5) 化解社会矛盾、维护政治稳定。中国特色政党制度以合作、协商代替对立、竞争、争斗,能够有效化解各种社会矛盾和冲突,避免政党间互相倾轧造成的政局不稳和政权频繁更迭,从而最大限度地减少社会内耗,维护安定团结的社会政治局面,保持政治稳定和社会和谐。

中国特色政党制度在国际间政党合作和交往中的功能体现在,它是人类进步事业和人类文明发展的重要力量。习近平在中国共产党与世界政党高层对话会上的主旨讲话中指出,"世界格局在变,发展格局在变,各个政党都要顺应时代发展潮流、把握人类进步大势、顺应人民共同期待,把自身发展同国家、民族、人类的发展紧密结合在一起……我们应该……共襄构建人类命运共同体的伟业。""中国共产党是为中国人民谋幸福的党,也是为人类进步事业而奋斗的党",因此,中国共产党不仅在中国"国家政治生活中发挥着重要作用,也是推动人类文明进步的重要力量"①,而作为世界上最大的政党,中国共产党领导中国人民做好中国自己的事情,就是对构建人类命运共同体的贡献。

2. 中国特色政党制度的实现方式

中国人民政治协商会议是中国特色政党制度的重要的组织形式。人民政协在全国人民代表大会制度建立之前曾代行国家权力机关的职权,人民代表大会制度建立后人民政协保留下来并成为中国共产党与各民主党派、各人民团体及各界代表对国家大政方针和社会生活中的重大问题进行协商以达成合作的重要方式、机关和场所。

中国共产党召集的协商座谈会是比人民政协会议方式更灵活并可随时根据需要而进行的一种中国共产党与其他各民主党派实现合作的方式。根据《中共中央关于坚持和完善中国共产党领导的多党合作和政治协商制度的意见》,此类活动方式主要有三种:一是邀请各民主党派主要领导人和无党派的代表人士举行民主协商会,一般每年举行一次;二是中共中央主要领导人根据形势需要,不定期地邀请民主党派主要领导人和无党派的人士代表,举行高层次、小范围的谈心活动;三是由中共中央召开民主党派、无党派人士座谈会,大体每两个月举行一次。这类协商座谈会的方式是党的十一届三中全会以来逐步形成的一种我国政治生活包括政党合作的惯例。由于这类座谈会主要是在共产党和民主党派之间进行,因此,成为我国政党合作制度实现的一种较为经常的方式。

共同参加国家政权也是中国共产党与各民主党派实现合作的方式。这种合作方式是共产党和民主党派通过在协商基础上联合提出并确定全国和地方各级人大、国务院和各级人

---

① 《习近平出席中国共产党与世界政党高层对话会开幕式并发表主旨讲话》,《人民日报》2017 年 12 月 2 日第 1 版。

民政府中的代表及候选人实现的。中国共产党和各民主党派共同参加各级人大和政府工作是双方实现合作的一种重要形式。这种形式在建国以来有很多实践，如在很多届的各级人大中，民主党派成员和无党派人士代表都占一定比例，有的还担任过全国和地方的人大常委会委员及正副委员长（主任）；在各级政府中，有的民主党派成员曾担任过国家副主席、国务院副总理、政府正副部长以及省级地方政府领导等重要职务。当然，民主党派成员参加政府工作不是代表各自党派参加政府，也不是按照本党意见从事政府工作，而是作为国家公务员在政府工作中与中国共产党通力合作，按国家方针政策办事的。

（四）中国特色政党制度是新型政党制度

作为具有中国特色的政党制度，中国共产党领导的多党合作和政治协商制度，因其符合中国国情而具有独特优势。与以往政党制度相比较，中国政党制度是新型政党制度，这种“新型政党制度，新就新在它是马克思主义政党理论同中国具体实际相结合的产物，能够真实、广泛、持久代表和实现最广大人民根本利益和全国各族各界根本利益，有效避免了旧式政党制度代表少数人、少数利益集团的弊端”。①

1. 中国政党制度的优势

（1）有利于中国最广泛人民民主的实现。民主的基本含义是人民当家作主。人民是以不同群体形式而存在的。政党作为现代国家最重要的群体，也是国家不同政治力量的代表。政党制度作为一国政治制度的重要组成部分，规定了国家各个政党在政治生活中所处的地位、作用及其相互关系、政党同国家权力的关系、政党对政治生活的影响等，从而成为不同群体权利实现的重要保障。中国共产党和八个民主党派，代表了中国社会各种阶层和群体力量。中国政党制度把各种社会力量纳入国家政治体系，从而为各党派和无党派代表人士及其所代表的阶层和群体的政治参与开辟了制度化的渠道。

（2）有利于提高决策水平和执行效率。中国特色政党制度超越党派利益、阶级利益、区域和集团利益，为中国共产党领导与各民主党派的合作和政治协商提供了制度化、程序化、规范化的平台。中国共产党作为执政党，民主党派作为参政党，在中国共产党统一领导下，通过政治协商，共同参与国家事务，并达成最大共识；而且我国各民主党派成员及其所代表的阶层和群体一般都具有较高的科学文化知识水平，从而有利于提升决策民主化、科学化水平。同时，这一制度还具有效率优势：可以有效集中全国力量，高效解决事关国计民生的重大问题，从而避免竞争性政党制度存在的议而不决、决而难行、效率低下的难题。

（3）有利于调动各方面力量，发挥其建设中国特色社会主义现代化的积极性、主动性和创造性。中国共产党领导的多党合作和政治协商制度，把各个政党和无党派人士及其所代表的阶层和群体紧密团结起来，并真实、广泛、持久地代表中国最广大人民根本利益，从而能够凝聚起广大人民群众的力量，为着共同目标而奋斗。同时，通过中国共产党政治、思想、组织的坚强领导，发扬社会主义民主，发挥多党合作、政治协商、参政议政、民主监督作用，各党派“有事多商量、有事好商量”，从而广泛凝聚社会共识，调动各界智慧和力量，共同致力于中国特色社会主义现代化建设事业。

（4）有利于民族团结和祖国统一大业的实现。实现民族团结和祖国统一，是中国人民

① 《坚持多党合作发展社会主义民主政治 为决胜全面建成小康社会而团结奋斗》，《人民日报》2018 年 3 月 5 日第 1 版。

和中华民族的共同目标，需要中国共产党领导，需要全国各族人民共同努力。我国各民主党派多与港、澳、台及海外侨胞联系密切，是很好的沟通桥梁。中国共产党曾和各民主党派一起协商，共同制定对港、澳、台的方针政策，并顺利实现了香港和澳门的回归，对祖国统一大业做出了卓越贡献。新时代，中国共产党继续坚持"一国两制"方针，领导和团结各民主党派以及全体社会主义劳动者、拥护社会主义的建设者和拥护祖国统一的爱国者组成最广泛的爱国统一战线，共同实现民族复兴，加快推进国家统一的进程。

2. 中国特色政党制度是新型政党制度

（1）中国新型政党制度新在它是马克思主义政党理论同中国具体实际相结合的产物。马克思主义理论特别是马克思主义政党理论是中国政党制度的理论基础。马克思主义建党理论与以往旧式政党理论的根本区别在于，旧式政党以维护部分人的利益为建党目的，而马克思主义作为无产阶级解放事业的理论武器，是为整个无产阶级服务的，这个阶级的政党也必然以无产阶级的根本利益为奋斗目标。正如马克思、恩格斯在《共产党宣言》中所提出的，"共产党人强调和坚持整个无产阶级共同的不分民族的利益"，"共产党人始终代表整个运动的利益"。由此可见，马克思主义政党理论彻底摆脱了旧式政党制度的私利羁绊，从而成为新型政党制度建构的理论基础。中国政党制度以实现中国最广大人民群众根本利益为出发点和落脚点，体现了马克思主义建党理论和建党原则，正如《中国共产党章程》所规定的，中国共产党"除了工人阶级和最广大人民群众的利益，没有自己特殊的利益。党在任何时候都把群众利益放在第一位，同群众同甘共苦，保持最密切的联系，坚持权为民所用、情为民所系、利为民所谋，不允许任何党员脱离群众，凌驾于群众之上"。① 因此，中国政党制度是新型政党制度。

（2）中国新型政党制度新在符合中国国情。中国政党制度是在中国独特的国情条件下、在中国的社会土壤中成长起来的，它植根于中国独特的政治、历史文化，产生于近代以后中国人民革命的伟大斗争，发展于中国特色社会主义建设和改革事业的伟大实践，是中国共产党、中国人民和各民主党派以及无党派人士的伟大政治创造。中国当下处于社会主义初级阶段，推进社会主义现代化建设是国家的中心任务。这就决定了中国的政党制度一方面要有利于保持国家政局稳定和社会安定团结，为经济发展创造良好的环境；另一方面又要有利于实现人民民主，发挥社会主义制度的优势。实践证明，中国共产党领导的多党合作和政治协商制度，在团结、合作、民主、协商的旗帜下，将各党派、各阶层紧密团结起来共同致力于中国特色社会主义事业，为中国经济社会的快速发展作出了重要贡献。

（3）中国新型政党制度新在能够真实、广泛、持久代表和实现最广大人民根本利益和全国各族各界根本利益。中国政党产生于拯救中华民族危亡的目的，中国政党制度孕育于中国最广大人民群众摆脱被压迫、被奴役的解放斗争中、完善于人民当家作主的社会主义国家建设和改革开放事业中。中国共产党人的初心和使命，就是为中国人民谋幸福，为中华民族谋复兴。中国政党制度的形成和发展、积累的政治经验、形成的政治原则，都体现了中国共产党把握时代要求、着眼于党和国家重大现实问题的解决以及坚持以中国最广大人民根本利益和全国各族各界根本利益实现和发展为目的初心。正如习近平指出的，"多党合作建立之初心"，"把我国社会主义政党制度坚持好、发展好、完善好"，就是"坚定不移走中国特

---

① 《中国共产党章程》，《人民日报》2017 年 10 月 29 日第 2 版。

色社会主义政治发展道路”“共同把中国的事情办好”①。

（4）中国新型政党制度新在创造了新型政党关系。中国政党制度以“合作”“协商”为原则，创造了崭新的政党关系及其运行方式：中国共产党与各民主党派是团结合作的友党关系，而不是互相竞争的在朝党与在野党、执政党与反对党的关系。中国共产党与各民主党派坚持长期共存、互相监督、肝胆相照、荣辱与共，共同应对前进中的各种困难和考验，体现了集中社会各界智慧力量办大事的制度优势。在中国新型政党制度框架下，中国共产党作为执政党和领导党，代表中华民族整体利益，各民主党派和无党派人士基于其相应社会基础，联系一部分群众的利益，是中国共产党的好参谋、好帮手、好同事。各党派通过制度化、程序化、规范化的安排协商共事，凝聚共识、智慧和力量，为着共同目标而奋斗，不仅能够有效避免一党执政缺乏监督或者多党轮流坐庄、恶性竞争的弊端，还能有效避免旧式竞争性政党体制下各党派基于其各自党派利益、阶级利益、区域和集团利益决策和施政而导致社会不稳定的弊端。同时，这种新型政党制度，有利于集中各种意见和建议、推动决策科学化民主化，既符合当代中国实际，也符合中华民族历来倡导的天下为公、兼容并蓄、求同存异等优秀传统文化，因而也是对人类政治文明的重大贡献。

（5）中国新型政党制度新在它创造了新的政党政治形式。从西方资本主义国家的政治实践看，政党政治的基本组织形式是“执政—在野（反对）”，而中国共产党领导的多党合作和政治协商制度的政治形式，则是“执政—参政”。“执政—在野（反对）”的政党政治形式的游戏是“零和游戏”，即在选举中获胜的政党“上台”，选举失利的政党成为反对党或在野党。“执政—参政”的政党政治形式则是一种“双赢”的选择：在中国政党制度的框架下，不处于执政地位的各民主党派可以以参政党的身份参与国家政权，在政治生活中发挥积极作用，也可以在国家政权中获得相当的政治地位。“执政—参政”的政党政治形式，是对民主政治的一种创新性发展，是协商性民主的典型体现。在中国政党制度这个平台上，不同的政治力量可以通过协商的形式解决国家政治生活中的各种问题。

（6）中国新型政党制度新在开创了政党间新的相互监督形式和机制。西方在野党的一个重要功能就是监督执政党，但是这种监督是本着一己之私的单向监督形式。中国共产党和民主党派之间的民主监督是执政党与参政党双向的相互监督，双方相互监督的宗旨是实现人民根本利益，出发点是协调和实现各方面利益。在中国特色政党制度下，中国共产党对民主党派的监督是通过思想教育、政策宣传、团结引导等方式实现的，目的是切实保证和不断提高各民主党派的参政、议政和民主监督水平；各民主党派对共产党的监督是通过提出意见、批评、建议的方式进行的政治监督，目的是帮助中国共产党更好地执政，提高执政水平。当然，由于共产党是执政党，各民主党派对共产党的监督是相互监督的主要方面。民主党派民主监督的内容主要包括：国家宪法和法律法规的实施情况、执政党和政府重要方针政策的制定和贯彻执行情况、执政党各级党委的工作及其领导干部履行职责和为政清廉等方面的情况。中国政党制度独特的“相互监督”形式和机制，使得中国的政党组织已不再是通常意义上相互冲突或矛盾的不同利益的代言人，而是根本利益一致基础上的政策协调与合作者。

---

① 《不忘合作初心 凝聚奋斗力量》，《新华每日电讯》2018年3月5日第3版。

三、中国政党制度与统一战线

中国政党制度的特殊性所在就是它与统一战线具有内在联系。统一战线作为中国特色政党制度的重要运行方式和这一制度在政治实践中发挥作用的纽带，成为中国特色政党制度的重要组成部分。

所谓统一战线，就是指中国共产党领导的、以工农联盟为基础的，包括全体社会主义劳动者、社会主义事业建设者、拥护社会主义爱国者、拥护祖国统一和致力于中华民族伟大复兴爱国者的联盟。统一战线作为中国共产党凝聚人心、汇聚力量的政治优势和战略方针，是夺取中国革命、建设、改革事业胜利的重要法宝，是增强党的阶级基础、扩大党的群众基础、巩固党的执政地位的重要法宝，也是全面建成小康社会、加快推进社会主义现代化、实现中华民族伟大复兴中国梦的重要法宝[①]。正如习近平指出的，正是"我们坚持发展最广泛的爱国统一战线，发展独具特色的社会主义协商民主"，才"有效凝聚了各党派、各团体、各民族、各阶层、各界人士的智慧和力量。"[②]

（一）中国统一战线的形成

中国统一战线是中国共产党以马克思主义基本原理为指导并与中国革命具体实践相结合而形成的。

统一战线是马克思主义的一个基本战略策略问题。马克思和恩格斯在《共产党宣言》中就曾指出："被剥削被压迫的阶级（无产阶级），如果不同时使整个社会永远摆脱剥削、压迫和阶级斗争，就不再能使自己从剥削它压迫它的那个阶级（资产阶级）下解放出来"[③]，并提出了全世界无产者联合起来的口号。随后，马克思、恩格斯在指导无产阶级解放的革命斗争中，为解决无产阶级自身团结和争取同盟军的问题，在总结经验的基础上，开创了无产阶级统一战线思想。列宁在领导俄国革命的实践中一再强调，利用一切机会来获得大量的同盟者，对于无产阶级夺取政权以前和以后的时期都是同样适用的；不懂得这一点，就是丝毫不懂得马克思主义。中国共产党人把马克思主义基本原理与中国具体实际相结合，把统一战线作为中国革命、建设、改革的一个基本问题，在实践中创造性地提出了一系列具有中国特色的统一战线理论和政策。这些理论和政策主要包括：统一战线是中国革命、建设和改革事业取得胜利的重要法宝，是中国共产党执政兴国的重要法宝；统一战线的永恒主题是大团结大联合；高举爱国主义、社会主义旗帜，建立包括两个联盟在内的占全民族人口绝大多数的最广泛的统一战线；坚持党对统一战线的领导权；把中国资产阶级区分为官僚资产阶级和民族资产阶级，并对其采取不同的策略；实行又联合又斗争的基本原则；统一战线工作要坚持原则性和灵活性相结合；实行中国共产党领导的多党合作和政治协商制度，等等。这些理论和政策是中国革命和建设的思想财富，也是中国革命、建设和改革的经验总结。

新中国建立前，统一战线是中国共产党进行革命斗争的重要武器。大革命时期，党的统一战线以国共合作为核心，联合各革命阶级，以反帝反封建为主要内容，推动了轰轰烈烈的国民革命。大革命失败后，中国共产党及时总结经验教训，以反对封建压迫和国民党反动统

---

① 《中国共产党统一战线工作条例（试行）》，华文出版社 2015 年版，第 1 页。

② 《习近平谈治国理政》第二卷，外文出版社 2017 年版，第 287 页。

③ 《马克思恩格斯选集》第 1 卷，人民出版社 2012 年版，第 380 页。

治为主要目标，建立起包括工人、农民和小资产阶级的工农民主统一战线。卢沟桥事变后，在民族存亡危急关头，中国共产党推动国共第二次合作，联合各党派和无党派人士、各中间阶级共同抗日，建立起抗日民族统一战线。解放战争时期，为推翻国民党腐朽统治，中国共产党领导建立了包括工人、农民、城市小资产阶级、民族资产阶级、各民主党派、开明绅士、其他爱国分子、少数民族同胞和海外侨胞在内的广泛的人民民主统一战线。1948 年上半年，在人民解放军取得全国胜利已成定局的情况下，中共中央于 4 月 30 日发布了《纪念“五一”劳动节口号》，号召各民主党派、各人民团体、各社会贤达迅速召开政治协商会议，讨论成立民主联合政府，得到各界著名民主人士的拥护和响应。

中国人民政治协商会议的召开，标志着统一战线进入新的历史时期，并且形成了自己的组织形式——中国人民政治协商会议。在社会主义改造完成之前，中国共产党通过由工人、农民、城市小资产阶级、民族资产阶级和其他爱国民主分子组成的统一战线，实现了各族人民大团结，促进了国民经济的恢复和发展以及新生政权的稳定和巩固。社会主义改造期间，统一战线在团结民族资产阶级等方面发挥了重要作用。1956 年，“长期共存、互相监督”方针的提出，为统一战线确定了新的发展目标。但随后统一战线进入曲折发展时期，并遭受破坏。1978 年改革开放以后，中国社会实现历史性转折，统一战线也进入恢复和发展新阶段。1982 年，中国共产党第十二次全国代表大会政治报告将“长期共存、互相监督”的八字方针发展为“长期共存、互相监督、肝胆相照、荣辱与共”十六字方针，统一战线成为工人阶级领导的、工农联盟为基础的全体社会主义劳动者和拥护社会主义的爱国者以及拥护祖国统一的爱国者的广泛联盟——“爱国统一战线”。随后，统一战线的范围和规模不断扩大，并形成了由大陆全体劳动者和爱国者组成的以社会主义为政治基础的联盟和包括台湾同胞、港澳同胞、海外侨胞在内的以爱国和拥护祖国统一为政治基础的联盟，在国家建设和民族统一大业中发挥了不可或缺的作用。

当前，“我们党所处的历史方位、所面临的内外形势、所肩负的使命任务……越是变化大，越是要把统一战线发展好、把统战工作开展好。”①为此，中国共产党明确提出，必须坚持统一战线这一党的事业取得胜利的重要法宝，必须高举爱国主义、社会主义旗帜，牢牢把握大团结大联合的主题，坚持一致性和多样性统一，共同团结奋斗，才能找到全体中国人民的最大公约数，画出最大同心圆，从而铸牢中华民族共同体意识，实现共同繁荣发展和中华民族的伟大复兴。

（二）中国统一战线的工作机制

统一战线作为中国特色政党制度的重要组成部分和运行方式，主要体现在统一战线的指导思想、指导原则和发展目标、工作范围、组织形式等方面。

1. 统一战线的指导思想

以马克思列宁主义、毛泽东思想、邓小平理论、“三个代表”重要思想、科学发展观和习近平新时代中国特色社会主义思想为指导，坚定不移走中国特色社会主义道路，紧紧围绕“五位一体”总体布局和“四个全面”战略布局，高举爱国主义、社会主义旗帜，坚持大团结大联合的主题，坚持正确处理一致性和多样性关系的方针，积极促进政党关系、民族关系、宗教关系、阶层关系、海内外同胞关系和谐，调动一切可以调动的积极因素和力量，为实现“两个

---

① 《习近平总书记系列重要讲话读本》，学习出版社 2016 年版，第 173 页。

一百年”奋斗目标、实现中华民族伟大复兴的中国梦服务，为维护社会和谐稳定、维护国家主权安全和发展利益服务，为保持香港澳门长期繁荣稳定、实现祖国完全统一服务。这也是新时代中国特色社会主义统一战线必须坚持的根本指导思想。

2. 统一战线的基本原则和目标

长期以来，党在统一战线工作中形成了一系列基本原则，主要有：坚持党对统一战线的领导，坚持为党和国家的中心任务服务，坚持高举爱国主义、社会主义两面旗帜，坚持大团结大联合的主题，坚持发扬社会主义民主，坚持求同存异、体谅包容，坚持“团结—批评—团结”，坚持以人为本、照顾同盟者利益等。

统一战线的目标随着党在中国革命、建设和改革各个历史时期总目标总任务不同而发展变化。在新民主主义革命时期，统一战线的主要目标是推翻帝国主义、封建主义、官僚资本主义三座大山，建立人民民主专政的国家政权；在社会主义改造时期，统一战线的主要目标是通过社会主义改造，实现由新民主主义向社会主义转变。在社会主义建设和改革发展新的历史时期，统一战线的主要目标就是建设中国特色社会主义。新时代统一战线的发展目标是，坚持和发展中国特色社会主义，在全面建成小康社会的基础上，实现社会主义现代化和中华民族伟大复兴，在本世纪中叶建成富强民主文明和谐美丽的社会主义现代化强国。

3. 统一战线的工作范围和对象

新时代统一战线是中国共产党领导的、以工农联盟为基础的，包括全体社会主义劳动者、社会主义事业建设者、拥护社会主义爱国者、拥护祖国统一和致力于中华民族伟大复兴爱国者的联盟，这个联盟包括两个范围：在大陆范围内，是以社会主义为政治基础的联盟；在大陆范围外，是以爱国主义为政治基础的联盟和以人类命运共同体为纽带的国际统一战线。所以，其工作对象包括：各民主党派成员，无党派人士，党外知识分子，少数民族人士，宗教界人士，非公有制经济人士，新的社会阶层人士，出国和归国留学人员，香港同胞、澳门同胞，台湾同胞及其在大陆的亲属，华侨、归侨及侨眷，其他需要联系和团结的人员。统一战线工作对象为党外人士，重点是其中的代表人士。

4. 统一战线的组织形式

我国宪法指出：“中国人民政治协商会议是有广泛代表性的统一战线组织。”《中国人民政治协商会议章程》进一步指出：“中国人民政治协商会议是中国人民爱国统一战线的组织，是中国共产党领导的多党合作和政治协商的重要机构，是我国政治生活中发扬社会主义民主的重要形式。”

中国人民政治协商会议是统一战线发展的产物，是统一战线的组织形式。在中国人民政治协商会议诞生之前，统一战线是党领导革命斗争的重要政治策略。新中国成立后，随着中国人民政治协商会议的诞生，统一战线也上升为国家政治制度的重要组成部分。从某种意义上讲，中国人民政治协商会议是统一战线思想、原则的制度化体现。在实践中，中国人民政治协商会议是开展统一战线活动的重要政治舞台，是社会各方面团结合作、协调关系的重要场所。

新时代统一战线已经发展成为全体社会主义劳动者、社会主义事业的建设者、拥护社会主义的爱国者和拥护祖国统一的爱国者的最广泛的联盟。中国人民政治协商会议以组织上的广泛代表性和政治上的巨大包容性，囊括了统一战线各方面的代表人士。政协 34 个界别包括了各党派和无党派人士，主要人民团体、社会各界别和各方面的代表人士，以及新的社会阶层代表。中国人民政治协商会议将统一战线的各方面人士团结在社会主义和爱国主义的旗帜下，在民主和协商原则下广泛参加国家的政治生活，最大限度地实现人民民主权利。

统一战线工作在党的领导下进行。各级统一战线工作部是各级党委主管统一战线工作的职能部门，承担了解情况、掌握政策、协调关系、安排人事、增进共识、加强团结等职责。中央和县级以上地方党委设置统战部。乡（镇、街道）党组织一般都有明确的专人负责统一战线工作；中央和省市两级党委都有负责统一战线工作的派出机构；高等学校、科研院所党委一般都设置统一战线工作机构；大型国有企业党委一般也应有明确机构或人员专门负责统一战线工作。

（三）新时代统一战线的主要任务

统一战线是中国共产党夺取革命、建设、改革事业胜利的重要法宝，是实现祖国统一和中华民族伟大复兴的重要法宝。在新时代，发展统一战线"必须正确处理一致性和多样性关系"。① 具体而言，就是发展壮大爱国统一战线，有效发挥统一战线的重大作用，必须要处理好政党关系、民族关系、宗教关系、阶层关系、海内外同胞关系等。这五大关系是中国政治领域和社会领域中涉及党和国家工作全局的重大关系。促进这些关系的和谐发展，也是新时代统一战线工作的主要任务。

第一，处理好中国共产党和民主党派的关系。巩固和发展我国社会主义政党关系，实现我国政党关系长期和谐，关键在于坚持和完善中国共产党领导的多党合作和政治协商制度格局。在统一战线工作中，既要坚持中国共产党的领导，又要促进多党派团结合作；既要努力提高中国共产党的执政能力，又要注重发挥民主党派参政议政的作用；既要重视做好民主党派的思想引导工作，又要真诚接受他们的民主监督；既要全面推进党的建设新的伟大工程，又要积极支持民主党派加强自身建设，使执政党建设与参政党建设相互促进，更好地统一于多党合作、共创伟业的历史进程中。

第二，处理好各民族特别是汉族和少数民族的关系。中国共产党团结和带领全国各族人民在争取中华民族独立解放和繁荣发展过程中走出了一条中国特色的民族发展道路，形成了平等、团结、互助、和谐的社会主义民族关系。这种民族关系，体现了中华民族多元一体的基本格局和中华民族大家庭的根本利益。正确认识和处理我国民族关系，最根本的就是要始终不渝地坚持民族平等，加强民族团结，推动民族互助，促进民族和谐。"民族团结是各族人民的生命线……各民族要相互了解、相互尊重、相互包容、相互欣赏、相互学习、相互帮助"，②而"做好民族工作，最关键的是搞好民族团结，最管用的是争取人心"。③ 为此，要围绕促进民族团结改善民生，推动民族地区经济社会发展，提高民族地区就业水平和基本公共服务水平；要全面深入持久开展民族团结进步创建活动，积极培育中华民族共同体意识，增进各族群众对伟大祖国、中华民族、中华文化、中国共产党、中国特色社会主义的认同。同时，反对大民族主义主要是大汉族主义，反对狭隘民族主义；尊重少数民族风俗习惯，反对一切形式的民族歧视；依法处理涉及民族因素的矛盾和纠纷；同一切分裂祖国的行为作坚决斗

---

① 《习近平谈治国理政》第二卷，外文出版社 2017 年版，第 303～304 页。

② 《习近平在第二次中央新疆工作座谈会上强调：坚持依法治疆团结稳疆长期建疆 团结各族人民建设社会主义新疆》，《人民日报》2014 年 5 月 30 日第 1 版。

③ 《中央民族工作会议暨国务院第六次全国民族团结进步表彰大会在北京举行》，《人民日报》2014 年 9 月 30 日第 1 版。

争,维护国家统一、民族团结和社会稳定。

第三,处理好信教群众和不信教群众、信仰不同宗教群众之间的关系。我国是一个多宗教的国家。处理好信教群众和不信教群众、信仰不同宗教群众之间的关系,引导宗教与社会主义社会相适应,是统一战线工作的重要任务。党的宗教工作基本方针是:全面贯彻党的宗教信仰自由政策,依法管理宗教事务,坚持独立自主自办原则,积极引导宗教与社会主义社会相适应。为此,一是要充分认识宗教在社会主义社会将长期存在的客观现实,深刻把握宗教问题同政治、经济、文化、民族等方面因素相交织的复杂状况,教育群众树立历史唯物主义的基本立场,以科学的历史的观点看待宗教,全面认识宗教产生和存在的深刻历史根源、社会根源、心理根源。二是要尊重和保护公民信仰宗教和不信仰宗教的权利。坚持政教分离,禁止以行政力量消灭或者发展宗教,禁止利用恐吓、欺骗等手段传播宗教,禁止利用宗教进行破坏社会秩序、损害公民身体健康、妨碍国家教育制度、制造民族矛盾、破坏祖国统一的活动。坚持保护合法、制止非法、遏制极端、抵御渗透、打击犯罪。三是要健全宗教事务管理法规和制度,依法处置涉及宗教因素的矛盾和问题。四是要防范外国势力干预和支配我国宗教团体和宗教事务。五是支持和引导宗教界人士对宗教教义作出适应时代进步要求的阐释。发挥宗教界人士和信教群众在促进经济社会发展中的积极作用。总之,要处理好宗教关系,既不能用行政手段压制宗教,也不能放弃对宗教事务的管理,而是要更加扎实地做好党的宗教工作,把广大信教群众紧紧团结在党和政府周围,共同为全面建设小康社会而奋斗。

第四,处理好社会各阶层的利益关系。改革开放以来,我国社会阶层结构发生了深刻变化:包括知识分子在内的中国工人阶级队伍不仅数量不断扩大,整体素质也普遍提高,广大农民也日益成为社会主义新型农民,同时我国还出现了大量非公有制经济人士等新的社会阶层。这是改革开放特别是社会主义市场经济发展的必然结果,也是中国特色社会主义事业蓬勃发展的重要体现。新社会阶层人士的工作是统一战线工作的新领域和新的着力点。统一战线工作的重要任务,就是正确认识和处理新形势下我国社会各阶层关系,科学分析和准确把握我国社会阶层结构发生的深刻变化,在发挥我国工人、农民、知识分子、干部、军人推动社会发展的主体作用的同时,正确处理和协调非公有制经济人士等新社会阶层的利益诉求,全面兼顾和实现社会各阶层群众的利益,从而推动和实现全社会和谐相处、共同发展。

第五,处理好大陆同胞和港澳同胞、台湾同胞、海外侨胞的关系。统一战线工作的一项重要任务就是,全面理解和坚持“一国两制”“港人治港”“澳人治澳”、高度自治的方针,促进香港、澳门长期繁荣稳定,推动内地同香港、澳门和谐相处、共同发展;努力发挥统一战线各界人士的积极性和主动性,运用各种资源,开辟各种渠道,抓住各种机会,灵活多样地开展对台工作;以凝聚侨心、汇集侨智、发挥侨力为目标,坚持把维护海外侨胞和归侨侨眷的根本利益作为侨务工作的出发点和落脚点;鼓励和支持他们关心和参与祖国现代化建设,为祖国建设引进资金、技术、人才牵线搭桥;鼓励和支持他们传承和传播中华民族的优秀文化。鼓励和支持他们发挥遏制“台独”分裂势力及其活动、促进祖国和平统一的智慧和力量。解决台湾问题、实现祖国完全统一,是全体中华儿女共同愿望,是中华民族根本利益所在,推动两岸关系和平发展,团结全体中华儿女共同致力于实现祖国的完全统一是新时代中华民族伟大复兴的必然要求。而和平统一,是两岸人民的共同愿望。因此,两岸关系和平发展要靠两岸同胞共同推动、共同维护;民族复兴、国家强盛,两岸中国人才能过上富足美好的生活。中国共产党郑重承诺，在坚持“九二共识”、反对“台独”的共同政治基础上，在一个中国原则基础上，愿意同台湾各党派、团体和人士就两岸政治问题和推进祖国和平统一进程的有关问题开展对话沟通，广泛交换意见，寻求社会共识，推进政治谈判。两岸中国人、海内外中华儿女理应共担民族大义、顺应历史大势，共同推动两岸关系和平发展、推进祖国和平统一进程。

本章小结

本章以政党与制度的基本理论分析为主线，主要介绍中国特色政党制度的内容、特点、工作方式。首先，分析和阐释了政党的概念、特征及其功能等基本理论问题；其次，介绍了政党制度内涵、影响因素以及当代西方国家政党制度的主要类型；第三，介绍了中国特色社会主义政党制度的内涵、特征、基本功能及其运行方式，分析了中国政党制度的优势及其作为新型政党制度的基本内容；介绍了中国统一战线的性质、工作机制和主要任务。

思考题

1. 如何理解现代政党的主要特征？
2. 政党的功能都有哪些？
3. 如何理解政党制度形成的影响因素？
4. 当代资本主义国家政党制度主要有哪几种？如何评价？
5. 如何理解中国共产党和中国民主党派在国家政治生活中的地位和作用？
6. 如何理解中国共产党与中国民主党派的关系？
7. 中国特色政党制度的内涵与特征？
8. 结合实际论述中国政党制度的优势。
9. 为什么说中国政党制度是新型政党制度？
10. 新时代统一战线的主要任务是什么？如何理解？

第七章 政治文化

政治文化是政治学领域中的一个重要概念,政治文化研究是20世纪五六十年代出现的一个重要学科领域。政治文化主要研究不同民族和不同社会中,影响政治体系成员的政治价值观念、政治认知、政治情感和政治态度的文化和心理等因素的形成过程及其在政治生活中的作用。政治文化研究广泛使用了历史学、社会学、心理学以及文化人类学等学科领域的知识和研究方法。在中国特色社会主义现代化建设中,政治文化是十分重要的内容,发挥着重要作用。

第一节 政治文化概述

认识政治文化,首先要理解政治文化的含义与特征、政治文化的要素与类型、政治文化的结构与功能。

一、政治文化的含义与特征

(一) 政治文化的含义

政治文化这个概念,首先是在比较政治学研究领域中出现的。现代西方的一些政治学者在进行不同国家的政治体系比较研究时发现,在任何一种特定的政治体系中,都存在着某种特定的政治价值观念和行为模式,它是某种特定的政治制度得以有效运行的重要因素,由此构成了个人行为与政治制度、政治活动之间的必然联系,即所谓的"政治行为的倾向性"。如果单纯地使用"政治态度""政治价值观念""意识形态""民族心理和文化模式"等概念,都难以完整地概括这种关系,因此,人们开始使用"政治文化"(Political Culture)这个新的概念,用以表达和研究影响政治体系运作的上述因素。

政治文化概念首先是由美国政治学家G.A.阿尔蒙德提出的。1956年,他在《政治学杂志》上发表了《比较政治体系》一文,用"政治文化"这个概念来指某一民族和社会对于某一政治系统以及各种政治问题的态度、信仰、感情、价值观和行为方式。此后,美国的塞缪尔·比尔和亚当·乌赫姆在他们合著的《政治模式》一书中,也使用了政治文化这个概念。政治文化概念出现之后,立刻成为政治学领域中引人注目的研究课题。20世纪60年代以后,政治文化已经成为西方政治学理论的重要领域。抽样调查、访谈和数理统计、社会心理分析和文化人类学分析等研究方法,逐渐被广泛地应用于政治文化的研究,相继出现了一批政治文化研究的重要论著。其中代表性的研究成果包括:阿尔蒙德与S.韦伯合著的《公民文化》(1963)、L.W.派伊和S.韦伯合著的《政治文化与政治发展》(1965)、阿尔蒙德和G.B.鲍威尔合著的《比较政治学：发展研究途径》(1966)等。此后，其他许多国家的学者也开始重视政治文化的研究。我国政治学界在20世纪80年代初，也开始对这一领域进行了介绍和研究。

关于何谓政治文化，不同的人有不同理解。一般认为，美国当代比较政治学中的结构—功能主义学派创始人加布里埃尔·阿尔蒙德所提出的定义，比较全面地反映了政治文化概念的内涵。他在《比较政治学》(第二版，1978)一书中提出："政治文化是一个民族在特定时期流行的一套政治态度、信仰和感情"①。阿尔蒙德认为，政治文化具有三大特征：一是政治体系文化，即"对于国家的认同意识"；二是过程文化，即"对于政治过程的一系列倾向"；三是政策文化，即"对公共政策的倾向模式"。同时，阿尔蒙德把个人对政治的态度分为三个组成部分来考察。一是认识性因素，即个人对政治体系、政治过程、政治目的、政治角色、政治产品等方面的认识。二是感情性因素，即个人对政治体系的热爱、忠诚、怀疑、疏远等情绪。三是评价性因素，即个人根据自己的价值标准对政治体系所进行的价值判断。阿尔蒙德指出，政治倾向的这三个部分是相互联系的，并以各种方式相互发生影响和作用。政治认识可能受到政治感情的影响，也可能影响政治感情；政治认识和政治感情决定了政治主体对政治的价值判断，但它们又都会受到个人政治态度形成过程中诸种因素的影响。

实际上，不少政治学家对政治文化的概念都做过表述，但实质上都没有超出阿尔蒙德的定义范围。如派伊认为，"政治文化是一组态度、信仰和情感，它赋予政治过程以秩序和含义"，"政治文化是对政治中心理和主观层面的一种集合形式和表述"②。路森·帕尔认为，政治文化乃是人们对政治行动的感觉、认识、评价和情感取向。《国际社会科学百科全书》认为，政治文化是"在一定政治机制中支配人的行为的设想、原则、规范政治过程的程序、方式，包括心态、信仰、情操等内容的一个概念"。美国的《政治学分析辞典》则认为，"政治文化通常包括政治行为的心理因素，如信念、情感及评价意向等"③。总之，西方政治学者是把政治文化作为"政治体系的心理方面"加以研究的，也就是说，"政治文化就是一个民族关于政治生活的心理学"④。

近年来，随着我国政治学界对政治文化这一课题研究的展开和深入，我国的政治学者也从不同视角对政治文化的概念进行了各种各样的解释。尽管其中不乏很多分歧，但总的来说，可以将其分作两派观点。一派是从广义的角度来解释政治文化。这种观点认为政治文化由"政治制度形态的政治文化"和"观念形态的政治文化"两部分组成。另一派则从狭义的角度来解释政治文化，认为政治文化就是指"观念形态的政治文化"。这种理解同大多数西方学者的观点趋于一致。对于这两种不同观点，我们认为，由于政治文化的特质性，政治制度对于观念形态的政治文化来说，具有一定的独立性和非同质性。政治制度以政治文化的物化形式出现，并且与观念形态的政治文化发生关系。二者既有十分密切的内在联系，同时又有本质上的区别。如果从广义上来解释政治文化的概念，就会把上层建筑中有关政治的全部内容都包括在政治文化之中。这样一来，政治文化的内容和结构就会过于宽泛，甚至可能会囊括或代替政治学及其某些分支学科的研究对象，从而使政治文化的概念失去了它

① [美]加布里埃尔·A.阿尔蒙德、宾厄姆·鲍威尔：《比较政治学：体系、过程和政策》，东方出版社2007年版，第26页。

② [美]派伊：《政治发展面面观》，天津人民出版社2009年版，第124页。

③ [美]杰克·普拉诺等：《政治学分析词典》，中国社会科学出版社1986年版，第111页。

④ [美]罗斯金等：《政治科学》，华夏出版社2001年版，第130页。

的具体指向性。所以,应该从“观念形态的政治文化”的意义上来解释政治文化概念。

基于如上分析可以认为,所谓政治文化,就是一个国家中的阶级、团体和个人,在长期的社会历史文化传统的影响下形成的某种特定的政治价值观念、政治心理和政治行为模式。这个定义包含了如下几层含义:第一,政治文化的主体,既有团体性的,也有个体性的,既指普通公民,也指政治团体和其他的社会团体。第二,政治文化是作为一种观念形式而存在的,由社会存在决定,是社会存在的产物,同时反作用于社会存在,对政治生活具有反作用。第三,政治文化揭示的是作为政治活动主体的人与政治体系及政治过程的关系,研究的是公民的政治文化与政治行为之间的关系。第四,政治文化的内容包括政治认知、政治感情、政治评价、政治态度、政治动机、政治意向、政治信念等。

(二)政治文化的特征

一般而言,政治文化主要具有如下特征:

1. 政治文化具有鲜明的阶级性

这是政治文化相对于一般文化更为显著的特质。政治文化作为对国家政治生活的一定倾向与价值取向,必然要体现一定阶级的利益和要求。不同的阶级有不同的政治文化,一个社会中政治文化的冲突,实际上反映了阶级之间的利益冲突。一个新兴阶级的崛起,往往与一种崭新的政治文化的形成相联系。

2. 政治文化具有历史继承性

政治文化是一个历史的范畴,其发展具有一定的历史继承性,并随着一定社会的生产方式和社会关系的变化而变化。任何政治文化都是人们在具体历史环境中创造的,同时也是在一定历史实践过程中传承和创新的。正如马克思所指出的,“人们自己创造自己的历史,但是他们并不是随心所欲地创造,并不是在他们自己选定的条件下创造,而是在直接碰到的、既定的、从过去承继下来的条件下创造”①。政治文化中的某些部分,尤其是核心的政治道德、政治价值、政治观念,会深深地扎根于该社会或民族的历史经验之中,作为一种政治遗产被继承下来。

3. 政治文化具有相对的独立性

虽然政治文化不具有独立性的外观,不会独立地存在和发展,但政治文化自身也有其发展规律,其发展水平并不总是与经济社会发展水平呈简单对应关系。一方面,政治文化具有超前性,另一方面,政治文化具有滞后性。在文化生产的过程中,由于历史传统等因素的作用,往往受到旧思想、旧观念残余的影响,使得政治文化具有特定时空意义上的滞后性。因而,作为一种观念形态,政治文化的变动往往与政治制度的变动不同步。社会生产方式的变更,必然会引起政治制度的变革,旧制度因失去其赖以存在的经济基础而瓦解。但是,旧的政治文化却不会随着新制度的建立而立即消失,它还会在一个相当长的时期里滞留在人们的观念领域,沉淀在人们的心理意识之中,并对人们的行为产生持久的影响。

总之,政治文化作为一种社会政治现象,是一个民族、一个国家的政治历史与政治现实交互作用的产物,并且将随着社会历史和人类政治文明的发展而演变。同时,它又影响、制约着政治体系、政治关系和政治活动,在社会历史和人类政治文明的过程中起着不可忽视的作用。但是,这种作用并不是决定性的。政治文化的模式虽然影响人们的政治行为取向,但

---

① 《马克思恩格斯文集》第2卷,人民出版社2009年版,第470~471页。

不是政治行为的决定性因素。政治制度、政治活动的性质和模式、政治发展的方向，归根结底不是由政治文化，而是由社会生产方式决定的。这是马克思主义政治学的根本观点。

二、政治文化的要素与类型

认识政治文化，不仅要认识其内涵，了解其特征，而且要理解政治文化的要素与类型。

（一）政治文化的要素

政治文化的构成错综复杂，但就其基本构成来看，政治文化主要包含政治心理、政治思想和政治价值观等要素。政治心理是政治文化的表层和感性部分，政治思想是政治文化的深层和理性部分。

1. 政治心理

政治心理是社会心理的一个重要组成部分，是社会成员在社会政治实践活动中对社会政治关系及各种政治现象的自发的、直观的心理感受和反应，具体表现为政治主体的政治认知、政治情感、政治动机、政治态度等。

政治认知是指政治主体对政治生活各个方面及其发展的认识、判断和评价。政治情感是政治主体对社会政治现象的内心体验和感受，是政治主体对各种政治现象的好恶、爱憎、亲疏、美丑、信疑等心理反应。政治动机是政治主体在政治认知和政治情感基础上形成的参与政治活动的内在动力。政治态度是政治主体对政治现象的综合性心理反应，表现为对特定政治现象的肯定或否定、赞成或反对的心理倾向和趋势。

2. 政治思想

政治思想是社会成员对政治现象内在联系及其发展规律的抽象逻辑总结。一般而言，政治思想包括政治理想、政治信仰和政治理论等。

政治理想是社会成员对社会政治发展趋向目标的把握和设定。政治信仰是社会成员对特定政治目标、政治学说、政治价值或政治理念的接受和信奉。政治理论是政治思维的理性逻辑形式，它以抽象、精巧和系统的方式，提供特定的政治取向和认识工具，建构系统的理论和观念，反映和维护特定阶级、阶层或者集团的利益诉求。

3. 政治价值观

政治价值观一般指的是人们对政治世界的看法，它包括人们看待、评价某种政治系统及其活动的标准，并由此形成的政治主体的价值观念和行为模式的选择标准。政治价值是由一系列互相联系的价值范畴所组成的体系，主要包括诸如秩序、自由、平等、民主、法治、正义、公平、效率等价值范畴。在某种政治文化影响和作用下，社会成员在总体上都存在一种基本一致的政治价值观念，它直接影响着政治行为主体的政治信念、信仰和态度，影响着社会成员对政治行为和政治活动的价值评价。由此可见，政治评价是对政治世界的价值判断，对于某种政治体系和政治活动，人们总是从一定的视角，根据一定的标准来形成自己的政治动机、政治选择、政治意向，并在这个基础上进行政治活动。因此，政治文化中的价值认知标准在很大程度上决定了政治主体对政治行为的选择。

在社会政治文化中，政治价值观居于核心地位。政治价值观形成于特定阶级、政党、国家和民族的政治心理和政治思想，是政治心理和政治思想中价值取向的集中体现。政治价值观的感性基础是政治心理，其理性总结则是政治思想。政治价值观尤其是核心价值观一经形成，就会对政治生活产生重要影响和作用，对社会成员的政治心理，尤其是政治情感、政治动机和政治态度具有重要的方向性影响;对政治理想、政治信仰和政治理论在内的政治思想具有深远的指导性意义,对政治目标、政治战略、制度运行、政策方针和政治发展都会产生重要的甚至支配性的影响。

(二) 政治文化的类型

政治文化的类型划分,是指根据什么标准来区别各种不同类型的政治文化。一般而言,可将政治文化分为以下类型:

(1) 根据社会成员的参政倾向,可分为参与型政治文化与服从型政治文化。

在参与型政治文化体系中,公民普遍具有参政的愿望、能力和要求。民主、平等的观念是这种政治文化的主导观念。政治体系通过普遍选举、政党政治、民选议会等方式为公民提供参政的途径。它使公民成为政治主体,可以自由地参政、议政。在服从型政治文化体系中,政治体系中的成员对政治体系中的角色、结构、权威、规范等内容有较为明确的认知、情感和价值取向,但其与体系的关系是一种被动的服从关系。政治只是少数人的事,多数社会成员不能也不愿参与政治,即使政治体系提供了参与政治的途径,民众也会因为其参与政治的能力与愿望的低下而使政治参与难以实现。

(2) 根据政治文化在一个国家、社会中的作用和政治文化中亚文化结构及其相互间关系,可分为冲突型政治文化、协调型政治文化和混合型政治文化。

冲突型政治文化是指在这类文化中存在着亚文化系统之间的相互冲突。这种冲突可由多种因素引起,如阶级对立、民族差异和矛盾、利益冲突以及大众与精英之间的文化差别等,都可以成为冲突型政治文化出现的起因。协调型政治文化是指在这种文化中,各种亚文化系统之间相互协调、相互融合,社会各个阶层、各个集团、各个民族、大众与政治精英之间不存在政治观念和政治信仰方面的根本冲突。亚文化之间的差别和不同,可以通过政治体系或相互适应来加以协调,从而促进整个政治共同体内部的利益协调。混合型政治文化指的是在这类政治文化中,各种亚文化系统之间的界限尚不分明,社会各个阶层、各个集团、大众与精英之间的分野也不明显,同时政治关系又与血缘关系、种族关系与宗教关系交织在一起。这种现象在发展中国家较为多见。

(3) 根据政治文化的价值理念的特点,可分为理想型政治文化和现实型政治文化。

理想型政治文化把道德、宗教与政治价值观结合在一起,因而它赋予国家以道德教化和干预人们思想的权力。现实型政治文化则将政治价值原则与道德原则分离开来,因而趋向于尽量地缩小国家的干预范围。理想型政治文化要求道德上的完人来治理国家,因而它将人治作为治国原则。现实型政治文化则认为任何人都不可能是道德完人,因而它要求通过法律来制约权力。

(4) 根据政治文化的发展阶段,可分为传统政治文化与现代政治文化。

一般认为,传统政治文化是与自然经济的经济基础和社会结构相适应的一整套政治心理、情感和价值观。它以专制主义与等级观念为核心内容,而且,大多数社会成员都用一种带有迷信色彩和宿命论的眼光来看待世界和政治体系,认为一切都只能听天由命,缺乏个人的主体意识和竞争意识。领袖崇拜、宗教信仰往往成为它的突出特点。在这种政治文化中,传统的价值原则居于统治地位,人们向往过去,缺乏适应新环境的创造力。

与此相对,现代政治文化是与生产的商品化和社会化相适应的一整套政治态度、情感和价值观。它具有如下三个特征:第一,民主政治与平等自由的观念构成政治文化的核心内容，与此相适应，政治体系保障着广泛的政治参与。第二，社会大多数成员不是听天由命，而是勇于革新与开拓，他们对政治体系和世界表现出理性和科学的态度，主体意识、竞争意识成为政治文化的主流。第三，开放意识与创新精神成为政治文化的主要内容，面向未来成为大多数社会成员的价值取向。

三、政治文化的结构与功能

一般而言，政治文化都有着稳定的结构，在政治生活中发挥着十分重要的作用。理解政治文化的结构与功能，是认识政治文化的一个重要组成部分。

（一）政治文化的结构

任何政治体系的政治文化都存在极为复杂的结构。政治文化的结构，既包括纵向结构和横向结构，也包括对象结构和成分结构。

1. 纵向结构

政治文化包含精英政治文化和大众政治文化两个基本层次。精英政治文化是政治体系中政治领导阶层对政治现象、政治体系、政治活动、政治治理、政治关系、政治原则的认知、情感、价值取向和态度信仰；大众政治文化则是政治体系中的一般成员对这些政治对象的认知、情感、价值取向和态度信仰。两者之间相互作用，构成了政治文化基础性的垂直结构。

2. 横向结构

各政治体系中包含着不同职业、年龄、团体的人群，也包含着多个种族、部族、民族。相应地，也就存在着不同职业、年龄、团体、种族、部族、民族的政治文化。各种政治亚文化相互作用，构成了政治文化的水平结构。

3. 对象结构

政治文化包含体系文化、过程文化和政策文化三个层次。体系文化表明了社会成员的政治倾向对政治体系的维持和调节；过程文化表明社会成员在政治过程中的自我意识与其他因素的关系；政策文化表明了社会成员对公共政策的政治倾向形式。

4. 成分结构

政治文化包含政治认知性成分、政治情感性成分、政治价值性成分和政治理想性成分，分别代表着对政治体系和政治活动的认知、感情、评价和期望，四种成分相互作用，构成了政治文化的成分结构。

（二）政治文化的功能

政治文化的功能，是指政治文化中的各种因素对一个社会的政治体系和政治过程的影响和作用。关于政治文化的功能，当代政治学者提出了不同的看法。路辛·派伊认为，政治文化的功能，主要是赋予政治制度以规则，给予个人行为以社会意义，使个人的政治行为按照一定的方式运行，使政治体系具有价值取向，保证政治体系具有某种统一性等。阿尔蒙德则从结构—功能的角度来对政治文化的功能下定义。他将政治文化与政治体系之间的关系归结为三个层次，即体系文化、过程文化和政策文化。马克思主义强调经济基础对上层建筑和社会意识形态的决定作用，但又反对把经济因素视为历史发展的唯一因素。历史唯物主义认为，社会文化的发展，尤其是政治观念和政治意识形态的发展，也是历史发展中的一种重要力量。政治文化通过人们的政治心理、政治观念、政治意识、政治信仰，对人们的政治行为和社会的政治体系、政治过程发生深刻的影响。

在现实政治生活中，政治文化主要具有如下功能：

1. 规定政治生活的基本指向和内容

政治文化反映了社会成员的政治倾向和政治情感，反映了政治体系、法律制度在社会成员心中的价值认知取向。这种政治认知倾向在一定的社会历史条件下，在一定程度上决定了某一时代或某一社会政治生活的方式和内容。政治文化也反映了社会成员对政治体系的要求和愿望。一个特定社会中的社会成员，在特定的政治文化传统影响下，将形成特定的政治价值观念。这种观念制约着他们的政治愿望和政治要求。在古代中国，生活在封建纲常礼教的传统文化氛围中的民众自然不会产生对民主的要求，他们对于政治体系的最大期望是出现"明君良臣"；"普天之下，莫非王土；率土之滨，莫非王臣"①是当时人们普遍的政治观念。"明君""贤相""青天大老爷"等形象则反映了当时人们的政治理想。在现代社会的民主政治文化氛围中，每个社会成员的政治主体意识自然要求广泛的政治参与。不同的政治社会则产生不同的政治观念和政治要求。不同的政治文化，特别是该社会中占主导地位的政治思想，将赋予某一社会中政治生活的目标、方式和内容以特殊的规定性。

2. 指导和规范各种政治行为

政治文化规定着政治主体内在的政治心理、情感和价值倾向。社会成员的政治思维能力、价值观念和心理倾向，可以使人们更清醒地对传统政治文化影响下的非理性政治行为的弊端做出理性的思考和判断。因此，个体所接受和具有的政治文化将指导和决定着个体的政治价值取向和行为模式。政治文化一方面通过其物化形态——政治制度、规则等，规范着团体及个人的政治行为模式；另一方面则直接通过政治认知和价值取向影响着人们政治行为的性质、类型和目标。例如，"修身、齐家、治国、平天下"的人生理想反映了中国古代知识分子的价值追求。因而，"一室之不治，何以天下家国为?"便成了传统中国社会普遍流行的观念。由于当时普遍奉行以孝道治天下的统治原则，在政治人才的选拔上则相信"忠臣必出于孝子之门"。由此可见，政治文化决定着个体对政治体系、政治目的、政治关系、政治现象的态度和情感，决定着社会成员对共同规范和标准的态度，同时还决定着社会成员的政治思维方式和行为模式，决定着整个社会成员对政治体系的基本看法。因此，任何政治主体的行为都在不同程度上受着该社会特有的政治文化的影响和制约。

3. 影响政治过程

社会成员的自我意识是政治文化的一个重要内容，它对政治体系的政治过程，即对政治体系的决策和执行的过程和方式发生作用，从而影响着整个政治体系的功能。美国政治学家阿尔蒙德在对一些发展中国家进行调查的基础上，根据民众对政治的认知态度和他们在政治过程中的不同表现，将其分为三种类型。这三种类型分别为褊狭型、顺从型和参与型。他认为，在任何国家中，这三种类型的人都是存在的。只是在不同的国家中，这三种人的比例和结构有所不同。也正是因为社会成员的政治主体意识和参与意识的不同，才导致各种政治体系中政治过程的差异性。事实上，一个社会中人们的政治意识、价值倾向、政治心理的状态也直接影响该社会的政治过程。

4. 维系或变革政治制度

政治文化是政治制度得以有效运作的有机组成部分，因此，政治文化的性质和内容对于

---

① 周振甫:《诗经译注》，中华书局 2002 年版，第 335 页。

政治制度的维系或变革具有很大的影响。首先，政治文化对于确立政治制度的结构具有重要的影响。这种功能是指政治文化对政治制度性质和形式的规定。例如，同样是现代资本主义国家，美国实行总统制，法国则实行半总统制，而英国和日本却采用了君主立宪式的议会内阁制。这种区别正反映了各国的政治文化的不同。其次，政治文化对于维持政治关系的稳定有着重要意义。在这方面，英国的政治文化倾向于温和的政治改良，美国的政治文化则强调理性和妥协。它们虽然都属于多元系统的政治文化，但其政治运作方式却大体相似，因而政治过程很少会出现大起大落。而法国的政治文化中亚文化系统庞杂，个人主义、怀疑主义、公民精神相对缺乏，因而其政治生活和政治关系很不稳定。最后，每一场政治文化的变革都与政治制度的变革具有相辅相成的关系。政治制度是以一定的政治文化为背景的，政治文化的变化将必然导致政治制度的变革。同样，当政治文化没有变化而强行进行政治制度的变革时，其结果只能导致人们对新制度的认知能力低下，从而使其无法正常运行。

第二节　政治社会化

无论对公民个人而言，还是对社会团体而言，政治文化不是天生就有的，而是在复杂的政治社会化过程中形成、学习、传播和传承而来的。

一、政治社会化的含义

“社会化”是社会学和文化人类学提出的概念。简单来说，“社会化”就是指人从“自然人”转变为“社会人”的过程。与之相对，政治社会化则是人从“自然人”转变为“政治人”的过程，也就是人通过学习和参与社会政治实践获得相关政治知识和行为规范，认识自身的政治角色、地位和责任，形成独特的政治人格与行为特征的过程。

政治社会化现象古已有之，但对政治社会化问题加以专门的研究则始于政治文化的研究兴起之后。“政治社会化”这个概念，出现于第二次世界大战之后，而其专门性的研究则始于 20 世纪 50 年代末期，美国政治学家戴维·伊斯顿于 1958 年首次发表了关于政治社会化方面的论文。1959 年，海曼的《政治社会化：政治行为心理的研究》一书出版，这是最早的一本对政治社会化进行系统研究的著作。一些学者将政治社会化定义为人们学习政治知识和技能的过程，另一些学者将政治社会化理解为社会塑造其成员政治心理和政治意识的过程。实际上，政治社会化是政治文化代代相传的过程，是政治文化形成、维持和改变的过程。

从个体角度来看，政治社会化是社会成员通过学习获取社会既定的政治文化，由“自然人”转变为“政治人”的过程，即个体逐步学习和获得社会或群体成员所具备的政治知识、政治态度、政治情感及政治行为方式的过程。同时，也是每个个体运用自己的经验和知识，来丰富、发展、修正并使政治文化发生变化的过程。在这一过程中，个体是政治社会化的主体。个体通过各种方式的政治学习，逐渐地从不自觉到自觉地获得某种政治价值意识，并由此而产生某种政治情感和政治信仰，形成特定的政治人格，从而成为一个政治人。如果个体不能顺利地完成这个过程，他就会对社会政治生活产生不适应感和产生逆反心理。因此，政治社会化是个体提高心理适应水平和社会适应能力，培养健康的政治人格，参与社会政治生活的重要途径。

从社会的角度来看，政治社会化是社会培养、教育、训练社会成员接受社会政治规范，支持、拥护现实的政治制度的过程,同时也是社会根据环境的变化,不断调整政治文化内容以取得适应性的过程。在这个过程中,社会是政治社会化的主体,而个体则成为客体。社会通过各种途径,采取各种方式,将政治文化在全体成员中扩散、传播,以使社会成员直接接受特定的政治信息、政治情感、政治信仰,并按照共同的模式进行政治活动。只有当相当数量的社会成员接受某种共同的政治文化模式,才可能真正形成政治社会,产生统一的政治共同体。对于社会本身,社会成员或政治团体成员的政治社会化水平将直接地影响该社会或政治团体的稳定与巩固,关系到它是否能够继续生存。对于某一政治制度来说,如果人们对它不信任、不支持,甚至反对,它就失去能够有效地进行统治的权威性,人们就会产生政治不服从行为,从而使社会处于动荡不安的状态之中。对于一个政党来说,如果没有人对它信任和支持,它的目的将无法实现。政治领袖将无人拥护,它所组织的政治活动则无人参加。所以,每一社会政治体系及每一政党都必然要对公民及自己组织的成员进行政治社会化的训练与教育。因此,几乎所有国家都将社会成员的政治社会化问题列入自己的活动内容,以确保社会政治的稳定和有效运行。

由此可见,政治社会化可从个体和社会两个层面来定义,一方面是将政治社会化看作社会成员通过学习获取已有政治文化,成为政治人的过程;另一种则将政治社会化看作社会通过各种途径传播政治思想,塑造成员政治心理,在代际形成中维持或改变政治价值观的过程。

二、政治社会化的类型

政治社会化具有不同的特点,根据这些不同的特点,可以将政治社会化划分为不同的类型:

(1) 按照不同社会政治形态来划分,人类社会经历了原始社会、奴隶社会、封建社会、资本主义社会和社会主义社会五种政治形态,相应地,政治社会化也可以划分为原始社会的政治社会化、奴隶社会的政治社会化、封建社会的政治社会化、资本主义社会的政治社会化和社会主义社会的政治社会化。

(2) 按照人的年龄阶段来划分,可将政治社会化划分为儿童期的政治社会化、青年期的政治社会化和成年期的政治社会化。

儿童期是指人从出生到获得公民资格的时期。由于这一时期人的生理心理发育特点,儿童期的政治社会化主要以家庭和学校为主要途径,以直观、感性、形象的政治知识和政治行为为学习对象,以模仿和服从为主要学习方式,以政治服从、政治忠诚等感性色彩的政治认知和情感养成为主要内容。虽然处于政治文化形成发展的初期,但儿童期的政治社会化过程对人未来政治人格的形成具有奠基作用。

青年期是指人从获得公民资格到成年的阶段。青年期是人的生理心理快速成长发展的时期,这一时期,人的政治认知能力快速发展,政治社会化主要以学校和社会为主要途径,以学习政治思想、政治规范,形成政治人格,成为社会政治角色为主要内容,以理论学习与社会实践为主要方式。青年时期是政治社会化的关键时期。人们会树立政治理想、政治价值观,形成政治人格与政治行为特征。

伴随青年期的结束开始的是成年期。这一时期,随着生理心理的不断成熟,虽然学习还是重要任务,但人主要是通过各种传媒获取信息,社会实践已成为主要政治活动。由于成年人的政治理念、政治价值观与政治人格已经基本成型，政治社会化的内容主要是丰富政治知识、提高政治技能、完善政治人格。更为重要的变化是，成年人已不再仅仅是政治社会化的客体，由于社会地位与社会责任的变化，他们也会以自身的政治理想、政治价值观、政治人格与行为影响他人。

（3）按照政治社会化的方式来划分，可以划分为直接的政治社会化和间接的政治社会化。

直接的政治社会化是指人们通过公开、直接、明确的方式接受政治训练，获得政治认知，并形成政治人格。主要包括政治模仿、政治教育和政治训练等形式。间接的政治社会化是指人们通过间接的，甚至非政治性的方式，把其他社会心理、思想和价值行为转移到政治生活的过程。主要包括人际转移、价值转移、规则转移等形式。

三、政治社会化的主要途径

一般而言，政治社会化主要通过如下途径展开：

1. 家庭

家庭是社会的细胞，也是人生的第一学校。家庭在政治社会化过程中具有重要的作用。其中的关键因素包括：父母、家庭生活与家庭关系。家庭生活是政治社会化过程的起点。它虽然不是一个政治团体，但却是影响一个人确定其政治价值观念和社会行为模式的重要因素。家庭教育在政治社会化中的功能主要表现在儿童阶段。父母是儿童的启蒙者，家庭教育则是一切教育的基础。父母不仅教会儿童进入社会所需要掌握的基本知识和技能，而且还传递给儿童对于社会和国家的认同感，并形成儿童的自爱心、自尊心、自信心、正义感、荣誉感等社会心理情感。父母的言谈举止、作风行为，将潜移默化地给儿童以深刻的影响。这些东西多属于非政治性的。然而，它们以后都会转化为影响个体政治行为的重要因素。

家庭结构不同，在政治社会化过程中的作用也不尽相同。一般说来，由夫妻和子女两代构成的家庭，父母对儿童的教育和影响是直接的。如果夫妻政治态度一致，儿童的政治倾向就很容易与父母趋向一致，当夫妻意见经常不一致时，家庭中具有权威的人物对儿童将产生具有决定性的影响。如果夫妻经常处于争吵之中，儿童政治社会化进程就容易减慢。由祖孙三代或几代同堂构成的大家庭，容易使儿童形成保守的政治倾向。这主要是由于大家庭往往倾向于维持现状而导致的结果。双亲不全或失去双亲的家庭，由于对儿童缺少管教，因而这类儿童容易自由放任，但也容易较早地形成自己独立的个性。

由此可见，家庭在个体的政治人格塑造、人生观的形成、基本政治生活规范的获得方面，起着某种关键性的作用。但是，家庭的影响又是比较浅层的和较易改变的，并受到由于年龄所带来的各种有限条件的限制。

2. 学校

学校生活是个体完成政治社会化过程的重要阶段。当然，就学校本身的性质来讲，它是一个非政治性的专门的文化教育机构。然而，由于学校是由国家资助或支持的，因而它必须贯彻执行国家的政治意图和政策方针，对学生进行系统化的政治教育。不同国家的学校，其政治教育的目的、内容和后果是完全不同的。资本主义国家的学校向学生灌输的是所谓个人主义的价值观念，社会主义国家的学校则以集体主义为基本的价值原则。

学校是个体系统地学习和获得政治文化知识最重要的场所和最重要的阶段。学校的教育比家庭父母的教育更具有权威性。学校通过有计划的课程安排和有意识地组织各种社会活动,不仅能够强化或改变青少年在家庭中形成的政治心理、政治态度,而且能够增加和扩大他们的政治倾向,尤其能够使他们获得全面而系统的政治文化知识,为他们此后参与政治活动奠定思想基础和理论基础。

学校教育在政治社会化中的作用是渐进和累积式的。小学阶段的教育具有政治启蒙性质,它主要培养儿童的政治情感;中学阶段的教育则主要是向少年灌输政治生活的基本常识;大学教育是全面和系统的,也是最重要的。由于个体在大学时期,其人生观已经基本形成,个体为了实现自我价值,不仅会自觉地系统地学习专业知识,而且会有意识地全面学习政治文化知识,尤其是主动地参加社会性的政治实践活动。大学生在校的状况将直接地影响他们此后在社会实践中的政治倾向和行为模式,热心政治的人很可能在走上社会后成为政治活动家。

总之,学校是正式、有效和系统地进行政治社会化的场所,一般而言,学校教育巩固和拓展了青少年在家庭早期影响下所形成的政治态度,确立了个体的某种政治价值观念以及对政治系统的认识和认同,从而形成较为清晰的完整的政治价值倾向。因此,学校教育实际上是一种有意识、有目的的、正规的政治文化培养过程。

3. 大众传媒

大众传播媒介是政治社会化的另一个重要途径,它一般包括报纸、杂志、广播、电视、书籍以及互联网络等信息手段。它们具有超时空性、迅速性以及大众性等特点。在现代社会,大众传媒传播政治信息,引领政治舆论,进行政治意识形态的灌输。依赖大众传媒,公民获取大量政治知识,培养对政治问题的兴趣,提高关心政治的程度。政治体系中各个团体都直接或间接利用大众传媒宣传某种政治思想观点、政治态度和政治理想,形成一定的舆论,影响和控制人们的政治态度、政治情感和政治行为,通过文学、艺术等各种非政治形式潜移默化地进行政治意识灌输,影响人们的政治行为。传播媒介的政治倾向和政治价值的判断标准,将会对人们的政治观念与态度产生深刻的影响。可以通过传播来诱发和提高人们的政治兴趣,也为社会成员进行政治问题的讨论提供了场地和手段。

4. 社会组织

除了家庭、学校和大众传媒之外,种类繁多、功能各异的社会组织也为公民政治社会化提供了重要平台。一般而言,成年公民都会参加各种不同的社会组织,如各种政治组织、职业性组织、社区组织和各种团体等。这些社会共同体是由社会地位、利益相近、信仰大致相同,且有某种共同志向的人所组成的。例如政党、工会、学会、协会、俱乐部以及其他一些非正式的团体等。这些社会共同体具有不同的利益要求,它们直接或间接地参与各种政治活动。个体通过这些社会共同体有组织的政治活动,不断积累政治活动的经验,提高政治能力。这些社会共同体在政治文化的社会化过程中起着某种强化的作用,并成为促进个体参与政治生活和形成政治态度的主要因素。“在所有的政治组织和机构中,政党是最重要的社会化途径。它通过宣传党的纲领、政策主张,影响社会大众的政治态度;通过发展新党员,使他们在党组织中受到社会化的培训;通过党的各项活动,来实现其成员和拥护者的政治参与。”①

① 燕继荣:《政治学十五讲》(第二版),北京大学出版社 2013 年版,第 249 页。

除此之外，公民个人或团体参与政治实践、各种类型的政治仪式等，都在公民政治社会化中起着十分重要的作用。

第三节 中国特色社会主义政治文化

认识、了解和参与中国特色社会主义政治的伟大实践，离不开对中国特色社会主义政治文化的认识。中国特色社会主义政治文化是中国特色社会主义政治的一个重要内容。

一、中国特色社会主义政治文化的主要内容

中国特色社会主义政治文化来源于中国特色社会主义政治的伟大实践，并服务于中国特色社会主义政治的伟大实践，具有丰富的内容，主要由社会主义核心价值体系、社会主义民主政治思想、社会主义法治文化、中国共产党党内政治文化、社会主义政治意识和政治心理组成。

（一）社会主义核心价值体系

社会主义核心价值体系是社会主义意识形态在当代中国的本质体现，是中国特色社会主义基本制度内在价值理念的集中反映，是中华民族的民族精神和当代中国时代精神的有机统一。社会主义核心价值体系为我国经济、政治、文化、社会的发展提供动力，体现了我国致力于建成富强、民主、文明、和谐、美丽的社会主义现代化国家的发展要求，反映了全国各族人民的核心利益和追求美好幸福生活的共同愿望。在当前经济体制深刻变革、社会结构深刻变动、利益格局深刻调整、思想观念深刻变化，思想大活跃、观念大碰撞、文化大交融的背景下，建设社会主义核心价值体系，具有十分重要的意义。建设社会主义核心价值体系，是坚持和发展中国特色社会主义的内在要求，是建构起巩固全党全国人民团结奋斗的共同思想基础的需要。建设和发展中国特色社会主义政治文化，实质就是要“坚持把社会主义核心价值体系融入国民教育和精神文明建设全过程、贯穿现代化建设各方面。坚持用马克思主义中国化的最新成果武装全党、教育人民，用民族精神和时代精神凝聚力量、激发活力，倡导爱国主义、集体主义、社会主义思想，加强理想信念教育，加强国情和形势政策教育，不断增强对中国共产党领导、社会主义制度、改革开放事业、全面建设小康社会目标的信念和信心。加强马克思主义理论研究和建设，增强党的思想理论工作的创造力、说服力、感召力。坚持以社会主义核心价值体系引领社会思潮，尊重差异，包容多样，最大限度地形成社会思想共识”①。

（二）社会主义民主政治思想

民主是人类政治文明发展的一个重要成果，也是世界各国政治发展的普遍追求。相对于其他类型的民主来说，社会主义民主是人类历史上最高类型的民主，比其他类型的民主更真实、更高级，更能服务于最广大多数人民群众的根本利益。近代以来，中国人民为争取民主进行了百折不挠的斗争，进行了卓有成效的探索。在中国共产党的领导下，人民才真正获得了当家作主的权利，真实地成为共和国的主人。新中国成立以来，尤其是改革开放以来，我国的民主制度不断健全，民主形式日益丰富，人民有更多资源和机会，来充分行使自己当

---

① 《中共中央关于构建社会主义和谐社会若干重大问题的决定》，人民出版社2006年版，第22页。

家作主的权利。中国特色社会主义民主政治呈现出蓬勃生机和旺盛活力。人民代表大会制度、中国共产党领导的多党合作和政治协商制度、民族区域自治制度等国家民主制度不断完善和发展,城乡基层民主不断扩大,公民民主权利得到了法律的有效保护。中国共产党民主执政能力进一步提高,政府民主行政能力显著增强,司法民主体制建设不断推进。

我国社会主义民主政治已呈现出鲜明特色:一是我国的民主是中国共产党领导的人民民主。中国的民主政治制度,是中国共产党领导中国人民创建的。中国民主政治制度的发展和完善是在中国共产党领导下进行的。中国共产党的领导从根本上保证了人民当家作主。二是我国的民主是由最广大人民当家作主的民主。人民当家作主是中国社会主义民主的本质。在中国,公有制经济是社会主义制度的经济基础。这就从经济基础上决定了中国的民主是最广大人民的民主。三是我国的民主是以人民民主专政作为可靠保障的民主。人民民主专政,一方面要求在人民内部实行最广泛的民主,尊重和保障人权,保证国家权力掌握在人民手中,为人民服务;另一方面要求对破坏社会主义制度、危害国家安全和公共安全、侵犯公民人身权利和民主权利、贪污贿赂和渎职等各种犯罪行为,依法使用专政手段予以制裁,以便能最大限度地保障最广大人民的根本利益。四是我国的民主是以民主集中制为根本组织原则和活动方式的民主。民主集中制是中国国家政权的根本组织原则和领导原则。实行民主集中制,就是要求充分发扬民主,集体议事,使人民的意愿和要求得到充分表达和反映,在此基础上集中正确意见,集体决策,使人民的意愿和要求得以落实和满足。①

(三)社会主义法治文化

"法治是政治文明发展到一定历史阶段的标志,凝结着人类智慧,为各国人民所向往和追求。中国人民为争取民主、自由、平等,建设法治国家,进行了长期不懈的奋斗。"②新中国成立以来,尤其是改革开放以来,中国法治建设取得了巨大成就,主要表现在我国确定了依法治国基本方略,中国共产党依法执政能力显著增强,以宪法为核心的中国特色社会主义法律体系基本形成,人权得到可靠的法制保障,促进经济发展与社会和谐的法治环境不断改善,依法行政和公正司法水平不断提高,对权力的制约和监督得到加强。中国特色社会主义法治文化既是中国特色社会主义政治文化的有机组成部分,也是建设法治中国的基本要素,是坚持和落实全面依法治国基本方略的一个重要推动力量。中国特色社会主义法治文化建设是体现在中国特色社会主义法治体系各方面的基础性工作,也是贯穿于法治中国建设全过程的基本要素。在加强中国特色社会主义法治文化建设过程中,坚持党的领导是法治文化建设的根本保证,完善中国特色社会主义法治理论是法治文化建设的重要前提,提高公民的法治素质是法治文化建设的基本目标,构建法治文化体系是法治文化建设的主要任务,推动执法、司法人员遵法守法是法治文化建设的重中之重,加强队伍建设是法治文化建设的人才保障,强化宣传教育力度、营造法治文化氛围是法治文化建设的基本手段,完备的法律规范体系、高效的法治实施体系、严密的法治监督体系、有力的法治保障体系、完善的党内法规体系等"五个体系"建设是法治文化建设的制度基石。加强社会主义法治文化建设,要在政党、国家、政府、社会各个层面形成法治信仰,培育法治思维,形成约束国家权力和保护公民权利的文化氛围,要坚持党的领导、人民当家作主、依法治国有机统一,走中国特色社会主义

---

① 中华人民共和国国务院新闻办公室:《中国的民主政治建设》白皮书,2005年10月19日。

② 中华人民共和国国务院新闻办公室:《中国的法治建设》白皮书,2008年3月28日。

法治道路，维护宪法法律权威，依法维护人民权益、维护社会公平正义、维护国家安全稳定，坚持法治国家、法治政府、法治社会一体建设，为实现“两个一百年”奋斗目标和实现中华民族伟大复兴的中国梦提供法治保障。

（四）中国共产党党内政治文化

中国共产党党内政治文化，就是中国共产党在长期政治生活和政治实践中形成的、能够体现并影响党组织和党员政治行为的精神因素，主要包括政治认知、政治情感、政治理想、政治信念等。中国共产党的党内政治文化，是以马克思主义为指导、以中华优秀传统文化为基础、以革命文化为源头、以社会主义先进文化为主体、充分体现中国共产党党性的文化。马克思主义是我们党内政治文化的“命脉”，中华优秀传统文化是我们党内政治文化的“根基”，社会主义先进文化是党内政治文化的“主体”。党内政治文化的形成是一个长期的、缓慢的过程，然而，党内政治文化一旦形成，就具有相对稳定性，对党内外政治生活的开展具有潜移默化的影响。党内政治文化积极健康，政治生态就会风清气正。相反，一旦党内政治文化出了问题，政治生态就会受到污染。因而，推动全面从严治党向纵深发展，必须充分发挥党内政治文化的引领作用。党内政治文化事关党的形象塑造，决定了党组织和党员具有普遍性的价值取向和行为方式，深刻影响着党的政治领导力、思想引领力、群众组织力、社会号召力。良好的党内政治文化，有利于始终保持和发展党员的先进性，增强党员对党的认同感和忠诚度，增进人民群众对党的信任感，优化党的执政资源。

注重党内政治文化建设是中国共产党的优良传统。中国共产党成立伊始，就把马克思主义作为根本指导思想，在带领全国人民进行革命、建设和改革伟大实践的进程中，不断丰富和发展了党内政治文化。在新民主主义革命时期，以毛泽东同志为主要代表的中国共产党人坚持以马克思列宁主义为指导，并结合中国革命和中国共产党自身建设实际，有力推动了党的建设伟大工程和党内先进政治文化的形成。新中国成立后，我们党加强思想建设、组织建设和作风建设，大力发扬党的实事求是、群众路线等优良传统，健全党的民主集中制，发展党内民主生活，加强对党组织和党员的监督。改革开放以来，我们党十分重视党内政治文化建设，使中国共产党始终保持先进性、纯洁性。党的十八大以来，以习近平同志为核心的党中央，顺应时代发展变化对全面从严治党提出的新要求，强调要继续加强党内政治文化建设，开展了党的群众路线教育实践活动、“三严三实”专题教育和“两学一做”学习教育，从加强思想教育、严明政治纪律和政治规矩等方面进一步丰富和发展了党内政治文化，倡导和弘扬忠诚老实、光明坦荡、公道正派、实事求是、艰苦奋斗、清正廉洁等价值观，抵制和反对关系学、厚黑学、官场术、“潜规则”等庸俗腐朽的政治文化，不断培育良好政治生态的土壤。

（五）社会主义政治意识和政治心理

政治文化不是天生而来的，而是在后天的学习和实践的过程中形成的。在中国特色社会主义建设和改革的伟大实践中，经历了共同而复杂的政治社会化过程，人们形成了共同的政治意识和政治心理。例如，在社会主义协商民主实践中，人们学会了“有事好商量”“众人的事情由众人商量”；在共同推进社会主义法治国家建设进程中，人们理解了公平正义的重要性；在实现中华民族伟大复兴的过程中，人们形成了中华民族共同体意识。

二、中国特色社会主义政治文化的基本特征

1. 中国特色社会主义政治文化有其独特的民族性

中国特色社会主义文化，源自中华民族五千多年文明历史所孕育的中华优秀传统文化，熔铸于党领导人民在革命、建设、改革中创造的革命文化和社会主义先进文化，植根于中国特色社会主义伟大实践。中国特色社会主义政治文化是中国共产党领导中国人民在革命、建设和改革中形成的政治文化，是全体中国人民在革命、建设和改革中实践探索的结果，是全体中国人民集体智慧的结晶。正是中国人民革命、建设和改革道路的不同，使得中国特色社会主义政治文化与其他国家的政治文化区别开来。中国特色社会主义政治文化是马克思主义在中国继承和发展的产物，是马克思主义的中国化，是适应中国社会主义国情且具有中国特色的社会主义政治文化。中国特色社会主义政治文化深深植根于人民群众的历史创造活动，继承发扬民族优秀文化和革命文化传统，吸收世界文化成果，形成了社会主义内容和中华民族形式相结合的全新的政治文化。中国特色社会主义政治文化以马克思列宁主义、毛泽东思想、邓小平理论、“三个代表”重要思想、科学发展观、习近平新时代中国特色社会主义思想作为指导，这种政治文化既区别于资本主义国家的政治文化，也与其他社会主义国家政治文化存在不同，更不同于中国传统社会的政治文化。

2. 中国特色社会主义政治文化有其鲜明的时代性

中国特色社会主义政治文化的时代性，体现在它反映了时代精神，体现了当下大多数中国人的需求、愿望和心声，符合世界政治发展的潮流，同时按照时代发展的要求而处于不断变化发展。中国特色社会主义政治文化是以人民为中心的政治文化，始终将人民置于发展的中心位置，强调发展依赖人民、发展为了人民、发展服务于人民，不断实现人民对美好生活的向往。“人民是历史的创造者，是决定党和国家前途命运的根本力量。必须坚持人民主体地位，坚持立党为公、执政为民，践行全心全意为人民服务的根本宗旨，把党的群众路线贯彻到治国理政全部活动之中，把人民对美好生活的向往作为奋斗目标，依靠人民创造历史伟业。”“改革开放 40 年的实践启示我们：为中国人民谋幸福，为中华民族谋复兴，是中国共产党人的初心和使命，也是改革开放的初心和使命。我们党来自人民、扎根人民、造福人民，全心全意为人民服务是党的根本宗旨，必须以最广大人民根本利益为我们一切工作的根本出发点和落脚点，坚持把人民拥护不拥护、赞成不赞成、高兴不高兴作为制定政策的依据，顺应民心、尊重民意、关注民情、致力民生，既通过提出并贯彻正确的理论和路线方针政策带领人民前进，又从人民实践创造和发展要求中获得前进动力，让人民共享改革开放成果，激励人民更加自觉地投身改革开放和社会主义现代化建设事业。”①中国特色社会主义政治文化是公民参与型政治文化，它强调公民在政治生活中的主体地位，赋予公民政治参与的充分机会与发展自我的权利。中国特色社会主义政治文化是法治型政治文化，它将全面依法治国确定为中国特色社会主义的本质要求和重要保障，强调要不断完善以宪法为核心的中国特色社会主义法律体系，建设中国特色社会主义法治体系，建设社会主义法治国家，发展中国特色社会主义法治理论，坚持依法治国、依法执政、依法行政共同推进，坚持法治国家、法治政府、法治社会一体建设，坚持依法治国和以德治国相结合，依法治国和依规治党有机统一，深化司法体制改革，提高全民族法治素养和道德素质。

3. 中国特色社会主义政治文化有其巨大的包容性

中国特色社会主义政治文化是中华民族在漫长的历史实践中集体创造的，也是在居安

---

① 习近平：《习近平在庆祝改革开放 40 周年大会上的讲话》，《人民日报》2018 年 12 月 19 日第 2 版。

思危中学习人类历史上一切政治文化长处的基础上形成的。中国特色社会主义政治文化强调政治创新，反对僵化停滞，主张学习人类政治文化的一切有益成果发展壮大自身，同时也为人类社会政治文明进步做出自己的重要贡献。因而，包容性是中国特色社会主义政治文化的一个重要属性，它强调政治文化建设必须兼容并蓄，开放包容，反对在封闭的环境中和在对其他不同政治文化盲目排斥的基础上发展自身，主张不同政治文化之间相互学习、交流、融合、取长补短。在改革开放时代，中国特色社会主义政治文化的发展，要强化中外人文交流，以我为主、兼收并蓄，以马克思主义为指导，坚守中华文化立场，立足当代中国现实，结合当今时代条件，发展面向现代化、面向世界、面向未来的，民族的科学的大众的社会主义政治文化。在发展中国特色社会主义政治文化过程中，不断增强意识形态领域主导权和话语权，推动中华优秀传统文化创造性转化、创新性发展，继承革命文化，发展社会主义先进文化，不忘本来、吸收外来、面向未来。

4. 中国特色社会主义政治文化具有其无可比拟的先进性

判断一种政治文化是否先进，关键在于这种政治文化是否反映时代的精神、人民的心声，是否与时代发展同步，是否能在政治发展进程中起着引领作用。中国特色社会主义政治文化是先进的政治文化，因为它反映了时代的精神，体现了人民的心声，反映了民情、民声、民意。中国特色社会主义政治文化并不是僵化的，一成不变的，它根据时代发展和实践的需要不断完善自身，体现时代精神，引领国家发展。中国特色社会主义政治文化不是封闭的，而是高度开放的，它强调学习其他不同类型政治文化的必要性、重要性、紧迫性和现实性。作为一个“后发型”国家，我国不可避免地要吸收和融汇外来文化，这就是说，我国的政治文化发展必然要经历一个传统政治文化的创造性转型、中西政治文化的碰撞与融汇的复杂过程。中国特色社会主义政治文化倡导学习一切人类政治文明的有益成果，但这种学习不是完全拿来主义的，而是批判性地学习。在政治文化发展过程中，要善于学习其他政治文化的长处，善于学习人类政治文明的一切有益成果，批判其他政治文化存在的问题，要在批判借鉴的基础上完成创新和创造。

三、中国特色社会主义政治文化建设的基本途径

建设中国特色社会主义政治文化，是中国特色社会主义事业发展进步的一个重要组成部分。新时代中国特色社会主义政治文化建设和改革，主要包括如下途径：

1. 增强文化自觉和文化自信，牢固掌握意识形态工作领导权

建设中国特色社会主义政治文化，要增强文化自觉和文化自信，牢固掌握意识形态工作领导权。要加强理论武装，推动中国特色社会主义思想深入人心。牢固掌握意识形态工作领导权，一是必须坚持马克思主义，牢固树立共产主义远大理想和中国特色社会主义共同理想，培育和践行社会主义核心价值观，不断增强意识形态领域主导权和话语权。二是要深化马克思主义理论研究和建设，加快构建中国特色哲学社会科学，推动哲学社会科学大发展大繁荣。三是要随着实践的不断深化推进理论创新，不断以新思想、新观点、新论断来充实、丰富和发展中国特色社会主义政治文化，发掘中国传统文化中优秀政治文化遗产，推动中华优秀传统文化创造性转化和创新性发展，以马克思主义为指导，立足中国特色社会主义建设的实践，深入研究西方政治文化和政治思想，研究广大发展中国家的政治文化成果，取其精华，去其糟粕，不断丰富和发展中国特色社会主义政治文化。

2. 坚持社会主义核心价值体系,推进社会主义核心价值观建设

建设中国特色社会主义政治文化,要坚持社会主义核心价值体系,推进社会主义核心价值观建设。社会主义核心价值体系是中国特色社会主义政治文化建设的基石,要把社会主义核心价值体系的宣传教育作为政治文化建设的首要任务,用马克思主义中国化最新理论成果武装全党、教育人民,用中国特色社会主义的共同理想凝聚意志和力量,用民族精神和时代精神鼓舞斗志,用社会主义荣辱观引领社会风尚,不断增强人们团结奋斗的共同思想基础。加强核心价值观建设,要从国家、社会和个人三个层面,积极倡导富强、民主、文明、和谐的价值目标,倡导自由、平等、公正、法治的价值取向,倡导爱国、敬业、诚信、友善的价值准则,把培育和践行社会主义核心价值观融入国民教育全过程,把培育和践行社会主义核心价值观落实到经济发展和社会治理的实践之中。

3. 深入开展社会主义民主法治教育,提高公民政治意识和政治素养

建设中国特色社会主义政治文化,要深入开展社会主义民主法治教育,提高公民政治意识和政治素养。通过深入开展社会主义民主法治教育,使得广大公民树立社会主义民主法治理念,坚持党的领导、人民当家作主、依法治国的有机统一,树立社会主义自由平等理念,坚持在社会主义民主制度下,人民依法享有广泛的权利和自由,享有平等的政治地位和社会地位,在法律面前人人平等,尊重和保障人权,树立社会主义公平正义理念,社会为每一个人创造全面发展的机会,树立宪法和法律至上的理念,任何组织或者个人都必须遵守宪法和法律,在宪法和法律范围内活动,树立权利义务相一致的理念,坚持权利义务的一致性,每个公民既是权利的享有者,又是义务的履行者。

4. 深入开展党内政治文化建设,营造风清气正的良好政治生态

建设中国特色社会主义政治文化,要深入开展党内政治文化建设,营造风清气正的良好政治生态。党内政治文化建设,一是要弘扬忠诚老实、公道正派、实事求是、清正廉洁等价值观,坚决防止和反对个人主义、分散主义、自由主义、本位主义、好人主义,坚决防止和反对宗派主义、圈子文化、码头文化。二是既要坚持正面引导,又要祛除沉疴毒瘤,坚决抵制和反对关系学、厚黑学、官场术、“潜规则”等庸俗腐朽的政治文化,反对当面一套、背后一套的两面人做派,反对拉帮结派的圈子文化、码头文化,反对明哲保身的“官场哲学”,不断涤荡歪风邪气。

5. 深入推动宣传思想工作,创新思想政治教育

建设中国特色社会主义政治文化,要深入推动宣传思想工作,创新思想政治教育。思想政治工作是中国共产党和社会主义国家的重要政治优势。越是发展经济,越是改革开放和融入全球化进程,越是要重视思想政治教育和思想政治工作,加强思想教育和理论武装。在实践中,要特别重视马克思主义思想意识和中国特色社会主义理想信念教育,引导人们树立正确的世界观、人生观和价值观,倡导一切有利于发扬爱国主义、集体主义、社会主义的思想和精神,倡导一切有利于民族团结、社会进步、人民幸福的思想和精神,倡导一切有利于改革开放和现代化建设的思想和精神,倡导一切用诚实劳动争取美好生活的思想和精神,努力改造落后文化,抵制腐朽文化,使人们把思想统一到建设中国特色社会主义伟大事业上来。

四、中国特色社会主义政治文化的重要作用

中国特色社会主义政治文化内容丰富,特色鲜明,在政治生活中发挥着十分重要的作用:

1. 凝聚政治资源，保障中国特色社会主义政治体系顺利运行

中国特色社会主义政治文化在维护社会稳定和建构政治秩序的过程中具有重要价值。中国特色社会主义政治文化为我国社会主义政治制度提供了文化支撑，论证了我国社会主义政治制度的合理性与优越性，不断增强我国人民群众的道路自信、理论自信、制度自信、文化自信。中国特色社会主义政治文化不断确定政治发展的主要目标，并为党和政府带领广大人民群众共同实现这些目标而奋斗提供激励。中国特色社会主义政治文化始终强调，政府要保障和改善民生，抓住人民最关心最直接最现实的利益问题，要始终把人民利益摆在至高无上的地位，让改革发展成果更多更公平地惠及全体人民，朝着实现全体人民共同富裕不断迈进，要坚持人人尽责、人人享有，坚守底线、突出重点、完善制度、引导预期，完善公共服务体系，保障群众基本生活，不断满足人民日益增长的美好生活需要，不断促进社会公平正义，形成有效的社会治理、良好的社会秩序，使人民获得感、幸福感、安全感更加充实、更有保障、更可持续。

2. 破除思想障碍，规范社会主义社会中人民群众的政治行为

作为一种内化了的政治行为规范，中国特色社会主义政治文化规约着人们的政治倾向和政治行为，影响着人们对政治的关心程度和争取民主权利、行使民主权利的行为力度，支配着人们对政治行为方式的选择。实践表明，建构健康的社会主义政治文化，有助于破除消极落后的思想障碍，培育政治正能量，促进人民群众养成现代政治素养、掌握现代政治知识、熟悉政治参与方法。中国特色社会主义政治文化为思想解放提供了丰富的思想资源，也为思想解放提供了精神动力和智力支持。思想解放的过程，实际上也是中国特色社会主义政治文化自身不断变革、推陈出新的过程，是中国特色社会主义政治文化自我发展、自我完善的过程。中国特色社会主义政治文化坚持以人民为中心，践行全心全意为人民服务的根本宗旨，把人民对美好生活的向往作为奋斗目标，鼓励人们积极有序地参与政治生活，营造和谐的政治文化氛围，使国家意志能够真正体现最广大人民群众的意志，国家利益能够最大限度地体现最广大人民群众的根本利益。

3. 维护社会期望，引领中国特色社会主义政治发展

政治发展需要政治文化的引领与支撑，政治文化的发展是政治发展的重要内容。政治文化的发展为政治发展注入了动力，维系着政治发展的活力。中国特色社会主义政治文化是中国特色社会主义政治发展的一股重要推动力量，是一种变革性的力量，推动中国政治体制改革，促进政治文明。一方面，中国特色社会主义政治文化为我国政治体制改革提供目标和方向，另一方面，中国特色社会主义政治文化帮助我们认识政治发展进程中存在的问题，客观分析这些问题存在的原因，同时为这些问题的解决提供建议。改革开放以来，中国特色社会主义政治文化发生了巨大变化，从阶级斗争为纲转向以经济建设为中心，从效率优先兼顾公平到基本公共服务均等化和改革发展成果共享，从三步走到新三步走，从经济增长的发展观到科学发展观等，这些都是中国特色社会主义政治文化变迁的缩影，也在很大程度上是中国政治进步和社会发展的重要见证。

本章小结

本章以政治文化的理论阐释和中国特色社会主义政治文化的经验分析为主线，主要介

绍了政治文化的理论原理和中国特色社会主义政治文化的经验知识。首先，本章阐释了政治文化的含义与特征、政治文化的构成要素与类型、政治文化的结构与功能；其次，本章介绍了政治文化的形成、学习、传播和传承的过程，即政治社会化，介绍了政治社会化的内涵、类型与主要途径；最后，本章系统介绍了中国特色社会主义政治文化的主要内容、基本特征、建设的基本途径、重要作用。

思考题

1. 简述政治文化的内涵和主要特征。
2. 简述政治文化的主要构成要素。
3. 政治文化有哪些类型？
4. 如何理解政治文化的结构和功能？
5. 简述政治社会化的主要途径和政治社会化类型的划分标准。
6. 结合实际分析中国特色社会主义政治文化的主要内容？
7. 如何建设中国特色社会主义政治文化？
8. 结合实际谈谈中国特色社会主义政治文化在政治生活中发挥的具体作用？

第八章　政治发展

政治发展是政治学研究的一个重要对象，对政治发展的各种现象进行深入而系统研究是政治学的一个重要领域。这是因为，政治形态不是某种凝固不变的僵化体系，而是一个动态的历史发展过程。一般来说，政治形态的变迁往往是从局部的调整开始的，一旦达到必要的量的积累，便会导致总体结构的根本性质的变化。政治关系和政治结构的这种调整与变革就是政治发展。政治发展是由生产力和生产关系的矛盾运动引起的。因为"随着经济基础的变更，全部庞大的上层建筑也或慢或快地发生变革"①。政治发展的重要意义在于，它将对经济发展以及全部社会生活起着巨大的推动作用，因此，政治发展是经济发展和社会发展的重要条件。一般而言，政治发展采取两种形态，即政治革命和政治改革。坚持共产主义远大理想，发展社会主义民主政治、建设社会主义政治文明，推进国家治理现代化，实现中华民族伟大复兴，是中国特色社会主义政治发展的客观要求，也是社会主义中国政治发展的根本目标。

第一节　政治发展的含义与内容

政治发展是人类社会普遍存在的一种政治现象。理解政治发展，就必须理解政治发展的含义和主要内容。

一、政治发展的含义

何为政治发展？如何理解政治发展？这是研究政治发展必须首先要回答的问题。

众所周知，政治发展是人类社会发展的一个重要的方面。自从人类社会进入政治社会以来，政治发展就客观存在。然而，古代社会并没有出现政治发展这一专门术语，也没有把政治发展方面的知识、见解形成一门系统的学科。

政治发展理论作为政治学研究中的一个专门领域，首先出现于西方。西方政治发展理论是20世纪50年代初期兴起的一个新的政治学领域，它的产生有着深刻的历史背景。第二次世界大战以后，在亚、非和拉丁美洲出现了大规模的民族解放运动，许多国家通过民族民主革命先后取得了民族独立。这些新独立的国家，以及那些将独立的殖民地在独立后将会走向何处，会建立起什么样的政治制度，会走何种社会发展道路，这些问题引起了西方发达国家的政治家、政治学者的高度关注。在第二次世界大战后，在以意识形态对抗为特征的

---

①《马克思恩格斯选集》第2卷，人民出版社2012年版，第3页。

"冷战"中,美国为了壮大资本主义的力量,达到"领导世界"的目的,首先开始了对发展中国家的政治发展研究,后来又扩展到西欧一些国家,形成了政治学研究中的一个主要理论流派——政治发展理论。在政治发展理论研究中,涌现了一批著名的政治学者。

政治发展研究的出现也是政治学研究的范围拓宽及政治学研究方法不断创新的结果。在政治发展研究出现之前,政治学研究领域主要局限于西方国家的政治研究。在研究方法上,较少采用比较的方法在宏观上探讨政治发展问题,即使采用比较的研究方法,也大多局限于采用法律的、形式的方法,对西方主要资本主义国家的政治制度进行比较研究,因此,研究的领域和方法受到很大限制。"二战"后,许多殖民地国家纷纷独立,使国际政治力量的对比发生了重大变化,美国等西方国家的一些政治学者采用比较政治研究方法研究这些国家的政治发展问题。1954 年美国成立了由著名政治学家 G.A.阿尔蒙德任主席的"社会科学协会比较政治委员会",该委员会采用比较政治研究方法,以动态的比较研究方式对广大第三世界国家的政治发展进行研究,并出版了一批有影响的著作。

整体而言,西方政治发展理论大体上经历了三个主要发展阶段:

第一阶段是从 20 世纪 50 年代初到 60 年代初。这一时期研究的主题是"现代化"理论,主要以新兴国家从传统向现代社会过渡为背景,借助社会学的理论成果,初步建立起政治发展研究的理论架构。一些学者认为,广大的第三世界还处于传统社会阶段,政治发展就是这些国家从传统社会过渡到现代化社会,这种过渡包括政治、经济、社会和心理方面的重大转变。代表人物是美国学者丹尼尔·莱纳,他在这一时期的代表作是《传统社会的消失》。

第二阶段是从 20 世纪 60 年代初到 70 年代初。这一时期研究重点是第三世界各国政治发展道路研究。一些政治学家比较了不同地区国家政治发展的过程以及出现的问题,希望通过对比研究找出政治发展的途径。这一时期,政治发展研究涌现出一大批学者,出版了相当数量的研究成果,其中有代表性的有:1960 年阿尔蒙德和科尔曼合著的《发展中地区的政治》;1966 年阿尔蒙德和鲍威尔合著的《比较政治学:发展研究途径》;1960 年 L.W.派伊发表了《政治发展面面观》;1969 年亨廷顿出版了《变化社会中的政治秩序》一书。

第三阶段是 20 世纪 70 年代以后,美国政治学从宏观研究转向微观研究,政治发展研究逐渐走向衰落,政治发展研究的重点也从发展道路研究逐渐转向政策研究。这一时期,政治发展研究强调发展中国家通过政策调整改善政治发展的条件和解决各种问题。在此背景下,出现了发展行政学。

政治发展概念是政治发展理论的基础和核心。对这一概念的不同理解,就形成了不同的政治发展理论流派。作为描述性概念,政治发展被理解为一个单一的或一组过程,这一个过程包括角色的分化、次级体系的自主性、政治文化的世俗化等内容;作为目的论概念,政治发展被定义为达到某个或某些具体政治目标的进步运动。这些目标包括"民主、稳定、合法性、参与、动员、制度化、平等、能力、变异、个性、渗透、分配、结合、合理化、官僚主义化、安全、福利、正义、自由,等等"①。

政治发展概念有诸多经典定义。阿尔蒙德认为,"政治发展是指在社会经济现代化较

① [美]格林斯坦、波尔斯比:《政治学手册精选》(下卷),商务印书馆 1996 年版,第 152 页。

为广泛的环境中已经和正在发生的一系列相互关联的政治系统和过程和政策的变化。”①亨廷顿认为,政治发展是“现代化的政治后果”。对于发展中国家来说,政治发展的“首要问题不是自由,而是建立一个合法的公共秩序。人当然可以有秩序而无自由,但不能有自由而无秩序”②。亨廷顿把政治制度化作为政治发展的标准,作为政治现代化取得成功的关键。在他看来,一种政治体系的制度化水平可用四个指标来衡量。一是适应性,即政治体系能否应付环境不断变化的挑战,从而得以存活和延续。二是复杂性,即政治组织是否在结构上高度分化,并在功能上实施隶属关系明确、职责权限清晰的专门化分工。三是自主性,即政治系统能否独立于其他社会力量或社会活动而运作。四是内聚性,即政治体系是否具备共同意识,在总体上做到团结协作、步调统一。

派伊认为,政治发展可看作是总体现代化进程的一个方面。政治发展这一概念含义混乱,对政治发展主要理解如下:政治发展是经济发展的前提;政治发展是工业社会的典型政治形态;政治发展就是政治现代化;政治发展是民族国家的建构与运转;政治发展是行政和法律的发展;政治发展是大众动员和大众参与;政治发展是民主制度的建立;政治发展是一种稳定而有序的变迁;政治发展是动员和权力;政治发展是多元社会变迁过程的一个方面。政治发展既是社会经济现代化的产物,也为社会经济现代化提供政治保障。在实质意义上,政治发展和政治现代化不过是同一问题的两种不同表述。派伊认为,政治发展有三个核心要素:一是与政治系统相关的个人的持续增长的平等。这种平等意味着实行广泛的民主参与和政治生活的法制化,意味着公共职位依据个人的实际能力和成就向全体公民平等开放。二是与环境相关的政治系统的不断提高的能力。这种能力意味着政治系统必须要不断适应经济社会发展的要求,在政治和行政决策方面做到容量大、范围广、效率高。三是政治系统内部体制和结构的日益明细的分化。政治组织实行高度专门化的分工,分别承担各自功能。杰克森和斯坦恩认为,政治发展既是政体结构分化与角色专业化的过程,也是政治生活的形式从一个阶段转变到另一个阶段的过程。政治发展是政治统治者实现社会目标的手段。科尔曼认为,从类型学的观点看,政治发展实际上就是从传统政治向现代政治转变的运动。杜得指出,政治发展其实是一种目标导向的政治变迁过程,“这种变迁关系包括政府权力的扩张和集中、政治功能和结构的分化和专化(继之以整合)、政治参与率提高、人民对政治系统的认同感增强”③。

马克思主义对政治发展有更为系统、全面、科学的认识,其基本看法是:

第一,政治发展是政治形态不断从低级走向高级的总体性过程。政治发展是自国家产生以来任何时代、任何社会所面临的一项基本任务。随着这一任务依据不同的历史条件,通过不同的道路途径,在不同的范围、层次、程度和水平上不断得以解决,人类政治形态便逐步地由低级走向高级、由必然王国走向自由王国。这就是政治发展的总体进程。

第二,政治发展的动力是一个以经济变革为基础的复合系统。从本质上讲,政治发展作为总体社会发展的一个重要方面,必须结合社会基本矛盾的辩证运动来认识,归根到底是从

---

① [美]加布里埃尔·A.阿尔蒙、德宾厄姆·鲍威尔:《比较政治学:体系、过程和政策》,东方出版社 2007 年版,第 374 页。

② [美]亨廷顿:《变化社会中的政治秩序》,上海人民出版社 2008 年版,第 6 页。

③ 陈鸿渝:《政治发展理论》,吉林出版集团有限责任公司 2009 年版,第 26 页。

生产力和生产关系发展变革的客观要求来认识。

第三，政治制度的新旧更迭是政治发展的根本标志。宏观意义的政治发展，是社会形态总体发展的一个有机组成部分，就像社会形态的发展在本质上是社会基本结构的根本质变一样，政治发展从实质上说也首先是政治制度的根本变革。国家政权的阶级归属构成了政治制度的核心。因此，与社会形态历史沿革的总体进程相对应，自国家产生以后，奴隶制政治制度、封建制政治制度、资本主义政治制度和社会主义政治制度这几种国体类型的依次更迭，大致可以看作是政治形态沿革的几个基本阶段。以制度变革为标志的政治形态由低级到高级的前进上升运动，是人类政治发展的基本趋势。这个趋势就总体方向来说是不可逆转的。

第四，政治体制的改革完善是政治发展的重要内容。我们把政治制度的具体的组织形式、管理形式和运作形式，称作政治体制。从本质上讲，政治体制要受政治制度的制约，但是它与政治制度相比，又有自己的相对独立性，并因而表现出某种变化调节的灵活性。

虽然人们对政治发展有不同理解，各自提出了不同的政治发展概念，但这些概念之间不存在着本质的差别，它们有着共同的特征，都是把政治发展看作是政治体系朝着一定目标变化的过程。归纳起来，“政治发展是正向的政治变迁”①，是围绕以国家政权为核心的政治形态的变迁、成长和完善。

二、政治发展的内容

政治发展有着丰富内容，不同国家的政治发展往往有着不同的模式、战略和时序。一般而言，政治发展包括如下主要内容：

（一）政治生活的一体化

政治生活的一体化是政治发展的一项重要内容，主要任务是要在政治共同体内部建立起权力集中且对社会能有效控制的中央权威，实现政治共同体同质化。政治生活的一体化，要求在政治共同体内部结束权力碎片化的状态，实现权力的集中与整合，建立起层次清晰、运行畅通和廉洁高效的政权体系，维护中央政府的权威。政治生活的一体化，一方面表现为结束分裂和割据状态，建立独立和统一的民族国家和其他形式的政治共同体；另一方面则表现为消除政治典则与政治规范的歧异和矛盾，建立一体化的立法体制、行政体制、司法体制，即建立一体化的公共权威体制。政治生活的一体化，其核心是要不断培养“不同集团或阶层的个人对国家所怀的主观感情”②，主要包括国家一体化、领土一体化、精英-群众一体化、价值一体化四方面内容。国家一体化指的是把文化和社会方面分离的集团整合进一个单一的领土单位，完成国族建构的过程；领土一体化指的是国家确立起对附属的政治单位或地区的权威，实现国家对领土的有效控制；精英-群众一体化指的是政府与被统治者之间建立起制度化的沟通机制与互动关系，政府能对社会进行有效动员，获得社会支持，公民享有充分的权利和多元畅通的渠道向政府表达他们的诉求；价值一体化主要是指国家依赖政治意识形态建设来塑造公民政治共同体意识的过程。政治生活的一体化，是提升国家内聚力的需要，也是减少政治共同体内部交易成本的需要，是提升国家在国际社会竞争力的必然要求。

---

① 李元书：《政治发展导论》，商务印书馆 2001 年版，第 3 页。

② [美]格林斯坦、波尔斯比：《政治学手册精选》（下卷），商务印书馆 1996 年版，第 228 页。

通过不断提升政治生活的一体化水平，借助一体化的公共权威体制，国家政权才能积极地回应经济社会发展所带来的复杂多样要求，有效地组织社会动员、实施利益分配、解决矛盾争端，从而使政治统治和政治管理得以顺利地进行，避免因丧失权威性和内聚力而陷入一种动荡不稳的无序状态。总之，政治生活的一体化是民族国家政治发展的一项重要任务。政治生活的一体化需要国家发展成熟完善的国民教育体系，做好语言规划工作，加强人口流动，加强基础设施建设，依赖各种国家节日和政治仪式典礼，将公民对宗族、民族、宗教的地方性认同转变成公民对国家的忠诚与认同。

（二）政治结构的合理化

政治结构的合理化也是政治发展的一项重要内容。一方面，政治结构的合理化体现为政治结构的分化和专业化，另一方面，政治结构的合理化也体现为政治结构之间的有效协调和联动。政治结构的合理化是社会发展和国家治理公共事务复杂化的内在要求，也是提升国家能力的重要途径。面对社会发展所产生的压力和国家治理公共事务复杂化程度的提高，国家必须不断推动其政治结构的分化和分工，提升不同官僚机构的专业化水平和办事效率。除政治结构的分工和分化之外，政治结构的合理化还包括政治结构内部的各种组织、要素以及功能之间的相互匹配和高效合作，政治结构的不同组成部分之间形成有机的合作体系。这种有机的合作体系不仅涉及国家权力的横向关系，而且也包括国家权力不同层级之间的纵向关系；不仅涉及不同政府部门之间的合作与协同，而且也包括同一政府部门内部的合作与协调。政治结构的合理化，要求政治体系必须实行严谨规范的专门分工，形成层次清晰、职责分明、彼此协调、自如运转、有机联动的合理结构，避免权责不清、碎片行政、政策冲突、协调不力等带来的权力内耗问题。否则，政治体系便会因体制的简单和僵化而在复杂多样的要求而前束手无策，调度失灵，乃至产生紊乱和衰败。实际上，政治结构合理化的过程，既包括原有政治结构分裂或解体形成更为专业化政治结构的过程，也包括政治体系内部角色及其关系的变化过程，既包括政治结构之间的关系的变化调整，也包括政治结构的创新，抑或是政治结构不变的条件下赋予政治结构新功能的过程。政治结构的合理化使政治系统成为一个联系紧密的整体，提高了政治系统的能力和效率。

（三）政治功能的完善化

将功能的完善确定为衡量政治体制发展的指标，主要有两个方面的内容：一是政治体系已有功能的不断完善和发展；二是政治体系根据社会发展的变化要求调整完善政治体系的功能，既包括政治体系功能的增加，也包括政治体系功能的压缩和减少。政治功能的完善化是政治发展的一项重要内容。政治功能的完善，核心是要做好政治体系的各种政治组织的功能定位、功能调整，根据功能定位和功能调整加强各种政治组织的能力，增强各个政治组织着眼于全局和整体的控制、协调、计划、干预能力，促进公共利益的实现。在政治能力完善的过程中，尤其是要增强政治体制应付和处理形形色色的复杂事务所必需的诸种专门能力，做到有效行政，政府各部门在决策和管理的过程中能做到及时、准确、迅速、连贯。在政治实践上，政治功能的完善主要应对解决权责不对称和权事不对等问题。如果同一功能由若干性质不同的机构和角色承担，或者一个机构和角色同时承担若干不同的功能，其结果往往会是行政的低效率乃至无效率。这无疑与政治发展的内在要求背道而驰。因此，政治功能的完善化，要求政治体制无论在宏观调控还是在微观管理上，都能做到有力有效，否则就容易出现上下断裂、左右摩擦、前后脱节的混乱局面。

（四）政府管理模式的现代化

政府管理模式的现代化是政治发展的一个重要方向。政府管理模式的变革，主要包含政府管理理念的深刻变革、政府职能结构重心的转变、政府施政方式的转变。政府管理模式的现代化，要求政府转变其决策方式，由经验决策向科学决策、“一把手”个人决策向多方参与的民主决策、封闭式决策向开放式决策、非制度化决策向制度化决策的转变；要求政府管理理念由管理向服务的转变，由重权力、重限制、重支配，转向重权利、重责任、重服务；要求政府职能由单纯注重经济发展转向注重社会全面进步，从计划调节到市场调节，从微观管理到宏观管理，从直接管理到间接管理转换；要求推进政府施政方式的变革和创新，具体说来，“一是由过去那种以行政命令为核心的自上而下单向式的施政方式，逐渐向政府与公民对话沟通双向互动式的施政方式转变；二是由过去封闭式办公的方式向政务公开透明转变；三是由过去行政审批内容复杂、审批层级多、程序烦琐、审批时间不确定的做法，向减少和规范行政许可和行政审批，简化行政审批层级和程序，方便、快捷、高效转变；四是由过去施政注重上级满意向注重人民群众是否满意转变；五是大力推进政府信息化、电子政务建设，实现资源共享，降低行政成本，提高政府公共服务质量，等等”。政府管理模式的现代化，是政府管理的全方位深刻变革，这种深刻变革体现为“从‘以政府为中心’向‘以公民为中心’转变；从‘权力主体’向‘责任主体’转变；从无限政府向有限政府转变；从自上而下的单方面的行政管理向以政府为主导的协商、对话、合作、多元主体共同治理的方向转变；从依靠‘长官’意志行政向依法行政转变；从以行政手段为主向以法律手段、经济手段为主，行政手段为辅的方向转变；从注重经济增长向注重社会公平转变；从封闭式管理向公开透明管理转变”①。

（五）公民政治参与的有序化

公民政治参与是测度一个国家政治发展水平的一项重要内容，公民在多大程度和多大范围内有序政治参与，是衡量一个国家政治发展水平的一个重要标准。从国家的角度看，公民要有效政治参与，要求国家政治体系是开放的，同时国家政治运作过程必须是透明的，政治决策的主体必须为决策行为承担责任。从社会的角度看，公民要有效政治参与，不仅要求公民有政治参与的意识，而且要求公民有政治参与的能力，实现由动员型政治参与向自主型政治参与的转变。从国家与社会关系的角度看，公民要有效政治参与，要求国家与社会之间具备多元的、畅通的且有法治保障的政治参与渠道。因而，政治发展要求增强国家政治体系的开放性、透明性和责任性，提升公民政治参与的意识和能力，拓展公民政治参与的渠道，丰富公民政治参与的形式，不断提升公民政治参与的广度和深度。在政治发展中，国家有责任不断推进政治体制改革，增强政治体制的吸纳能力，平衡现代化所带来的公民政治参与扩大和政治体制吸纳政治参与能力有限之间的矛盾。政治发展要求公民的政治参与是有序的、平等的、理性的，通过说理的方式来表达自己或团体的利益诉求，反映民情、民意、民声。在现代化和全球化的背景下，由社会分化所带来的一个挑战是政治参与的不平等问题。由于不同社会团体所拥有资源的不平等性，造成不同社会团体对政府决策的影响力的不平等。因而，在政治发展进程中，不仅应追求不同公民的有序理性政治参与，而且要致力于公民及

---

① 周光辉：“从管制转向服务：中国政府的管理革命——中国行政管理改革 30 年”，《吉林大学社会科学学报》2008 年第 3 期，第 24~28 页。

公民团体平等的政治参与。为此，要充分尊重和有效保护公民政治参与的权利，公平分配公民政治参与的各种资源，提升政治体系的包容性。

第二节 政治发展的动力与途径

理解政治发展，不仅要了解政治发展的内涵和主要内容，而且要认识政治发展的动力和主要途径，理解政治发展与政治稳定之间的关系。

一、政治发展的动力

政治发展动力指的是谁推动一个社会的政治发展问题，这是政治发展理论研究中的一个重要方面，任何政治发展理论都无法回避。

（一）政治发展来源于人类对人和社会全面发展的不懈追求

人是政治生活的主体，也是政治发展的推动力量，更是政治发展服务的对象。人与其他存在不同，人不会满足于当下的生活，人要超越自身，不断追求更高质量的生活。一方面，人类社会要通过不断推动经济发展来为人类高质量生活提供经济基础，通过不断推动社会发展来促进社会和谐，通过不断推动经济和社会发展为政治发展提供持续动力。另一方面，人类社会要通过不断推动政治发展来保障经济和社会发展的成果，为人类过上高质量生活创造条件。一般说来，经济越发展，人对自身的发展越关注，对政治生活的要求也就越高。经济发展和社会发展为政治发展提供持久动力，政治发展为经济发展和社会发展创造条件。现实的经济发展，为人们在更高水平上追求人与社会的发展提供了可能性和现实性。有了政治发展，人类社会才能享受来自国家和政府提供的优质公共产品和公共服务，才能享受政治参与所带来的效能感，影响公共政策的制定和执行，捍卫公共利益，才能通过政治参与发展自身的才能、技能和德性。在现代化过程中，人们将民主作为政治发展的一个重要目标，这主要是因为民主能更好地为保障人们过上高质量生活，进而帮助人们更好地实现人的全面发展与社会的全面进步。马克思之所以认为资本主义民主是虚伪的、低级的、不彻底的，主要是因为资本主义民主是少数人统治的民主，只是使公民从政治上获得了某些形式上的平等，没有使人从经济与社会生活中获得实质的平等，没有使人获得更加全面的发展。因而，人类社会的政治发展必须超越于资本主义民主，追求更高层次的社会主义民主。

（二）政治发展来源于人类社会的阶级关系和阶级结构的变化推动

人类社会的阶级关系的调整和阶级结构的变化是政治发展的一个推动力量。有关政治发展的动力，马克思主义有着深刻的认识和理解。马克思主义认为，从本质上说，政治发展作为整体社会发展的一个重要方面，必须结合社会基本矛盾的辩证运动来认识，归根到底是从生产力和生产关系发展变革的客观要求来认识。正如恩格斯所说："一切社会变迁和政治变革的终极原因，不应当到人们的头脑中，到人们对永恒的真理和正义的日益增进的认识中去寻找，而应当到生产方式和交换方式的变更中去寻找。"①在阶级社会中，政治主要表现为阶级关系和阶级斗争。统治阶级利用政权采取各种方法来缓和矛盾、控制矛盾以维护他们的统治。被统治阶级为了摆脱被剥削、被压迫的命运，也采取各种方法同统治阶级进行斗

① 《马克思恩格斯选集》第3卷，人民出版社2012年版，第797~798页。

争。因此,统治阶级与被统治阶级的阶级斗争是推动政治发展的直接动力,人民群众是推动历史前进的决定力量,也是推动政治发展的决定性力量。社会中各阶级、各阶层的利益关系是建立在一定的经济基础之上的,是由一定的社会生产发展状况决定的,有什么样的所有制关系,就会有什么样的社会生产关系,以及由此形成的阶级、阶层关系。现实的经济发展以及由此引发的经济基础变化,必然使所有制关系发生不同程度和不同性质的变化,从而影响既有的社会结构与阶级关系,使既有的社会结构和阶级关系发生变化,引发新的社会矛盾与阶级冲突。为了协调社会矛盾、缓和阶级冲突,政治就必须调整既有的权力结构和相关的制度安排,以此来适应新的社会结构与阶级关系。因此,正是人类社会的阶级关系的变化和阶级结构的调整,推动了人类社会的政治发展。在存在阶级对立的社会中,阶级之间的矛盾、冲突和斗争是政治发展的一大动力,是政治变革发生的直接原因,决定了政治发展的主要方向。

(三)政治发展来源于人类社会政治制度的自我完善和自我发展

马克思主义哲学原理告诉我们,社会不是静止不变的,而是处在不断发展变化之中的。"人类史同自然史的区别在于,人类史是我们自己创造的,而自然史不是我们自己创造的。"①任何国家政治制度的确立和巩固,都不是一蹴而就的,需要有一个不断自我建设、自我完善和自我发展的过程。虽然这个过程最终是由现实的经济发展和社会的需要决定的,但实践表明,政治具有相对独立性。各国的统治阶级为了维护其政治统治,捍卫其政治利益,总会想方设法地推动政治制度的发展完善,应对国家治理过程中出现的新情况、新矛盾、新问题,在应对新情况和解决新问题的过程中推动政治发展。政治制度的自我完善和发展,既要遵循政治发展的内在规律性,又要符合现实经济与社会发展提出的要求。社会主义政治制度在我国确立已超过半个世纪,但无论从政治发展的内在规律性的角度看,还是从经济发展和社会发展的要求角度看,我国社会主义政治制度仍需要在实现社会主义民主与法治的过程中不断自我完善、自我发展。正是这种努力,推动了我国政治发展。

(四)政治发展来源于人类社会之间的交流沟通和学习互动

马克思主义认为,人类社会的历史是人类交往不断扩大的历史,在这个过程中,"各民族的原始封闭状态由于日益完善的生产方式、交往以及因交往而自然形成的不同民族之间的分工消灭得越是彻底,历史也就越是成为世界历史。"②基于新的工业的产生以及由此所带来的人类社会交往方式的深刻变化,"把一切民族甚至最野蛮的民族都卷到文明中来了"③,并"迫使它们在自己那里推行所谓的文明"④,从而使"未开化和半开化的国家从属于文明的国家"⑤。整体说来,人类社会发展的历史,是人类社会交往不断扩大和视野不断拓展的历史,也是不同文明相互学习、相互竞争的历史。正是不同文明之间的相互学习和相互竞争推动了人类社会的发展进步。在全球化的时代,国家的开放度提升了,人类社会彼此之间的依赖性增强了,人类政治发展道路和模式也更加多样化了。在政治发展进程中,一方面,我们要保持开放心态,善于学习各国政治发展所积累的有益经验,善于学习人类政治发

---

① 《马克思恩格斯文集》第1卷,人民出版社2009年版,第429页。
② 《马克思恩格斯文集》第1卷,人民出版社2009年版,第540~541页。
③ 《马克思恩格斯文集》第2卷,人民出版社2009年版,第35页。
④ 《马克思恩格斯文集》第2卷,人民出版社2009年版,第35页。
⑤ 《马克思恩格斯文集》第2卷,人民出版社2009年版,第36页。

展所积累的有益成果；另一方面，我们必须坚持“四个自信”，即道路自信、理论自信、制度自信、文化自信，认识到各国国情不同，每个国家的政治制度都是独特的，都是由这个国家的人民决定的，都是在这个国家历史传承、文化传统、经济社会发展的基础上长期发展、渐进改革和内生演化的结果。每个国家的政治发展道路都是与自己国家的实际情况相联系的，因而都是不同的，并非只能选择一种政治制度模式。当代中国坚持推进中国特色社会主义事业，走中国特色社会主义政治发展道路，需要以发展着的马克思主义为指导，认真研究各国政治发展的经验，要注意分析、研究并借鉴其中于我们有益的成分，但绝不能离开中国具体实际而盲目照搬照套。

二、政治发展的途径

政治发展途径是指一个国家采取什么样的方式、手段来实现政治发展的目标问题。从根本上说，政治发展是由生产力和生产关系、经济基础和上层建筑之间矛盾运动引起的，因此，它是一个有规律的发展过程。但政治发展同样又离不开人的主观活动，只有当社会基本矛盾运动引起利益关系和政治力量对比关系发生变化，并转化为进步阶级和集团变革旧秩序的政治实践的时候，政治发展才得以实现。因此，政治发展既是社会发展的客观要求，又是人类在尊重客观发展规律的基础上有目的的政治实践活动的必然结果。

一般来说，政治发展途径主要是通过两种方式实现的，一是政治革命，二是政治改革。一个国家选择什么途径实现政治发展，是由当时所处的社会历史条件所决定的。

（一）政治革命

革命是人类社会历史变革中的一个重要现象，在中国古代典籍中就有“汤武革命，顺乎天而应乎人”的说法。这里的革命二字是指通过社会变革顺应于天命的意思，与现代意义上的革命含义有着本质的区别。在西方，从古希腊柏拉图和亚里士多德开始，革命就成为西方政治学研究的重要内容。自近代以来，随着以暴力方式推翻统治者的现象不断增多，革命在政治学研究中占有越来越重要的地位。

马克思主义认为，革命是指一定的阶级或集团通过阶级斗争，以暴力或和平方式推翻旧的反动阶级的统治，建立起新的社会和政治制度，从而实现社会形态和政治形态质的变化的一种政治行动。由于革命的目标方向是一定阶级的统治权，是实现国家权力的更替，因此，在政治学中，革命通常又称为政治革命。马克思主义认为，产生革命的根源来自生产力和生产关系、经济基础与上层建筑之间的矛盾，这是政治革命产生的动力。当社会基本矛盾尖锐到一定程度时，必然会引起阶级冲突和阶级斗争，而革命是阶级斗争的最高表现形式。在阶级对抗和阶级斗争中，国家政权就会实现从一个阶级到另一个阶级的更替。革命既可以通过暴力方式，也可以通过和平的方式实现，但在通常情况下，革命是以暴力方式来完成的，暴力是革命的标志。正如毛泽东所说：“革命是暴动，是一个阶级推翻一个阶级的暴烈的行动。”①

因此，革命与一般的政治变革的过程不同，归纳起来，革命具有如下特征：

首先，革命的目标指向是实现国家权力的更替，是使国家政权从一个阶级转换到另一个阶级手中，因此，革命的目标是夺取和掌握政权。革命具有决定性的意义，它是政治斗争的

① 《毛泽东选集》第1卷，人民出版社1991年版，第17页。

最高形式。

其次,革命的主体是一定社会中特定的阶级。也就是说,在革命过程中,通常由一定的进步阶级起着领导作用,并获得广大群众的积极参与和支持。这是因为革命不是局限于个别集团或组织为了某种特定的目的,如特定的经济利益而展开的斗争,而是阶级与阶级之间展开的大规模的夺取政权斗争,由于政权的变更涉及社会各阶级和阶层的切身经济利益和政治要求,这就必然使社会各阶级和阶层卷入政治斗争之中。因此不论是资产阶级革命,还是社会主义革命,都不是简单地局限于两个阶级之间的斗争,而是在广泛的社会各阶级和阶层参与下进行的,政治革命拥有广泛的群众基础。

再次,革命是实现以政治制度变革为核心的整个社会关系的根本改变。由于革命的首要目标是夺取和掌握国家政权,而特定阶级的国家政权总是以一定的组织方式来表现的,因此,特定性质的政治制度是一个阶级行使和掌握政权的标志。在人类的政治发展史上,资产阶级通过革命推翻封建专制统治,首先表现在以资产阶级民主政治制度取代了封建专制的君主政治制度。资产阶级打破了封建等级特权,通过议会制、普选制和政党制实现了资产阶级的政治统治。因此,资产阶级革命成功的标志就是资产阶级民主政治制度的确立,社会主义革命成功的标志也同样是无产阶级建立起人民行使政治权力的政治统治形式。由于政治制度在整个社会制度体系中占有核心地位,因此,政治制度性质的改变,必然会促使整个社会关系产生巨大变化。所以,革命对社会发展的影响不同于一般的政治变革。当然,在革命取得成功后,新政治制度会在较短的时间内建立起来,而整个社会关系的改变则会持续较长的时间,如经济关系的改变、文化观念的改变则要缓慢些。

最后,从变化的方式来看,革命是一种持续时间较短的变革,并通常以暴力的方式表现出来。因此,革命通常表现为大规模的、急风暴雨式的斗争。

那么,革命发生的根据和条件是什么呢?马克思主义认为,革命是历史发展中的必然现象。当旧的生产关系严重阻碍生产力的发展,旧的上层建筑,特别是国家政权维护旧的经济基础,阻碍社会进步时,必然引起各种社会矛盾和阶级斗争尖锐化。在这种情况下,代表新的生产力发展要求的革命阶级,必然会起来革命,夺取政权,从而建立起新的生产关系和政治制度,解放生产力。因此,从根本上说,社会基本矛盾运动是产生革命的深刻的社会根源。

社会基本矛盾只是说明了革命产生的内在必然性,至于革命会在什么时间和情况下发生,这取决于特定的条件。这就是:"① 统治阶级已经不可能照旧不变地维持自己的统治;'上层'的这种或那种危机,统治阶级在政治上的危机,给被压迫阶级不满和愤慨的迸发造成突破口。要使革命到来,单是'下层不愿'照旧生活下去通常是不够的,还需要'上层不能'照旧生活下去。② 被压迫阶级的贫困和苦难超乎寻常地加剧。③ 由于上述原因,群众积极性大大提高,这些群众在'和平'时期忍气吞声地受人掠夺,而在风暴时期,无论整个危机的环境,还是'上层'本身,都促使他们投身于独立的历史性行动。"[①]列宁认为,没有革命形势,就不能有革命,而上述三个方面,就是革命形势的特征。所谓革命形势,就是指导致革命爆发的客观条件的变化,因此,列宁说:"没有这些不仅不以各个集团和政党的意志、而且也不以各个阶级的意志为转移的客观变化,革命通常是不可能的。这些客观变化的总和就

---

① 《列宁选集》第2卷,人民出版社2012年版,第460~461页。

叫做革命形势。"[①]但是,列宁认为:"不是任何革命形势都会产生革命,只有在上述客观变化再加上主观变化的形势下才会产生革命,即必须再加上革命阶级能够发动足以摧毁(或打垮)旧政府的强大的革命群众行动,因为这种旧政府,如果不去'推'它,即使在危机时代也决不会'倒'的。"[②]

根据列宁的论述,我们不难得出如下结论:革命的发生必须具备客观和主观两个条件。客观条件就是统治阶级不能照旧统治下去,被统治阶级由于受到残酷的剥削和压迫而不能照旧生存下去,广大群众革命积极性的普遍提高;主观条件就是革命阶级发动强大的革命行动,即根据客观条件成熟情况采取实际的革命行动。当然,从根本上说,革命产生的根本原因还在于生产力与生产关系、经济基础与上层建筑的矛盾运动。

革命在政治发展和社会发展中起着重要作用,具体来说,革命的作用主要表现在以下几个方面:

首先,革命是解决社会基本矛盾冲突,促进社会整体进步和发展的根本途径。当生产力与生产关系、经济基础与上层建筑的矛盾冲突尖锐到一定程度时,就必然会爆发革命,只有革命才能解决社会基本矛盾。革命不但要改变旧的生产关系,更主要的是通过生产关系的改变实现生产力的解放,从而实现社会形态的整体改变。由于政治发展是社会发展的一个组成部分,因而阻碍社会整体发展的社会基本矛盾同时也制约着政治发展,当通过革命方式解决了社会基本矛盾的问题时,也就为政治发展扫清了障碍。革命是促进生产力发展和社会进步的巨大推动力,是改变旧的社会制度的根本途径。

其次,革命又是改变政治环境,更新政治体系,促进整体政治发展的强大推动力。从系统的观点来看,革命是推动整个社会系统发展的直接动力。革命不仅改变政治系统本身,同时又是导致各种政治环境改变的直接因素。因此,在革命成功后,各种政治环境,如经济关系、社会关系、文化关系以及各种历史传统都会发生巨大改变。当然,革命所带来的直接变化还是政治系统自身的改变,主要表现为政治制度性质及政治结构的改变,也就是政权性质尤其权力的组织方式和权力运作方式都发生本质的改变。这种变化本身就意味着政治发展性质的改变,意味着政治发展的质的飞跃,因此,当政治发展受到阻碍,而通过一般的改革又难以解决问题时,只有通过革命才会实现政治发展的质变,政治发展性质的改变又会推动整个社会的发展。

最后,革命又是改变旧的传统道德规范,改变旧的风俗习惯,改变旧的思想和传统价值观念的重要手段。只有通过革命方式,才能从根本上在较短的时间内改变人们的世界观和政治观,从而产生新政治文化。政治文化的更新是促进社会发展的深层因素。

(二)政治改革

改革也是促进政治发展的一种重要方式和手段。所谓改革,就是指一定统治阶级中的政治领导集团通过和平的方式,有步骤、有计划地调整政治关系和社会关系,从而达到政治和社会制度完善的一种过程。在政治发展理论中,改革通常就是指政治改革。政治改革的根本目的就是通过政治关系的调整,完善政治制度或体制,维护有利于统治阶级政治统治的秩序,从而实现政治稳定。

---

① 《列宁选集》第2卷,人民出版社2012年版,第461页。

② 《列宁选集》第2卷,人民出版社2012年版,第461页。

与政治革命不同,政治改革具有如下特征:

首先,政治改革的发动者通常是统治阶级中的政治领导集团。与革命不同,革命是一个阶级推翻另一个阶级的暴力斗争,因此,是以整个阶级为主体,而改革是以统治阶级中的一定政治集团为主体。当统治阶级内部出现矛盾,需要调整政治关系或调整利益分配关系时,就需要对现有政治制度和组织成员进行改革,出台新的政策和措施,对重大的利益关系进行调整。因此,改革的压力不论是来自于统治阶级内部或外部,不论是来自于主动或被动,改革的实施都是由特定的政治领导集团发动和领导的。

其次,政治改革是有计划有步骤进行的,体现在政治发展上,表现为一种渐进性和连续性的过程。政治改革不导致政治发展性质的改变,而是体现为一种量的改变。当社会出现矛盾,而又没有达到以革命方式加以解决的程度时,就需要由统治阶级中的政治领导集团,根据矛盾的性质和发展程度,在特定的思想指导之下,经过严密的组织和计划,分步骤地实施。当然,不同性质的改革对改革的计划性、组织性和改革进程的要求是不同的。在改革中要注意适当调整改革的速度,注意控制改革的规模,减少改革中意外情况的突然发生。

再次,政治改革以和平的方式进行。政治改革之所以采取和平的方式进行是由改革的性质所决定的。由于改革是对政治关系和社会关系的调整,因此没有必要采取大规模阶级斗争和暴力的方式进行,也没有必要进行大规模的政治动员或者发动革命运动。在和平的条件下,可以通过改革逐步解决各种矛盾的问题。当然,在改革过程中也会出现矛盾激化,甚至会引起改革性质发生变化,这是改革发动者在改革过程中应尽量避免的。

最后,政治改革维护现有的政治统治秩序基础,并不改变政治发展的性质。由于革命一般以被统治阶级为主体,因此革命的目标指向则是政权性质的改变,是以推翻统治阶级的政治统治为目的的。改革是由统治阶级的政治集团发动的,目的是为了维护现有的政治统治,是使本阶级的政治统治进一步完善,使现有政治秩序进一步稳定。改革通常是对若干政治关系和利益关体系的调整,并不触及统治阶级建立的政治统治基础,不改变最根本的政治制度。因此,通过改革的方式不会产生政治发展性质的变化。

那么,产生政治改革的根据和条件是什么?与革命一样,政治改革也是根源于社会基本矛盾运动。当政治上层建筑不适应生产方式的发展时,就会阻碍生产力的发展和社会进步。于是,政治改革的任务就提出来了。因此,经济发展与社会发展的客观要求,是引起政治改革的根本原因。当然,引起政治改革的直接原因还是社会基本矛盾所引起的各种制度性弊端及利益关系上的各种矛盾。当一个社会的政治制度、经济制度及社会制度出现结构性弊端,并引起社会利益矛盾冲突时,统治阶级为了维持自己的正常统治,缓解社会矛盾,就必须进行改革。如在政治体系中,结构性弊端可以表现为效率低下、缺乏活力、体制僵化、缺乏应变能力,甚至出现体制性腐败等,这些问题都需要通过改革加以解决。

由于改革具有不同于革命的特点,因此,在改革中特别是在社会改革中要遵循一些基本原则:首先,由于政治改革一般采取自上而下的渐进和平方式,因此在改革中要注意改革速度的控制,不应过急。这样既有利于适时调整改革战略,同时又可以避免激化矛盾,减少改革的阻力。其次,要注意政治改革与经济改革二者之间关系的协调,一般以经济改革为先导,当经济改革推进到一定程度时,再着手进行政治体制改革,这种改革方式有助于减少社会的震荡,增加改革成功的概率。最后,改革是一项系统工程,在改革中要注意改革措施与改革环境的相互协调,注意各项改革措施之间的密切配合,确保政治改革在稳定条件下进行。

三、政治发展与政治稳定

政治稳定是政治发展的一个重要目标，相对于其他政治发展目标而言，政治稳定具有基础性和优先性地位。然而，实践表明，政治稳定的实现并不是无条件的，政治发展并不自发地导向政治稳定。政治发展必然会对旧体制形成冲击，政治发展的过程也必然会导致社会部分群体的地位和利益受损。更重要的是，在新旧体制转换过程中，由于新的体制没有得到充分发展，使得新的体制难以吸纳社会不同群体的利益诉求，致使社会部分群体选择体制外的方式政治参与，导致社会的无序。因而，对于任何国家而言，政治稳定都是政治发展的一个重要目标，政治发展过程，必将伴随各种利益诉求的平衡协调问题，唯有做好了利益的平衡和协调，政治发展才可能有序进行。与之相对，由利益失衡所带来的社会失序，不仅会影响生产力的发展和生活水平的提高，而且会破坏政治发展已建立起来的成果。

政治发展要所追求的政治稳定，主要是指国家政治生活的秩序性和国家政权的连续性。一般而言，判断政治稳定有三个基本标准：一是政治有序，即政治系统具有强大的权威性，社会认可和支持国家政权，国家与社会不存在政治暴力、政治分裂和武装冲突。二是治理有效，即国家政权和政治制度能够积极回应经济与社会发展，贯彻国家治理战略和政策，推动经济与社会的有效发展，国家有足够的财力来为社会提供充足、廉价、便捷的公共产品和公共服务，促进基本公共服务均等化。三是持续发展，即政治发展不发生中断，保持持续发展和不断进步状态。总之，在政治发展进程中，必须妥善处理好改革、发展和稳定之间的关系。在坚持“以经济建设为中心”不动摇的同时，必须时刻维护稳定这个大局。对改革的领导者来说，改革是为了发展，但也要服从稳定，发展成效被用来检验改革道路的正确与否，稳定则为进一步改革创造条件。

政治发展与政治稳定之间存在着密不可分的辩证关系。政治发展是政治稳定的基础和重要条件，只有在政治发展的条件下，一个国家才能获得持续的、普遍的政治稳定。也就是说，离开了政治发展，政治稳定难以实现。对于政治稳定而言，政治发展是至关重要的；对于政治发展而言，政治稳定也是不可或缺的。在现实生活中，政治稳定往往是政治发展的一个重要前提，除非政治革命，常态下的政治发展必须以政治稳定为前提，并努力使政治发展时刻保持在政治稳定状态。因而，在政治发展与政治稳定的辩证关系中，政治发展往往是决定性的。政治稳定往往必须通过不断推进政治发展来实现，没有政治发展，就难以实现政治稳定。

第三节　中国特色社会主义政治发展道路

理解政治发展，不仅要了解政治发展的一般理论，而且要深刻理解中国特色社会主义政治发展道路的形成与发展、基本内涵，坚持走中国特色社会主义政治发展道路，推动政治体制改革，实现国家治理现代化。

一、中国特色社会主义政治发展道路的形成与发展

中国特色社会主义政治发展道路，是在中国共产党领导下形成和发展起来的有中国特

色的政治发展道路。

（一）中国特色社会主义政治发展道路，是近代以来中国人民长期奋斗历史逻辑的必然结果

1840年的鸦片战争，中国战败，与英国政府签订了丧权辱国的《南京条约》，开始沦为半殖民地半封建国家。中国人民由此开始了为国家独立、民族解放和民主自由进行了前仆后继的英勇斗争。农民阶级所领导的太平天国运动被中外反动派联合绞杀，归于失败；地主阶级洋务派开启的现代化事业未能挽救风雨飘摇的大清帝国；资产阶级改良派所领导的维新变法流产，未能将中国带向光明；以孙中山为代表的资产阶级革命派，虽废除了封建帝制，创立了中华民国，但革命的胜利成果被袁世凯所窃取。袁世凯复辟帝制不得人心，袁世凯死后，中国陷入军阀混战状态。国民政府，誓师北伐，力图完成国家统一大业。1931年，日本发动九一八事变，吞并东三省，中国面临国家和民族存亡危机，在历经14年艰苦卓绝的抗战后，日本战败投降，中国很快又陷入国共内战之中。1949年，中国共产党领导各民族人民在经历了长期的艰难曲折的武装斗争和其他形式的斗争以后，取得了新民主主义革命的伟大胜利，建立了中华人民共和国。从此，中国人民掌握了国家的权力，成为国家的主人。新中国成立以来，尤其是改革开放以来，中国特色社会主义政治发展道路取得了巨大成就。近代以来中国人民长期奋斗的历史逻辑证明，只有中国共产党才能救中国，只有社会主义才能发展中国。中国共产党代表中国先进生产力的发展要求，代表中国先进文化的前进方向，代表中国最广大人民的根本利益。农民阶级的狭隘性、地主阶级的贪婪性与反动性、资产阶级的软弱性、妥协性与不彻底性，所有这些局限性导致他们难以担当起领导和推动中国政治发展的重任。

（二）中国特色社会主义政治发展道路，是近代以来中国人民长期奋斗理论逻辑的产物

1840年以来，农民阶级、地主阶级洋务派、资产阶级维新派、资产阶级革命派，他们从各自的阶级立场出发，对国家的出路进行探索，先后提出了不同的理论主张。然而，这些理论主张都无法成功指导中国具体政治实践。十月革命一声炮响，给中国送来了马克思列宁主义。中国先进分子从马克思列宁主义的科学真理中看到了解决中国问题的出路。在中国人民反抗封建统治和外来侵略的激烈斗争中，在马克思列宁主义同中国工人运动的结合过程中，1921年，中国共产党应运而生。从此，中国人民谋求民族独立、人民解放和国家富强、人民幸福的斗争有了主心骨，中国人民就从精神上由被动转为主动。中国共产党以马克思列宁主义、毛泽东思想、邓小平理论、“三个代表”重要思想、科学发展观、习近平新时代中国特色社会主义思想作为自己的行动指南。马克思列宁主义揭示了人类社会历史发展的规律，具有强大的生命力。毛泽东思想是马克思列宁主义在中国的运用和发展，是被实践证明了的关于中国革命和建设的正确的理论原则和经验总结。邓小平理论是马克思列宁主义的基本原理同当代中国实践和时代特征相结合的产物，是毛泽东思想在新的历史条件下的继承和发展，是当代中国化的马克思主义。“三个代表”重要思想是对马克思列宁主义、毛泽东思想、邓小平理论的继承和发展，反映了当代世界和中国的发展变化对党和国家工作的新要求。科学发展观是马克思主义中国化重大成果。党的十八大以来创立的习近平新时代中国特色社会主义思想，是对马克思列宁主义、毛泽东思想、邓小平理论、“三个代表”重要思想、科学发展观的继承和发展，是全党全国人民为实现中华民族伟大复兴而奋斗的行动指南。正是因为有了先进的思想武器，中国共产党才能带领中国人民走向辉煌。

（三）中国特色社会主义政治发展道路，是近代以来中国人民长期奋斗实践逻辑的最终选择

中国特色社会主义政治发展道路，来源于实践，是实践检验的正确结果。近代以来，中国各种政治力量为挽救中国民族危机，实现从站起来、富起来到强起来，提出了不同政治方案。在太平天国运动中，《资政新篇》提出要“禁朋党之弊”，加强中央集权，并学习西方，制定法律、制度。洋务运动提出要建立新式海陆军，创办新式学堂，派遣留学生。维新派提出要实行变法，兴民权、设议院，实行君主立宪，废八股、改科举和兴西学，改革行政机构，裁汰冗员，澄清吏治，提倡廉政，取消旗人享受国家供养的特权。革命派提出要以革命手段推翻清朝政府，结束清政府的专制统治及其媚外政策，改变它一贯推行的民族歧视和民族压迫政策，建立资产阶级民主共和国。然而，所有这些方案都归于失败，未能挽救中国。从 1921 年到 1949 年，代表地主阶级和买办性的大资产阶级的国民党，实行军事独裁统治；民族资产阶级在政治上鼓吹“中间路线”或“第三条道路”，主张建立一个资产阶级共和国；中国共产党主张进行一场彻底的反帝反封建的新式资产阶级民主革命，即新民主主义革命，建立一个人民民主专政的社会主义国家。实践表明，中国共产党所倡导的方案最终获得了成功。1949 年中华人民共和国成立以后，我国逐步实现了由新民主主义到社会主义的过渡。工人阶级领导的、以工农联盟为基础的人民民主专政得到了巩固和发展；经济建设取得了重大的成就，独立的、比较完整的社会主义工业体系已经基本形成，农业生产显著提高；教育、科学、文化等事业有了很大的发展；广大人民的生活有了较大的改善。改革开放以来，我们坚持中国特色社会主义政治发展道路，深化政治体制改革，发展社会主义民主政治，党和国家领导体制日益完善，全面依法治国深入推进，中国特色社会主义法律体系日益健全，人民当家作主的制度保障和法治保障更加有力，人权事业全面发展，爱国统一战线更加巩固，人民依法享有和行使民主权利的内容更加丰富、渠道更加便捷、形式更加多样，掌握着自己命运的中国人民焕发出前所未有的积极性、主动性、创造性。

二、中国特色社会主义政治发展道路的基本内涵

中国特色社会主义政治发展道路，是中国特色社会主义道路在政治发展方面的重要展开，有着丰富而深刻的内涵。

（一）高举人民民主的旗帜

人民是历史的创造者，是决定党和国家前途命运的根本力量。人民民主是社会主义的生命，是维护人民根本利益的最广泛、最真实、最管用的民主。改革开放以来，我们总结发展社会主义民主正反两方面经验，坚持国家一切权力属于人民，不断推进政治体制改革，为实现最广泛的人民民主确立了正确方向。人民民主是我们党始终高扬的光辉旗帜，发展社会主义民主政治就是要体现人民意志、保障人民权益、激发人民创造活力，用制度体系保证人民当家作主。社会主义制度的建立，为人民民主的发展，为人民实现当家作主创造了根本前提。发展社会主义民主政治的关键，就是不断扩大人民民主，保障人民权益，健全民主制度，丰富民主形式，拓宽民主渠道，保证人民当家作主落实到国家政治生活和社会生活之中，最大限度地发挥人民的积极性、主动性、创造性。

（二）坚持党的领导、人民当家作主、依法治国有机统一

这是中国特色社会主义政治发展道路的根本要求和关键所在。中国共产党的领导、人

民当家作主、依法治国的有机统一,体现了我国社会主义国家政权的性质。坚持党的领导、人民当家作主、依法治国有机统一,无论何时决不能动摇。党的领导是人民当家作主和依法治国的根本保证,人民当家作主是社会主义民主政治的本质特征,依法治国是党领导人民治理国家的基本方式,三者统一于我国社会主义民主政治伟大实践之中。

(三)坚持和完善中国特色社会主义政治制度

这是坚持中国特色社会主义政治发展道路,发展中国特色社会主义民主政治的基本途径。在推进中国特色社会主义政治发展过程中,必须坚持中国特色社会主义根本和基本政治制度,始终把制度建设摆在突出位置,根据中国特色社会主义经济、文化和社会的发展,根据中国特色社会主义民主政治实践的发展,根据人民群众对社会主义民主发展的要求,不断改革、完善和发展社会主义政治体制,充分发挥我国社会主义政治制度优越性,积极借鉴和吸收人类政治文明有益成果,绝不照搬西方政治制度模式。坚持和完善中国特色社会主义政治制度,就是坚持和完善人民代表大会制度、中国共产党领导的多党合作和政治协商制度、民族区域自治制度以及基层群众自治制度,大力推进社会主义民主政治制度化、规范化、程序化,为中国特色社会主义事业的兴旺发达、党和国家的长治久安,提供政治和法律制度保障。

(四)坚持社会主义核心价值观,发展中国特色社会主义政治文化

这是中国特色社会主义政治发展道路的文化条件。社会主义核心价值体系是兴国之魂,决定着中国特色社会主义发展方向。富强、民主、文明、和谐作为国家层面的价值目标,自由、平等、公正、法治作为社会层面的价值取向,爱国、敬业、诚信、友善作为公民个人层面的价值准则,共同构成了社会主义核心价值观的基本内容。要牢牢掌握意识形态工作领导权和主导权,坚持正确导向,提高引导能力,壮大主流思想舆论。深入开展社会主义核心价值体系学习教育,用社会主义核心价值体系引领社会思潮、凝聚社会共识。推进马克思主义中国化、时代化、大众化,用中国特色社会主义理论体系武装全党、教育人民,把广大人民团结凝聚在中国特色社会主义伟大旗帜之下。要以培养担当民族复兴大任的时代新人为着眼点,强化教育引导、实践养成、制度保障,发挥社会主义核心价值观对国民教育、精神文明创建、精神文化产品创作生产传播的引领作用,把社会主义核心价值观融入社会发展各方面,转化为人们的情感认同和行为习惯。同时要深入挖掘中华优秀传统文化蕴含的思想观念、人文精神、道德规范,并结合时代要求实现创造性转换。

三、坚持走中国特色社会主义政治发展道路

中国特色社会主义政治发展道路,是党带领人民通过长期实践找到的正确政治发展道路。改革开放以来,我们党在长期探索的基础上,成功开辟了中国特色社会主义政治发展道路,并且毫不动摇地坚持和发展这条道路,为我国经济社会发展提供了坚强政治保障。今后,我们要对自己的政治发展道路和政治制度有充分的自信,继续沿着这条道路走下去。

(一)坚持党对政治发展的领导

党的领导是中国特色社会主义政治发展的最大优势。在中国特色社会主义政治发展过程中,必须加强党的全面领导,加强党的建设,增加党的创造力、凝聚力、战斗力和领导力,增强政治意识、大局意识、核心意识、看齐意识,维护党中央权威和集中统一领导,在思想上、政治上、行动上同党中央保持高度一致,不断完善党的领导体制机制,全面从严治党,保持党的

先进性和纯洁性，增强党长期执政的能力，确保党始终总揽全局、协调各方。

（二）坚持发展社会主义民主

这是中国特色社会主义政治发展的奋斗目标。人民民主是中国共产党始终高举的一面旗帜。在革命、建设、改革各个历史时期，中国共产党为争取民主、维护民主、保障民主、发展民主，做了大量卓有成效的工作。尤其是改革开放以来，中国共产党以保证人民当家作主为根本，以增强党和国家活力、调动人民积极性为目标，扩大社会主义民主，加快建设社会主义法治国家，积极稳妥推进政治体制改革，发展更加广泛、更加充分、更加健全的人民民主。我们注重改进党的领导方式和执政方式，保证党领导人民有效治理国家；注重健全民主制度、丰富民主形式，保证人民依法实行民主选举、民主决策、民主管理、民主监督；注重发挥法治在国家治理和社会管理中的重要作用，保证人民依法享有广泛权利和自由。中国特色社会主义进入新时代的关键时期，必须继续高举人民民主的旗帜，加强民主政治建设，以扩大党内民主带动人民民主，最广泛地动员和组织人民依法管理国家事务和社会事务、管理经济和文化事业，保障人民民主权利，维护社会的公平正义。

（三）坚持全面依法治国

全面依法治国是中国特色社会主义的本质要求和重要保障。在中国特色社会主义政治发展过程中，必须把党的领导贯彻落实到依法治国全过程和各方面，走中国特色社会主义法治道路，完善以宪法为核心的中国特色社会主义法律体系，建设中国特色社会主义法治体系，发展中国特色社会主义法治理论，坚持依法治国、依法执政、依法行政共同推进，坚持法治国家、法治政府、法治社会一体建设，坚持依法治国和以德治国相结合，依法治国和依规治党有机统一，深化司法体制改革，提高全民族法治素养和道德素质。

（四）坚持党的领导、人民当家作主、依法治国有机统一

坚持党的领导、人民当家作主、依法治国有机统一，是中国特色社会主义政治发展的必然要求。在中国特色社会主义政治发展的过程中，必须坚持中国特色社会主义政治发展道路，坚持和完善人民代表大会制度、中国共产党领导的多党合作和政治协商制度、民族区域自治制度、基层群众自治制度，巩固和发展最广泛的爱国统一战线，发展社会主义协商民主，健全民主制度，不断丰富民主形式，拓宽民主渠道，保证人民当家作主落到实处。

（五）坚持从中国国情与实际出发

这是中国特色社会主义政治发展的必然要求。中国特色社会主义政治发展道路，必须从中国国情出发，实事求是，充分尊重和考虑中国的政治传统、经济发展水平、社会结构等因素，从实际出发，尊重政治发展的规律，尊重世情、国情、党情，清醒认识到中国特色社会主义进入新时代，我国社会主要矛盾已经转化为人民日益增长的美好生活需要和不平衡不充分的发展之间的矛盾。我国社会主要矛盾的变化，没有改变我们对我国社会主义所处历史阶段的判断，我国仍处于并将长期处于社会主义初级阶段的基本国情没有变，我国是世界最大发展中国家的国际地位没有变。走中国特色社会主义政治发展道路，必须立足于社会主义初级阶段这一基本国情，正视当前中国社会发展的主要矛盾，与我国经济社会发展的具体阶段和生产力发展的实际水平相适应。要量力而行，尽力而为，清醒地认识到政治建设的重要性、复杂性、长期性、艰巨性。

（六）坚持循序渐进、逐步深化

这是中国特色社会主义政治发展的重要原则。走中国特色社会主义政治发展道路，必须尊重上层建筑与经济基础相适应的客观规律,坚持积极稳妥,循序渐进,总体规划,分步推进,有领导、有计划、有步骤、有序进行的原则,把握时代发展要求,顺应人民共同愿望,不懈探索和把握中国特色社会主义规律。走中国特色社会主义政治发展道路,任务是艰巨的、复杂的,存在各种风险和考验。改革开放已走过千山万水,但仍需跋山涉水,摆在全党全国各族人民面前的使命更光荣、任务更艰巨、挑战更严峻。因而,中国特色社会主义政治发展,要在试错中前进,在改革中不断探索,有效应对重大挑战、抵御重大风险、克服重大阻力、解决重大矛盾。中国特色社会主义政治发展道路,是人类文明史上的伟大创举,任何没有既定政治模式可以模仿,更没有任何政治制度可以移植,因而,必须从实际出发,实事求是,解放思想,把握有利时机,有所作为,因地制宜地制定改革发展的方案,尊重政治发展的规律。

(七)坚持在中国特色社会主义"五位一体"的总体布局和"四个全面"的战略布局中推进政治发展

这是中国特色社会主义政治发展的战略安排。"五位一体"总体布局,是经济、政治、文化、社会、生态全面发展的布局。中国特色社会主义政治建设必须在经济建设、政治建设、文化建设、社会建设和生态文明建设"五位一体"总体布局和"四个全面"战略布局中展开,政治建设必须与经济建设、文化建设、社会建设、生态文明建设相互支持、相互促进、共同发展。"四个全面"的战略布局,即全面建成小康社会、全面深化改革、全面依法治国、全面从严治党,彼此密切联系,有机统一。全面建成小康社会是重大战略目标,在"四个全面"战略布局中居于引领地位。全面深化改革、全面依法治国、全面从严治党是三大战略举措。全面深化改革和全面依法治国,为全面建成小康社会提供动力源泉和法治保障。全面从严治党,为全面建成小康社会、全面深化改革、全面依法治国提供根本保证,起着决定性作用。

总之,中国特色社会主义政治发展道路,在实践中已经显示出了强大的生命力。我们要继续坚持走中国特色社会主义政治发展道路,积极稳妥地推进政治体制改革,完善社会主义政治制度。

四、政治体制改革与推进国家治理现代化

(一)政治体制改革

当代中国政治发展中最重要的问题就是政治体制改革问题。政治体制改革是推动当代中国政治发展的基本形式,是推动当代中国政治发展的主要途径。

政治体制是一个国家政治制度得以运行和发挥功能的体制安排,涉及政治制度运行的组织体系、功能结构、工作机制和程序安排。政治体制改革是为了健全和完善国家政治制度而对其运行的组织体系、功能结构、工作机制和程序安排进行调整和变革。因此,政治体制改革不是要根本改变政治制度,而是要通过优化政治制度的运行机制和实际功能,健全和完善国家政治制度,进而增强国家政治制度组织国家、治理社会、推动发展的能力。当代中国的政治改革只能是政治体制的改革而不是基本政治制度的改变。这是因为,一方面,政治总格局的改变意味着政治发展性质的改变。在中国,改变政治总格局,就是改变中国共产党的领导,改变人民当家作主的社会主义政治本质,这是绝对不允许的。另一方面,当代中国的权力结构形式是人民代表大会制,它是实现人民当家作主的根本政治制度,改变这一政治制度形式,就意味着改变人民当家作主的社会主义政治性质,改变我国的国体,也是绝对不允许的。

政治体制改革是我国全面改革的重要组成部分，必须积极稳妥推进政治体制改革。改革开放以来，我国的政治体制改革，主要包括以下内容：

（1）坚持和强化中国共产党的全面领导，强化中国共产党总揽全局、协调各方的能力。中国共产党领导是中国特色社会主义最本质的特征，是中国特色社会主义制度的最大优势。党政军民学，东西南北中，党是领导一切的。坚持党的领导，必须不断改善党的领导，让党的领导更加适应实践、时代、人民的要求，把党的政治建设摆在首位，用新时代中国特色社会主义思想武装全党，建设高素质专业化干部队伍，加强基层组织建设，持之以恒正风肃纪，夺取反腐败斗争压倒性胜利，健全党和国家监督体系，全面增强执政本领。改革开放以来，我们始终坚持加强和改善党的领导，坚定理想信念，坚守共产党人精神追求；坚持以人为本、执政为民，始终保持党同人民群众的血肉联系；积极发展党内民主，增强党的创造活力；深化干部人事制度改革，建设高素质执政骨干队伍；坚持党管人才原则，把各方面优秀人才集聚到党和国家事业中来；创新基层党建工作，夯实党执政的组织基础；坚定不移反对腐败，永葆共产党人清正廉洁的政治本色；严明党的纪律，自觉维护党的集中统一。我们不断提高党的创造力、凝聚力、战斗力，不断增强党的政治领导力、思想引领力、群众组织力、社会号召力，维护党中央权威和集中统一领导，把党的领导贯彻和体现到改革发展稳定、内政外交国防、治党治国治军等各个领域，坚持科学执政、民主执政、依法执政，完善党的领导方式和执政方式，提高党的执政能力和领导水平，提高党把方向、谋大局、定政策、促改革的能力和定力，积极应对在长期执政和改革开放条件下党面临的各种风险考验，持续推进党的建设新的伟大工程。

（2）坚持国家权力属于人民，服务人民，扩大公民有序政治参与。我国是工人阶级领导的、以工农联盟为基础的人民民主专政的社会主义国家，国家一切权力属于人民。发展社会主义民主政治就是要体现人民意志、保障人民权益、激发人民创造活力，用制度体系保证人民当家作主，发挥人民主人翁精神，最广泛地动员和组织人民依法管理国家事务和社会事务、管理经济和文化事业、积极投身社会主义现代化建设，更好保障人民权益。改革开放以来，我国不断完善人民代表大会制度，健全社会主义协商民主制度，完善基层民主制度，我国民主制度更加完善，民主形式更加丰富，人民积极性、主动性、创造性进一步发挥，通过体制创新，健全民主制度，丰富民主形式，拓宽民主渠道，从各个层次、各个领域扩大人民有序政治参与，保证人民依法实行民主选举、民主协商、民主决策、民主管理、民主监督，充分发挥我国政治制度对发展人民民主的优越性，推动协商民主广泛、多层、制度化发展，保证人民在日常政治生活中有广泛持续深入参与的权利，保障人民的知情权、参与权、表达权、监督权，不断扩大和保障广大人民的民主权利。

（3）全面落实依法治国基本方略，推进社会主义法治国家建设。全面依法治国是社会主义民主政治的基本要求，建设社会主义法治国家是中国政治发展的重要目标。全面依法治国是国家治理的一场深刻革命，必须坚持厉行法治，推进科学立法、严格执法、公正司法、全民守法，加强党对法治中国建设的统一领导。改革开放以来，我国适应经济建设、政治建设、文化建设、社会建设不断发展的客观要求，坚持走中国特色社会主义法治道路，建设中国特色社会主义法治体系；完善以宪法为核心的中国特色社会主义法律体系，加强宪法实施；推进依法行政，建设法治政府；保证公正司法，提高司法公信力；增强全民法治观念，推进法治社会建设；加强法治工作队伍建设；加强和改进党对全面推进依法治国的领导。坚持党的领导、人民当家作主和依法治国有机统一，坚持以人为本，弘扬法治精神，加强宪法实施和监督，建立和完善中国特色社会主义法律体系，全面实施依法行政，深化司法体制改革，完善权力制约和监督机制，保障公民的合法权益，维护社会和谐稳定。不断推进合宪性审查工作，维护宪法权威。推进科学立法、民主立法、依法立法，以良法促进发展、保障善治。建设法治政府，推进依法行政，严格规范公正文明执法。深化司法体制综合配套改革，全面落实司法责任制，加大全民普法力度，建设社会主义法治文化，树立宪法法律至上、法律面前人人平等的法治理念。

（4）深化行政管理体制改革，建设服务型政府。行政体制改革是推动上层建筑适应经济基础的必然要求。要按照建立中国特色社会主义行政体制目标，深入推进政企分开、政资分开、政事分开、政社分开，建设职能科学、结构优化、廉洁高效、人民满意的服务型政府。行政管理体制改革的目标是：按照建设服务政府、责任政府、法治政府和廉洁政府的要求，着力转变职能、理顺关系、优化结构、提高效能，做到权责一致、分工合理、决策科学、执行顺畅、监督有力，建立起比较完善的中国特色社会主义行政管理体制。改革开放以来，我们深化行政审批制度改革，简政放权，推动政府职能向创造良好发展环境、提供优质公共服务、维护社会公平正义转变；稳步推进大部门制改革，健全部门职责体系；优化行政层级和行政区划设置，探索省直接管理县（市）改革，深化乡镇行政体制改革；创新行政管理方式，提高政府公信力和执行力，推进政府绩效管理；严格控制机构编制，减少领导职数，降低行政成本；推进事业单位分类改革，完善体制改革协调机制，统筹规划和协调重大改革，统筹考虑各类机构设置，科学配置党政部门及内设机构权力，明确职责，统筹使用各类编制资源，形成科学合理的管理体制，完善国家机构组织法；转变政府职能，创新监管方式，增强政府公信力和执行力，赋予省级及以下政府更多自主权；深化事业单位改革，强化公益属性，推进政事分开、事企分开、管办分离，实现政府组织机构及人员编制向科学化、规范化、法制化的根本转变，实现行政运行机制和政府管理方式向规范有序、公开透明、便民高效的根本转变。

（5）完善制约和监督机制，确保权力正确行使。监督权力，使其服务于公共利益是中国特色社会主义政治发展的一个重要主题。改革开放以来，我们坚持严格规范公正文明执法，有权不可任性，用权必受监督。各级政府依法接受同级人大及其常委会的监督，自觉接受人民政协的民主监督，主动接受社会和舆论监督，认真听取人大代表、政协委员意见，听取民主党派、工商联、无党派人士和各人民团体意见。政府信守承诺，全面推进政务公开，推行政府法律顾问制度，坚持科学、民主、依法决策，凡涉及公众利益的重大事项，深入听取各方意见包括批评意见；坚持用制度管权管事管人，保障人民知情权、参与权、表达权、监督权，确保决策权、执行权、监督权既相互制约又相互协调，确保国家机关按照法定权限和程序行使权力；坚持科学决策、民主决策、依法决策，健全决策机制和程序，发挥思想库作用，建立健全决策问责和纠错制度，凡是涉及群众切身利益的决策，充分听取群众意见，凡是损害群众利益的做法，坚决防止和纠正；推进权力运行公开化、规范化，完善党务公开、政务公开、司法公开和各领域办事公开制度，健全质询、问责、经济责任审计、引咎辞职、罢免等制度；加强党内监督、民主监督、法律监督、舆论监督，让人民监督权力。

在当前形势下，以习近平同志为核心的党中央，坚持稳中求进工作总基调，坚持正确改革方向，坚持以人民为中心，坚持全面依法治国，以加强党的全面领导为统领，以国家治理体系和治理能力现代化为导向，以推进党和国家机构职能优化协同高效为着力点，改革机构设置，优化职能配置，深化转职能、转方式、转作风，提高效率效能，为决胜全面建成小康社会、开启全面建设社会主义现代化国家新征程、实现中华民族伟大复兴的中国梦提供制度保障。

新时代党和国家机构改革的目标是：构建系统完备、科学规范、运行高效的党和国家机构职能体系，形成总揽全局、协调各方的党的领导体系，职责明确、依法行政的政府治理体系，中国特色、世界一流的武装力量体系，联系广泛、服务群众的群团工作体系，推动人大、政府、政协、监察机关、审判机关、检察机关、人民团体、企事业单位、社会组织等在党的统一领导下协调行动、增强合力，全面提高国家治理能力和治理水平。

新时代深化党和国家机构改革遵循的基本原则是：一是坚持党的全面领导。党的全面领导是深化党和国家机构改革的根本保证；二是坚持以人民为中心。全心全意为人民服务是深化党和国家机构改革的根本宗旨；三是坚持优化协同高效。优化就是要科学合理、权责一致，协同就是要有统有分、有主有次，高效就是要履职到位、流程通畅；四是坚持全面依法治国。依法治国是党领导人民治理国家的基本方式。坚持改革和法治相统一、相促进，坚持依法治国、依法执政、依法行政共同推进，坚持法治国家、法治政府、法治社会一体建设。

新时代深化党和国家机构改革的主要内容包括：一是要完善坚持党的全面领导的制度，包括建立健全党对重大工作的领导体制机制、强化党的组织在同级组织中的领导地位、更好发挥党的职能部门作用、统筹设置党政机构、推进党的纪律检查体制和国家监察体制改革等。二是要优化政府机构设置和职能配置，包括合理配置宏观管理部门职能、深入推进简政放权、完善市场监管和执法体制、改革自然资源和生态环境管理体制、完善公共服务管理体制、强化事中事后监管、提高行政效率等。三是要统筹党政军群机构改革，包括完善党政机构布局、深化人大政协司法机构的改革、深化群团组织改革、推进社会组织改革、加快推进事业单位改革、深化跨军地改革等。四是要合理设置地方机构，包括确保集中统一领导的同时，赋予省级及以下机构更多自主权，构建简约高效的基层管理体制、规范垂直管理体制和地方分级管理体制等。五是要推进机构编制法定化，包括完善党和国家机构法规制度、强化机构编制管理刚性约束、加大机构编制违纪违法行为查处力度等。

总之，党和国家机构职能体系是中国特色社会主义制度的重要组成部分，是我们党治国理政的重要保障。提高党的执政能力和领导水平，必须广泛调动各方面积极性、主动性、创造性，有效治理国家和社会，推动党和国家事业发展，必须适应新时代中国特色社会主义发展要求，不断深化党和国家机构改革。

（二）推进国家治理现代化

推进国家治理现代化，是中国特色社会主义政治发展道路的重要内容，也是习近平新时代全面深化改革的总目标。完善中国特色社会主义制度，推进国家治理体系和治理能力的现代化，成为习近平新时代中国特色社会主义政治发展的重要任务。

1. 国家治理现代化的含义

国家治理现代化是国家现代化的重要内容，国家治理现代化包括国家治理体系现代化和治理能力现代化。

“国家治理体系和治理能力是一个国家制度和制度执行能力的集中体现。”①国家治理体系是在党领导下管理国家的制度体系，包括经济、政治、文化、社会、生态文明和党的建设

---

① 习近平：《切实把思想统一到党的十八届三中全会精神上来》，《人民日报》2014年1月1日第2版。

等各领域体制机制、法律法规安排，是一整套紧密相连、相互协调的国家制度。也就是说，国家治理体系就是实现国家治理所必需的一套规范“国家生活”的制度体系和行为规范。在现代社会，这样的制度体系和行为规范在对象上涉及各种行为主体，包括作为政党、政府、社团组织等，以及作为个体的公职人员和普通公民，在内容上涉及国家建设、政党建设、政府建设、经济建设、社会建设、文化建设和军事建设等不同领域方方面面的规则和规章。国家治理体系的现代化意味着上述领域的制度体系和行为规范按照现代社会的原则要求，实现和保持系统性、一致性和协调性，保障人民共有、共治、共享价值理念的实现。

国家治理体系现代化主要包括以下内容：一是公共权力运行的制度化和规范化，它要求政府治理、市场治理和社会治理有完善的制度安排，要求公共权力按照政治制度和政治程序的要求运作，让制度成为国家治理的重要手段；二是民主化，即国家治理和制度安排要突出人民性，保障人民当家作主，使所有公共政策要从根本上体现人民的意志，捍卫人民的利益，保障人民的权利；三是法治化，即宪法和法律是国家治理的最高权威，无论是公共权力的行使，还是人民的社会生活，都受到宪法和法律的规范；四是协调化，现代国家治理体系是一个有机的制度系统，国家治理体系现代化要求该制度系统各个要素之间相互匹配、相互协调，成为一个高效运行的体系。

国家治理能力是党领导人民运用国家制度和规则，管理国家经济、政治、社会、文化以及军事和外交等事务，应对国内外需求，解决国家面临的现实问题、化解国家面临的种种危机和风险的能力，也就是制度执行力。这种能力体现在改革发展稳定、内政外交国防、治党治国治军等各个方面。一般而言，国家治理能力包括国家统一的防务能力、国家基础设施的建设能力，国家法律和政策的创制能力、国家法律和政策的实施能力、本国公民权利的保障能力、国内社会矛盾的化解能力、国家对外关系的协调能力、国家经济社会发展的推动能力、自然和社会灾难的应对能力、社会自主自助的自治能力等。国家治理能力现代化首先要求有一个有效的国家权力体系，这样的权力体系能实现国家的有效治理。同时，国家治理能力的提升主要是国家治理体系运行的结果，因此，国家治理能力现代化必然要求实现国家治理方式的现代性改造，而国家治理方式的现代性改造意味着国家治理法治化、制度化、民主化。

总之，国家治理体系和治理能力是一个有机整体，相辅相成，有了好的国家治理体系才能提高治理能力，提高国家治理能力才能充分发挥国家治理体系的效能。

2. 推进国家治理现代化的意义

（1）推进国家治理现代化是坚持和完善中国特色社会主义的必然要求。中国特色社会主义是亿万中国人民的事业。中国特色社会主义制度，就是人民代表大会制度的根本政治制度，中国共产党领导的多党合作和政治协商制度、民族区域自治制度以及基层群众自治制度等基本政治制度，中国特色社会主义法律体系，公有制为主体、多种所有制经济共同发展的基本经济制度，以及建立在这些制度基础上的经济体制、政治体制、文化体制、社会体制等各项具体制度。推进国家治理现代化的主要任务是不断健全和完善中国特色社会主义政治制度，提升中国特色社会主义政治制度的执行力。因而，推进国家治理现代化是完善和发展中国特色社会主义的必然要求。新中国成立以来，尤其是改革开放以来，我们党在国家治理体系和治理能力上积累了丰富经验，取得了重大成果。我国政治稳定、经济发展、社会和谐、民族团结，同世界上一些地区和国家不断出现乱局形成了鲜明对照。这说明，我们的国家治理体系和治理能力总体上是好的，是适应我国国情和发展要求的。我们也要看到，相比我国经济社会发展要求，相比人民群众期待，相比当今世界日趋激烈的国际竞争，相比实现国家长治久安，我们在国家治理体系和治理能力方面还有许多不足，有许多亟待改进的地方。真正实现社会和谐稳定、国家长治久安，还是要靠制度，靠我们在国家治理上的高超能力，靠高素质干部队伍。为了更好发挥中国特色社会主义制度的优越性，必须从各个领域推进国家治理体系和治理能力现代化。

（2）推进国家治理现代化是实现社会主义现代化的应有之义。推进国家治理体系和治理能力现代化，是全面建成小康社会、进而达到基本现代化、实现中华民族伟大复兴的重要目标，也是实现这一伟大梦想的重要保证。实现中华民族伟大复兴，实现社会主义现代化，必须推进国家治理现代化。一方面，国家现代化是社会主义现代化的重要内容，另一方面，国家现代化是实现社会主义现代化的重要保障。面对新形势新任务，全面建成小康社会，进而建成富强民主文明和谐的社会主义现代化国家、实现中华民族伟大复兴的中国梦，必须在新的历史起点上全面深化改革，不断增强中国特色社会主义道路自信、理论自信、制度自信，推动国家治理现代化。必须认识到，我国社会主要矛盾发生了深刻变化，这种变化是关系全局的历史性变化，对党和国家工作提出了许多新要求。我们要在继续推动发展的基础上，推动国家治理体系和治理能力现代化，着力解决好发展不平衡不充分问题，大力提升发展质量和效益，更好满足人民在经济、政治、文化、社会、生态等方面日益增长的需要，更好推动人的全面发展、社会全面进步。

（3）推进国家治理现代化是解决社会发展中的矛盾、推动持续发展的现实选择。随着中国特色社会主义进入了新时代，我国发展不平衡不充分的一些问题凸显：如地区之间发展不平衡的问题；城乡区域发展和收入分配差距依然较大；发展质量和效益还不高，创新能力不够强，实体经济水平有待提高，生态环境保护任重道远；民生领域还有不少短板，脱贫攻坚任务艰巨，群众在就业、教育、医疗、居住、养老等方面面临不少难题；社会文明水平尚需提高；社会矛盾和问题交织叠加，全面依法治国任务依然繁重，国家治理体系和治理能力有待加强；意识形态领域斗争依然复杂，国家安全面临新情况；一些改革部署和重大政策措施需要进一步落实；党的建设方面还存在不少薄弱环节。这些问题，必须通过不断推进国家治理现代化加以解决。我国发展进入新阶段，改革进入攻坚期和深水区，必须以强烈的历史使命感，最大限度集中全党全社会智慧，最大限度调动一切积极因素，以更大决心冲破思想观念的束缚、突破利益固化的藩篱，推动中国特色社会主义制度自我完善和发展。

3. 推进国家治理现代化的路径

建设社会主义现代化国家，推进国家治理现代化，是一项长期、系统而艰巨的工程，需要稳步推进。具体说来：

（1）要加强顶层设计和战略安排，从战略上谋划和推进国家治理现代化。

推进国家治理现代化是一项宏大的系统工程，需要加强顶层设计。党的十八大以来，以习近平同志为核心的党中央对完善和发展中国特色社会主义制度作出了顶层谋划和全面部署，将“完善和发展中国特色社会主义制度，推进国家治理体系和治理能力现代化”作为全面深化改革的总目标。党的十九大全面总结了我们党治国理政的历史经验，对推动国家治理现代化作出进一步的重要战略安排。党的十九大报告提出，到2035年基本实现社会主义现代化，到那时，人民平等参与、平等发展权利得到充分保障，法治国家、法治政府、法治社会基本建成，各方面制度更加完善，国家治理体系和治理能力现代化基本实现，现代社会治理格局基本形成。到本世纪中叶，把我国建成富强民主文明和谐美丽的社会主义现代化强国，实现国家治理体系和治理能力现代化。

（2）要不断学习和借鉴人类积累下来的一切有益政治文明成果。

向书本学习、向实践学习、向群众学习，形成中国特色。世界在变化，形势在发展，中国特色社会主义实践在深入，我们正在经历空前广泛的社会变革，在推进国家治理现代化进程中会不断面临新形势、新情况、新问题，出现一些突出的新矛盾，因而需要不断学习、善于学习，努力掌握和运用一切科学的新思想、新知识、新经验。

（3）要坚持四个自信，全面深化改革，不断革除体制机制弊端。

与时俱进的中国特色社会主义制度彰显中华民族伟大的政治智慧，面向未来的国家治理体系和治理能力蕴藏着中国共产党和中国人民深厚的政治自信。中国共产党人高举人民当家作主的旗帜，把人民代表大会制度作为国家根本政治制度，这是人类政治制度史上的伟大创造。中国共产党人创造和发展了中国特色社会主义民主，尤其是把群众路线体现于民主政治领域，开创社会主义协商民主这一中国社会主义民主政治的特有形式和独特优势。中国共产党人建设社会主义市场经济体制，将政府宏观调控和市场配置资源两大治理优势有机结合，激发市场活力，发展生产力并且实现共同富裕。中国共产党人提出“和平统一、一国两制”的伟大构想，解决历史遗留问题，恢复行使港澳地区的国家主权，推进祖国统一大业。中国共产党人倡导共商共建共享的全球治理观，呼吁各国人民共同建设人类命运共同体，共创美好世界。

（4）要坚持推进中国国家治理现代化的基本立场。

在国家治理现代化的过程中，必须坚持党的领导、人民民主和依法治国的有机统一。坚持从中国国情出发，绝不照搬西方的模式。坚持我国的根本和基本政治制度，在改革和治理中不断实现社会主义政治制度的自我完善和发展。坚持大力发展人民民主，保证和实现人民当家作主的权利。坚持全面深化改革，通过体制机制改革，充分调动人民的积极性和创造性，使中国改革开放和社会主义现代化发展拥有不竭动力。坚持党的全面领导，健全党和国家的各项制度，全面从严治党，增强党的领导力，为实现中国社会的创新共享协调开放绿色发展提供重要保障。

在党的十九大上，习近平总书记代表中国共产党再次向全世界宣告，把“国家治理体系和治理能力现代化基本实现”“实现国家治理体系和治理能力现代化”分别作为 2035 年、2050 年中国特色社会主义政治发展的政治目标。[①] 到本世纪中叶，民主将和富强、文明、和谐、美丽一起成为社会主义现代化强国的重要特征。中国共产党将领导中国人民通过伟大的斗争、伟大的工程、伟大的事业，创造更加伟大的业绩与奇迹。

本章小结

本章以政治发展的理论阐释和中国特色社会主义政治发展道路的经验分析为主线，主要介绍了政治发展的理论原理和中国特色社会主义政治发展道路的经验知识。首先，本章

---

① 习近平：《决胜全面建成小康社会 夺取新时期中国特色社会主义伟大胜利——在中国共产党第十九次全国代表大会上的报告》，人民出版社 2017 年版，第 28～29 页。

阐释了政治发展的含义和主要内容；其次，本章介绍了政治发展动力和主要途径，分析了政治发展与政治稳定之间的关系；最后，本章系统介绍了中国特色社会主义政治发展道路的形成与发展、基本内涵，以及如何坚定走中国特色社会主义政治发展道路，分析了我国国家治理现代化的含义、意义和主要路径。

思考题

1. 简述政治发展有哪些主要内容。
2. 简述政治发展的动力和途径。
3. 如何理解政治发展与政治稳定之间的辩证关系？
4. 马克思主义政治发展观的主要内容是什么？
5. 中国特色社会主义政治发展道路是如何形成和发展的？如何坚持走中国特色社会主义政治发展道路？
6. 结合实际分析为何以及如何推进中国国家治理现代化？

第九章　民族与宗教

民族与宗教是人类社会发展中的重大问题,关系到政治生活、经济建设及文化发展等诸多方面。当代世界存在很多民族问题与宗教问题,它们同社会历史与现实矛盾相交错,具有特殊性和复杂性。正确认识民族与宗教问题,是了解和把握当今人类政治生活面貌的重要内容。

第一节　民族与宗教概述

民族与宗教是人类社会普遍存在的社会历史现象。当今世界的大小民族有数千个之多,交错分布在200多个国家和地区,宗教至今仍影响着全世界超过80%的人口。在现实政治生活中,民族问题与宗教问题具有深刻的内在联系,并在一定条件下相互影响、相互转化。这也决定了在一定条件下民族问题的解决,往往离不开宗教问题的解决,同样,宗教问题的解决也往往离不开民族问题的解决。

一、民族的概念及特征

当今世界,民族是社会生活中客观存在的,人类世界的民族数目繁多且特色不同。每一个具体民族,都是在同其他民族的交往中形成和发展起来的。每个人都属于特定的民族共同体,民族是现代世界的基本组成单位之一。

(一) 民族的概念

不同民族之间存在着这样或那样的差异,民族之所以有差异,是由各个民族的特征所决定的。关于民族的特征,历史上曾有过各种各样的说法。如19世纪政治理论家布伦奇里认为,民族具有八大特征:① 同居于一地;② 同一血统;③ 同其肢体形态;④ 同其语言;⑤ 同其文字;⑥ 同其宗教;⑦ 同其风俗;⑧ 同其生计。孙中山也曾经提出过民族的五个特征:① 血统;② 生活;③ 语言;④ 宗教;⑤ 风俗习惯。意大利学者马奇则认为民族具有四个特征:土地、起源、习惯和统一的语言。而第二国际机会主义者卡·伦纳尔和奥托·鲍威尔把民族看成“相对的性格共同体”,“与土地无关的文化共同体”。他们把血统、宗教,甚至人的外形作为民族的特征,显然是混淆了民族与氏族、种族的区别。

马克思主义完整的科学的民族定义的形成,经历了长期的发展过程。马克思和恩格斯曾提出了民族的特征、特性等理论,认为民族的自然分界线即语言的分界线;地域、共同历史、经济条件作为民族的特征对民族生存具有重要意义,等等。马克思、恩格斯揭示了这些基本点,为马克思主义的民族定义奠定了深刻的理论基础。列宁继承和发展了马克思、恩格斯关于民族特征的思想，进一步指出，语言、心理、生活条件和地域构成民族的特征。斯大林在继承了马克思、恩格斯、列宁关于民族特征理论的基础上，分析了当时欧洲和俄国的民族实际情况，给民族下了完整准确的科学定义："民族是人们在历史上形成的有共同语言、共同地域、共同经济生活以及表现于共同的民族文化特点上的共同心理素质这四个基本特征的稳定的共同体。"①这个定义当前仍然代表了马克思主义关于民族的科学界定。

（二）民族的特征

从斯大林的上述定义可以总结出民族的以下特征：

（1）从时间上看，民族是一个历史范畴，是人类社会发展到一定历史阶段的产物。民族是随着社会历史的发展而不断发展变化的，必然要经历一个由产生、发展到消亡的历史过程。经过战争、迁移和长期的发展，相互竞争、学习、交流，一些民族消失了，民族许多方面逐渐趋同，有的民族逐渐消失、融合；随着交往日益广泛，特别是市场经济的发展和经济全球化，原来民族所具有共同的语言、地域、经济生活和共同的心理素质等特征逐渐趋于模糊或者相同。

（2）从内容上看，民族具有四个特征，这是衡量一个社会共同体是不是一个民族的标准，也决定了民族与氏族、部落之间的不同：氏族、部落共同体以血缘为纽带，以生理特征为标志，而民族共同体以地缘为基础，以语言、地域、心理等综合因素为特征。民族的四个特征是统一的，不应单独拿出某一特征来给民族下定义。

（3）从存在形态上看，民族是一个稳定的社会共同体，它是经过长期的历史发展形成的，不是临时组合的，不会很快解体，而是一个稳定的社会群体，会保持较长历史时期。

在斯大林的上述定义之后，苏联的梅什柯夫等人又在四个特征之外加上了一条：具有自己的民族国家。这显然是不正确的。因为国家和民族含义不同，事实上还存在着为建立独立自主的民族国家而斗争的民族和共同和睦生活的多民族国家中的民族。将民族国家作为民族的一个特征，实际上就否定了一切尚未建立民族国家的民族和多民族国家中少数民族的存在。

总之，民族就是由共同语言、共同地域、共同经济生活以及表现在共同的民族文化特点上的共同心理素质这四个基本特征联结起来的人们的稳定的社会共同体，这就决定了每个民族都具有不同于其他民族的特殊性。这些特征综合起来形成民族，"并没有什么唯一的民族特征，而只有各种特征的总和。在把各个民族拿来作比较的时候，显得比较突出的有时是这个特征（民族性格），有时是那个特征（语言），有时又是另一个特征（地域、经济条件）。民族是由所有这些特征结合而成的。"②因此，民族是具有上述各项特征的综合体。

二、宗教的起源及本质

宗教一词由希腊文"religare"一词演化而来，它的涵义是人对神的信仰，相信是神创造了人和整个世界。在中国古代典籍中，很早就有对宗教的表述，如《易经》中"圣人以神道设教，而天下服矣"。应该说，宗教是人们精神与观念运动的产物。

---

① 《斯大林全集》第11卷，人民出版社1955年版，第286页。

② 《斯大林全集》第2卷，人民出版社1953年版，第298页。

(一) 宗教的起源

关于宗教的起源,马克思主义从唯物主义世界观出发,认为宗教的产生是基于两个客观条件:其一是早期人类社会落后的生产力水平;其二是阶级社会中的阶级压迫。

(1) 宗教起源于人类社会落后的生产力状况,反映了生产力水平低下时人们对自然现象的神秘感。

恩格斯说:“在原始人看来,自然力是某种异己的、神秘的、压倒一切的东西。在所有文明民族所经历的一定阶段上,他们用人格化的方法来同化自然力。正是这种人格化的欲望,到处创造了许多神。”①由于人类社会早期认识自然的能力极其低下,不可避免地对一些自然现象,如风雨雷电等产生了惊奇与敬畏的心理,并随之形成了相应的宗教禁忌及宗教仪式。所以,人们的认识局限,以及由此而产生的异己力量,是宗教产生的重要根源。

(2) 阶级社会中不合理的社会制度是宗教产生的又一原因。

在阶级社会,劳动者生活苦难,“对物质上的得救感到绝望,就去追寻灵魂得救来代替,即追寻思想上的安慰,以免陷入彻底绝望的境地”②。宗教正是这种对现实世界的替代,它反映了人们对现实社会处境的无奈,以及对美好的“另一个世界”的向往。因此,阶级社会中不合理的社会制度,是宗教产生的另一个重要根源。

宗教不是永恒的。作为一种社会历史现象,它必然会经历一个产生、发展及消亡的过程。宗教的产生是一个历史过程,宗教的消亡也是一个历史过程。恩格斯在论及宗教消亡的问题时说:“只有当实际日常生活的关系,在人们面前表现为人与人之间和人与自然之间极明白而合理的关系的时候,现实世界的宗教反映才会消失。”③这就表明,一方面,随着科学的进步,人类对自然的认识与支配能力不断提高,宗教产生的自然因素会不断减少。同时,随着不合理社会制度被消灭,宗教产生的社会根源也会逐渐消失。在作为异己力量的自然及社会条件都消失之后,宗教也会最终走向消亡。另一方面,宗教作为一种复杂的文化现象,它已内化为人们精神生活的一部分,已成为人们日常生活与交往关系的一种形式。所以,即便最初产生宗教的条件消失了,宗教本身也不会很快消失,它的消亡将是一个漫长的过程。

(二) 宗教的本质

关于宗教的本质,马克思主义认为:“一切宗教都不过是支配着人们日常生活的外部力量在人们头脑中的幻想的反映,在这种反映中,人间的力量采取了超人间的力量的形式。”④马克思主义的这一重要思想指出了宗教现象具有以下本质特征:

(1) 宗教是人们头脑中的幻想的反映,具有虚幻性。

“宗教是还没有获得自身或已经再度丧失自身的人的自我意识和自我感觉。”⑤人们之所以要创造这种虚幻的世界,是因为当无法在现实中把握现实与自身的时候,就力图在虚幻世界中把握。正如马克思所说:在虚幻的自我意识中,“人们把自己的经验世界变成一种只

---

① 《马克思恩格斯文集》第 9 卷,人民出版社 2009 年版,第 356 页。
② 《马克思恩格斯文集》第 3 卷,人民出版社 2009 年版,第 598 页。
③ 《马克思恩格斯文集》第 5 卷,人民出版社 2009 年版,第 97 页。
④ 《马克思恩格斯文集》第 9 卷,人民出版社 2009 年版,第 333 页。
⑤ 《马克思恩格斯文集》第 1 卷,人民出版社 2009 年版,第 3 页。

是在思想中的、想像中的本质”①。宗教的信仰者通过这种虚幻的幸福带来精神的满足。

（2）宗教是人们对“人间力量”超人间化的想象，具有麻痹性。

宗教将那种力图改变现实的愿望，幻化成为神的力量，从而使人们将所有的希望寄托于这种力量之上，并力图借助这种力量来改变现实的命运。在这样的精神寄托中，人们失去了自我，接受了现实世界的苦难，也就逐渐失去了主宰自己希望和幸福的可能，宗教也因此成为麻痹人们、控制人们的力量。从这个意义上讲，“宗教是人民的鸦片。”②

（3）宗教是人们对“支配着人们日常生活的外部力量”③的反映，具有相对性。

尽管任何宗教都会以绝对力量的面目出现，但实际上，任何宗教都是相对的，因为宗教不决定于它自身，而决定于现实以及现实中的人。宗教的发展历史说明了这一点。恩格斯指出：“古代一切宗教都是自发的部落宗教和后来的民族宗教，它们从各民族的社会条件和政治条件中产生，并和这些条件紧紧连在一起。宗教的这种基础一旦遭到破坏，沿袭的社会形式、传统的政治设施和民族独立一旦遭到毁灭，那么从属于此的宗教自然也就会崩溃。”④不仅如此，一旦人从彼岸世界回到现实世界，宗教与人的关系就会发生根本的变化。

三、民族与宗教问题在国家政治生活中的地位与作用

不论是构建和谐社会，还是构建人类命运共同体，都必须高度重视民族与宗教问题，并努力从民族与宗教的内在关系中寻求民族问题与宗教问题的解决办法，实现民族的平等与团结，宗教的共存与和谐。

（一）民族问题在国家政治生活中的重要性

1. 民族问题是社会政治总问题的一部分

民族问题是指由民族差别、民族矛盾和民族对立而引起的一系列问题。这些问题是在民族交往中产生的，表现在经济、政治、历史、宗教、生活方式和风俗习惯各个方面。民族问题不是孤立的，它与社会政治生活密切相关，关系一个国家、一个地区甚至整个人类社会的稳定与发展。民族问题解决得好，可以成为社会进步、经济发展、政治稳定的重要保证；处理不好，就会导致社会动荡、民族分裂、国家危机。因此，民族问题与社会政治总问题的核心即国家政权问题紧密联系。主要表现在以下两方面：

第一，从民族问题对国家政权问题的依赖性来看，解决民族问题不能离开当时的政治问题。民族问题随着民族的产生而出现，在不同的历史时期和不同的条件下，具有不同的形式和内容。在阶级社会，不论是国际范围还是多民族国家，民族问题的实质和内容是民族压迫、民族歧视和民族之间的不平等问题。社会主义社会废除了不合理的社会制度，民族内部消除了阶级对抗，为实现民族平等和民族团结奠定了基础，民族关系表现为促进各民族人民之间的团结、共同进步与发展。因此，社会主义时期民族问题的实质和内容，是缩小和消除由于历史原因所带来的各民族发展不平衡问题，是坚持民族平等、加强民族团结、实现各民族共同发展共同繁荣的问题。

---

① 《马克思恩格斯全集》第3卷，人民出版社1960年版，第170页。

② 《马克思恩格斯文集》第1卷，人民出版社2009年版，第4页。

③ 《马克思恩格斯文集》第9卷，人民出版社2009年版，第333页。

④ 《马克思恩格斯文集》第3卷，人民出版社2009年版，第597页。

第二,从民族问题对国家政权的影响来看,民族问题解决得好坏,是直接影响到政权能否稳定的大问题。在维护国家独立和主权,防御外来侵略,争取民族解放的斗争中,民族意识的觉醒和民族团结是一个伟大的力量,起着重要的作用。在欧洲,波兰人民反抗沙俄、普鲁士、匈牙利三国独裁君主政府的斗争,欧洲一些民族反抗拿破仑一世的民族压迫的斗争,以及北美殖民地人民和民族反抗英国殖民者争取自身独立的斗争等,都显示出民族意识、民族斗争对取得革命胜利和建立、巩固国家政权的重要作用和伟大力量。一百多年来,中华民族生死与共,团结一致,并肩战斗,共同反对帝国主义的侵略和奴役的斗争,特别是在抗日战争时期,中国共产党领导下的各民族的抗日统一战线,充分显示了民族团结、联合对于革命和政权问题的重要性。

民族问题不是一成不变的,而是随着历史发展不断变化的。每个时代,社会发展的每个阶段,民族问题都有不同的性质和内容。在社会主义国家建设时期,正确地解决民族问题,把全国各民族团结起来,是捍卫国家主权和建设国家的重要条件。社会主义建设事业不断取得胜利,实行民族平等和民族团结的政策,着眼于长治久安的发展,真正彻底地解决民族问题,是社会稳定的重要源泉,是民族团结的强大推力,是改善民生的根本保证。为社会政治总问题的解决创造了条件。

2. 民族问题在当代国际政治中的地位

民族问题不仅是一个国内问题,同时也是一个国际政治问题。民族问题在当代国际政治生活中占有重要地位,对国际政治生活产生着重要影响。马克思主义关于民族问题的理论不仅是我们解决国内民族问题的理论指导,同时又是我们观察国际政治生活中民族问题的理论基础。

在当代国际政治生活中,民族问题的表现方式发生了重大变化。当代民族问题的核心表现为局限于某一特定地区的民族冲突,主要集中于欧洲、中东、中亚、撒哈拉以南非洲的一些地区。另外,还存在着其他方面的民族问题,如南北问题,其实质也是民族问题,与当今一些大国干预密不可分。民族问题特别是地区民族冲突问题在当代国际政治生活中占有重要地位,对国际政治生活有着重要影响。具体表现在:

(1) 民族冲突导致地区政治局势不稳,引起社会动荡,严重影响该地区有关各民族人民的社会生活。

民族冲突经常伴随着较大规模的武装冲突和暴力事件,导致大量难民逃离家园,流向周边其他国家,从而使国内民族冲突问题引起该国与周边国家的民族关系问题。难民的大量逃亡,增加了周边相关国家的负担,容易引起民族矛盾,造成国家之间的对立和冲突。如波黑战争,导致大量难民逃往欧洲其他国家;非洲的民族和种族冲突也导致数以百万计的难民逃往周边国家。民族冲突又经常伴随着国家政权的不稳甚至政权的更迭,这种由民族冲突引起的政局动荡又会波及相关地区的政治和社会稳定。

(2) 民族冲突又使国际政治问题的解决形式出现了重大变化。

过去人们习惯地认为民族冲突应该由有关的冲突双方或多方自行解决。而现代的民族冲突的解决,基本上都是在国际社会参与的情况下实现的,其中,联合国在解决民族冲突过程中发挥了重要作用。联合国发挥作用的形式有:通过决议,派出监督员,派遣维持和平部队,联合国秘书长在冲突各方之间进行调节、斡旋等。除国际组织外,比较重要的国家特别是大国在解决民族冲突中也发挥着重要作用。在联合国等国际组织和相关国家参与下,以国际化的方式解决民族冲突问题，有利于维护世界的和平与稳定。

（3）民族冲突又对国际关系格局以及相关国家的政治和外交关系产生重要影响。

民族冲突一方面导致在国际化解决民族冲突问题中的国际合作，另一方面又会因为解决民族冲突的途径不同而引起国际社会有关国家之间的纷争。这是因为民族冲突问题虽然表现为地区冲突，但由于冲突各方属于不同的民族、种族，其宗教、历史、文化背景不同，在解决冲突过程中，就会使具有相同民族和宗教背景的国家参与其中，引起更大范围的民族矛盾，从而影响到国际政治生活。如波黑战争，虽然仅是波黑地区的民族冲突问题，但由于涉及塞尔维亚族、穆斯林族和克罗地亚族三个民族之间的关系问题，而三个民族又涉及具有相同历史文化背景的俄罗斯、德国和其他国家，再加上美国和英国参与其中，这样就使地区的民族冲突扩展成为世界政治大国之间的关系问题。

（4）霸权主义及其大国的干预和操纵仍然影响着地区民族冲突并使民族冲突问题进一步复杂化。

冷战结束后，意识形态的对立和冲突虽然不是国际政治中的主要矛盾，但以美国为首的一些西方国家仍然从意识形态的角度插手民族冲突问题，对坚持社会主义意识形态或曾经实行过社会主义意识形态的国家在民族冲突中采取遏制和制裁的措施。另一方面，以美国为首的一些西方国家在地区民族冲突中不是完全从国际法原则出发，而是从本国的国家利益出发，从本国的外交政策需要出发，干预其他地区的民族冲突，对民族冲突的产生和解决有着重要影响，反过来，这些地区的民族冲突又对国际政治关系产生新的挑战，一些奉行新殖民主义和霸权主义政策的国家则希望借地区民族冲突实现更大的利益，这应该引起我们的高度重视。

（二）宗教问题在国家政治生活中的重要性

宗教作为一种精神文化现象，是人类文明发展的重要组成部分；作为一种意识形态，它影响着人类的思想与现实的政治、经济与社会发展。“宗教问题始终是我们党治国理政必须处理好的重大问题，宗教工作在党和国家工作全局中具有特殊重要性，关系中国特色社会主义事业发展，关系党同人民群众的血肉联系，关系社会和谐、民族团结，关系国家安全和祖国统一。”①

1. 宗教是构成社会生活的重要组成部分

宗教在现实生活中的存在是一个相当复杂的社会现象。作为一种意识形态，宗教通过哲学教义、道德戒律等观念影响现实的社会思想；作为一种社会行动，宗教通过团体生活和各种仪式影响人们的行为准则，构成社会习惯和规范的重要组成部分；作为一种社会组织，宗教通过教职人员、教徒及宗教团体或机构，成为社会的组织力量，参与社会活动，承担社会事务。宗教的存在对一个社会产生深刻而广泛的影响。

2. 宗教与社会生活高度关联，与现实社会发展相适应

宗教并不是静止不变的，而是随着现实社会的发展而变化的，进而维持了宗教的影响力。“古代一切宗教都是自发的部落宗教和后来的民族宗教，它们从各民族的社会条件和政治条件中产生，并和这些条件紧紧连在一起。”②罗马帝国时代，基督教产生。中世纪，基

---

① 习近平 2016 年 4 月在全国宗教会议上的讲话。

② 《马克思恩格斯文集》第 3 卷，人民出版社 2009 年版，第 597 页。

督教发展出与同封建制度相适应的教阶制。到了近代，宗教进行了改革，以新的形态继续发挥作用："路德战胜了虔信造成的奴役制，是因为他用信念造成的奴役制代替了它。他破除了对权威的信仰，是因为他恢复了信仰的权威，他把僧侣变成了世俗人，是因为他把世俗人变成了僧侣。他把人从外在的宗教笃诚解放出来，是因为他把宗教笃诚变成了人的内在世界。他把肉体从锁链中解放出来，是因为他给人的心灵套上了锁链。"①

3. 宗教在国家政治生活中的作用

历史上宗教曾与政权建立了紧密的联系，近代资本主义国家生活确立了政教分离的原则——国家政治生活不得受到宗教力量和宗教活动的影响，国家政权也不干预宗教信仰。但在资本主义国家的实际政治生活中，这种分离并不彻底。政权普遍利用宗教的力量来巩固自己的统治，为其意识形态服务；同时，在许多国家，宗教作为一种强大的社会力量，依然直接或间接地影响国家政治生活，包括选举活动、权力运行和政策决定等。社会主义国家的政治生活中，宗教既不是意识形态的基础，也不是社会治理的工具，而仅仅作为一种民众信仰现象而存在。宗教的消亡需要漫长的历史过程，既不能夸大宗教的影响力，也不能忽视其对现实社会发展的作用。社会主义社会在追求和推进人的全面发展的同时，尊重人们的宗教信仰自由，并积极引导宗教与社会主义社会相适应，发挥宗教在社会主义国家建设中的积极作用。

4. 宗教对社会发展的作用具有两面性

发挥宗教正面作用的关键，就是要积极引导宗教与社会主义社会相适应，并成为促进社会协调和稳定的积极力量："关键是要在'导'上想得深、看得透、把得准，做到'导'之有方、'导'之有力、'导'之有效，牢牢掌握宗教工作主动权。"②应该重视积极引导和调动宗教中的积极因素为社会发展和稳定服务。例如，在国家引导和管理下，宗教组织可以从事一些有益于社会发展的公益、慈善活动；可以研究和开发宗教文化中有益社会进步的精华；可以发挥宗教道德中弃恶扬善的内容，鼓励信教群众追求良好的道德要求；可以发挥宗教对信教群众的心理慰藉作用，为调节群众的心理和稳定群众的情绪服务，等等。

第二节　当代世界的民族与宗教问题

当今世界存在200多个国家与地区，除了20多个国家由单一民族构成之外，绝大多数国家中都生活着多个民族，并且有同一个民族存在于多个国家。人类社会各个民族、各个国家都是世界的一部分，任何民族与宗教问题也都可能成为一种世界性问题；而世界的变化与发展也都将直接或间接地引发各种民族与宗教问题。

一、当代世界的民族问题

由于国家与国家之间、民族与民族之间、国内民族与国外民族之间的问题往往相互交织在一起，所以民族问题复杂而敏感。如果处理不当，国家内部的、地区性的或国际性的民族问题，都可能引发世界民族问题。

---

① 《马克思恩格斯文集》第1卷，人民出版社2009年版，第12页。

② 《习近平谈治国理政》第二卷，外文出版社2017年版，第302页。

（一）当今世界民族问题的发展历程

民族问题是在民族交往与民族活动过程中发生的，它随着社会的发展而发展变化，在不同的历史时期有不同的内容和表现形式。从整个世界范围来看，当代世界民族问题的变化与发展，经受了三次大的冲击。

一是二战后民族独立与解放运动的冲击。亚非拉掀起了空前高涨的民族解放运动，帝国主义的殖民体系土崩瓦解，民族国家纷纷独立。民族解放运动的高涨，第三世界的崛起，成为反对帝国主义和霸权主义、维护世界和平的重要力量，这是当代世界历史的一个突出特点。

二是两极格局冷战的冲击。冷战开始后，世界范围内的民族问题被纳入了东西方两大阵营的对峙之中，被冷战的大格局所掩盖，更多地转化为两大阵营之间政治形态、制度形态、意识形态之间的矛盾与冲突。

三是全球化浪潮的冲击。冷战格局的解体以及随之而来的新一轮全球化浪潮，使民族主义在经济、政治与文化领域内重新活跃，并演化出各种新的全球问题，如恐怖主义、经济民族主义、宗教冲突等。在经济全球化时代，人与人之间、民族之间以及国家之间的交往越来越密切的同时，世界的民族问题与特定国家国内民族问题之间的相互影响也日益突出。

（二）当今世界民族问题的层面

当今世界的民族问题，在空间分布上存在着多层面性。

一是全球性的民族问题。这个问题与当今世界存在着不公正不合理的政治经济秩序有关，西方大国推行的霸权主义和强权政治对其他民族利益、国家主权的侵害，以及由此而引发的各种反抗和斗争，是全球性民族关系的主题。

二是跨国性的民族问题，如泛日耳曼主义、泛斯拉夫主义、泛突厥主义、泛阿拉伯主义等，以及某些国家之间的跨界民族问题。

三是一国之内的民族关系问题，如主体民族和少数民族之间、土著居民和外来移民之间、大民族和小民族之间，以及各个不同民族之间的关系问题。

这些不同层次的民族问题往往相互渗透、交错纠缠，在现实社会和政治生活中呈现为极其复杂的民族关系和民族问题。

（三）当今世界民族问题的特点

（1）民族问题在世界各国普遍存在。当今世界，虽然民族问题在发展中国家和发达国家都存在，但是因为民族问题的背后是民族的利益问题，与民族生存和发展的实际状态有直接关系，所以，相对而言，民族问题在发展中国家表现得更加普遍和突出。发展中国家的民族问题主要体现在三个方面，即世界范围内与发达国家关系的问题、国际或地区范围内发展中国家之间的民族关系与民族问题以及发展中国家内部的民族关系与民族问题。发展中国家的民族问题在不同方面有不同的表现：有反全球化的民族主义、民族国家之间的边界问题与历史问题、国家内部的部族冲突、少数民族的独立活动等。同时，发达国家也存在民族问题，如美国的印第安人问题等。发达国家的民族问题与发展中国家的民族问题并非相互孤立，二者之间存在着直接与间接的相互作用、相互影响的关系。

（2）民族问题与宗教问题紧密相关。宗教信仰是形成民族传统、民族文化和民族心理的重要因素之一。民族问题往往与宗教问题交织在一起，民族问题因宗教因素而受到激发，宗教问题因民族因素得到强化。如波黑战争交织着天主教、东正教、伊斯兰教之间的冲突；

泛伊斯兰主义、伊斯兰激进组织也深深影响着西亚、北非、中东地区乃至更大范围的民族问题;阿以冲突交织着犹太教和伊斯兰教的矛盾;西欧的种族排外趋向又渗透着天主教、基督新教与伊斯兰教的矛盾;英国北爱尔兰问题交织着天主教和基督新教的矛盾;加拿大魁北克问题交织着天主教和基督新教的冲突,等等。民族问题与宗教问题的高度关联性,决定了当今世界民族问题的解决,离不开宗教问题的解决。从人类发展与世界和平的高度来看,追求国家之间、民族之间以及宗教之间的和谐共存,构建人类命运共同体,应该是各个国家、各个民族的共同选择。

(3) 世界性的民族主义浪潮持续不断。从人类政治发展的角度看,当代世界历史的主要内容之一是民族国家纷纷建立和发展,民族主义从一开始就伴随着这个历史发展过程,并形成相应的政治与社会运动。但在不同的历史时期,民族主义浪潮所具有的时代意义是完全不同的。20 世纪以来,先后出现过三次民族主义浪潮:第一次世界大战期间欧洲一些国家为了从传统的帝国体系下独立出来而进行的斗争,如当时波兰的民族独立运动等;第二次世界大战之后亚非拉许多民族从殖民体系下解放出来,实现民族解放与独立建立自己的民族国家;以及冷战结束后,由苏东剧变而引发的新一轮的民族主义浪潮。三次民族主义浪潮也引发了民族分裂主义和大民族主义的抬头,都直接影响到民族国家的稳定以及世界的和平与发展。

(4) 民族问题深刻影响着国际政治、经济与文化的发展。民族问题是当今国际社会面临的一大现实难题。由民族问题所产生的各种冲突,对全球的稳定与安全有直接的影响,并且加剧了一些国家和地区的局势动荡和紧张;同时,这种民族冲突也直接影响有关国家的社会经济发展,从而对世界经济的发展和地区合作形成一定的挑战。另外,西方势力常常使得民族问题人权化,进而使得民族问题经常成为以美国为首的西方国家干涉他国内政的重要借口。因此,民族问题在相当长时间里,都将成为影响全球化时代国际政治、经济与文化关系的重要因素。

二、当代世界的宗教问题

宗教自产生以来,就与人类生活形成了紧密关系,至今依然深刻地影响着人类生活。据统计,2015 年全世界有基督教徒约 23 亿人,穆斯林约 18 亿人,佛教徒约 5 亿人,印度教徒约 11 亿人,犹太教徒约 1 427 万人,加上其他各种宗教的信奉者,世界 70 多亿人口中超过 80% 的人信仰宗教,其中有些宗教更是有关民族几乎全民信仰的宗教。宗教信仰如此广泛,由宗教内部的矛盾、宗教与宗教之间的矛盾、宗教与社会生活各个方面引发的问题成为当今一大世界性难题。

(一) 当今世界宗教问题的新状况

随着现代世界世俗化的发展,宗教的社会影响力逐步减弱;同时,宗教政治化倾向凸显,与现实国际冲突相交织,是影响国际关系和世界政治的重要因素,也直接或间接地影响着世界宗教的发展。具体体现为:

(1) 宗教信仰多元化,宗教教派林立。当代世界的宗教多元化已发展为极其复杂的局面,新宗教新教派层出不穷,多种宗教并存,整个宗教格局呈现出种类繁多、教派林立的状况。

(2) 宗教的世俗化倾向。全球化时代背景下,宗教体现出现代化、世俗化倾向,宗教的影响力越来越限制在个人精神领域。同时,信教人士也大量参与科学研究,宗教对政治、教育及社会的影响力逐步下降。但宗教的世俗化并不意味着宗教的消亡,各国大都依然奉行宗教信仰自由政策,个人可以自由地选择自己的信仰。

(3) 宗教带给人类共同的新挑战。随着世界进入全球化时代,20 世纪 70 年代以后,宗教的政治化趋势明显,一些宗教团体参与社会公共事务积极性也提高了。与此相关,对各国的国家建设提出了新的挑战,主要体现在:一是宗教教义与教派之争引起国家治理新问题,如欧洲由于移民的增加,不断改变欧洲国家的社会构成,为国家法律和政策的制定增添了新的影响因素;二是涉及宗教因素的分离主义在世界范围内普遍存在,从而引发各国对宗教事务治理问题的重视,以维护国家的稳定。

(二) 当今世界宗教发展的问题

当今世界的宗教发展,依然面临着许多令人忧虑的问题。这些问题在很大程度上成为国家、地区乃至整个世界政治不稳定的根源。主要表现在以下几个方面:

(1) 宗教激进主义相当活跃,并引发一系列新的宗教与政治问题。宗教的世俗化是人类文明发展的必然。在政教分离和信教自由的现代社会大背景下,宗教的世俗化必然使宗教在现实社会与政治生活中的地位从中心走向边缘。面对这样的历史大趋势,不同的宗教有不同的选择:有的选择适应、变革与转型,使世俗化的宗教在变化了的社会中重新发挥其功能,保持其地位;有的选择否定、对抗与复兴,即否定宗教的世俗化,反对宗教生活的世俗化,要求复兴宗教的原始教义与精神,从而形成宗教激进主义运动。激进派大都由形形色色的圣战者组织组成,并经常用恐怖手段制造暴力流血事件。宗教极端主义已经成为当今世界国家间和平与发展的一个重大威胁。

(2) 宗教之间的冲突明显增加。20 世纪末期,一度被冷战中两大阵营对峙掩盖的民族、宗教问题开始重新凸显,宗教之间的冲突持续发生,无论是在欧洲的南联盟、北爱尔兰和俄罗斯,还是在亚洲的阿富汗、印度、印度尼西亚、菲律宾、伊朗和伊拉克,都发生了宗教冲突所造成的政治和社会冲突。宗教冲突的根源,很大程度上还是国家和地区社会发展不平衡所带来的政治与经济利益的冲突。为了缓和宗教之间的冲突,使日益极端化的宗教教义趋于理性化,国际社会和平力量开始呼吁不同宗教之间加强对话和沟通,强调通过对话消除对抗,共同维护国家稳定与世界和平。

(3) 借宗教之名有恃无恐推行霸权政治。冷战结束之后,大规模的东西方意识形态对抗告终,西方一些大国为了维护其对世界的主导地位,更多地借助人权与宗教问题来实施其霸权行径。在这样的战略下,这些大国往往打着人权的旗号,以实现所谓"宗教自由"为借口,就宗教自由状况对别国肆意攻击,在双边关系上不断制造麻烦,在多边场合不停发难,甚至武力干涉他国内政。但是,霸权主义不但没有缓和当今世界宗教问题中存在的矛盾和冲突,反而严重激化了当代世界的宗教矛盾与冲突,成为影响当代世界和平发展的一大祸害。

三、当代世界民族与宗教问题的成因

冷战结束后,两极格局瓦解,经济全球化和世界多极化深入发展,民族、宗教问题在世界范围内日益凸显。总体上讲,当今世界民族、宗教问题突出的根源主要有以下几个方面:

(1) 冷战体制的瓦解,客观上使长期被冷战格局抑制的民族宗教矛盾得以释放。

冷战结束后,两极格局瓦解,新的格局尚未形成,这一发展特点客观上为一些国家和地区的民族、宗教情绪的释放提供了契机。与此同时，随着两极格局的解体，国际政治格局也发生了深刻的变化，冷战遗留下来的地缘政治真空，成为各种力量争夺的焦点。从巴尔干到中东，再到高加索、中亚、南亚、东南亚，都可以看到各种各样打着民族宗教旗帜的政治力量在活动。这些地方历来是东西方交往的通道，各种文化在此交汇，民族宗教分布极为复杂，加上历史上帝国更迭频繁，有很多历史遗留问题，现实中又有各种利害关系难以调和，很快形成世界性影响，成为世界性的民族与宗教问题。

（2）经济全球化的加速，进一步扩大了南北国家发展上的差距。

经济全球化是当代世界经济发展的必然趋势，但由于现存国际政治经济秩序的不合理，经济全球化在推动世界经济快速发展的同时，也进一步加剧了不同国家之间发展的不平衡。南北国家在经济发展上的差距，以及南方国家在通向现代化过程中出现的两极分化和地区差异，都成为各种矛盾滋生的催化剂。民族、宗教矛盾的激化在某种意义上实际是经济鸿沟拉大的直接后果之一。如苏联和南斯拉夫的解体，表面上是民族、宗教问题的激化，深层次原因则是不同民族地区经济利益的不一致和发展的巨大差距。

（3）一些宗教力量试图利用冷战后留下的空间以及经济全球化所形成的新的世界发展趋势，扩大势力范围，追求自身的全球性扩展。

各种宗教形态借助经济全球化的推力，以前所未有的姿态扩展各自的势力范围。宗教全球发展趋势的出现，以及不同宗教派别在传播上的相互交错，一定程度上重现了历史上不同文明之间的价值观冲突。借助于现代网络信息技术，这种在全球空间中争夺宗教影响的冲突更加激烈，其效应更加广泛而深刻。宗教问题与民族问题的紧密联系，决定了这种宗教冲突往往借助民族问题，使宗教问题转化为民族问题，并形成宗教问题与民族问题相互激荡的复杂格局。

（4）西方国家插手民族宗教问题，借机干涉别国内政，谋取政治利益。

一方面，二战结束后，基于殖民主义战略考虑，西方国家通过“民主输出”或有政治目的的经济援助，插手发展中国家的政治事务和民族宗教问题，从而加剧了新兴民族国家的政治不稳定性和国内民族宗教问题的复杂性。冷战结束后，随着东西方阵营对立的结束，这种干预和插手更加频繁，在一些地区使得民族和宗教冲突演变为国家分裂和内战。另一方面，一些国家的民族分裂势力积极谋求与国外分裂势力的合流和西方国家的支持，他们将自身谋求民族分裂的目标，与西方国家分化、瓦解战略对手的目标结合起来，在努力使国内的民族宗教问题国际化的同时，也肆意使国内的民族宗教问题极端化。

进入21世纪以来，世界追求和平发展的力量不断增长。个别地区、个别国家还在出现各种问题和冲突，民族、宗教矛盾也会在局部地区激化，但是，人类追求和平发展的力量，必然随着人类社会发展而得到加强和扩大，世界范围内的民族和宗教矛盾，也将随之逐步趋向缓和与解决。

第三节 中国的民族与宗教问题

中国在地理空间上有辽阔的疆域，有五千年的文明史，形成了今天众多的民族群体，各民族群体又有不同的宗教信仰。可以说，中国既是一个多民族的国家，也是一个多宗教的国家。在复杂的民族构成和宗教构成基础上形成的民族关系和宗教关系，对国家和社会具有重要的影响。因此,积极稳妥地应对民族与宗教问题,对于国家的统一、稳定与发展具有重要的战略意义。

一、中国的民族与宗教问题现状

(一) 中国的民族问题

中国是一个多民族国家,有56个民族,2018年中国人口总人数约为13.9亿。其中汉族人口最多,其余55个法定少数民族人口占总人口的8.49%。少数民族人口虽少,但分布广泛。从广西到云南、西藏到新疆、内蒙古及东北长达1.9万公里的边境线上,都有少数民族居住。中国疆域内的诸多民族群体,在长期交往交流交融的历史发展过程中,凝聚成了今天的中华民族这个统一的共同体。各民族的关系是一个大家庭里不同成员的关系。中华民族是一个"多元一体"结构,一体包含多元,多元组成一体,一体离不开多元,多元也离不开一体。但是,各个民族有自己的文化和利益要求,民族问题难以避免并将长期存在。处理好民族问题、做好民族工作,是关系祖国统一和边疆巩固的大事,是关系民族团结和社会稳定的大事,是关系国家长治久安和中华民族繁荣昌盛的大事。

中国共产党和中国政府历来重视民族问题。新中国成立以来,为了有效促进民族平等与民族团结,各级政府大力推进少数民族地区的发展,取得了很大成绩,各少数民族地区的面貌发生了历史性的变化。由于历史、社会以及地域等多方面的原因,民族地区的经济基础总体还比较薄弱,经济社会发展水平还比较落后。改革开放和社会主义现代化建设提升了少数民族地区的发展水平,但还没有根本消除少数民族地区与其他地区之间的差距。所以,我国民族问题的关键,就是在平等处理民族关系的前提下,加快少数民族地区的经济与社会发展,实现包括少数民族在内的整个中华民族的繁荣与复兴,促进民族团结,增强中华民族共同体意识。"要在各族群众中牢固树立正确的祖国观、民族观,弘扬社会主义核心价值体系和社会主义核心价值观,增强各族群众对伟大祖国的认同、对中华民族的认同、对中华文化的认同、对中国特色社会主义道路的认同。"①

(二) 中国的宗教问题

中国自古以来就是一个多宗教的国家,有本土的道教,还有国外传入的佛教、伊斯兰教、天主教和基督教等,以及大量的民间信仰。据不完全统计,目前共有信教公民近2亿人,宗教教职人员38万余人,宗教团体约5 500个,依法登记的宗教活动场所14.4万处。截至2017年9月,经国家宗教事务局批准设立的宗教院校共91所。② 党的十八大以来,在以习近平同志为核心的党中央领导下,中国全面推进依法治国,把宗教工作纳入国家治理体系,用法律调节涉及宗教的各种社会关系,宗教工作法治化水平不断提高,信教公民和不信教公民相互尊重、和睦相处。总体来说,呈现出如下几方面特征:

1. 宗教信仰自由权利得到法律保障

中国特色社会主义法律体系不断完善,宗教信仰自由权利保障的法治化水平不断提高,政府对宗教事务的管理更加规范,对广大信教公民合法权益的保护更加全面有力。公民的宗教信仰自由权利受中国宪法保障,宗教信仰自由权利保障体现于基本法律之中;宗教事务

① 习近平:《在中央第二次新疆工作会议上的讲话》2014年6月28日。

② 中华人民共和国国务院新闻办公室:《中国保障宗教信仰自由的政策和实践》白皮书,人民出版社2018年4月。

行政法规也更加完善,外国人在中国境内的宗教活动依法受到保护;依法打击宗教极端势力和暴力恐怖活动。

2. 宗教活动有序开展

宗教活动有序开展,主要体现在:(1) 宗教活动场所条件明显改善。国家依法对信教公民开展集体宗教活动的场所进行登记,将其纳入法律保护范围,确保宗教活动规范有序进行。(2) 宗教典籍文献依法出版。多语种、多版本的宗教经典以及记载、阐释、注解宗教教义、教规的印刷品、音像制品和电子读物的印制出版流通,满足了各族信教公民的多样化需求。(3) 宗教教育体系更加完善,截至 2017 年 9 月,经国家宗教事务局批准设立的宗教院校共 91 所,宗教院校在校学生 1 万多人,历届毕业生累计 4.7 万余人。(4) 宗教教职人员社会保障更加有力。截至 2013 年年底,宗教教职人员医疗保险参保率达到 96.5%,养老保险参保率达到 89.6%,符合条件的全部纳入低保,基本实现了社保体系全覆盖。① (5) 信教公民的宗教活动有序进行。公民在宗教活动场所内以及按照宗教习惯在自己家里进行的一切正常的宗教活动,受法律保护,任何组织和个人不得加以干涉。(6) 扰乱宗教领域正常秩序的行为得到纠正。2017 年国家宗教事务局等 12 个部门制定下发了《关于进一步治理佛教道教商业化问题的若干意见》,禁止商业资本介入宗教活动场所,防止借教敛财等行为扰乱宗教活动正常秩序。有关部门加大对互联网宗教事务的管理,及时处理涉及宗教的违法信息,保护宗教界的合法权益。

3. 宗教界的作用得到充分发挥

中国鼓励各宗教与时俱进,与社会主义社会相适应,为促进经济发展、社会和谐、文化繁荣、民族团结、祖国统一贡献力量。首先,努力对教义教规作出契合国情和时代要求的阐释。中国各宗教在发展过程中历来有与中国优秀传统文化相融合、与社会发展现实需求相适应的特点。中国宗教界坚持宗教中国化方向,践行社会主义核心价值观,弘扬中华民族优良传统,积极探索符合中国国情的宗教思想。其次,积极从事公益慈善活动。从 2012 年起,宗教界依据《关于鼓励和规范宗教界从事公益慈善活动的意见》,每年开展“宗教慈善周”活动,捐款数额累计超过 10 亿元。最后,自觉抵制极端主义。面对宗教极端思想对人类文明共同底线的挑战,宗教界旗帜鲜明地同极端主义划清界限,坚决反对冒用宗教名义从事暴力恐怖和民族分裂活动,大力倡导正信正行。

4. 宗教关系积极健康

中国妥善处理党和政府与宗教、社会与宗教、国内不同宗教、中国宗教与外国宗教、信教公民与不信教公民等多种关系,形成了积极健康的宗教关系。

(1) 党和政府与宗教界的关系和谐融洽。中国共产党坚持以“政治上团结合作、信仰上互相尊重”的原则处理同宗教界的关系,同宗教界的爱国统一战线不断巩固。

(2) 社会对宗教持包容态度。两千多年来,佛教、伊斯兰教、天主教、基督教等先后传入中国,很少出现以宗教为背景的冲突和对抗,国家与社会对各种宗教和多样的民间信仰持开放态度,宗教信仰自由和民间信仰多样性获得尊重。

(3) 各宗教积极开展交流对话。全国性和一些地方性宗教团体建立了联席会议机制,对涉及宗教关系的问题进行协商沟通,创造了具有中国特色的宗教对话模式,增进了相互之

① 中华人民共和国国务院新闻办公室:《中国保障宗教信仰自由的政策和实践》白皮书,人民出版社 2018 年 4 月。

间的理解和友谊。

（4）宗教领域国际交流广泛开展。在独立自主、平等友好、相互尊重的基础上，中国宗教界已经与超过80个国家的宗教组织建立了友好关系。信教和不信教公民和睦相处。不信教公民尊重信教公民的宗教信仰，不歧视和排斥信教公民；信教公民尊重不信教公民的信仰选择。

由于多方面的复杂原因，目前我国的宗教领域还存在一些不容忽视的问题，如宗教事务管理有待改善和加强；某些非法宗教组织同国外宗教组织勾结，争夺信教群众，培植势力；一些民族分离主义分子以宗教为掩护，煽动民族仇恨，制造宗教狂热，进行分裂国家的活动。

面对这些问题，我们要遵照国家宪法和法律，依据党的宗教政策，遵循处理宗教问题的基本原则，就是保护合法、制止非法、遏制极端、抵御渗透、打击犯罪。要依法保障信教群众正常宗教需求，尊重信教群众的习俗，稳步拓宽信教群众正确掌握宗教常识的合法渠道；要重视培养爱国宗教教职人员队伍，采取有力措施提高宗教界人士素质，确保宗教组织领导权牢牢掌握在爱国爱教人士手中；要重视宗教团体，为他们开展工作提供必要的支持和帮助，尊重和发挥他们在宗教内部事务中的作用，支持宗教界搞好人才队伍建设，积极引导，有效管理，使宗教为中国特色社会主义现代化建设服务。

二、中国的民族政策

（一）中国民族政策的基础

我国的民族政策是中国共产党在领导中国人民进行新民主主义革命的过程中逐渐形成和发展起来的，这些政策不仅体现了社会主义与人民民主主义的原则，而且体现了中国的历史特点和现实国情。1949年，中华人民共和国成立前夕，第一届中国人民政治协商会议通过的《中国人民政治协商会议共同纲领》明确规定，中华人民共和国境内各民族一律平等，实行团结互助，使中华人民共和国成为各民族友爱合作的大家庭，反对大民族主义和狭隘民族主义，禁止民族间的歧视、压迫和分裂各民族团结的行为。各少数民族聚居的地区，应实行民族区域自治。1953年，中国共产党提出了过渡时期党在民族工作方面的任务：巩固祖国统一和民族团结，共同来建设伟大祖国这个大家庭；在统一的祖国大家庭内，保障各民族在一切权利方面的平等；在祖国的共同事业发展中，与祖国的建设密切结合起来，逐步发展各民族的政治、经济、文化，消灭历史上遗留下来的各民族间事实上的不平等，并且使少数民族得到迅速顺利发展。这些法律与方针构成了中国民族政策的法律基础与政治基础。

（二）中国民族政策的基本内容

中国的民族政策，主要是有关汉族与少数民族关系的政策，是一个完整的政策体系，包括民族平等和民族团结政策，民族区域自治政策，少数民族干部政策，发展少数民族地区经济政策，发展少数民族教育科技文化卫生事业政策，尊重和发展少数民族语言文字政策，尊重少数民族风俗习惯和宗教信仰自由政策，等等。这些政策是正确认识和处理民族问题的行为准则，是国家政策体系的重要组成部分。我国民族政策的基本目标是，“要高举各民族大团结的旗帜，在各民族中牢固树立国家意识、公民意识、中华民族共同体意识，最大限度团结依靠各族群众，使每个民族、每个公民都为实现中华民族伟大复兴的中国梦贡献力量，共享祖国繁荣发展的成果。”①

---

① 习近平：《在中央第二次新疆工作会议上的讲话》2014年6月28日。

中国民族政策的实质是促进各民族平等与民族团结、发展进步和共同繁荣。民族平等是指各民族不论人口多少、居住地域大小、经济社会发展程度高低、风俗习惯和宗教信仰异同,社会地位一律平等,享受相同的权利,承担相同的义务;汉族和少数民族一律平等,各少数民族之间也一律平等;任何民族都没有特权。民族团结是指各民族在长期的社会生活和交往中形成的和睦、友好和互助、联合的关系。民族团结要求在反对民族压迫和民族歧视的基础上,维护和促进各民族之间和民族内部的团结,牢固树立汉族离不开少数民族、少数民族离不开汉族、各少数民族之间也相互离不开的思想,各民族人民齐心协力,共同促进国家的发展繁荣,反对民族分裂,维护国家统一。民族平等是民族团结的前提和基础,没有民族平等,就无法实现民族团结;民族团结则是民族平等的必然结果,是促进各民族真正平等的保障。

(三) 中国的民族区域自治制度

中国民族政策得以有效落实的制度基础,是中国共产党根据马克思主义的基本原理与中国各少数民族之间杂居共存的现实,创造性构建的民族区域自治制度。

1. 中国民族区域自治制度的内容

民族区域自治制度是我国的一项基本政治制度,指在国家统一领导下,各少数民族聚居地方实行区域自治,设立自治机关,行使宪法和法律授予的自治权。据此建立的民族自治地方是中华人民共和国范围内的一个行政区域,是中华人民共和国不可分离的组成部分。设立的自治机关是国家的一级地方政权机关。

根据《宪法》和《民族区域自治法》的规定,按照少数民族聚居区人口的多少、区域面积的大小,民族自治地方分为自治区、自治州、自治县三级。民族自治地方的建立有以下类型:(1) 以一个少数民族聚居区为主建立的自治地方,如新疆维吾尔自治区等;(2) 以两个少数民族聚居区联合建立的自治地方,如青海省海西蒙古族藏族自治州等;(3) 以多个少数民族聚居区联合建立的自治地方,如广西龙胜各族自治县等;(4) 在一个大的少数民族自治地方内,人口较少的少数民族聚居区建立自治地方,如广西壮族自治区恭城瑶族自治县等;(5) 一个民族在多处有聚居区的,建立多个自治地方,如宁夏回族自治区、甘肃省临夏回族自治州、河北省大厂回族自治县等。目前,全国共建立了155个民族自治地方,包括5个自治区、30个自治州、120个自治县(旗)。

2. 中国民族区域自治制度的特点

在国家统一领导下实行民族区域自治,体现了国家尊重和保障少数民族自主管理本民族内部事务的权利,体现了民族平等、民族团结、各民族共同繁荣的原则,具有巨大的优越性。

(1) 实行民族区域自治,有利于把国家统一与民族自治结合起来。

团结统一是国家最高利益,是各民族人民共同利益,是实行民族区域自治的前提和基础。没有国家团结统一,就谈不上民族区域自治。民族区域自治是国家统一领导下的自治,民族自治地方是统一多民族国家的组成部分。各民族自治地方的自治机关都是中央政府领导下的一级地方政权,服从中央集中统一的领导,必须维护国家的统一。同时,在确保国家法律和政令实施的基础上,依法保障自治地方行使自治权,民族区域自治保障了少数民族在政治上的平等地位和平等权利,满足了各少数民族积极参与国家政治生活的愿望。给予自治地方特殊支持,解决好自治地方特殊问题。实行国家统一与民族区域自治相结合，既能维护国家的统一和各民族的团结，又能保障少数民族的权益，发挥其参加管理国家事务，管理本民族内部事务的主动性、积极性，促进国家的发展稳定和少数民族地区的繁荣发展。

（2）实行民族区域自治，有利于把民族发展与区域发展结合起来。

民族区域自治，既包含了民族因素，又包含了区域因素。民族区域自治地方，建立于少数民族聚居的行政区域，并根据少数民族聚居的特点、各民族关系、经济发展条件、历史传统等因素，确定自治地区的区域范围和行政地位；既有一个民族在聚居区域内实行的自治，也有几个民族在同一个区域内实行的自治。在各少数民族自治地区，都有汉族居民或其他民族居民，有的地区汉族人口甚至占多数。民族区域自治不是某个民族独享的自治，民族自治地方更不是某个民族独有的地方。实行民族自治与区域自治相结合，既有利于保障少数民族管理本民族内部事务的权利，又能够保障各民族平等、团结、互助、和谐；既是保障少数民族政治权利的良好体制，也是各民族实行经济合作和文化合作的良好体制；统一的多民族国家可以大力帮助少数民族发展经济文化，组织各民族相互支持，而自治地方可以通过调动和发挥少数民族和民族地区的积极性，既有利于实行自治的民族的发展进步，又有利于实现各民族共同繁荣。

（3）民族自治地方拥有国家法律赋予的双重权力。

民族自治地方的自治机关既行使同一级地方国家机关的职权，同时也行使自治权。首先，上级国家机关制定各项政策和计划，进行国家经济文化建设，必须充分考虑各民族地区的具体情况和需要，动员各方面的力量予以帮助和支持。其次，民族自治地方的自治机关在行使地方国家职权的同时，依照《中华人民共和国宪法》和《中华人民共和国民族区域自治法》的规定，还行使民族立法权、根据实际情况执行权、财政经济自主权、少数民族干部培养使用权、文化语言文字自主权等。

（4）民族区域自治制度是单一制国家结构下的民族区域自治。

世界上有许多民族国家实行联邦制，我国实行的是单一制国家结构下的民族区域自治。在我国民族区域自治制度下，中央政府拥有并专享国家主权，全国只有一部宪法、一个中央政府、一个最高立法机关。各民族自治地方是不享有独立主权的地方行政单位。实行中央统一集权，地方政府的权力由中央政府授予，接受中央政府统一领导，中央政府行使统一的外交权，地方政府不具有对外的独立性。我国遵循了解决民族问题的民族平等和民族团结的原则，在单一制的国家结构下创造出有中国特色的民族区域自治。

实践证明，民族区域自治制度已经成为中国特色社会主义的组成部分，符合我国国情和各族人民的根本利益，是社会主义政治文明在民族问题上的体现。这一制度，体现了民族因素与区域因素、政治因素与经济因素、历史因素与现实因素、制度因素与法律因素的统一，有利于把国家的集中、统一与民族的自主、平等结合起来，有利于把党和国家总的路线、方针、政策与民族区域自治地方的具体实际、特殊情况结合起来。实行民族区域自治，对于充分发挥各族人民当家作主的积极性，发展平等、团结、互助、和谐的社会主义民族关系，巩固国家的统一，促进民族地区的发展和繁荣，增强中华民族的凝聚力和向心力，具有重大的现实意义。

三、中国的宗教政策

（一）新时期党的宗教工作的基本要求

尊重和保护宗教信仰自由，是中国政府在对待宗教问题上的基本政策。中国始终坚持从本国国情和宗教实际出发，实行宗教信仰自由政策，保障公民宗教信仰自由权利，构建积极健康的宗教关系，维护宗教和睦与社会和谐。

党的十九大明确提出了新时期党的宗教工作的基本要求："全面贯彻党的宗教工作基本方针，坚持我国宗教的中国化方向，积极引导宗教与社会主义社会相适应。"必须牢牢把握坚持党的领导、巩固党的执政地位、强化党的执政基础这个根本，必须坚持政教分离，坚持宗教不得干预行政、司法、教育等国家职能实施，坚持政府依法对涉及国家利益和社会公共利益的宗教事务进行管理。我国 2018 年 2 月 1 日起施行的新修订的《宗教事务条例》，明确规定了宗教团体和信教公民在举行宗教活动、开办宗教院校、出版宗教书刊、管理宗教财产、开展对外交往活动等方面的诸多权利，同时规范了政府有关行政管理部门的行政行为，依法确保信仰宗教的公民、宗教团体和宗教活动场所的合法权益不受侵害。各宗教实行独立自主自办的方针，在平等友好的基础上积极与世界各国宗教组织进行交往和联系。

（二）中国宗教政策的基本内容

中国政府在对待宗教问题上的基本政策是尊重和保护宗教信仰自由。依法管理宗教事务，坚持独立自主自办原则，积极引导宗教与社会主义社会相适应，最大限度团结广大信教公民和不信教公民。

（1）实行宗教信仰自由政策。尊重和保护宗教信仰自由是中国共产党和中国政府对待宗教的基本政策。每个公民既有信仰宗教的自由，也有不信仰宗教的自由；有信仰某一种宗教的自由，也有在同一宗教中信仰某个教派的自由；有过去不信教而现在信教的自由，也有过去信教而现在不信教的自由。信教公民同不信教公民一样，享有同等政治及经济社会文化等方面的权利，不会因信仰不同造成权利上的不平等。国家尊重公民宗教信仰自由，保护正常宗教活动；公民行使宗教信仰自由权利，不得妨碍其他公民的合法权利，不得强制他人信仰宗教，不得歧视不信教或者信仰其他宗教的公民，不得利用宗教妨害公民合法权益。行使宗教信仰自由权利必须尊重公序良俗，尊重文化传统和社会伦理道德。

（2）依法管理宗教事务。国家对待各宗教一律平等，一视同仁，不以行政力量发展或禁止某个宗教，任何宗教都不能超越其他宗教在法律上享有特殊地位。国家依法对涉及国家利益和社会公共利益的宗教事务进行管理，但不干涉宗教内部事务。国家依法保护公民宗教信仰自由权利，保护正常宗教活动和宗教界合法权益，制止非法宗教活动，禁止利用宗教宣传极端思想和从事极端活动，抵御境外势力利用宗教进行渗透，打击利用宗教进行的违法犯罪活动。信教公民应当遵守宪法、法律、法规和规章。宗教在国家法律范围内开展活动，不得干预行政、司法、教育等国家职能的实施。不得恢复已经被废除的宗教封建特权，不得利用宗教从事危害社会稳定、民族团结和国家安全的活动。

（3）坚持独立自主自办原则。宗教团体和宗教事务不受外国势力的支配，是中国宪法确定的原则。中国政府依照宪法和法律，支持各宗教坚持独立自主自办原则，各宗教团体、宗教教职人员和信教公民自主办理宗教事业。独立自主自办原则是中国人民在民族独立、社会进步的斗争中，基于天主教和基督教长期被殖民主义、帝国主义所控制和利用，被称作

“洋教”的屈辱历史，由中国信教公民自主作出的历史性选择。这一原则，顺应了中国人民谋求民族独立、人民解放的历史潮流，顺应了实现中华民族伟大复兴的中国梦的时代要求，使中国宗教的面貌焕然一新，得到国际宗教友好人士的普遍理解、尊重和支持。坚持独立自主自办原则，不是要断绝中国宗教组织同境外宗教组织的正常联系。中国政府支持和鼓励各宗教在独立自主、平等友好、相互尊重的基础上，开展对外交流交往，建立、发展、巩固同海外宗教界的友好关系，增信释疑，展示良好形象。对境外组织和个人利用宗教从事各种违反中国宪法、法律、法规和政策的活动，控制中国宗教组织、干涉中国宗教事务，甚至企图颠覆中国政权和社会主义制度，中国政府坚决反对并将依法处置。

（4）积极引导宗教与社会主义社会相适应。积极引导宗教与社会主义社会相适应，一个重要的任务就是支持我国宗教坚持中国化方向。引导信教公民热爱祖国、热爱人民，维护祖国统一，维护中华民族大团结，服从服务于国家最高利益和中华民族整体利益；引导宗教界拥护中国共产党领导、拥护社会主义制度，坚持走中国特色社会主义道路。坚持宗教中国化方向，就是要积极践行社会主义核心价值观，弘扬中华优秀传统文化，努力把宗教教义教规同中华优秀传统文化相融合，遵守国家法律法规，自觉接受国家依法管理，投身改革开放和社会主义现代化建设，为实现中华民族伟大复兴贡献力量。

本章小结

本章主要阐述民族的概念与特征、宗教的起源与本质，当代世界的民族与宗教问题，以及我国的民族与宗教政策。本章的主要观点是：民族与宗教是人类重要的社会历史现象，与现实政治的矛盾交织在一起。马克思主义对民族的科学定义经历了长期的发展过程，界定了民族的四个基本特征。民族与宗教问题是当今世界政治总问题的一部分。中国既是多民族国家也是多宗教国家，中国创造性地构建了民族区域自治制度，尊重和保护宗教信仰自由，积极稳妥地应对民族与宗教问题，对各民族地区的繁荣发展，增强中华民族的凝聚力，以及中国国家建设都具有重大的现实意义。

思考题

1. 什么是民族问题？马克思主义关于民族问题的基本主张是什么？

2. 为什么说民族区域自治制度是中国的一项重要政治制度，它对促进中华民族的大团结起到什么作用？

3. 马克思主义是如何从宗教的起源来把握宗教的本质及其特征的？

4. 如何引导宗教与社会主义社会相适应，发挥宗教在社会建设中的积极作用？

5. 中国宗教政策的基本内容是什么？

6. 民族问题与宗教问题的基本关系是什么？在当今世界，它们之间是如何相互作用和影响的？

第十章 国际政治

国际政治是与国内政治紧密联系的政治学研究的重要方面。当今世界，和平、发展、合作、共赢成为时代潮流，全球治理体系和国际秩序变革加速推进，世界各国人民命运相连、休戚与共。同时，国际社会面临着日益凸显的传统和非传统安全挑战，因而国际政治越来越成为政治学研究所突出关注的问题。本章结合国际形势的新变化和中国对外交往的实践，主要探讨和阐明国际政治的含义、国际政治的行为主体、国际政治基本准则、国际政治格局与人类命运共同体等四个方面的问题。

第一节 国际政治的含义与特征

国际政治是一种错综复杂的政治现象。要全面认识当今时代的国际政治问题，首先要深入了解国际政治的涵义和特征。

一、国际政治的含义及特征

一般而言，国际政治主要是主权国家之间，也包括国际组织之间和其他政治行为主体之间在世界舞台上形成的相互联系、相互作用、相互制约的政治关系的总和。国际政治的涵义可从如下三方面来把握和理解：

（一）国际政治行为主体

国际政治发生于国际社会和世界舞台上多个行为主体之间，其中主要发生于主权国家这一基本行为主体之间。国际政治行为主体，是国际社会中具有特定利益、参与国际社会活动能力、稳定的组织形态的实体，包括主权国家和国际组织等非国家行为主体。它具有如下一些基本特征：

（1）国际政治行为主体具有特定的自身利益和利益要求，正是这些利益和利益要求，支配着其基本目标的选择和价值取向，它不但是国际社会行为主体存在和活动的基础，而且也是国际政治关系得以形成的前提。这里所说的利益和利益要求，主要是指各国际政治行为主体的经济利益和经济利益要求，也包括反映、表现经济利益要求的政治、军事、文化等方面的利益和利益要求。这些利益和利益要求，集中地表现为国家利益，或者与国家利益密切相联系。同时，这些利益和利益要求也包含在相关国家之间共同利益或相关利益追求的某一方面的国际利益。在利益表达上，通常以对国际关系、国际政治问题、有关外交战略和政策主张等方式呈现。

（2）国际政治行为主体具有特定的行为能力，即具备参与国际社会和相互交往、表达和实现自己的利益和利益要求，并能影响其他国际社会行为主体的能力。这样的行为能力是其能够成为国际政治行为主体的基本资格，是各国际政治行为主体承担一定的国际义务和享有一定的国际关系权利的基本条件，也是国际社会得以构成的基本条件。

（3）国际政治行为主体具有特定的稳定的组织形态。它是国际社会行为主体的基本依托，国际社会即由这些组织所构成。当然，在国际关系中也有个人行为主体，各种个人行为主体总是以特定组织的代表身份或以特定组织机构的一部分存在来进行活动的，孤立的平常的个人不能构成国际社会行为的主体。

在当代，由于世界的多样性、主权国家数量的增多、国际关系的复杂化，国际社会行为主体具有了多种多样的具体形态，包括主权国家、国际组织、政党、某些跨国公司和代表不同组织的个人等。正是这些行为主体构成国际社会的基本单元。其中，主权国家因为它的特定资质和能力，成为最重要的，也是最基本的国际政治行为主体。历史和现实表明：国际政治就是发生于上述这些国际社会行为主体之间的政治关系，当这种关系发生、发展或变化时，国际社会行为主体即转变成为国际政治行为主体。由于主权国家是国际社会最重要、最基本的行为主体，因此，国际政治首先和大多是发生于主权国家之间的政治关系，主权国家自然地构成最重要的、最基本的国际政治行为主体。

（二）国际政治行为主体之间的政治关系

国际政治的本质内容是国际社会行为主体间的政治关系，其中主权国家间的政治关系是最基本的政治关系。而其他行为主体间的政治关系，或者是由主权国家间的政治关系派生出来的，或者是围绕着主权国家间的政治关系而产生并为其服务的。因此，主权国家间的政治关系在国际政治中处于根本地位并起着影响、牵制和制约其他行为主体间的政治关系的作用。

国际政治的本质内容是国际社会行为主体间的政治关系，其具体内容，基本上是由各国际政治主体的利益关系、力量对比关系、相互作用关系构成的。这三种关系依次排序为第一层次、第二层次、第三层次，三个层次之间相互交错，表现出国际政治关系的错综复杂、变幻多端的情景和态势。

1. 国际政治关系中的利益关系

国际政治关系中的利益关系是全部国际关系的基础，是国际关系发展变化的基本动因，也是国际政治行为追求的目的。这种利益关系具有如下特征：

第一，利益的主体归属性。在国际政治中，现实存在的利益，是以不同国际政治行为主体为基本存在单元的。利益类型多种多样，但它总是以归属于特定利益主体的形式存在，即利益总是特定利益主体的利益，亦即在国际政治领域，利益的现实存在表现为归属于不同行为主体的利益。这种利益的主体归属性，一般显示出利益主体的特殊性，同时也有几个主体间因基本利益的共同追求或共识而表现出一定范围的共性。

第二，行为主体间利益关系的全面联系性。任何利益都是利益主体需求的满足，而任何利益主体都具有多方面的需求，因此，利益主体的多方面利益需求决定了各种行为主体所具有的利益、利益需求，在它们的利益关系上，相互之间带有全面的联系性。这种利益关系的全面联系性不仅反映在政治上，而且越来越突出地表现在经济、科学技术和思想文化，乃至意识形态上。这种行为主体间利益关系的全面联系性，既有矛盾、冲突或对抗性质的联系，也有相互作用、协调合作性质的关系，在更多的情况下，表现为既有冲突又有合作的利益联系。

第三,行为主体的利益关系具有共同性和矛盾性。国际政治行为主体之间既有共同利益或相关利益,又有利益矛盾。而在行为主体的利益关系中,共同利益或相关利益和利益矛盾所占的地位不同,决定了不同利益关系呈现出不同的错综复杂的实际状况、情势和态势。

由于国家是国际政治中最重要的政治行为主体,所以国家利益是国际政治中最重要的利益,国家利益关系是国际政治中影响和制约其他利益关系的最重要的利益关系。所谓国家利益即作为国际政治行为主体的国家需求的满足。在国际政治结构中,国家利益是多方面的,也是不断发展变化的,其基本内容包括两个基本方面,即国家生存利益和国家发展利益。国家生存利益包括国家安全、主权独立、领土完整、人民生存需求的实现等。国家发展利益包括国民经济和社会发展、科技进步、人民生活水平提高要求的实现等。国家间的利益关系,主要就是国家的这些利益内容之间的关系,这种国家利益关系,在国际政治诸行为主体的利益中处于主导地位。一方面,它决定着国家政治的基本利益分布的状况,确定国际政治的基本内容,支配着国际政治的根本走向和走势。另一方面,它影响国际政治中其他利益关系的形成和发展变化,不同程度地渗透、体现在其他利益关系的性质和内容之中,并且制约着其他利益关系的发展。正因为如此,邓小平主张以国家利益为最高准则来谈论和处理国际关系问题,即"国与国之间的关系主要应该从国家自身的战略利益出发。着眼于自身长远的战略利益,同时也尊重对方的利益,而不去计较历史的恩怨,不去计较社会制度和意识形态的差别"①。随着经济全球化的深入发展,各国之间的各种联系日益紧密,人们关心的共同问题也越来越多,诸如全球生态环境保护、打击国际恐怖主义和犯罪等人类共同面临的问题成为人类共同利益。这些人类共同利益的维护和实现问题已成为国际政治的重要内容,国际社会通过国际合作方式来解决这些问题已提上日程,尽管如此,人类共同利益的维护和实现仍然需要依靠以国家为基轴的各个国际政治行为主体,顺应经济全球化和世界格局多极化的历史潮流,通过加强国际合作共同努力。

2. 国际政治关系中的力量对比关系

国际政治关系中的力量对比关系是制约国际关系发展变化的根本制约因素。在国际政治中,诸行为主体的利益构成了它们从事国际政治活动的基础和驱动力,同时,也是其出发点和归宿。围绕这一点,各个行为主体必定会积聚、配置、运用各种力量,作为实现自己利益要求的凭借。诸行为主体的力量,是这些主体拥有、掌握、运用、控制多方面多形态资源的综合实力,其构成一般包括经济力、政治力、军事力、文化力等。在这些力量中,经济力是行为主体力量的基础,是其他力量因素存在和发展的前提和依托。正如恩格斯在分析暴力与经济力的关系时所指出的:"暴力的胜利是以武器的生产为基础,而武器的生产又是以整个生产为基础,因而是以'经济力量',以'经济状况',以可供暴力支配的物质手段为基础的。"②就实际状况而言,行为主体的力量既包括它们所拥有、掌握和可运用、可控制的现实力量,也包括它们可能动员、动用、转化的潜在力量。国际政治诸行为主体的力量,在其相互利益关系形成的基础上,构成了相互间的力量对比关系。国际政治活动正是围绕这一力量对比关系而展开的相互影响、相互作用、相互较量或互动或互补或共同致力于同一认可的目标的

① 《邓小平文选》第3卷,人民出版社1993年版,第330页。

② 《马克思恩格斯选集》第3卷,人民出版社2012年版,第546页。

活动。

国际政治诸行为主体力量中最重要的力量是国家实力。国家实力通常被称为“综合国力”。一般而言,综合国力是一个主权国家的物质力量、制度力量、精神力量的有机总和。物质力量主要由一国的自然环境、自然资源、人口、经济力、科技力、军事力等因素构成,是国家“硬实力”的体现。制度力量主要包括一国制度的保障力、动员力、激励力和政府的组织力、决策力、执行力以及政府效率等。一国的精神力量主要是指该国的国家凝聚力、民族意志、教育水平、国民素质、理论创新、战略思维、政策水平等。制度力量和精神力量是国家“软实力”的体现。综合国力对比关系,在国际政治力量对比关系总体中具有举足轻重,甚至决定性的地位和作用。归根到底,国际竞争主要是综合国力的竞争。因为,综合国力的水平决定国际政治关系的实际状况,决定各国外交战略、策略的制定和实施,决定各国的生存和发展、命运与前途。

3. 国际政治行为主体间的相互作用关系

国际政治行为主体的相互作用关系,是各行为主体利益关系和力量对比关系的现实表现,也与国际政治格局密切关联。

国际政治诸行为主体的利益关系和力量对比关系是国际政治的深层关系。在现实中,这些深层关系必然体现为诸行为主体的活动,形成行为主体间的相互作用关系,构成它们追求、维护、实现自己利益和增加自身力量特别是综合国力的现实途径。

在国际政治中,诸行为主体的相互作用关系表现为多层次、多方面、多渠道、多种方式、多种行为模式。具体地说,主要表现为国家战略、对外政策、对外活动以及由此而形成的国际政治行为主体的活动规则。国家战略确定这些行为主体的活动总方向,对外政策是这些行为主体处理国际政治问题的基本原则和行为准则,一般可分为战略性政策和常规性政策。对外活动则丰富多彩、风云变幻,主要表现形式有诸行为主体间的斗争、冲突、对抗、竞争、联盟等。正是诸行为主体的这些对外活动,在世界舞台上演出了一幕幕刷新世界历史的话剧,形成国际政治日常的,甚至瞬息突变的现实丰富内容。活动规则则是这些行为主体在长期相互作用过程中逐步形成并得到共同认可和自觉遵循的基本行为规范,由其规定国际政治行为的范围和限度,具体包括国际关系基本准则、国际法以及若干国际条约等。

(三)国际政治是国际社会政治关系的总和

作为各国和其他国际政治行为主体之间形成的普遍政治体系,国际社会政治关系具有如下四个特征:

1. 全球性

国际政治关系是全球性的政治联系,其全球性特征表现在下述三个方面:一是行为主体范围的全球性。即在全球范围内,凡是符合国际政治行为主体特点的主体均可成为国际社会政治关系体系的行为主体。二是行为主体资格的普遍性。即任何国际政治行为主体,无论其强弱、大小、贫富、历史长短、影响力和能力如何,都是构成国际政治关系体系平等互利、独立自主的有机构成部分。三是国际政治关系的广泛性。即它是所有行为主体的全球性政治联系结构,包容了全球所有国际政治行为主体之间的相互联系。正因为国际政治关系体系的全球性特征表现在上述相互联系的三个方面,因而国际政治既非一个国家或其他行为主体孤立的对外政策和活动,亦非两个或多个行为主体简单的双边或多边关系,而是所有行为主体参与全球性政治联系的复杂交错结构。

2. 有机性

国际政治关系的全球性，在总体上表现为全部国际行为主体全球性的整体政治联系，这种联系是有机的政治联系，它使国际关系形成一定的行为机制和关系机制。

国际政治作为国际社会政治关系的总和，不是诸行为主体政治关系的简单相加，而是一种有机构成。这种有机构成表明，诸行为主体之间发生着、存在着各个方面错综复杂的利益联系，这种利益联系恰恰是国际政治的机制纽带；同时，也是诸行为主体力量在利益驱动机制下相互作用的合力的结果。正如恩格斯在谈到“历史合力”时所说，“历史是这样创造的：最终的结果总是从许多单个的意志的相互冲突中产生出来的，而其中每一个意志，又是由于许多特殊的生活条件，才成为它所成为的那样。这样就有无数互相交错的力量，有无数个力的平行四边形，由此就产生出一个合力，即历史结果，这个结果又可以看做一个作为整体的、不自觉地和不自主地起着作用的力量的产物。”①

3. 有序性

国际政治行为主体之间的政治联系是基于各主体的自身利益和相互利益关系、自身力量和相互力量对比关系，按照特定原则和规则排列组合而成。这种排列组合，构成国际政治的特定秩序，形成诸行为主体之间有序的政治联系。这就是国际政治关系体系的有序性。这种有序性是一种国际秩序的常态，而所谓国际社会无政府状况导致的某些无序、动乱、混乱则是局部的和相对的。

国际政治关系体系的这种有序性，表现为诸行为主体相互联系的既定状态、在国际政治关系结构中国际地位的既定状态和一定的国际秩序的既定状态。一般而言，国际政治秩序是相对稳定的，但不是一成不变的。随着诸行为主体政治经济状况的变化、国际政治经济格局的变化和国际关系态势的变化，国际政治秩序也不断地变化，其结果，必定引起秩序的更替——旧秩序的终结，新秩序的建立。虽然国际关系从旧秩序向新秩序过渡过程中，国际秩序可能会不稳定，但秩序不会因此而消失。

4. 变动性

国际政治关系在一定时期内会表现出阶段性或历时性特征，因而国际政治关系是历史的，不是永恒不变的。

国际政治关系具有历史的、全局的或局部的变动性，主要是因为诸行为主体的利益和相互关系处于不断的发展变化中。诸行为主体的政治经济发展是不平衡的，这是不依人的意志为转移的国际社会发展的客观规律。在各个主体政治经济发展不平衡规律作用下，其主体力量和相互力量对比关系处于不断的消长之中，由此必然发生国际政治关系的不断变动。这种国际政治关系的变动性在整个 20 世纪国际社会变迁历史中明显可见。当今世界，国际风云变幻莫测，特别是经济全球化进程的加速，世界市场的形成，国际组织作用的增强，国际政治关系体系联系日益频繁、紧密，以及和平、发展、合作、共赢时代潮流的激荡，促使国际政治关系发生频繁的变动。

二、国际政治与国内政治的关系

国际政治和国内政治是两个既有联系又有区别的范畴。把握好二者之间的关系有助于

---

① 《马克思恩格斯选集》第 4 卷，人民出版社 2012 年版，第 605 页。

人们更好地理解国际政治的含义和特征，有助于人们创新国际政治思维，确定正确的国家发展战略、国际战略，正确认识和处理内政和外交事务。

（一）国际政治和国内政治的联系

在人类社会历史上，国际政治是伴随政治国家的产生和发展，以及民族国家间的交往而逐步形成和发展起来的。自从有了国家，就有了国家间的政治关系。国家间的政治关系的扩展，使国际政治和国内政治发生日益密切的联系。这种联系概括地说在于：国内政治是国际政治的基础和出发点，国际政治是各国国内政治在世界范围内和国际关系领域中的延伸和相互作用。这种联系具体地体现在如下几个方面：

（1）各国在国际政治关系中的主导性利益要求是国内政治中占主导地位的统治阶级利益要求的对外延伸。

国家是阶级统治的机器，是统治阶级进行阶级统治的工具。一国国内政治在本质上是统治阶级的利益和意志的体现。统治阶级为了维护自己的统治地位、实现自己的利益和要求，不仅需要保持和维护国内政治的稳定，保持和维护国内的利益和要求，而且需要在国际范围内创造有利的环境和条件，谋求一定的国际利益。因此，各国国内政治中占统治地位的阶级利益和意志，必然构成其在国际政治中的主导性利益和意志。这种利益通常表现为国家利益，这种意志通常表现为国家意志。这样，一国的国家利益及其国际利益这两个方面的利益之间，事实上存在着本质上的高度统一性。

在现实中，各国在国际政治中的地位、政策、活动、行为，是以其在国际政治中的实际国家力量即综合国力为凭借为依托的。而综合国力集中反映和体现着一国的国内政治状况。一方面，一国国内政治是其综合国力的有机构成部分，因为国内政治的制度力量、政府能力和效率、政治决策和实施等，都是其综合国力的重要因素，这些因素的状况，直接制约并决定着一国综合国力的强弱、消长；另一方面，一国国内政治的状况又决定着综合国力其他构成因素能否以及在多大程度上得以开发，能否有机地结合为其综合国力。可以说，一国国内的政治状况，对其综合国力的形成、发展、实际状况和运用，进而对于其在国际政治中的地位、作用、影响、决策及实际活动，都具有决定性意义。

（2）各国的对外政策和对外交往活动为其国内政治服务。

一国统治阶级的一切政策和活动，都是为维护和实现自己的统治地位和利益服务的，其对外政策和对外活动也是如此。一国的对外政策和对外活动服务于国内政治的战略目标，即以服务于国内政治需要为归宿为目的。具体表现在以下三个方面：

一是对外政策和对外活动服从国内政治需求，必须以国内政治为依据和出发点，遵从国内政治的要求及国内政治的需要，以国内政治战略目标的转移为转移。

二是对外政策和对外活动服务于国内政治，即意味着为国内政治创造有利的外部条件和机遇，适时地妥善地应对外部的各种挑战，把握好机遇，其政策和活动成果应为国内政治有效地利用。

三是对外政策和对外活动的实际作用和效果，最终要以国内政治为标准、尺度进行检验、测量和评估，确定其功过利弊、是非得失。在当代，这个标准和尺度，最主要的是维护国家主权和国家安全的战略利益。

（3）国际政治和国内政治的相互影响、相互作用。

一国在国际政治中的利益、力量、政策和活动，从根本上说，取决于该国统治阶级的利益和意志，取决于该国国内政治状况，取决于该国综合国力的不断增强，包括其综合国力在国际社会的实际竞争力。从这个意义上说，国内政治是国际政治的基础，但国际政治对国内政治也有影响。因为一国在国际政治中的成败得失，不仅影响到该国的国家利益和国家意志的实现及实现的程度，而且影响到该国统治阶级的统治地位、统治力量及政策的实施等。在特殊情势下，一国在国际政治中的地位、成败得失甚至会影响国内政治发展的方向、进程，影响国内政治的兴衰荣辱，乃至引发国内政治的根本性变革或逆转。

（二）国际政治和国内政治的区别

国际政治和国内政治，既相互联系，又彼此区别。二者的区别主要体现在下述三方面：

（1）两者的公共权威属性不同。

国内政治存在一个统一集中的公共权威。由于公共权威的存在，国内政治必须并可以按照统治阶级的意志有效地运作。国际政治则与国内政治不同，它不存在像国内政治这样统一集中的公共权威。就是说，在国际政治中，任何国家、国家集团或其他力量，都不具有使自己的权力权威成为世界范围内普遍、统一、有效的能力，都不可能使自己的意志成为世界范围内的最高意志，都不可能完全强制地贯彻实施自己的要求。因此，国际政治不能像国内政治那样，可以完全按照一个统一权力意志运行，而只能在各种利益和力量对比、博弈的基础上形成和发展。

诚然，在国际政治生活中也有全球性国际组织（如国际联盟、联合国），但是，全球性国际组织本身是国际政治的协商机构和多边外交磋商机构，它的主体性质不是全球集中统一的“世界政府”，其决议都是各国平等协商、协议的结果，其实施决议的力量和效果取决于成员国对国际社会承担义务和做出贡献的程度，全球性国际组织是远不具备国内政治中公共权威的效力的。此外，在国际政治发展的某些时候、某些范围、某些事务、某些问题上，某些国家或国家集团虽可能实施霸权主义、强权政治，但任何形式的霸权主义、强权政治都是非法的，它必然遭到国际正义力量的反对和反抗，因而都不可能在国际政治的全部范围内的国际事务上有效地实施。

（2）两者的利益构成和内容不同。

在国内政治中，利益构成主要是阶级利益、阶层利益和各种社会集团的利益。其中，统治阶级的阶级利益占主导地位，是国内政治中利益的核心内容。同时，统治阶级与被统治阶级的利益冲突与斗争，统治阶级与非统治阶级的利益竞争与合作，也是国内政治的重要内容。而各阶级内部的阶层利益、各种社会集团的集团利益，在国内政治中也有重要影响。国内政治就是立足于这样的利益关系格局和网络基础之上的。国内政治的这种纵横交错的利益关系结构，通常表现为该国政治上、法律上各种利益主体的层级权利和义务关系结构。

在国际政治中，除了各国统治阶级的阶级利益正式表达为各国的国家利益，事实上还存在着不同民族的民族利益、国家间的共同利益和全人类的共同利益。而一个国家的政治国家和民族国家的双重特性，使得一国的国家利益中以统治阶级的阶级利益为主导，同时也包含着该国全民族的利益，而民族利益是全民族生存和发展的基础，包括维护国家主权和领土完整、维护民族尊严和基本生活生产方式以及民族文化风俗行为习惯，这些构成了国际政治中特有的利益内容。而非由国际政治行为主体原生却在国际关系基础上生成的各国各民族相互间的共同利益和全人类生存发展的共同利益，也是国际政治中特有的利益内容。

（3）两者的行为主体不同。

在国内政治舞台上,活跃着各个阶级、阶层、政府、政党、政治团体、社会团体和公民个人这些政治行为主体。其中,阶级与特定的生产资料所有制相联系,因而是最稳定的、最具有决定性作用的政治行为主体。政府、政党的权威性以及与居民日常生活的直接紧密相关性,政治团体、社会团体的群体代表性,使得它们成为国内政治中最为活跃的政治行为主体。21世纪,由于企业等经济组织、信息机构、舆论机构在国民经济和社会发展中以及社会公共生活中的作用日益扩展,经济组织、信息和舆论机构将成为国内政治生活中有重要影响力的政治行为主体。

在国际政治这个世界舞台上,尽管也存在着和活动着其他行为主体,但是,在国际关系中,即在国际法上的正式国际关系中,最为重要、最具有决定意义的基本行为主体是主权国家。正是从这点上说,国际政治主要是国家间的政治,是各国主权的正式合法代表政府间的政治,因而是主权国家活动的领域和场所。因此,国内政治的力量对比主要存在于不同阶级、阶层、政党和政治团体之间,其政治格局是这些力量相互作用的结果;而国际政治力量对比则主要发生和存在于主权国家之间,国际政治的基本格局和格局变动主要是主权国家集团的力量的消长、调整、相互作用,以及国际关系的调整,特别是大国关系的调整促成的。

第二节　国际政治行为主体

在世界舞台上,活跃着多个国际政治行为主体,除了主权国家这个基本行为主体,还有其他作用日益扩大的国际组织,以及各国和国际性政党、跨国公司以及具有政治权威或较大的政治影响力的个人。

一、主权国家

(一)主权国家的含义及其构成要素

主权国家是政治国家和民族国家的统合体,是国际政治中最重要最具有决定意义的基本行为主体,是构成当代国际社会的最基本实体。作为国际政治基本行为主体的主权国家,由四个要素构成,即固定的领土、定居的居民、统一政权和国家主权。

1. 固定的领土

国家固定的领土包括领陆、领海和领空。领土是国家存在的物质基础,是国家的自然载体,是一国居民生存和发展的依托,是社会生产、生活得以进行的基础物质、生活条件,是国家自然资源和再生资源的基本来源,是国家安全的重要凭借,也是国家力量的基础构成要素。因此,固定的领土对于任何主权国家来说,都具有重要意义。

2. 定居的居民

按照地域划分居民,是国家区别于原始氏族组织的一个重要标志。居民是国家组织的基本构成要素,也是国家范围内社会构成的细胞。一定数量的居民,是国家存在和组成的必要条件,也是一个国家国力构成的基本因素。然而,一定数量的居民必须是定居于国家范围的行政区划内的居民,即定居的居民才是主权国家的构成要素。换言之,经常在不同国家之间迁徙的人群,不能成为主权国家的构成要素。

3. 统一政权

政权是国家权力的载体,是公共权力,即国家权力的组织与制度的体现。在社会政治生活中，政权是国家权力的承载者和运行者，通常结构为一定的组织形式的国家机构、国家机关。它是国家范围内的社会秩序和组织及制度的组织者、维护者，也是国家对内对外的具体代表和象征，是国家区别于一切社会组织的根本特征。因此，统一的政权组织，是国家正常、有序存在和运行的前提。

4. 国家主权

国家主权是一个国家具有的独立自主地处理自己的对内对外事务的最高权力，是国家的根本属性，亦即国家主权是对内的最高权力和对外的独立权力。对内的最高权力是国家对所辖范围内的一切事务的政治统治权，对外的独立权力是国家自行决定和处理一切内外事务的权力，它是由国家对内的最高权力决定的。在国际社会，一个国家的主权主要体现为国家的独立权、平等权、自卫权和管辖权。

在主权国家必备的四个方面的基本要素中，国家主权是主权国家最重要的构成要素，它对于处在国际政治生活中的国家具有重要意义。这可以从以下四个方面说明：

第一，国家主权是一个国家获得参与国际政治生活能力的基础。一个国家只有拥有主权，才能够凝聚、调动国内的各个方面的资源和力量，形成统一的国家力量，从而组织其对外交往交流，从事国际政治活动。主权欠缺、残破的国家或国家肌体不健全，就不能形成参与国际组织、国际政治生活的坚强而有效的力量。具体说来，一个国家在国际社会的独立、平等、自卫和管辖权，如果受到侵犯、损害、伤害，就意味着国家主权的局部丧失或完全丧失。

第二，国家主权是一个国家成为国际政治的独立行为主体的必要条件。一个国家拥有国家主权意味着这个国家具有独立自主的权力，在国际政治中，它才可以按照自己的利益和意志，确定享有和行使权力的范围以及在这个范围内是否行为、可否行为、在多大程度上行为和以什么方式行为。因此，只有拥有完整主权的国家才具有完整的国格，才具有独立参与国际政治生活的资格，才是完整意义上的国际政治行为主体。

第三，国家主权是一国在国际政治中具有与他国平等地位的重要保证。在国际政治关系中，国家主权是一个国家取得和确保与他国平等地位的凭借，国际政治关系正是在国家主权意义上才具有平等性。因此，一国只有具备完整的主权，才能获取和确保自己与其他国家的平等地位。反之，一切主权丧失或不完整的国家，在现实中则不能具有与他国的平等地位，在国际法上，国家主权平等原则就成为一纸空文。

第四，国家主权是国家参与制定、遵循国际关系准则的前提。一切国际关系准则，包括其最高准则和若干基本准则，只有在主权国家认可并自觉遵循的基础上才是有效的。也就是说，国家只有拥有主权，才有资格参与制定国际关系准则，而一切国际关系准则，只有在各国主权都得到尊重的前提下才能得到遵循。

（二）主权国家的特质

主权国家在国际政治中的地位，是由主权国家的特质及其在国际政治中的作用所决定的。

首先，主权国家能够控制和最大限度地调动、配置、运用一切资源，形成国际社会强大的行为主体、实体。恩格斯指出，国家是“从社会中产生但又自居于社会之上并且日益同社会相异化的力量”①。作为政治国家的这一国家力量对民族国家范围内的资源具有广泛的有

---

① 《马克思恩格斯选集》第 4 卷，人民出版社 2012 年版，第 187 页。

效的动员力和控制力。在国际政治生活中，主权国家为谋求、维护、实现自己生存与发展的利益，可以最大限度地运用其公共权力管辖范围内的经济的、政治的、文化的和军事的资源及现实与潜在的力量，形成广大深厚的国际政治行为能力。这种能力，是其他国际政治行为主体无法比拟的，也是无法企及的。

其次，主权国家是人类生活诸共同体的唯一合法总代表。在当代，人类或者已经生活在现代社会，或者正在走向现代化。人类生活的共同体，主要是以存在于一定地域（版图）范围内的国家为单位构成的，就是说，全世界几十亿人口分布在不同国度的国家里生存和发展。因此，在国际政治中，人类生活诸共同体主要是以国家面目出现的。“国家是文明社会的概括”①，是特定的国度社会整体的唯一正式代表，因而主权国家自然成为国际政治的基本的主要的行为主体。

最后，主权国家间政治关系决定着国际政治的现实状况和发展趋向。主权国家拥有的巨大力量和具有的特定身份，决定了其在国际政治中担负着举足轻重的角色，享受国际法规定（约定）的权利，承担一定的国际义务和起着调整国际关系的重要作用。因此，国家间政治关系，不仅是国际政治中最重要的内容，而且直接决定着国际政治的现实状况、发展进程和总体路向乃至历史趋势。

二、国际组织

（一）国际组织的含义、生成和特点

1. 国际组织的含义

国际组织是一种跨越国界的机构，是国际政治中重要的非国家行为主体。国际组织有各种各样的类型，具有不同的宗旨和组织形式，大体上包括国家间的国际组织和非国家间的国际组织。国家（或政府）间的国际组织是指由若干主权国家依据共同签订的条约或协议，为达到一定的共同目标而建立的常设国际机构。现代国际法确认国家间的国际组织具有国际法主体资格。非国家间的国际组织，是由个人、社会团体或政党所建立的国际组织。非国家间的国际组织不具有国际法主体资格。非国家间的国际组织由于它们在国际政治中也有着广泛影响，发挥着重要的作用，虽不具备国际法主体资格，但并不因此而妨碍它们成为事实上的国际政治行为主体，更不能无视它们在国际政治生活中所起的或积极或消极的作用。

2. 国际组织的生成与发展

国家产生以后，世界各国的关系很长时间处于一种相对隔离的状态，因而不可能也不需要建立国际组织。国际组织是国际关系发展到一定的历史阶段的产物。17 世纪中叶以前，由于现代意义的全球国际关系尚未形成，国家间关系的处理还不需要常设国际组织来承担重要角色，因而不可能产生国际组织。及至资本主义世界政治经济体系形成时，国家之间的交往才逐渐扩展进而频繁起来，各国建立国际性常设机构协调相互关系的要求也日益迫切，国际组织应运而生。

国际组织发轫于国际会议，至 19 世纪 60 年代才正式成形。1648 年的威斯特伐利亚会议，结束了欧洲三十年战争，开启了以国际会议方式协调国家关系、解决国际问题的先河。随着科学技术的发展和国际交往的增多，国际事务日渐增加，为处理这些国际事务，在国际

① 《马克思恩格斯选集》第 4 卷，人民出版社 2012 年版，第 193 页。

会议基础上产生了专门领域的常设国际机构，如国际电信联盟（1865）、万国邮政联盟（1875）等。这样，现代意义上的国际组织便宣告问世。第一次世界大战后建立的国际联盟（1919）和第二次世界大战后建立的联合国（1945），产生了全球性国际组织，此后专门性国际组织也如雨后春笋般地增多起来。

3. 国际组织的基本特点

当今世界国际组织众多，其影响和作用各不相同，但一般地说，国际组织仍显示出如下一些基本特点：

（1）国际组织均有参与国际活动的能力。在国际组织中，国家间的国际组织具有直接承担国际法规定的权利和义务的能力。主要表现在：在特定范围内具有建立与维护国际关系的能力，包括建立相关国家的或国际组织的关系、派遣或接受外交使节、协调和处理相关国际关系以及订立和履行国际条约的能力；具有维护自己的权益的能力及手段，包括为维护自己的权益提起及应付诉讼、要求和支持国际赔偿的能力和手段等。国家间的国际组织的这些能力同主权国家的法律、规定的行为能力是不同的，它取决于各成员国的认可，来源于主权国家，是主权国家外在赋予的，同时它又是有条件的、相对的，而主权国家的能力是内在固有的、绝对的。

非国家间的国际组织不是国际法的主体，因而不具备承担国际法规定的权利和义务的能力，但在国际政治的现实中，它在事实上也具有与国家间的国际组织相应的能力。

（2）国际组织存在和活动的合法性依据是参与者所订立的条约，超越和违背条约规定的机构、职权和活动，均属非法或无效。国际组织的存在和活动以参与者的认可和同意为基础，其基本形式是国际条约。条约一般由三个要素构成：缔约主体必须是至少两个以上具有缔约能力的行为主体；这些主体确有需要和明确的意思，对于作为条约客体的事项规定相关权利和义务事宜；这些主体就这些事宜和权利义务内容已经达成一致。

国际条约是国际组织存在和活动的合法性基础、依据与基本前提，规定着国际组织和参与者可作为与不可作为、作为合法与非法的边界。

（3）国际组织的组织原则是各参与者之间的地位平等，互不干涉内部事务或者个人事务，更不得侵犯各参与者各自的权利。国家间的国际组织是以国家形式的群体为特征的共同体，其组成的前提是各参与国家地位平等，即参与国家不论大小、强弱、贫富、历史长短，在国际组织内的地位都是平等的，其权利和义务也都是对称的，因此，国际组织对于任何国家的歧视和不平等对待，不是导致国际组织破产，就是导致其失效。同时，国际组织涉及和处理的国际事务，只能是各参与国之间的共同事务，不能干涉各国的内政，不得侵犯各国的主权。

非国家间的国际组织，也必须以各成员的平等为组织原则，不干涉各团体成员或个人成员自己的事务，不侵犯其权利。

（二）国际组织的类型

在国际社会中，国际组织可谓五花八门、千姿百态，为了区分不同的国际组织，从现存的国际组织的实际状况出发，可以按照不同的标准，把国际组织相应地划分为几种不同的类型。

（1）按照其基本性质、活动目标和范围划分为：一般政治性国际组织和专门性国际组织。

一般政治性国际组织以处理政治事务为主，同时也广泛涉及经济、社会、文化、军事等事务，拥有广泛的权限和职能，其典型代表为第一次世界大战后的国际联盟、第二次世界大战后的联合国。

专门性国际组织是以特定业务范围的共同事务处理为其基本职能，拥有专门的限定的权限。专门性国际组织的共同特征是各自具有专业事务领域，其中，有的具有政治性，而大多则是非政治性的，如世界气象组织、世界海事组织等。

（2）按照成员构成和处理事务的地域范围划分为：全球性国际组织和区域性国际组织。

全球性国际组织是由世界范围内所有国家或大多数国家以及其他成员组成的国际组织，它处理世界范围内的相关国际事务，并具有相应的职能和权限。联合国就是由主权国家组成的全球性国际组织。

区域性国际组织，其成员、处理的事务、目标、权限都具有区域性的特点，如欧洲联盟、东南亚国家联盟、非洲联盟等。

（3）按照活动的内容和领域划分为：不同领域的国际组织。

不同领域的国际组织主要可分为：① 政治性国际组织，如联合国。② 经济性国际组织，如石油输出国组织、世界贸易组织。③ 军事性国际组织，如北大西洋公约组织。④ 文化科技卫生体育性国际组织，如世界卫生组织、国际通信组织等。

三、其他国际政治行为主体

在国际社会中，其他国际政治行为主体主要是指活动于国际政治舞台上的政党、跨国公司及个人。这些行为主体一般不是国际法的主体，因而不承担国际法意义上的权利和义务，但这些行为主体在国际政治中显示出的力量、产生的影响和所起的“特殊”作用，决定了它们是应该和可以构成为国际政治行为主体的。

（一）政党

在一国范围内，不论是执政党还是非执政党，它都是国内政治的基本力量和行为主体。不仅如此，由于各国都普遍实行对外开放，世界向各国敞开胸怀，政党在当今世界上愈益成为国际政治活动中的重要力量。政党或政党联盟可以是国际政治的特定主体，政党关系则成为国际政治关系的重要内容。政党在国际政治舞台上进行特定形式的活动，以谋求、维护和实现其所代表的阶级或阶层的利益。

作为国际政治行为主体的政党，大体可分为两种类型：一类是在国内政治中的执政党，这类政党通常把国家对外政策目标同本党对外政策目标联系在一起，并围绕国家的整体内外战略、政策开展自己的国际政治活动。这类政党由于其处于执政地位，直接地或间接地掌握国家权力，所以其从事国际政治活动的能力很强，从而在国际政治生活中具有相当大的影响力。另一类是在国内政治中的非执政党，这类政党通常把从事国际政治活动作为实现自己在国际范围内的政治目标，谋求特定的政党利益，并提高自己在国内政治中的影响力。

（二）跨国公司

跨国公司，是指在两个或两个以上国家同时进行经营活动的公司，它包括母公司及其在国外设立的分公司。跨国公司是世界舞台上集投资、贸易、金融、服务等经济功能于一身的特殊组织。跨国公司在国际政治中具有广泛的政治影响力，常以自己巨大的经济实力，左右国际政治事务的处理，制约主权国家的权力和能力，并影响其他国际组织，甚至充当特定的政治工具，影响乃至左右一些国家的内政，影响着母国与东道国的对外决策与相互关系，从而对国际政治的发展起到制约作用。

（三）个人

在国际政治中，一些对于国际政治能够产生影响的个人也可以成为行为主体。一般地说，这些个人主要是指那些具有广泛影响的在任的有权威的或卸任的仍有一定权威性（政治理论或政治舆论）的高层次的政治家。这样一些政治家之所以会对国际政治产生广泛影响，一是由于他们的资格资历条件，他们或曾以或现在正以主权国家代表身份出现在国际政治舞台上；二是由于他们个人的主观素质条件，如具有对国际政治关系的深刻的洞察力、分析力，具有处理国际事务和驾驭国际政治进程的影响力；具有特定的政治方面的理论和政策主张、高超的政治智慧和能力等。在当代世界，作为国际政治行为主体之一的政治家，在国际政治生活中日益发挥着独特的无可替代的重大作用。

另一类个人，如金融家、经济学家、社会学家、著名科学家和各学科知名学者、国际社会活动家、知名文化和艺术人士、宗教人士，有时在某些场合也可以充当国际政治行为主体的角色，发挥一定的作用。

综合看来，在国际政治中，政党、跨国公司和个人这些国际政治行为主体可以起到主权国家、国际组织起不到或无法起到的作用。譬如，这些行为主体可以提供和创造非政府性、非国际组织性的对话和信息的机会、渠道，使国际交流与沟通有更大的广泛性、普遍性；它们可以在相当广泛的范围内解决国家和国际组织不能够、不适宜、不应该、不应涉及或解决的国际性事务，从而满足国内、国际社会的需要；此外可以由它们来表达国际社会中各方面的意愿和意志，以间接地影响国家和国际组织的决策，从而间接地影响国际政治。当然，这些行为主体与主权国家和国际组织相比，其在国际政治中的地位和作用还是有一定限度的。因为它们既不具备国际法主体资格，也不具备国际法约束的行为能力，因而其“国际政治影响力”是有限的。

第三节　国际政治基本准则及国际法

在世界现代历史进程中，伴随着现代国际关系的发展，形成了现代国际政治的基本准则和国际法。国际政治准则和国际法对维护世界和平与稳定、促进国际交往与合作具有重要的意义。

一、国际政治基本准则的特点和内容

国际政治基本准则或称国际关系基本准则，它是一切国际政治行为主体在国际政治活动中都应该普遍遵循的行为规范，体现为国际政治活动的一切成文的和不成文的原则、规则、规章。

（一）国际政治基本准则的特点

（1）普遍性。国际政治基本准则对于一切国际政治行为主体具有普遍的广泛的适用性，它是包括国家、国际组织和其他国际政治行为主体在内的一切国际政治行为主体，在从事国际政治活动时都应该普遍遵循的行为规范，没有任何的“例外”。

（2）共识性。国际政治基本准则是建立在大多数国际政治行为主体的普遍共识的基础

上的。一方面,它以大多数国际政治行为主体形成的共识为基础;另一方面,它只有得到大多数国际政治行为主体的认可和同意,才能发生效力。

(3)应然性。国际政治基本准则是国际政治一切行为主体应该遵循的规范,作为国际政治生活的价值主张,它集中体现着特定时期国际政治生活的价值取向、价值追求,支配着国际政治的具体规范,是判断国际政治事务是非曲直的基本标准。

(4)约束性。国际政治基本准则对于所有国际政治行为主体都具有相当的约束力,这种约束力既体现为道德约束,又体现为实际约束。道德约束即通过国际政治道德主张和道德评价机制对国际政治行为主体进行约束,实际约束即通过国际组织或其他国际政治调节机制对国际政治行为主体的逾矩行为进行实际限制或惩罚。由于国际社会缺欠统一的强制性权威,国际政治基本准则对各行为主体只有一定程度的约束力,而不具有强制力。

国际政治基本准则是近代国际政治历史发展的产物。此后的不同历史时期,国际政治基本准则在内容、作用范围、作用效力等方面都有某些发展变化,但它的基本特点始终未变。

(二)当代国际政治基本准则的基本内容

第二次世界大战后,随着国际政治基本力量及其相互关系的不断发展变化,国际政治的基本内容也发生了很大的变化。在这样的国际社会历史条件下,国际政治基本准则也充实了新的内容。20世纪50年代,由中国首先提出,并和印度、缅甸共同倡导的"互相尊重主权和领土完整、互不侵犯、互不干涉内政、平等互利、和平共处"五项原则,符合《联合国宪章》宗旨和原则,成为国际公认的国际政治基本原则的重要组成部分。根据《联合国宪章》、联合国大会通过的《国际原则宣言》《各国经济权利和义务宪章》等国际文件和各国在对外交往中达成的普遍共识,当代国际政治基本准则的主要内容如下:

1. 各国主权平等原则

各国主权平等原则是对国际政治的基础和前提性规定。这一原则确认各国主权的完整独立、完全平等和相互尊重主权。确认各国主权的完整独立,即确认各国都有完整独立的主权,具体而言,即确认各国的政治独立、经济自主和领土完整。政治独立即各国可以按照自己的意志独立地选择社会制度、政治制度、政府形式,制定和实施法律和政策,进行对外活动。经济自主即自主决定经济政策,开发经济资源,发展经济,不受别国经济控制,排斥别国或他人的经济特权。领土完整即一国领土不容分割,对其领土拥有完整的管辖权,包括对其领土范围内的事务和人拥有完整的管辖权。

确认各国主权之间的完全平等,即一切国家不分种族,不论大小、强弱、富贫、历史长短,在国际政治生活中,主权一律平等,包括国际人格平等、承担的国际权利和义务平等。确认各国应相互尊重主权,即在国际政治中和在各国交往中,必须互相尊重对方的主权,不得采取任何贬低、歧视、排斥别国主权的态度和行为。各国相互尊重主权,也是主权一律平等原则的要求。

2. 以和平方式解决国际争端原则

这一原则是对解决国际政治矛盾、纠纷和争执的方式的主张。在国际政治生活中,由于各个行为主体的利益、文化背景、认识水平的差异,不同行为主体在处理相互关系和国际事务过程中产生矛盾、发生纠纷是不可避免的。以和平方式解决国际争端原则,要求在国际政治中发生矛盾、纠纷和争执的各行为主体,只能以和平方式作为解决问题的行为方式选择,反对诉诸战争、使用武力或武力威胁手段。这一原则还要求,国际政治诸行为主体之间的各种矛盾、纠纷和争执,无论其起因、性质、程度、规模、范围如何,都应以和平方式加以解决,一切使用武力或武力威胁的解决方式都是不正当的。

3. 互不干涉内政原则

互不干涉内政原则是对国际政治行为主体相互关系中行为范围的限定。这一原则表明,国际政治诸行为主体的内政与对外关系有明确的界限。内政即在本质上属于国家内部管辖的事务,主要包括确定社会制度和政治制度、制定和实施法律和政策、制定经济发展和社会发展战略、处理国内各方面的事务等。对上述这一切,主权国家拥有最高决定权和处置权,因此它们是一国权力的专属领域,不属于国际政治和国家关系范围。这一原则同时表明,任何国家、国家集团和国际组织,都不得以任何借口和理由,以任何方式干涉一个国家的内政。

4. 互不侵犯原则

互不侵犯原则是对国际政治行为主体行为方式的限定,是与以和平方式解决国际争端原则相对应的。这个原则限定各个国家在国际交往中,不得以任何借口和理由,发动侵略战争,不得使用武力或武力威胁手段以及其他方式侵犯其他国家。侵略是一国使用武力或者以违反联合国宪章的任何其他方式去反对另一国的主权、领土完整或政治独立的行为。①侵略行为既包括直接武力侵犯和武力威胁,也包括对别国进行颠覆、渗透和战争宣传。

5. 和平共处原则

和平共处原则是对正常状态下国家之间关系的倡导,是指导现代国际关系的基本准则。根据这一原则,不同国家无论在社会制度、政治制度、意识形态、历史文化传统、民族和种族、国家利益等方面是否相同,在国际交往中,都应该在尊重国际法和其他国际政治准则的基础上,互相尊重,发展友好关系,和睦相处,进行广泛合作。反对一切非和平、非合作方式,不赞成以社会制度、政治制度、意识形态、文化历史、民族等因素作为选择处理国家之间关系方式的依据。

在当今世界上,和平共处五项原则越来越获得大多数主权国家的广泛共识和遵循,显示出其强大的生命力。正如邓小平指出:“处理国与国之间的关系,和平共处五项原则是最好的方式。其他方式,如‘大家庭’方式,‘集团政治’方式,‘势力范围’方式,都会带来矛盾,激化国际局势。总结国际关系的实践,最具有强大生命力的就是和平共处五项原则。”②

二、国际法的构成、特点和作用

国际法又称国际调整国家等国际法主体之间的关系,具有约束力的行为和活动原则、规则和规章制度的总和,用以规定国家等国际法主体的国际活动和行为。

(一) 国际法的构成

在现代国际关系和国际活动中,国家和其他国际法主体的国际活动涉及领域广泛、内容丰富,在此实践基础上形成的国际法构成内容也日渐丰富复杂,其具体的法律、法规日益多样化。从通常的普遍的意义而言,国际法的基本构成仍然可以概括为平时法、战争法和中立法三个基本组成部分。

---

① 第 29 届联合国大会通过的《关于侵略定义的决议》,1974 年 12 月 14 日。

② 《邓小平文选》第 3 卷,人民出版社 1993 年版,第 96 页。

1. 平时法

平时法是对正常状态下国家以及其他国际法主体的主权、管辖权、外交规则和外交惯例、谈判与条约的规则等的规定。平时法一般适用于和平状态下的国家等国际法主体之间的关系，而在战争状态下，平时法仅适用于中立国。由于平时法是对国家等国际法主体之间关系的一般性规定，因此，它在国际法体系中具有基础性的地位。

2. 战争法

战争法是规定交战国之间作战的原则、制度和规则的总称。它是对战争状态下交战国之间的关系的基本规定。其基本内容包括战争状态下交战国之间调整相互敌对行为的规则，以及调整交战国同非交战国与中立国之间关系的规则。这些规则主要规定战争状态下国家可作为、不可作为的边界，以及国家选择其作为方式的原则和规则。国际法中的战争法规则一般分为陆战法规、海战法规和空战法规。

3. 中立法

国际法上的“中立”是指一国在国际战争时处于战争之外，不许任何一方利用其领土作战的事实状态；或在平时奉行不参加军事联盟、不承担任何足以使自己卷入战争的义务的政策。中立法就是规定战争状态下中立国的形成规则，中立国应承担的义务和实际享有的权利等的国际法规。中立法适用于特定国际战争状态下的中立国，也适用于永久中立国。

（二）国际法的基本特点

国际法是国际关系和国际政治准则的重要组成部分，具有国际关系和国际政治准则的一般特点。同时，它又是国际关系和国际政治准则中的法律组织部分，既有与一般国际关系和国际政治准则的不相同之处，又有与国内法的不相同之处。这两方面的不相同之处，就构成了国际法的如下特点：

1. 国际法的主体主要是国家

在国际关系和国际政治中，国家是国际法律关系的主要参与者，具有独立承担国际法规定的权利和义务的能力。因此，国际法的主体主要是国家。国家是国际政治中的主要行为主体，国际法所调整的一般也主要是国家之间的关系。当然，在现代国际关系和国际政治中，由主权国家组成的国际组织，其地位、作用、能力在不断地增强，因此，它们也是现代国际法的合法的重要主体。

2. 国际法在主权国家处理相互关系过程中形成，其主要法律渊源是国际条约和国际惯例

国际条约是由两个以上主权国家在相互交往过程中正式缔结的、以国际法为准的国际书面协定，它包含国家间在经济、政治、文化、社会、军事以及法律等方面相互承担义务和享有权利的规定。国际条约的形成一般有国家间的条约、宪章、盟约、规约、专约、公约、协定等形式。

作为国际法渊源的国际条约，一般必须得到多数国家的认可，若不被多数国家认可，就不能构成国际法的渊源。

3. 国际法约束的基础是相关国家承担的相关国际义务，其执行主要依靠相关国家的自愿、自动和自觉

在国际社会，国家是国际法规定的权利和义务的承担者，也是国际法的创源。但是，在国际社会中并没有一个凌驾于国家之上的、统一的强制性权威机构用以约束国家的国际行

为,维护国际法的原则和规定,惩罚逾越国际法的行为。诚然,国际法院和其他国际仲裁机构的存在,对于维护国际法的权威有着一定的作用,但是,这些仲裁机构是以当事国自愿接受其管辖作为其受理案件和实现判决效力的基本原则的,它们并不具备强制管辖权。因此,国际法的约束力必须是而且只能是建立在相关国家承担的义务之上。国际法的实施、执行主要是依靠相关国家对实际履行所承担的义务的自愿、自动和自觉。

(三)国际法的作用

国际法是协调国际政治行为主体之间交往关系的法律依据,对维护世界和平具有重要作用,这些作用可概括为如下四个方面:

1. 国际法是保障国际关系有序存在和发展的法律条件

在正常情况和状态下,国际关系包括国际政治关系的有序存在和发展,是国际政治活动和国际交往得以正常、顺利进行和发展的必要的基本条件。国际法不仅可以为这种有序性提供共同遵循的基本行为规范和准则,而且可以以其特定的约束力,为这种有序性创造特定的保障性条件。

2. 国际法是确定国家等国际法主体的政治权利和义务的法定依据

国际法就其内容而言,规定了国家在国际政治活动和其他国际活动中应承担的义务和应享有的权利,这就使国家在履行国际义务和享有国际权利上具有了稳定、确定和明确的依据,从而方便了国际政治行为责任的划分和对实际行为的相互监督;明确了国家在国际政治活动中合法作为与不合法作为的界限,并有了判定其实际行为的法律依据。

3. 国际法为裁定和政治解决国际冲突和纠纷提供法律标准和原则基础

在国际政治中,国家之间的矛盾是客观存在的,因而发生国际冲突、纠纷、争执是不可避免的。国际法为判定这些矛盾、冲突、纠纷、争执的性质、是非、责任提供解决方式的参照系。在诸种解决方式中,政治解决方式是一种重要解决方式,在政治解决矛盾、冲突、纠纷、争执过程中,国际法是国家间进行谈判、协商以及提交第三方进行仲裁的原则基础和在此基础上妥善解决问题的最佳途径。

4. 国际法为非常状态下的国际政治关系提供基本行为准则

国际法规定了国家间处于战争状态时的基本行为规则和原则,从而确定了国家之间在对抗和战争条件下应该遵循的国际政治行为的合法范围、方式和规则,在一定程度上可以抑制战争和对抗的恶性发展。同时,国际法也规定了交战国与非交战国以及中立国之间关系的原则,从而不仅确定了非常状态下不同国家交往的基本规则,限制其行为范围,而且在实际上一定程度地限制了国家之间的非常状态、战争态势在涉及范围及规模上的蔓延。

第四节　国际政治格局与人类命运共同体

在浩浩荡荡的世界历史进程中,随着世界主要矛盾和国际政治基本力量对比变化,国际政治格局经历了一个曲折发展的过程。当前世界正在经历着历史性的深刻变革,国际政治格局空前错综复杂。以习近平同志为核心的党中央在洞察国际形势和世界格局演变大趋势的基础上,提出了构建“人类命运共同体”的重要理念和重大倡议。这一理念和倡议得到越来越多国家和人民欢迎和认同,并被写进了联合国重要文件,为国际政治格局变革和新型国际关系构建指明了方向。

一、国际政治格局的内涵与发展演变

（一）国际政治格局的内涵

格局是指事物内在的结构、式样和规模。国际关系格局是指一定时期内国际社会舞台上各种力量，特别是对世界事务具有重大影响力的大国或国家集团相互联系和相互作用形成的经济政治关系结构或式样、规模。国际政治格局是国际关系格局的重要方面。国际政治格局是指一定时期内在世界主要矛盾的主导作用下，在世界范围内形成的基本政治力量对比状况和总体态势，通常表现为一定的国际政治结构或体系。按照这个界定，国际政治格局的基本含义可以从下述三个方面说明。

1. 一定时期内的世界主要矛盾是国际政治格局形成和发展的基础与根本动力

在国际政治生活中，由于各个行为主体在历史、经济与社会发展水平、社会制度与政治制度、民族种族、地理、文化等诸方面存在着差异，以及由于各行为主体对于国际政治事务的认识和期望存在着差异，所以，当这些行为主体围绕特定的国际政治、经济、文化等方面的问题形成相互关系时，就使各行为主体自身的差异性转换为相互利益关系中的差异性，因而造成各行为主体利益关系中的矛盾性。由此，在世界范围内，国际政治诸行为主体之间的关系，形成了错综复杂的国际政治关系的体系或体制，各行为主体之间利益关系的矛盾性也由此呈现出多层次、多方面、多种内容的纵横交错的网络化、立体化的矛盾关系。这种矛盾关系在国际政治发展的不同时期，必然有一种矛盾关系占据主导地位，支配、影响、制约其他非主导矛盾关系的发展，这个矛盾关系即为特定时期的世界主要矛盾关系。围绕这个主要矛盾，组成国际政治行为主体或行为主体集合体相互间的矛盾关系，这种主要矛盾和主要矛盾关系，就构成国际政治格局形成的基础。围绕主要矛盾和主要矛盾关系形成的国际政治主要内容，则构成国际政治在不同时期的主题。而当主要矛盾和主要矛盾关系发生转折性变化时，国际政治格局就由旧格局逐渐演变为新的格局。世界主要矛盾和主要矛盾关系的变动，是国际政治格局演变的根本动力。

2. 国际政治格局的形成是以在世界范围内存在和活动的基本政治力量为主干的

在国际政治生活中，各个行为主体都是以谋求、实现和维护自己的利益而积聚的力量主体，因而国际政治中的利益矛盾，在现实上即表现为国际政治诸力量主体之间的矛盾。在特定时期内，支配、影响和制约国际关系其他矛盾发展的主要矛盾则体现为国际政治基本政治力量之间的矛盾，正是这些基本政治力量构成国际政治格局的主干。构成国际政治格局主干的基本政治力量，具有如下四个特点：第一，它们在全球范围内的国际政治活动具有强大的主导力和广泛的影响力，是世界范围意义上的国际政治基本力量。而那些只有区域性主导力和影响力的政治力量，则不能成为国际政治格局主干的基本力量。第二，它们是特定时期世界主要矛盾关系的承担者。在国际政治发展的特定时期或阶段，世界主要矛盾就是这些基本政治力量之间的利益矛盾。那些承担着世界非主要矛盾关系的政治力量不是国际政治格局主干的基本政治力量。第三，它们既可以是由国际政治主体构成的，也可以是由国际政治行为主体的集合体（联盟、同盟）构成的。因此，国际政治基本政治力量不能简单地等同于国家力量，但在国际政治基本力量中，主导力量终归是国家或国家集团，其他国际政治行为主体是以国家或国家集团为主轴集合成国际政治格局主干基本力量的。第四，国际政治力量是以经济力为基础的，但是与综合国力相类似，它也是多种力量综合构成的，经济力仅是其构成的基础性因素，而不能把它简单地等同于经济力。

3. 国际政治格局是国际政治基本力量的结合式样和结构状态

国际政治基本政治力量的结合和构成，是包括全部国际政治基本力量的有机整体的总体结合和构成，是相互联系的总和。全部国际政治基本力量是按一定方式排列组合构成的，这种按一定方式的排列组合和构成，是相互联系的对立统一，如对抗与非对抗、支配服从与协商、合作联盟与非合作联盟等。实际上，其构成状态，是在现实上的总体形状与态势，不是仅指单个国家或单一国际政治基本力量的具体形态。而其结合阵式和构成状态的动因在于国际政治诸行为主体之间的利益关系的内容、状况和程度，并不是主体任意造成的。

大国和大国集团在一定国际格局的形成、发展和演变中，具有举足轻重的作用，这是由世界经济政治发展不平衡规律决定的，而不完全取决于一两个大国或某一国家集团的主观意志。

（二）国际政治格局的形成、发展和演变

1. 国际政治格局的形成与发展

世界性国际政治格局是在现代国际政治关系形成与发展的基础上形成和发展起来的。15 世纪前后，资本主义生产方式逐步地在欧洲取得了社会经济主导地位。在资本积累增殖的冲动和科学技术与生产力发展的双重驱动作用下，资本开始大张旗鼓地对外扩张。17 至 19 世纪大约 300 年间，随着西方工业革命的完成，资本主义生产迅速在全球扩展，至 19 世纪中叶，统一的世界市场形成。世界市场的开拓，使一切国家的生产和消费都成为世界性的了。在这一基础上，初步形成全球范围的国际政治格局，及至 19 世纪末，资本主义从自由资本主义阶段向垄断资本主义发展，在对外关系上，资本主义国家奉行帝国主义政策，疯狂瓜分世界，划分势力范围，确立了帝国主义在全球的统治地位，形成了帝国主义统治和掠夺世界的国际政治格局。这一时期世界的主要矛盾是西方资本帝国主义国家对殖民地半殖民地人民的掠夺、剥削和压迫，与殖民地半殖民地人民反掠夺、反剥削、反压迫斗争之间的矛盾。国际政治中基本政治力量是帝国主义力量与殖民地半殖民地反抗和斗争的力量。

20 世纪初，垄断资本主义进一步发展，帝国主义政治经济发展不平衡规律促使帝国主义国家间的矛盾加深、加剧，在这一基础上，帝国主义国家分化为同盟国、协约国两大集团，国际政治格局在原有内容之外又增加了帝国主义国家集团之间对抗、争斗的新内容。这种对抗、争斗，终于引发了第一次世界大战。第一次世界大战的结果，削弱了帝国主义国家力量，加剧了帝国主义国家与殖民地半殖民地国家之间的矛盾。同时，俄国无产阶级突破了帝国主义世界体系的薄弱环节，取得了十月革命的胜利，建立了世界上第一个社会主义国家，成为重要的国际政治力量。这样，第一次世界大战后，国际政治格局便发生了重大变化。社会主义国家力量、殖民地半殖民地国家民族解放力量、帝国主义国家力量，构成了国际政治格局的基本力量。社会主义国家和殖民地半殖民地国家为一方与帝国主义国家为另一方的对立和斗争，是国际政治的主要矛盾。战争与革命成为时代的主题。至 20 世纪 30 年代，发生了世界性经济危机，危机使德国、意大利、日本等帝国主义国家走上了法西斯主义道路，从而引发了第二次世界大战，战后的国际政治格局发生了新的变化。

2. 二战后的国际政治格局的演变

第二次世界大战后直至苏联解体和东欧剧变，国际政治格局迭经演变，呈现不同发展阶段，显示出新的特点。第二次世界大战严重削弱了资本主义世界的力量，尤其严重削弱了欧

洲资本主义的力量。英、法虽然取得了战争的胜利，是战胜国，但其国民经济遭到了沉重打击，国力大减，其殖民地纷纷独立，因此丧失了战前在世界资本主义体系中的主导地位。德国、意大利、日本是战败国，国民经济走到了崩溃边缘，由此丧失了国际政治中的政治大国资格。

第二次世界大战促成社会主义阵营的形成与发展。战后，在反法西斯战争胜利的基础上，欧洲的南斯拉夫、罗马尼亚、波兰、捷克斯洛伐克、民主德国、匈牙利、保加利亚、阿尔巴尼亚等国建立了社会主义国家，亚洲的朝鲜、越南、中国也成为社会主义国家，这些国家与苏联连成一体，形成社会主义阵营，成为国际政治中的强大力量。

二战后，美国和苏联成为国际政治中的超级大国。二战中，美国本土没有成为战场，而战争却给其带来军事工业的急剧发展并带动了国民经济的迅速增长，使国家实力骤增。同时，它还具有了先进的科技力量、军事力量，控制着核武器。由此美国成为资本主义世界的霸主，其影响力广及世界。苏联在战争中虽然损失巨大，但其军事力量得到迅速发展，战后国民经济迅速恢复，工业、科技又均处于世界领先地位，兼有社会主义阵营代表（为首）和联合国安理会常任理事国地位，也成为与美国抗衡并雄的世界超级大国。

战后国际政治基本力量是社会主义国家力量和资本主义国家力量。美国为首的资本主义阵营和苏联为首的社会主义阵营之间的矛盾成为20世纪80年代中期以前世界的主要矛盾。以非战争性对抗和对立为核心内容的“冷战”是两大国际政治基本力量的基本联系结构、样式。正是在此基础上，形成了两大阵营对峙的国际政治格局。

从20世纪50年代中期开始，原殖民地半殖民地国家兴起国家独立、民族解放的浪潮，迅速冲破了世界殖民主义体系，出现了一大批发展中国家。它们与发展中的社会主义国家在维护国家主权、独立，发展国家经济，反对殖民主义、帝国主义、霸权主义和不合理的国际政治经济秩序等方面，具有广泛的共识和共同利益，因而形成了国际政治中联合和协作的力量，与美苏构成的第一世界相对，也与其他发达国家构成的第二世界相对，形成了第三世界。万隆会议（1955）标志着第三世界的形成，此后，它作为国际政治的重要力量得到不断发展，广大发展中国家发展经济、主张和平的要求逐步成为国际政治的主要内容。

与此同时，两大阵营各自的内部矛盾也日益显露出来。在资本主义阵营内部，西欧各国、日本在战后恢复和发展了国民经济，各国综合国力大为增强，从而形成了独立的经济中心。随着国力和独立性的增强，西欧各国、日本在国际政治中的独立意识也有不同程度的增强。这样，就形成了西欧、日本同美国之间既有合作又有矛盾的政治经济关系，西欧、日本获得了在国际政治中对于美国的相对独立性。在社会主义阵营内部，由于苏联领导集团推行大国主义、大党主义和霸权主义，导致社会主义阵营内部矛盾加剧。东欧国家与苏联日渐离心离德。20世纪60年代初，中苏进行大论战，使中苏关系破裂，社会主义阵营解体。苏联同东欧各国形式上保持着“大家庭”局面，实际上日趋貌合神离。

第三世界崛起和两大阵营各自内部矛盾的激化，使世界主要矛盾发生变化。原来两大阵营的矛盾演化为美苏争霸世界的矛盾，这个矛盾被称为东西关系矛盾；第三世界即发展中国家同发达国家的矛盾日益突出，这个矛盾被称为南北关系矛盾。这样，东西矛盾和南北矛盾便逐步取代两大阵营的矛盾成为世界主要矛盾。由美苏依靠超强政治经济军事实力争夺世界霸权的对抗性，决定了东西矛盾的本质是战争问题。由于发达国家同发展中国家的矛盾是限制与反限制、剥削与反剥削的矛盾，所以南北矛盾在本质上是发展问题。

3. 当今和平与发展时代主题与世界格局多极化趋势

20 世纪 80 年代中后期，邓小平在全面分析国际关系各种矛盾及相互关系的基础上，鲜明地提出了“和平与发展是当今世界两大战略问题”的科学论断，得到了国内外广泛的支持和认同。正如邓小平所说：“现在世界上真正大的问题，带全球性的战略问题，一个是和平问题，一个是经济问题或者说发展问题。和平问题是东西问题，发展问题是南北问题。概括起来，就是东西南北四个字。南北问题是核心问题。”①事实正是如此，在东西南北矛盾这一世界主要矛盾的基础上，决定了国际政治的主题是和平与发展问题，形成了以三个世界力量为主干、东西南北关系复杂交错的国际政治格局。1992 年，党的十四大正式把和平与发展问题提高到“时代主题”的高度加以认识，此后，这一时代主题的判断被长期沿用。

20 世纪 80 年代末 90 年代初，在种种复杂的内外因素的作用下，东欧剧变、苏联解体，“冷战”宣告结束，美苏争霸主宰世界的两极格局已经终结，世界正向着多极化方向发展。世界格局多极化趋势在全球或地区范围内，在政治、经济、文化、社会各个领域中日益深化。在世界多极化历史趋势下，并行出现了各种力量的重新分化组合。大国间关系正经历重大而深刻的调整，各国区域性、洲际性的合作组织十分活跃，广大发展中国家的总体实力日渐增强，整个国家间关系、国际关系在新世纪正显示出一些新旧格局转变过程中的新的特点。在经济、政治、科技、宗教、民族等多方面因素的作用和各种因素的相互利用与综合作用下，世界的力量组合、利益分配、资源配置日益显示出新的变化。

冷战结束后，世界和平力量在增强，共同发展趋势持续走高，国际合作日益加强。然而，南北差距继续扩大趋势难以遏止，南北矛盾并没有得到根本的解决，如邓小平所指出的：“现在旧的格局在改变中，但实际上并没有结束，新的格局还没有形成。和平与发展两大问题，和平问题没有得到解决，发展问题更加严重。”②具体表现在：冷战思维依然存在，唯一超级大国试图搞单极格局，霸权主义和强权政治仍然是威胁世界和平稳定的主要根源；不公正不合理的国际政治经济旧秩序还在损害发展中国家的利益；由民族、宗教、领土等因素引发的局部冲突时起时伏，国际恐怖主义活动仍然猖獗肆虐，世界仍不安宁。虽然新的多极国际政治格局的发展趋势是不可逆转的，但多极国际政治格局的构成尚须假以时日和条件，需要依靠世界各国人民的努力来促成。

党的十八大以来，习近平总书记在坚持时代主题战略判断的基础上，深化了对世界大势及时代潮流的认识，指出：“这个世界，和平、发展、合作、共赢成为时代潮流”③。这一重要论断在强调和平、发展的同时提出了合作、共赢的理念。和平与发展离不开合作，唯有合作才能维护世界和平，唯有共赢才能促进世界共同发展，正如习近平总书记指出的“今天的人类比以往任何时候都更有条件朝和平与发展的目标迈进，而合作共赢就是实现这一目标的现实途径”④。总之，世界的前途是光明的，道路将是曲折的。中国人民将同世界各国人民一道，顺应和平、发展、合作、共赢的时代潮流，为促进和平发展的崇高事业，促进国际政治新格局的形成和国际经济政治新秩序的建立做出不懈的努力。

---

① 《邓小平文选》第 3 卷，人民出版社 1993 年版，第 105 页。
② 《邓小平文选》第 3 卷，人民出版社 1993 年版，第 353 页。
③ 《习近平谈治国理政》，外文出版社 2014 年版，第 272 页。
④ 《习近平谈治国理政》，外文出版社 2014 年版，第 274 页。

二、经济全球化与国际政治格局

经济全球化是生产力和国际分工高度发展的产物。正如马克思、恩格斯所指出的："资产阶级，由于开拓了世界市场，使一切国家的生产和消费都成为世界性的了。……过去那种地方的和民族的自给自足和闭关自守状态，被各民族的各方面的互相往来和各方面的互相依赖所代替了。"①经济全球化作为世界经济的发展趋势，不仅影响各国各地区的发展，而且对国际政治格局和全球治理也产生了重大而深远的影响。

（一）经济全球化的含义

经济全球化是指在科学技术进步和市场经济强劲作用下，生产要素和产品跨国全球流动规模不断增大，形式不断增多，世界经济分工走向一体化体系，经济活动范围扩展至全球，经济资源由世界市场配置并且其效率日益提高，各国经济相互依存和依赖程度加强、加深的全球发展趋势和历史潮流。基于此，并考虑到世界的和平、发展、合作、共赢的时代潮流，经济全球化的基本含义可以从其根本动力、基本方式、具体体现和经济联系效应四个方面揭示和界定。

经济全球化的根本推动力量是世界生产力的发展。人类社会是在生产力与生产关系的矛盾运动中不断前进的。生产力的发展，科技的进步，促使生产的社会化程度不断提高、生产规模日益扩展、生产分工深化和细化，促使生产力的发展突破一国生产关系结构性限制，跨越国家范围，扩展到全世界，使生产资料社会化、生产过程社会化、生产产品社会化具有了世界范围特征。现代生产力、科技的发展，尤其是在通信联络、信息技术、航空航天、生物工程等方面的突飞猛进，赋予了生产力以全球范围社会化特性，促进了生产力在全球各个角落的扩展，并引起了世界范围的生产结构调整。

经济全球化的基本方式是市场经济体制日益普遍化。市场经济体制可以有效地进行资源配置，在其发展过程中，不仅突破自然经济的村落藩篱形成了全国大市场，而且由于国际贸易的发展，进一步突破了国家地理范围和政治限制，扩展到全球，在世界范围内形成生产、交换、流通的有机市场经济联系，使各国的经济过程、经济规则、经济活动同世界市场日益紧密地联结在一起，并逐步走向经济一体化。这就使得资源配置可以在全球范围内进行，企业作为市场主体逐步形成跨国公司并在全球开展经济贸易活动，世界经济贸易体系和规则得以形成。

经济全球化具体体现在生产要素和生产产品在全球跨国市场流动。经济资源的全球配置，国际市场的全球运行，生产、交换、流通过程的全球展开，表现在物质、信息、服务等形态上，并带来两种世界经济发展效应：一方面体现在生产过程的人力、资本、物力、信息、技术等生产要素在全球的投放和获取；另一方面体现在交换和流通过程的商品、服务等生产产品在各国间、全球范围内的销售和价值实现。这样，经济全球化就催发了物流、资金流、信息流，以及人力、人才资源的跨国全球运动。

经济全球化的经济联系效应使各国各地区经济相互联系和相互依赖的程度加深。市场经济的全球扩展、世界分工体系的形成，导致各国各地区的经济联系日益紧密，相互依赖程度加深，一方面表现为跨国投资和国际贸易活动使各国各地区的经济相互依存度迅速提高；

① 《马克思恩格斯文集》第2卷，人民出版社2009年版，第35页。

另一方面表现为跨国公司的扩展和兼并，在市场主体的意义上强化、深化了各国各地区的经济联系。这样，在经济全球化趋势趋强作用下，各国各地区的经济形成了与世界经济紧密联结的全球经济网络。

经济全球化肇始于世界近代资本跨国运动，经历长期的曲折发展，已成为一股历史潮流。当今经济全球化进程在加速，其效应和功能日益增强。经济全球化具有双重效应和功能。一方面，经济全球化有利于产业结构的全球调整和新的发展机会的形成，有利于各国的经济发展、交流与合作共赢，有利于世界经济发展和稳定。这里我们应正确引导，利用其有利的一面。另一方面，西方国家仍然掌握着经济全球化的主导权，在世界经济体系中其经济技术处于强势地位，不公正不合理的国际政治经济秩序和国际规则依然存在并仍然在起作用，西方国家坚持推行其发展模式、政治制度、价值观念，试图通过经济全球化进程对发展中国家进行政治、文化和军事渗透，从事干涉、颠覆活动，从而加剧了世界政治经济发展的不平衡，导致发展中国家经济主权、国家安全面临严重威胁，南北差距持续扩大，造成发展中国家在国际经济、贸易、金融等方面的巨大冲击和损害，加剧了国际竞争、矛盾和冲突，加剧了两极分化、环境恶化。这是我们应妥善应对，设法加以避其弊害的方面。

（二）经济全球化对国际政治格局的影响

经济全球化对国际政治格局有深远的影响。当今经济全球化历史潮流和世界格局多极化历史潮流并存共生、共振、互激，二者相互结合、相互促进，使经济全球化趋势日益强劲；而多极化趋势由于受到多重变数的制约，多极格局的最终形成将会经历漫长、曲折、复杂的演进过程。经济全球化与国际政治格局具有相互促进作用。经济全球化对多极化格局的促进作用主要是带给各国发展机遇和有利条件，加速经济社会发展，增强综合国力，促使区域经济一体化发展，使国际政治格局形成多元力量，有利于国际政治格局向多极化方向发展。同时，国际政治格局多极化趋势促使世界各国谋求共同发展，国力增强，可以平等参与国际事务，发展中国家能有效地维护自己的主权、发展权和共同发展权，从而推动公正合理国际政治经济秩序的建立，国际关系准则得到普遍遵循，国际关系趋于民主化，平等协商、互利合作国际机制逐步形成，最终促进经济全球化向有利于世界和平发展的方向发展，其成果造福于全人类。

虽然经济全球化有助于促进国际政治格局向多极化方向发展，但它的消极作用也给国家主权带来多方面的制约：经济强国主导权及其经济利益和要求对其他国家主权的制约；跨国公司的力量和活动对国家力量、国家主权正常行使和国内政治的制约；西方国家掌控的国际经济组织力量及其规则对国家主权的制约；不公正不合理的国际政治经济秩序对国家主权的制约；国际贫富差距扩大和穷国对富国的依附关系对国家主权的制约；一国贫富分化对国内政治稳定和国家主权的损害等。总之，经济全球化对于国家主权的至上性、自主性、独立性、平等性来说既是机遇也是挑战，国家主权管辖范围、职能、权限、方式、规则既可增强行使的合法性，但同时也受到一定的消极影响。问题在于，各国参与经济全球化进程，其国家主权的完整、自主、独立、平等必须坚定维护、受到尊重，国家主权的行使要以保障各国内政不容干涉，平等参与处理国际事务、平等发展和共同发展的权利为前提。

（三）经济全球化对全球治理的影响

经济全球化凸显全球治理的必要性、重要性，同时全球治理也有利于经济全球化趋势的正常发展和抑制其消极作用。经济全球化对全球治理具有双重影响。一方面，经济全球化使世界经济联系紧密并朝着一体化方向发展，规则趋向统一，促进各国各方面联系加深，相互依存度增强，共同发展机制化。另一方面它也强化了各经济和政治主体，强化了不同文化、意识形态、宗教、种族、不同公民群体之间的相互排斥性，由此激化了它们之间的矛盾和冲突。经济全球化的正面效应凸显出人类面临前所未有的共同问题和解决这些问题的迫切性，以及超越国家范围，由各国政府及非政府组织共同合作解决这些问题的必要性。经济全球化的负面效应凸显国际合作、国际协调的全球性影响的意义，将全球治理问题提到世界各国政府和人民的共同议题上来。经济全球化推动了国际联系、国际合作、国际协调的发展和国际政治新制度、机制、规则的生成，为全球治理创造了有利条件。但由于国际秩序新旧交替滞缓，发达国家在各方面相对于发展中国家来说处于强势地位，它掌握着国际规则的制定和实施的主导权，使强权政治和霸权主义在国际政治中仍有很大的消极影响。因此，经济全球化进程中国际社会的全球治理必须在拥有完整、独立、平等主权国家的参与下，按照平等、公正、合理原则调整制度、创新规则，以人类共同发展为目标，以和平协商、互利合作方式实施。全球治理要从国际社会实际出发，充分保障大多数发展中国家的主权和权益，尊重发展中国家的意志、意愿，尊重发展中国家各方面的多样性、差异性，努力形成共识性、共赢性的全球化治理规则、方案和措施。

三、中国积极参与人类命运共同体与新型国际关系构建

在庆祝改革开放40周年大会上的讲话中，习近平总书记指出："我们积极推动建设开放型世界经济、构建人类命运共同体，促进全球治理体系变革，旗帜鲜明反对霸权主义和强权政治，为世界和平与发展不断贡献中国智慧、中国方案、中国力量"。① 作为一个负责任、有担当的大国，中国政府和中国人民主动作为，愿意与世界各国携手合作，共同构建人类命运共同体，共同建设新型国际关系，共同谱写人类文明新篇章。

第一，人类命运共同体理念是引领国际政治格局和国际体系变革的新方案。目前，"世界正处于大发展大变革大调整时期，和平与发展仍然是时代主题。世界多极化、经济全球化、社会信息化、文化多样化深入发展，全球治理体系和国际秩序变革加速推进，各国相互联系和依存日益加深"②，使"人类生活在同一个地球村里，生活在历史和现实交汇的同一个时空里，越来越成为你中有我、我中有你的命运共同体"③。同时，人类也正处在一个挑战层出不穷、风险日益增多的时代，世界面临的不稳定性不确定性突出，世界经济增长动力不足，金融危机阴云不散，地区发展不平衡问题日益突出，地区冲突时有发生，恐怖主义、难民危机、重大传染性疾病、气候变化等非传统安全威胁持续蔓延。"没有哪个国家能够独自应对人类面临的各种挑战，也没有哪个国家能够退回到自我封闭的孤岛"④。因而，国际社会迫切呼唤新的全球治理理念，构建新的更加公正合理的国际体系。

习近平总书记站在新的历史起点上，前瞻性地思考人类未来发展问题，创造性地提出了

---

① 习近平：《在庆祝改革开放40周年大会上的讲话》，人民日报2018年12月19日第2版。

② 习近平：《决胜全面建成小康社会 夺取新时代中国特色社会主义伟大胜利——在中国共产党第十九次全国代表大会上的报告》，人民出版社2017年版，第58页。

③ 《十八大以来重要文献选编》(上)，中央文献出版社2014年版，第259页。

④ 习近平：《决胜全面建成小康社会 夺取新时代中国特色社会主义伟大胜利——在中国共产党第十九次全国代表大会上的报告》，人民出版社2017年版，第75页。

构建人类命运共同体的伟大理念。党的十九大报告对于这一理念的内涵给予深刻阐释,其核心是“建设持久和平、普遍安全、共同繁荣、开放包容、清洁美丽的世界”①。人类命运共同体理念植根于源远流长、博大精深的中华文明,体现了中国致力于为世界和平与发展作出更大贡献的崇高目标,彰显了中国将自身发展与世界发展相统一的世界胸怀、全球视野和大国担当,它为世界的和平发展和人类的未来指明了前进方向,汇聚着世界各国人民对和平、发展、合作、共赢向往的最大公约数,势必会引领国际政治格局走向与国际体系变革。

第二,建设相互尊重、公平正义、合作共赢的新型国际关系与构建人类命运共同体的目标一脉相承、互为补充。党的十九大报告指出:“中国将高举和平、发展、合作、共赢的旗帜,恪守维护世界和平、促进共同发展的外交政策宗旨,坚定不移在和平共处五项原则基础上发展同各国的友好合作,推动建设相互尊重、公平正义、合作共赢的新型国际关系。”②建设新型国际关系与构建人类命运共同体理念一样,都是中国大国外交的新设想,都是引领时代潮流和人类文明进步的鲜明旗帜。二者指向一致,相辅相成,都承载着中国人民乃至世界人民对于创造美好未来的热切期盼;既符合人类社会的共同追求,亦符合联合国对维护世界和平与发展、促进国际合作与发展崇高目标追求。在新的历史时期,习近平同志指出,“要跟上时代前进步伐,就不能身体已进入二十一世纪,而脑袋还停留在过去,停留在殖民扩张的旧时代里,停留在冷战思维、零和博弈老框框内”③。新型国际关系的构建正式摈弃了那种你死我活的传统冷战思维模式束缚,强调双赢、多赢、共赢而不是单赢,用合作共赢的新思路代替零和博弈和赢者通吃、你输我赢的旧思路。作为一种新的国际关系,新型国际关系的核心内涵主要包括三个层次:一是相互尊重,主张国家不分大小、强弱、贫富一律平等,不同制度、宗教、文明一视同仁,各国要尊重彼此核心利益和重大关切,大国对小国要平等相待,不搞唯我独尊、强买强卖的霸道;二是公平正义,强调反对干涉别国内政,反对以强凌弱的丛林法则,主张维护世界各国尤其是发展中国家的正当合法权益;三是合作共赢,呼吁超越零和博弈、赢者通吃的旧思维,倡导各国要同舟共济,在国际合作中坚持互惠互利、相得益彰,共同担责、共谋发展,而不是画地为牢、以邻为壑。面对充满希望与挑战的世界,各国只有做到以上几点,才能确保坚定不移地推动新型国际关系建设,从而为构建人类命运共同体打下坚实基础。

第三,秉持共商共建共享的全球治理观,建构共商共建共享的全球治理体制,是构建新型国际关系和人类命运共同体的重要途径。随着经济全球化的深入发展,许多国际事务越来越需要各国共商。秉持共商共建共享的全球治理观、建构共商共建共享的全球治理体制是我国为推动全球治理而发出的中国声音、贡献的中国方案。“中国秉持共商共建共享的全球治理观”④,其主要内容包括以下三个方面:一是倡导共同商量国际事务,推进国际关系民主化,坚持“各国主权范围内的事情只能由本国政府和人民去管,世界上的事情只能由各

---

① 习近平:《决胜全面建成小康社会 夺取新时代中国特色社会主义伟大胜利——在中国共产党第十九次全国代表大会上的报告》,人民出版社 2017 年版,第 74 页。

② 习近平:《决胜全面建成小康社会 夺取新时代中国特色社会主义伟大胜利——在中国共产党第十九次全国代表大会上的报告》,人民出版社 2017 年版,第 73~74 页。

③ 《十八大以来重要文献选编》(上),中央文献出版社 2014 年版,第 260 页。

④ 习近平:《决胜全面建成小康社会 夺取新时代中国特色社会主义伟大胜利——在中国共产党第十九次全国代表大会上的报告》,人民出版社 2017 年版,第 77 页。

国政府和人民共同商量来办”[①]，主张世界命运应该由各国共同掌握，反对搞“一国独霸”或“几方共治”；二倡导共同建设世界，宇宙只有一个地球，人类共有一个家园，生活在地球村上的每个国家都是参加全球治理不可或缺的重要力量，呼吁各国主动参加国际事务，发挥所长、各尽所能；三是共同分享发展成果，当今世界既是你中有我、我中有你的命运共同体，又是“一荣俱荣、一损俱损”的利益共同体，各国在寻求自身发展与处理国际事务时，应把本国利益与各国利益结合起来，寻找同各国的利益最大交汇点，最大限度地让全球治理成果更多更公平地惠及世界各国人民。

第四，以“一带一路”促进人类命运共同体构建和带动新型国际关系建设。2013 年，在提出构建人类命运共同体的同时，习近平总书记在哈萨克斯坦、印度尼西亚的演讲中先后提出共建“丝绸之路经济带”和“二十一世纪海上丝绸之路”，即“一带一路”倡议。这是推动构建人类命运共同体的中国举措，是带动新型国际关系建设的中国行动。“一带一路”倡议坚持共商共建共享原则，秉持和平合作、开放包容、互学互鉴、互利共赢的价值理念，以政策沟通、设施联通、贸易畅通、资金融通、民心相通为核心内容，不断深化务实合作，促进协调联动发展，打造政治互信、经济融合、文化包容的利益共同体、命运共同体和责任共同体。[②]“一带一路”倡议不是中国一家的独奏，而是沿线国家的合唱。以“一带一路”建设为契机，开展跨国互联互通，提高贸易和投资合作水平，推动国际产能和装备制造合作，本质上是通过提高有效供给来催生新的需求，实现世界经济再平衡。[③] 一方面，“一带一路”倡议顺应了全球治理体系变革的内在要求，为全球治理体系变革提供了新思路新方案，有助于推动全球治理体系朝着更加公正合理有效的方向发展。另一方面，“一带一路”倡议彰显了同舟共济、权责共担的命运共同体意识，为各方主体携手应对发展新挑战、开创发展新机遇、谋求发展新动力、拓展发展新空间凝聚力量，实现优势互补、互利共赢，有利于各国朝着人类命运共同体方向迈进。“一带一路”建设对于带动沿线各国发展、促进世界和平具有重要意义。中国承诺“张开双臂欢迎各国人民搭乘中国发展的“快车”“便车”[④]。中国将坚持对外开放的基本国策，坚持打开国门搞建设，积极促进“一带一路”国际合作，打造国际合作新平台，增添共同发展新动力[⑤]，致力于把“一带一路”建成和平之路、繁荣之路、开放之路、创新之路、文明之路的伟大实践，努力将相互尊重、公平正义、合作共赢的新型国际关系理念融入政治、经济、安全、文化、生态等国际合作领域的方方面面，从而推动人类命运共同体建设。

本章小结

本章以阐述国际政治的相关概念和基本理论为主线，首先分析了国际政治的涵义、特点以及国际政治与国内政治的关系；其次介绍了国际政治行为主体的类型，重点分析了主权国家的构成要素；再者阐释了国际政治基本准则以及国际法的构成、特点和作用；最后梳理了

---

① 《十八大以来重要文献选编》(上)，中央文献出版社 2016 年版，第 697 页。

② 《推动共建丝绸之路经济带和 21 世纪海上丝绸之路的愿景与行动》，人民出版社 2015 年版，第 5~6 页。

③ 《习近平谈治国理政》第二卷，外文出版社 2017 年版，第 504 页。

④ 《习近平谈治国理政》第二卷，外文出版社 2017 年版，第 484 页。

⑤ 习近平：《决胜全面建成小康社会 夺取新时代中国特色社会主义伟大胜利——在中国共产党第十九次全国代表大会上的报告》，人民出版社 2017 年版，第 76 页。

国际政治格局的发展演变过程、经济全球化对国际政治格局的影响，重点分析了中国如何参与人类命运共同体构建与新型国际关系建设。

思考题

1. 简述国际政治与国内政治的联系和区别?
2. 简述主权国家的构成要素?
3. 论述国家主权在国际政治中发挥的作用?
4. 简述当代国际政治基本准则的基本内容?
5. 如何理解世界格局多极化趋势?
6. 论述经济全球化对国际政治格局的影响?
7. 简述新型国际关系的内涵?
8. 如何理解人类命运共同体理念?

后记

经全国高等教育自学考试指导委员会同意，由公共管理类专业委员会负责高等教育自学考试行政管理专业教材的审定工作。

《政治学概论》(2019年版)自学考试教材由吉林大学周光辉教授担任主编，由吉林大学殷冬水教授、东北师范大学杨弘教授担任副主编。

参加本教材审稿讨论会并提出修改意见的有南京大学孙亚忠教授、吉林大学张贤明教授及东北师范大学刘贤教授。

对于编审人员付出的辛勤劳动，在此一并表示感谢！

全国高等教育自学考试指导委员会
公共管理类专业委员会
2019年7月